SK그룹
생산직

SK가스 · SK케미칼 · SK실트론 · SKE&S
고졸/전문대졸 필기시험

시대에듀

2025 최신판 시대에듀 SK그룹 생산직 필기시험
6개년 기출 + 모의고사 4회 + 무료생산직특강

Always **with you**

사람의 인연은 길에서 우연하게 만나거나 함께 살아가는 것만을 의미하지는 않습니다.
책을 펴내는 출판사와 그 책을 읽는 독자의 만남도 소중한 인연입니다.
시대에듀는 항상 독자의 마음을 헤아리기 위해 노력하고 있습니다. 늘 독자와 함께하겠습니다.

SK그룹은 한국전쟁 중 폐허가 된 직물공장에서 시작하여 한국 경제의 성장과 맥을 같이 하면서 국가 경제의 기본이 되는 기간산업부터 차세대 핵심사업 분야에 이르기까지, 다양하고 폭넓은 분야에 기업의 역량을 집중하여 국가 경제 발전에 기여해 왔다.

SK그룹은 1978년에 국내 기업 최초로 인적성검사를 도입하였으며, 이후 객관적으로 공정한 채용절차를 실현하기 위해 꾸준히 개정 작업을 진행해 왔다. 이에 따라 2013년부터 대졸사원 모집에는 SKCT(SK Competency Test)를 도입하였으며, 고졸 및 전문대졸 채용에서는 따로 필기시험을 시행하고 있다.

SK그룹의 고졸 및 전문대졸 생산직 채용을 위한 필기시험은 계열사와 직무의 특성에 따라 크게 영어와 수학, 한자성어와 회사상식을 다루는 기초지식 영역이 있으며, 이외에도 언어이해, 패턴이해, 상황판단 그리고 화학과 물리를 다루는 기초과학 영역과 인성검사로 구성되어 있다.

이에 시대에듀에서는 SK그룹 생산직으로 입사하고자 하는 수험생들에게 좋은 길잡이가 되어주고자 다음과 같은 특징을 가진 도서를 출간하게 되었다.

도서의 특징

❶ 2024~2019년에 출제된 6개년 기출복원문제를 수록하여 최근 출제경향을 파악할 수 있도록 하였다.
❷ 영역별 핵심이론과 적중예상문제를 수록하여 체계적인 학습이 가능하도록 하였다.
❸ 최종점검 모의고사 2회분과 온라인 모의고사 2회분을 제공하여 실전과 같은 연습이 가능하도록 하였다.
❹ 인성검사부터 면접까지 채용 관련 내용을 꼼꼼하게 다루어 본서 한 권으로 마지막 관문까지 무사히 통과할 수 있도록 구성하였다.

끝으로 본서를 통해 SK그룹 생산직 입사를 준비하는 여러분 모두에게 합격의 기쁨이 있기를 진심으로 기원한다.

SDC(Sidae Data Center) 씀

SK그룹 이야기

◆ **경영철학**

구성원의 지속적 행복

SK 경영의 궁극적 목적은 구성원 행복이다.

SK는 구성원이 지속적으로 행복을 추구하기 위한 터전이자 기반으로서, 구성원 행복과 함께 회사를 둘러싼 이해관계자 행복을 동시에 추구해 나간다. 이를 위해 회사가 창출하는 모든 가치가 곧 사회적 가치이다.

SK는 이해관계자 간 행복이 조화와 균형을 이루도록 노력하고, 장기적으로 지속 가능하도록 현재와 미래의 행복을 동시에 고려해야 한다.

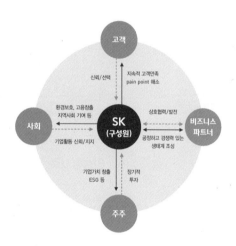

VWBE를 통한 SUPEX 추구

구성원 전체 행복을 지속적으로 키워나가면 구성원 개인의 행복이 더 커질 수 있다는 것을 믿고 실천할 때 구성원은 자발적(Voluntarily)이고 의욕적(Willingly)인 두뇌활용(Brain Engagement)을 하게 된다.

VWBE한 구성원은 SUPEX* 추구를 통해 구성원 행복과 이해관계자 행복을 지속적으로 창출해 나간다.

* Super Excellent Level의 줄임말로 인간의 능력으로 도달할 수 있는 최고의 수준

◇ **사업영역**

ADVANCED MATERIALS 첨단 소재

반도체를 중심으로 글로벌 첨단 소재 산업의 발전에 기여한다.

SK하이닉스, SK실트론, SK주식회사 머티리얼즈, SKC

GREEN 그린

글로벌 Net Zero 달성에 기여하는 그린 산업의 리더로 도약한다.

SK이노베이션, SK E&S, SK에코플랜트, SK온, SK케미칼, SK아이이테크놀로지, SK가스

DIGITAL 디지털

통신 인프라와 ICT 기술을 활용해 산업의 디지털 전환을 선도한다.

SK텔레콤, SK스퀘어, SK주식회사 C&C, SK브로드밴드, SK네트웍스

BIO 바이오

백신과 신약 개발, 의약품 생산 사업으로 인류의 건강한 삶에 기여한다.

SK바이오팜, SK팜테코, SK바이오사이언스

◇ **인재상**

스스로가 더 행복해질 수 있도록
자발적이고 의욕적으로 도전하는 패기 있는 인재

· ·

기업경영의	SK 경영철학에 대한	
주체는 구성원	믿음과 확신	패기 있게 행동

신입사원 채용 안내

◇ **모집시기**

계열사별 수시채용 실시

◇ **지원방법**

SK그룹 채용 홈페이지(www.skcareers.com)를 통한 온라인 지원

◇ **지원자격**

❶ 고등학교 졸업자, 전문대학 졸업자 및 졸업 예정자

　※ 졸업 예정자인 경우에는 최종 입사일 전까지 졸업이 가능한 자

❷ 남자의 경우, 군필 또는 면제자

　※ 군복무 중인 자는 최종 입사일 전까지 전역이 가능한 자

❸ 해외여행에 결격사유가 없는 자

◇ **전형절차**

❶ **지원서 접수** : 채용 홈페이지를 통한 온라인 지원서 접수
❷ **서류전형** : 지원자격 및 자기소개서 기반의 심층평가 진행
❸ **필기전형** : 직무 수행상 요구되는 기본 소양 검증
❹ **면접전형** : 인성 관련 심층 검증
❺ **신체검사** : 신체검사 후 계약직 또는 정규직으로 입사

◇ **시험 진행**

구분	영역	문항 수	제한시간
필기시험	기초지식	100문항	90분
	언어이해		
	패턴이해		
	상황판단		
	기초과학		

※ 채용절차 및 전형은 채용유형과 직무, 시기 등에 따라 변동될 수 있으므로 반드시 발표되는 채용공고를 확인하기 바랍니다.

2024년 기출분석

총평

2024년 SK그룹 생산직 필기시험은 지난 시험과 비슷하게 진행되었다. 기초지식은 비교적 평이한 수준의 문제들로 구성되었으며, 그중 한자성어 유형이 가장 어려웠다는 후기가 많았다. 언어이해 역시 쉬운 문제들로 출제되었다. 명제 추리, 어휘, 독해 등 익숙한 유형의 문제들이 출제되어 체감 난이도를 낮췄다. 필기시험 중 가장 까다로운 영역은 패턴이해였다. 도형의 규칙을 빠르게 파악하고 문제를 풀어나가는 것이 관건이었다. 한편, 기초과학은 예년과 비슷하게 기본 상식 수준으로 출제되었다.

◇ 영역별 출제비중

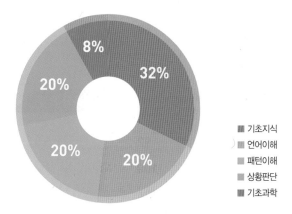

- 8%
- 32%
- 20%
- 20%
- 20%

■ 기초지식
■ 언어이해
■ 패턴이해
■ 상황판단
■ 기초과학

◇ 영역별 출제특징

구분	영역		출제특징
필기시험	기초지식	영어	• 제시된 단어의 관계를 파악하고 알맞은 어휘를 고르는 문제
		수학	• 사칙연산 등을 활용하여 제시된 식을 계산하는 문제
		한자성어	• 한자성어의 뜻과 독음을 고르는 문제
		회사상식	• SK그룹과 관련된 상식 및 이슈 전반에 대해 묻는 문제
	언어이해	언어추리	• 제시문을 읽고 주어진 명제가 참인지, 거짓인지, 알 수 없는지 고르는 문제
		언어유추	• 제시된 단어의 관계를 파악하고 빈칸에 들어갈 알맞은 단어를 고르는 문제
		언어논리	• 제시된 문단의 흐름을 파악하고 이에 맞춰 순서대로 나열하는 문제
	패턴이해	도형추리	• 제시된 도형의 규칙을 파악하고 빈칸에 들어갈 알맞은 도형을 고르는 문제
		지각속도	• 제시된 문자와 일치하는 것을 고르는 문제
	상황판단		• 제시된 상황의 대처 방법 중 가장 바람직한 것을 고르는 문제
	기초과학	화학	• 산과 염기의 종류에 대해 묻는 문제
		물리	• 힘과 운동의 관계에 대해 묻는 문제

이 책의 차례

Add+

6개년

기출복원문제

6개년 기출복원문제

01 ▶ 기초지식

※ 다음 제시된 단어와 반대되는 의미를 가진 단어를 고르시오. [1~8]

| 2024년

01

guilt

① responsibility   ② innocence
③ hope   ④ expectation

| 2024년

02

familiar

① friendly   ② gloomy
③ strange   ④ wild

정답 및 해설

01 제시된 단어의 의미는 '유죄'로, 이와 반대되는 의미를 가진 단어는 'innocence(무죄)'이다.

오답분석
① 책임, 책무
③ 희망
④ 기대

02 제시된 단어의 의미는 '익숙한'으로, 이와 반대되는 의미를 가진 단어는 'strange(낯선)'이다.

오답분석
① 친절한
② 우울한
④ 야생의

01 ②   02 ③   ◀ 정답

03

ill

① suffer
② energy
③ worth
④ healthy

04

suspect

① trust
② doubt
③ suppose
④ guess

정답 및 해설

03 제시된 단어의 의미는 '아픈'으로, 이와 반대되는 의미를 가진 단어는 'healthy(건강한)'이다.

오답분석
① 시달리다
② 에너지
③ ~할 가치가 있는

04 제시된 단어의 의미는 '불신하다, 의심하다'로, 이와 반대되는 의미를 가진 단어는 'trust(신뢰하다, 믿다)'이다.

오답분석
② 의심하다
③ 가정하다
④ 추측하다

03 ④   04 ①   **정답**

05

cold

① suppress   ② warm
③ mitigate   ④ abuse

06

fragile

① weak   ② delicate
③ durable   ④ flexible

정답 및 해설

05 제시된 단어의 의미는 '추운, 차가운'으로, 이와 반대되는 의미를 가진 단어는 'warm(따뜻한)'이다.

오답분석
① 진압하다
③ 완화하다
④ 남용하다

06 제시된 단어의 의미는 '부서지기 쉬운'으로, 이와 반대되는 의미를 가진 단어는 'durable(내구성이 있는)'이다.

오답분석
① 약한
② 섬세한
④ 유연한

05 ② 06 ③ 《정답

07

defeat

① victory ② defense

③ cause ④ virtue

08

promote

① raise ② demote

③ upgrade ④ elevate

정답 및 해설

07 제시된 단어의 의미는 '패배'로, 이와 반대되는 의미를 가진 단어는 'victory(승리)'이다.

오답분석
② 방어
③ 원인
④ 미덕

08 제시된 단어의 의미는 '인상하다, 높이다'로, 이와 반대되는 의미를 가진 단어는 'demote(강등시키다)'이다.

오답분석
① (양이나 수준 등을) 올리다, 인상하다
③ 증가, 상승, 향상
④ 올리다, 높이다

07 ① 08 ② **정답**

| 2024년

09

구조물

① cage ② portrait

③ space ④ structure

| 2024년

10

정비공

① actor ② mechanic

③ athlete ④ surgeon

정답 및 해설

09 '구조물'을 뜻하는 단어는 'structure'이다.

[오답분석]
① 우리, 새장
② 초상화
③ 공간, 우주

10 '정비공'을 뜻하는 단어는 'mechanic'이다.

[오답분석]
① 배우
③ 운동선수
④ 외과의사

09 ④ **10** ② **《정답》**

11

대상, 물건

① curriculum   ② restriction

③ proficient   ④ object

12

경쟁력 있는

① accustomed   ② foster

③ cultivate   ④ competitive

정답 및 해설

11 '대상, 물건'을 뜻하는 단어는 'object'이다.

[오답분석]
① 교육과정
② 제한, 규제
③ 능숙한, 능한

12 '경쟁력 있는'을 뜻하는 단어는 'competitive'이다.

[오답분석]
① 익숙한, 평상시의
② 조성하다, 발전시키다
③ 경작하다, 재배하다

11 ④   12 ④   《정답

13

> leave : abandon = ( ) : assemble

① gather　　　　　　　　　　② conduct
③ disaster　　　　　　　　　 ④ boundary

14

> forgive : ( ) = construct : destroy

① lose　　　　　　　　　　　② conceal
③ forbid　　　　　　　　　　 ④ punish

정답 및 해설

13 'leave'는 '떠나다'라는 뜻으로 'abandon'과 유의 관계이다.
따라서 '모으다'라는 'assemble'의 유의어인 'gather'가 가장 적절하다.

오답분석
② 수행하다, 지휘하다
③ 재난, 재해
④ 경계, 분계선

14 'construct'는 '건설하다'라는 뜻으로 '파괴하다'라는 뜻의 'destroy'와 반의 관계이다.
따라서 '용서하다'라는 'forgive'의 반의어인 '벌을 주다'라는 뜻의 'punish'가 가장 적절하다.

오답분석
① 잃어버리다
② 감추다
③ 금지하다

13 ① 　14 ④ 　《 정답

| 2024년

15

> At certain times in history, cultures have taken it for granted that a person was not fully human unless he or she learned to master thoughts and feelings. In ancient Sparta, in Republican Rome, and among the British upper classes of the Victorian era, ___(A)___, people were held responsible for keeping control of their emotions. Anyone who lost his or her temper too easily was deprived of the right to be accepted as a member of the community. In other historical periods such as the one in which we are now living, ___(B)___, the ability to control oneself is not always highly respected. People who attempt it are often thought to be odd.

	(A)	(B)
①	for example	therefore
②	for example	however
③	on the contrary	however
④	on the contrary	therefore

정답 및 해설

15 (A) '역사상의 특정 시기'와 그 예인 '고대 스파르타', '로마 공화국', '빅토리아 시대' 사이에 들어갈 알맞은 연결사는 'for example'이다.
(B) 역사상 어떤 시기에는 개인이 감정을 통제할 책임이 없는 사람은 공동체의 일원이 될 자격이 없다는 내용과 오늘날과 같이 역사상 또 다른 시기에는 감정을 통제하는 것이 이상하게 여겨졌다는 상반되는 내용 사이에 들어갈 알맞은 연결사는 'however'이다.

| 해석 |
역사적으로 특정한 시기에, 여러 문화들은 한 사람이 사상이나 감정을 통제하는 법을 배우지 않으면 그 사람은 완전한 인간이 아니라는 것을 당연하게 받아들였다. (A) 예를 들어 고대 스파르타, 로마 공화국, 그리고 빅토리아 시대의 영국 상류층들의 사이에서, 사람들은 자신의 감정을 통제할 책임을 지고 있었다. 너무 쉽게 성질을 내는 사람은 누구나 공동체의 일원으로서 인정될 권리를 박탈당했다. (B) 그러나 오늘날 우리가 살고 있는 것과 같은 역사적으로 다른 시기에서는, 자기 자신을 통제하는 능력이 언제나 크게 존중되는 것은 아니다. 감정을 통제하려고 시도하는 사람들은 종종 이상하게 여겨진다.

15 ② ▸정답

16

When people gossip, they generally criticize other people, mostly for breaking social and moral *codes. This may hurt people's feelings or lead to misunderstandings. ___(A)___, gossip plays an important social role by reinforcing community values: it makes people feel closer to each other; it unifies people who follow the rules; it helps people get a sense of the values of their community. ___(B)___, it's not a very nice thing to do, and I always felt bad after a gossipy conversation, even though I enjoyed it at the time. I want to stop telling unkind stories or being too curious about sensitive subjects.

*code : 규범

	(A)	(B)
①	Nevertheless	However
②	Nevertheless	Therefore
③	For example	In short
④	For example	In addition

정답 및 해설

16 (A) 험담의 일반적 악영향에 대한 내용과 험담의 순기능을 언급하는 내용 사이에 들어갈 알맞은 연결사는 'Nevertheless' 이다.

(B) 험담의 순기능에 대한 내용과 필자가 느끼는 험담의 악영향을 언급하는 내용 사이에 들어갈 알맞은 연결사는 'However'이다.

| 해석 |

사람들은 험담할 때, 대부분 사회적, 도덕적인 규범을 위반한 것에 대하여 다른 사람을 비난하게 된다. 이것은 사람들의 감정을 상하게 하거나 오해를 불러일으킬 수 있다. (A) 그럼에도 불구하고, 험담은 공동체 가치를 강화시켜 줌으로써 중요한 사회적 역할을 한다. 즉, 험담은 서로 간의 사이를 더 가깝게 하고, 규칙을 잘 지키는 사람들을 결속시키며, 사람들에게 그들이 살고 있는 공동체의 가치관을 이해하도록 도와준다. (B) 그러나 험담은 그렇게 좋은 일이 아니며, 나는 험담을 할 당시에는 즐겼음에도, 험담을 하고 나서는 항상 기분이 좋지 않았다. 나는 매정한 이야기를 하는 것 혹은 민감한 주제에 대해 지나치게 관심을 가지는 것을 그만두고 싶다.

16 ① **《정답》**

17

In most people, emotions are situational. Something in the here and now makes you mad. The emotion itself is ____(A)____ to the situation in which it originates. As long as you remain in that emotional situation, you're likely to stay angry. If you leave the situation, the opposite is true. The emotion begins to ____(B)____ as soon as you move away from the situation. Moving away from the situation prevents it from taking hold of you. Counselors often advise clients to get some emotional distance from whatever is bothering them. One easy way to do that is to geographically separate yourself from the source of your anger.

	(A)	(B)
①	tied	disappear
②	tied	appear
③	included	appear
④	unrelated	disappear

정답 및 해설

17 (A) 첫 문장에서 감정은 상황적이라고 언급하였다. 따라서 감정 자체가 그것이 일어나는 상황과 연결되어(tied) 있다고 하는 것이 자연스럽다.

(B) 처한 상황에서 벗어나면, 그 상황과 연결되어 있던 감정은 사라지게(disappear) 된다.

｜해석｜
대부분의 사람에게 있어 감정은 상황적이다. 현 시점의 무언가가 여러분을 화나게 한다. 그 감정 자체는 그것이 일어나는 상황과 (A) 연결되어 있다. 그 감정의 상황 속에 남아 있는 한, 여러분은 화가 난 상태에 머물기 쉽다. 여러분이 그 상황을 벗어나면, 정반대가 사실이 된다. 여러분이 그 상황에서 벗어나자마자 그 감정은 (B) 사라지기 시작한다. 그 상황에서 벗어나게 되면 그 감정은 여러분을 붙잡지 못한다. 상담자는 내담자에게 그들을 괴롭히고 있는 그 어떤 것과 어느 정도 감정적 거리를 두라고 자주 충고한다. 그것을 이행하는 한 가지 쉬운 방법은 본인 화의 근원으로부터 여러분 자신을 지리적으로 떼어놓는 것이다.

17 ① 《정답》

※ 다음 대화에서 밑줄 친 빈칸에 들어가기에 가장 적절한 말을 고르시오. [18~19]

┃ 2021년

18

> A : Do you mind closing the door?
> B : _____ for we have enough fresh air.

① Yes, I can
② No, I don't
③ I want to do
④ Yes, of course

┃ 2021년

19

> A : Would you like some cake with your tea?
> B : No, thank you. And don't put any sugar in my tea. _____

① I'm on a diet.
② I'm not very thirsty.
③ I'd rather have coffee.
④ I don't feel like drinking tea now.

정답 및 해설

18 빈칸에 이어지는 내용이 '신선한 공기가 충분하기 때문에'라는 의미이므로 빈칸에는 허락한다는 말이 와야 한다. 'Do you mind ~?'에 대한 대답으로 허락할 때에는 부정으로 대답해야 한다.

┃해석┃
A : 문을 닫아도 될까?
B : 응. 신선한 공기가 충분해서 괜찮아.

19 빈칸 앞에 설탕을 넣지 말아달라는 내용이 나왔으므로 빈칸에는 그에 대한 이유가 나와야 한다. 'be on a diet'는 '다이어트 중이다'라는 뜻을 가지고 있다.

┃해석┃
A : 케이크와 차를 드시겠어요?
B : 아니, 괜찮아요. 그리고 차에 설탕은 넣지 마세요. 전 다이어트 중이거든요.

18 ② 19 ① **정답**

20 다음 중 밑줄 친 부분의 어법이 적절하지 않은 것은?

> The most common shortcoming in exam answers ① is irrelevance. Examiners understand why irrelevant material is produced, but they cannot give a good mark to an essay ② that fails to adequately answer a target question. Irrelevance is mainly due to panic; many people are so anxious to get something down on paper that they simply start ③ reproducing everything they know it. It is essential to devote some time to ④ think about what you are going to write before writing it. This does not necessitate writing elaborate essay plans, but you must think about what exactly a specific question is getting at and how it can best be answered. A little more thinking and a little less writing would improve a great many grades. It also helps to have an idea of the shape your essay is likely to take. This guarantees that your answer will have some shape, form and sense of direction.

정답 및 해설

20 'devote A to B(A를 B에 쏟다)'에서 'to'는 전치사로서 뒤에는 부정사인 'think'가 아닌 동명사 'thinking'이 와야 한다.

| 해석 |
시험 답안에 가장 많은 결점은 부적절함이다. 시험 위원들은 어째서 부적절한 소재가 나오는지 이해하지만, 문제에 적절한 답을 하는 데 실패한 글에 좋은 점수를 줄 수는 없다. 부적절함은 주로 공황 상태 때문이다. 많은 사람들은 자신들이 아는 모든 것을 종이 위에 재현하여 써 내려가는 데 불안을 느낀다. 무언가를 쓰기 전 무엇을 쓸지 생각하는 데 시간을 할애하는 것이 필수이다. 정교한 글쓰기 계획을 필요로 하는 것은 아니지만, 특정 문항이 무엇을 의미하며 어떻게 답하는 것이 가장 좋을지 생각해야 한다. 조금 더 생각하고 조금 덜 씀으로써 좋은 성적을 거둘 수 있다. 또한 이는 글의 형태를 잡는 것에 대한 개념을 갖는 데 도움이 된다. 이는 답이 모양새와 형식 그리고 방향 감각을 갖추도록 보장한다.

20 ④ **정답**

21 20보다 작은 연속된 세 수의 합이 12로 나누어 떨어지는 모든 경우의 수는?

① 3가지　　　　　　　　　　② 4가지

③ 5가지　　　　　　　　　　④ 6가지

22 7km를 cm로 환산했을 때 옳은 것은?

① 7,000,000cm　　　　　　　② 700,000cm

③ 70,000cm　　　　　　　　　④ 7,000cm

정답 및 해설

21　12로 나눌 때 나누어 떨어지는 수는 12의 배수이다.
- 12=12×1=4×3이므로 3+4+5=12이다.
- 24=12×2=8×3이므로 7+8+9=24이다.
- 36=12×3이므로 11+12+13=36이다.
- 48=12×4=16×3이므로 15+16+17=48이다.
- 60=12×5=20×3이므로 19+20+21=60이지만 21은 20보다 크다.
따라서 구하고자 하는 경우의 수는 모두 4가지이다.

22　1km=1,000m, 1m=100cm이므로 7km=700,000cm이다.

21 ②　22 ②　◁정답

※ 다음 주어진 식을 계산한 값으로 옳은 것을 고르시오. [23~28]

| 2024년

23

$$(423,475 - 178,475) \div 70 \times 91$$

① 308,500 　　　　　　　　② 318,500

③ 328,500 　　　　　　　　④ 338,500

| 2024년

24

$$4,543 + 2,331 - 11^2 - 12^2$$

① 6,609 　　　　　　　　② 6,709

③ 6,809 　　　　　　　　④ 6,909

정답 및 해설

23 $(423,475 - 178,475) \div 70 \times 91 = 245,000 \div 70 \times 91 = 3,500 \times 91 = 318,500$

24 $4,543 + 2,331 - 11^2 - 12^2 = 6,874 - 121 - 144 = 6,609$

23 ② 　24 ① 《정답》

25

$$0.8213 + 1.8124 - 2.4424$$

① 0.1913   ② 0.1923
③ 0.1933   ④ 0.1943

26

$$12^2 + 13^2 - 6^2 - 5^2$$

① 222   ② 232
③ 242   ④ 252

정답 및 해설

25 $0.8213 + 1.8124 - 2.4424 = 2.6337 - 2.4424 = 0.1913$

26 $12^2 + 13^2 - 6^2 - 5^2 = 144 + 169 - 36 - 25 = 252$

25 ① 26 ④ 《정답

27

$$62.7 \times 3 + 21.8$$

① 197.9   ② 201.9

③ 205.9   ④ 209.9

28

$$(182,100 - 86,616) \div 146$$

① 624   ② 654

③ 687   ④ 691

정답 및 해설

27 $62.7 \times 3 + 21.8 = 188.1 + 21.8 = 209.9$

28 $(182,100 - 86,616) \div 146 = 95,484 \div 146 = 654$

27 ④   28 ② 《 정답

※ 다음 빈칸에 들어갈 수로 옳은 것을 고르시오. [29~30]

| 2022년

29

$$0.71<(\quad)<\frac{9}{12}$$

① $\frac{3}{4}$

② $\frac{695}{1,000}$

③ 0.705

④ $\frac{145}{200}$

| 2021년

30

$$\sqrt{8}<(\quad)<\sqrt{18}$$

① $\frac{7}{2}$

② 2.7

③ $\frac{30}{7}$

④ 4.3

정답 및 해설

29 $0.71<(\quad)<\frac{9}{12}$ → $0.71<(\quad)<0.75$

따라서 빈칸에는 $\frac{145}{200}=0.725$가 들어갈 수 있다.

오답분석

① $\frac{3}{4}=0.75$, ② $\frac{695}{1,000}=0.695$

30 $\sqrt{8}=2\sqrt{2}≒1.414\times2=2.828$, $\sqrt{18}=3\sqrt{2}≒1.414\times3=4.242$

따라서 빈칸에는 $\frac{7}{2}=3.5$가 들어갈 수 있다.

오답분석

③ $\frac{30}{7}≒4.286$

29 ④ 30 ① 《정답

31 영희는 산에 올라갈 때는 2km/h의 속력으로 걸었고, 내려갈 때는 4km/h의 속력으로 걸어서 총 3시간이 걸렸다. 올라갈 때 이용한 길보다 내려갈 때 이용한 길이 3km 더 길었다면, 영희가 등산한 총거리는?

① 8km

② 9km

③ 10km

④ 12km

32 인수가 집에서 2km 떨어진 도서관에 갈 때, 처음에는 50m/min의 속력으로 걷다가 늦을 것 같아 속력을 2배로 올렸더니 총 30분이 걸렸다. 인수가 50m/min의 속력으로 걸은 거리는?

① 900m

② 1,000m

③ 1,100m

④ 1,200m

정답 및 해설 ○━━━━━━━━━━━━━━━━━━━━━━━━━━━━━━━━━○

31 올라갈 때의 거리를 $x$km라고 하면, 내려갈 때의 거리는 $(x+3)$km이므로 다음과 같은 식이 성립한다.

$$\frac{x}{2}+\frac{x+3}{4}=3 \rightarrow 2x+x+3=12$$

$$\rightarrow 3x=9$$

$$\therefore x=3$$

따라서 영희가 등산한 총거리는 $x+2x=3+6=9$km이다.

32 50m/min의 속력으로 걸은 거리를 xm라고 하면, 2배로 올린 100m/min의 속력으로 걸은 거리는 $(2,000-x)$m이므로 다음과 같은 식이 성립한다.

$$\frac{x}{50}+\frac{2,000-x}{100}=30$$

$$\rightarrow 2x+2,000-x=3,000$$

$$\therefore x=1,000$$

따라서 인수가 50m/min의 속력으로 걸은 거리는 1,000m이다.

31 ② 32 ② ◀ **정답**

33 주머니에 흰 공 5개, 검은 공 3개가 들어있다. 이 주머니에서 공을 연속하여 2개 꺼낼 때, 모두 흰 공이거나 모두 검은 공일 확률은?(단, 꺼낸 공은 다시 넣지 않는다)

① $\dfrac{9}{28}$

② $\dfrac{11}{32}$

③ $\dfrac{13}{28}$

④ $\dfrac{15}{32}$

34 농도 5%의 소금물 20g에 농도 2%의 소금물 몇 g을 넣어야 농도 3%의 소금물이 되는가?

① 32g

② 35g

③ 38g

④ 40g

정답 및 해설

33
- 둘 다 흰 공을 꺼낼 확률 : $\dfrac{5}{8} \times \dfrac{4}{7} = \dfrac{5}{14}$

- 둘 다 검은 공을 꺼낼 확률 : $\dfrac{3}{8} \times \dfrac{2}{7} = \dfrac{3}{28}$

따라서 공을 연속하여 2개 꺼낼 때, 모두 흰 공이거나 모두 검은 공일 확률은 $\dfrac{5}{14} + \dfrac{3}{28} = \dfrac{10}{28} + \dfrac{3}{28} = \dfrac{13}{28}$ 이다.

34 농도 2% 소금물의 양을 xg이라고 하면 다음과 같은 식이 성립한다.

$$\dfrac{\dfrac{5}{100} \times 20 + \dfrac{2}{100} \times x}{20 + x} \times 100 = 3 \rightarrow \dfrac{100 + 2x}{20 + x} = 3$$

$$\rightarrow 100 + 2x = 3(20 + x) \rightarrow 100 + 2x = 60 + 3x$$

$$\therefore x = 40$$

따라서 농도 2%의 소금물 40g을 넣으면 농도 3%의 소금물이 된다.

33 ③ 34 ④ 《정답

35 어떤 시험에서 A~C 세 사람이 합격할 확률은 각각 $\frac{1}{3}$, $\frac{1}{4}$, $\frac{1}{5}$ 이다. B만 합격할 확률은?

① $\frac{1}{60}$

② $\frac{1}{4}$

③ $\frac{2}{15}$

④ $\frac{3}{5}$

36 어느 학교의 모든 학생이 n대의 버스에 나누어 타면 한 대에 45명씩 타야 하고, $(n+2)$대의 버스에 나누어 타면 한 대에 40명씩 타야 한다. 이 학교의 학생은 모두 몇 명인가?(단, 빈자리가 있는 버스는 없다)

① 600명

② 640명

③ 680명

④ 720명

정답 및 해설

35 B만 합격한다는 것은 A와 C는 불합격한다는 뜻이므로 다음과 같은 식이 성립한다.

$$\left(1-\frac{1}{3}\right) \times \frac{1}{4} \times \left(1-\frac{1}{5}\right) = \frac{2}{15}$$

따라서 구하고자 하는 확률은 $\frac{2}{15}$ 이다.

36 빈자리가 있는 버스는 없으므로 한 대에 45명씩 n대 버스에 나누어 탈 때와 한 대에 40명씩 $(n+2)$대 버스에 나누어 탈 때의 전체 학생 수는 같다. 그러므로 다음과 같은 식이 성립한다.

$45n = 40(n+2) \longrightarrow 5n = 80$

$\therefore n = 16$

따라서 이 학교의 학생 수는 $16 \times 45 = 720$명이다.

35 ③ **36** ④ 《정답

37 A가 시속 30km로 $x$km를 가는 데 걸린 시간은 B가 시속 40km로 30km를 갔을 때보다 5분 짧다. A가 이동한 거리는?

① 15km   ② 20km

③ 25km   ④ 30km

38 수학시험에서 동일이는 101점, 나정이는 105점, 윤진이는 108점을 받았다. 천포의 점수까지 합친 평균이 105점일 때 천포의 점수는?

① 105점   ② 106점

③ 107점   ④ 108점

정답 및 해설

37 • B가 이동할 때 걸린 시간 : $\dfrac{30}{40} \times 60 = 45$

• A가 이동할 때 걸린 시간 : $\dfrac{x}{30} \times 60 = 45 - 5 \rightarrow 2x = 40$

∴ $x = 20$

따라서 A가 이동한 거리는 20km이다.

38 천포의 점수를 x점이라고 하자. 네 사람의 평균이 105점이므로 다음과 같은 식이 성립한다.

$\dfrac{101 + 105 + 108 + x}{4} = 105 \rightarrow x + 314 = 420$

∴ $x = 106$

따라서 천포의 점수는 106점이다.

37 ② 38 ② ◀정답

39 A와 B가 운동장을 돌 때, 서로 반대 방향으로 돌면 12분 후에 다시 만난다. A의 속력은 100m/min, B의 속력은 80m/min이라면 운동장의 둘레는?

① 1,960m

② 2,060m

③ 2,100m

④ 2,160m

40 어린이날을 맞아 행사장에서 아이들을 위한 색깔 실험을 하기 위해 A ~ C호스 3개를 준비했다. 원통에 A, B, C호스는 각각 빨강, 파랑, 초록색 물이 1시간당 일정한 양으로 나온다. 첫 번째 실험에서 A, B호스를 2시간 동안 틀고, 이후 3개의 호스를 동시에 4시간 동안 틀었더니 새로운 색이 되었다. 두 번째 실험에서 새로운 색과 똑같이 만들기 위해 A호스를 1시간 틀었다 잠그고, B호스와 C호스도 차례로 틀었다 잠갔다. 이때 B호스와 C호스를 틀었던 총 시간은?(단, 각 호스의 색깔 농도는 일정하다)

① 40분

② 70분

③ 100분

④ 130분

정답 및 해설

39 A와 B가 서로 반대 방향으로 돌면, 둘이 만났을 때 A가 걸은 거리와 B가 걸은 거리의 합이 운동장의 둘레와 같으므로 다음과 같은 식이 성립한다.

$100 \times 12 + 80 \times 12 = 2,160$

따라서 운동장의 둘레는 2,160m이다.

40 농도가 일정한 색을 가진 물이 나오는 호스를 사용하여 같은 색을 만들기 위해서는 사용시간 비율을 같게 하면 된다. 첫 번째 실험에서 얻은 색은 A호스와 B호스는 6시간, C호스는 4시간 동안 틀었을 때의 사용시간 비율을 구하게 되므로 $A : B : C = 3 : 3 : 2$가 나온다. 그리고 두 번째 실험에서 첫 번째 실험과 같은 색을 나오게 하려면 사용시간 비율에 비례하여 답을 구하면 된다.

두 번째 실험에서 A호스는 1시간 동안 틀었으므로 사용시간 비율에 $\frac{1}{3}$을 곱하면 $3 : 3 : 2 = 1 : 1 : \frac{2}{3}$가 되어 B호스는 1시간, C호스는 $\frac{2}{3}$시간 동안 틀었다.

따라서 B호스와 C호스를 틀었던 총 시간은 $\left(1 + \frac{2}{3}\right) \times 60 = 100$분이다.

39 ④ **40** ③ 《정답》

41 30명 중에서 불합격자가 10명인 시험의 최저 합격 점수는 30명의 평균보다 5점이 낮고, 합격자의 평균보다는 30점이 낮았다. 또, 불합격자의 평균의 2배보다는 2점이 낮았다고 할 때, 최저 합격 점수는?

① 90점

② 92점

③ 94점

④ 96점

42 정환이는 승연이보다 구슬을 130개 더 가지고 있다. 승연이가 정환이에게 구슬 30개를 주고 난 뒤, 정환이는 승연이보다 두 배 많은 구슬을 가지게 되었다. 이 둘이 가지고 있는 구슬은 모두 몇 개인가?

① 540개

② 550개

③ 560개

④ 570개

정답 및 해설

41 최저 합격 점수를 x점이라고 하자. 전체 30명의 평균은 $(x+5)$점, 합격자 10명의 평균은 $(x+30)$점, 불합격자 20명의 평균은 $\left(\dfrac{x+2}{2}\right)$점이므로 다음과 같은 식이 성립한다.

$$30(x+5)=20(x+30)+10\left(\dfrac{x+2}{2}\right)$$

$\rightarrow 30x+150=20x+600+5x+10$

$\rightarrow 30x-20x-5x=600+10-150$

$\rightarrow 5x=460$

$\therefore x=92$

따라서 최저 합격 점수는 92점이다.

42 처음 승연이가 가진 구슬 개수가 a개면 정환이는 $(a+130)$개를 가지고 있다. 이후 승연이는 $(a-30)$개의 구슬을, 정환이는 $(a+160)$개를 가지고 있다. 이때 정환이의 구슬 개수는 승연이의 2배이므로 $a+160=2(a-30)$ → $a=220$이다. 따라서 둘이 가진 구슬의 개수의 합은 $220+220+130=570$개이다.

41 ② **42** ④ 《정답》

※ 다음 한자와 반대의 뜻을 가진 한자를 고르시오. [43~45]

43

遠

① 近   ② 根
③ 勤   ④ 園

2023년

44

晝

① 玄   ② 暗
③ 寒   ④ 夜

2022년

45

尊重

① 愛情   ② 尊敬
③ 孝道   ④ 無視

정답 및 해설

43 제시된 한자는 '멀 원(遠)'이고, 반대의 의미를 가진 것은 '가까울 근(近)'이다.

오답분석
② 根(뿌리 근), ③ 勤(부지런할 근), ④ 園(동산 원)

44 제시된 한자는 '낮 주(晝)'이고, 반대의 의미를 가진 것은 '밤 야(夜)'이다.

오답분석
① 검을 현(玄), ② 어두울 암(暗), ③ 찰 한(寒)

45 제시된 한자어는 '높이고 중히 여김'이라는 뜻의 '존중(尊重)'이고, 반대의 의미를 가진 것은 '사람을 깔보거나 업신여김'이라는 뜻의 '무시(無視)'이다.

오답분석
① 愛情(애정) : 사랑하는 마음. 또는 남녀 사이에 서로 그리워하는 정
② 尊敬(존경) : 존중히 여겨 공경하는 일
③ 孝道(효도) : 부모를 잘 섬기는 도리. 또는 부모를 정성껏 잘 섬기는 일

43 ①   **44** ④   **45** ④   정답

6개년 기출복원문제 • 25

※ 다음 한자와 같은 뜻을 가진 한자를 고르시오. [46~48]

▌2023년

46

協

① 助　　　　　　　　　　② 動
③ 男　　　　　　　　　　④ 勉

▌2023년

47

思

① 恩　　　　　　　　　　② 急
③ 想　　　　　　　　　　④ 悲

▌2022년

48

示

① 感　　　　　　　　　　② 監
③ 想　　　　　　　　　　④ 戀

정답 및 해설

46 제시된 한자는 '도울 협(協)'이고, 같은 의미를 가진 것은 '도울 조(助)'이다.
[오답분석]
② 움직일 동(動), ③ 사내 남(男), ④ 힘쓸 면(勉)

47 제시된 한자는 '생각 사(思)'이고, 같은 의미를 가진 것은 '생각 상(想)'이다.
[오답분석]
① 은혜 은(恩), ② 급할 급(急), ④ 슬플 비(悲)

48 제시된 한자는 '볼 시(示)'이고, 같은 의미를 가진 것은 '볼 감(監)'이다.
[오답분석]
① 느낄 감(感), ③ 생각할 상(想), ④ 그리워할 연(戀)

46 ①　47 ③　48 ②　《정답

49 다음 중 한자의 음과 뜻의 연결이 옳지 않은 것은?

① 喜 : 기쁠 희
② 受 : 받을 수
③ 努 : 성낼 노
④ 炅 : 빛날 경

50 다음 중 '전화위복'을 한자로 쓸 때 포함되는 한자가 아닌 것은?

① 轉
② 禍
③ 僞
④ 爲

51 다음 뜻을 가장 잘 나타내는 한자성어는?

자나 깨나 잊지 못하다.

① 風樹之歎
② 輾轉反側
③ 寤寐不忘
④ 以心傳心

정답 및 해설

49 '努'는 '힘쓸 노'이고, '성낼 노'는 '怒'이다.

50 轉禍爲福(전화위복)은 '화가 바뀌어 오히려 복이 된다.'는 뜻이다. 각각의 한자는 轉(구를 전), 禍(재앙 화), 爲(할 위), 福(복 복)이므로 僞(거짓 위)는 포함되지 않는다.

51 寤寐不忘(오매불망)은 '자나 깨나 잊지 못하다.'라는 뜻으로, 사랑하는 사람을 그리워하여 잠 못 들거나 근심 또는 생각이 많아 잠 못 드는 것을 비유하는 말이다.

오답분석
① 風樹之歎(풍수지탄) : '나무가 바람을 한탄한다.'는 뜻으로, 부모에게 효도를 다하려고 생각할 때에는 이미 돌아가셔서 그 뜻을 이룰 수 없음을 이르는 말
② 輾轉反側(전전반측) : '이리 뒤척 저리 뒤척 한다.'는 뜻으로, 걱정거리로 마음이 괴로워 잠을 이루지 못함을 이르는 말
④ 以心傳心(이심전심) : '석가(釋迦)와 가섭(迦葉)이 마음으로 마음에 전한다.'는 뜻으로, 마음과 마음이 통하고, 말을 하지 않아도 의사가 전달됨을 이르는 말

49 ③ 50 ③ 51 ③ 정답

※ 다음 한자성어에서 빈칸에 들어갈 한자로 옳은 것을 고르시오. [52~53]

▌ 2020년

52

( )下無人

① 顔　　　　　　　　　　② 眼
③ 岸　　　　　　　　　　④ 安

▌ 2019년

53

( )地思之

① 役　　　　　　　　　　② 力
③ 易　　　　　　　　　　④ 逆

정답 및 해설

52 眼下無人(안하무인)은 '눈 아래에 사람이 없다.'는 뜻으로, 방자하고 교만하여 다른 사람을 업신여김을 이르는 말이다.

53 易地思之(역지사지)는 '처지를 서로 바꾸어 생각한다.'는 뜻으로, 상대방의 입장에서 생각함을 이르는 말이다.

52 ② 　53 ③ 　**정답**

※ 다음 제시된 단어의 대응 관계로 볼 때, 빈칸에 들어가기에 가장 적절한 것을 고르시오. [1~10]

| 2024년

01

응분 : 과분 = 겸양하다 : (　　)

① 강직하다　　　　　　　　　② 너그럽다
③ 젠체하다　　　　　　　　　④ 겸손하다

| 2024년

02

공항 : (　　) = 항구 : 선박

① 비행기　　　　　　　　　　② 정류장
③ 면세점　　　　　　　　　　④ 승무원

정답 및 해설

01 제시문은 반의 관계이다.
'응분'은 어떤 정도나 분수에 맞음을 의미하는 말로 '과분'과 반대되는 의미를 가지며, '겸양하다'는 겸손한 태도로 양보하거나 사양한다는 의미의 말로 잘난 체한다는 의미의 '젠체하다'와 반대되는 의미를 가진다.

02 제시문은 장소와 이동수단의 관계이다.
'공항'에서 '비행기'를 타고, '항구'에서 '선박'을 탄다.

01 ③　02 ①　**정답**

03

| 쌀 : 송편 = 도토리 : (　　) |

① 단오　　　　　　　　　　　② 묵

③ 밤　　　　　　　　　　　　④ 밀

04

| 고무 : (　　) = 포도 : 발사믹 식초 |

① 냄비　　　　　　　　　　　② 화선지

③ 나무　　　　　　　　　　　④ 지우개

정답 및 해설

03 제시문은 재료와 음식의 관계이다.
'쌀'로 가루를 내어 '송편'을 만들고, '도토리'로 가루를 내어 '묵'을 만든다.

04 제시문은 재료와 결과물의 관계이다.
'포도'로 '발사믹 식초'를 만들고, '고무'로 '지우개'를 만든다.

03 ② 　04 ④ 　《정답

05

유사 : 근사 = (   ) : 미래

① 준비   ② 장래

③ 현재   ④ 과거

06

학생 : 중학생 = (   ) : 전철

① 기차   ② 자전거

③ 대중교통   ④ 버스

정답 및 해설

05 제시문은 유의 관계이다.
'유사'는 '근사'와 유사한 의미를 가지며, '미래'는 '장래'와 유사한 의미를 가진다.

06 제시문은 상하 관계이다.
'중학생'은 '학생'에 포함되며, '전철'은 '대중교통'에 포함된다.

05 ②   **06** ③ 《 정답

07

우유 : 치즈 = ( ) : 빵

① 쌀   ② 밀가루

③ 버터   ④ 떡

08

( ) : 비단 = 닭 : 오믈렛

① 누에   ② 장신구

③ 귀걸이   ④ 한복

정답 및 해설

07 제시문은 재료와 음식의 관계이다.
'치즈'는 '우유'로 만들고, '빵'은 '밀가루'로 만든다.

08 제시문은 재료를 생성하는 생물과 그 재료로 만든 결과물의 관계이다.
'누에'가 생성한 실로 '비단'을 만들고, '닭'이 생성한 계란으로 '오믈렛'을 만든다.

07 ② 08 ① 《정답》

09

과식 : (　　) = 오해 : 다툼

① 폭식　　　　　　　　　　　② 비만

③ 음식　　　　　　　　　　　④ 싸움

10

통지 : 통보 = (　　) : 명령

① 부하　　　　　　　　　　　② 명상

③ 보고　　　　　　　　　　　④ 지시

정답 및 해설

09 제시문은 원인과 결과의 관계이다.
'과식'으로 인해 '비만'이 발생하고, '오해'로 인해 '다툼'이 발생한다.

10 제시문은 유의 관계이다.
'통지'는 '통보'와 유사한 의미를 가지며, '명령'은 '지시'와 유사한 의미를 가진다.

09 ②　　**10** ④　　**정답**

※ 주어진 명제가 모두 참일 때, 다음 빈칸에 들어갈 명제로 가장 적절한 것을 고르시오. [11~14]

┃ 2024년

11

- 날씨가 좋으면 야외활동을 한다.
- 날씨가 좋지 않으면 행복하지 않다.
- _____

① 날씨가 좋으면 행복한 것이다.
② 야외활동을 하지 않으면 행복하지 않다.
③ 행복하지 않으면 날씨가 좋지 않은 것이다.
④ 날씨가 좋지 않으면 야외활동을 하지 않는다.

┃ 2023년

12

- 비가 오면 한강 물이 불어난다.
- 비가 오지 않으면 보트를 타지 않은 것이다.
- _____
- 자전거를 타지 않으면 한강 물이 불어난 것이다.

① 보트를 타면 자전거를 탄다.
② 자전거를 타면 비가 오지 않는다.
③ 자전거를 타지 않으면 보트를 탄다.
④ 한강 물이 불어나면 보트를 타지 않은 것이다.

정답 및 해설

11 '날씨가 좋다.'를 p, '야외활동을 한다.'를 q, '행복하다.'를 r이라고 하면, 각 명제는 순서대로 $p \rightarrow q$, $\sim p \rightarrow \sim r$이고, 두 명제를 연결하면 $r \rightarrow p \rightarrow q$이다. 그러므로 $r \rightarrow q$, $\sim q \rightarrow \sim r$이 성립한다.
따라서 '야외활동을 하지 않으면 행복하지 않다.'가 옳다.

12 '비가 온다.'를 p, '한강 물이 불어난다.'를 q, '보트를 탄다.'를 r, '자전거를 탄다.'를 s라고 하면, 각 명제는 순서대로 $p \rightarrow q$, $\sim p \rightarrow \sim r$, $\sim s \rightarrow q$이고, 앞의 두 명제를 연결하면 $r \rightarrow p \rightarrow q$이다. 그러므로 $\sim s \rightarrow r$이라는 명제가 필요하다.
따라서 '자전거를 타지 않으면 보트를 탄다.'가 옳다.

11 ② **12** ③ 《정답

13

> • 음악을 좋아하는 사람은 미술을 좋아한다.
> • 사회를 좋아하는 사람은 음악을 좋아한다.
> • _____

① 음악을 좋아하는 사람은 사회를 좋아한다.
② 사회를 좋아하지 않는 사람은 미술을 좋아한다.
③ 미술을 좋아하는 사람은 사회를 좋아하지 않는다.
④ 미술을 좋아하지 않는 사람은 사회를 좋아하지 않는다.

14

> • 음악을 좋아하는 사람은 상상력이 풍부하다.
> • 음악을 좋아하지 않는 사람은 노란색을 좋아하지 않는다.
> • _____

① 노란색을 좋아하는 사람은 상상력이 풍부하다.
② 노란색을 좋아하지 않는 사람은 음악을 좋아한다.
③ 상상력이 풍부한 사람은 노란색을 좋아하지 않는다.
④ 음악을 좋아하지 않는 사람은 상상력이 풍부하지 않다.

정답 및 해설

13 '음악을 좋아한다.'를 p, '미술을 좋아한다.'를 q, '사회를 좋아한다.'를 r이라고 하면, 각 명제는 순서대로 $p \rightarrow q$, $r \rightarrow p$이고, 두 명제를 연결하면 $r \rightarrow p \rightarrow q$이다. 그러므로 $r \rightarrow q$, $\sim q \rightarrow \sim r$이 성립한다.
따라서 '미술을 좋아하지 않는 사람은 사회를 좋아하지 않는다.'가 옳다.

14 '음악을 좋아한다.'를 p, '상상력이 풍부하다.'를 q, '노란색을 좋아한다.'를 r이라고 하면, 각 명제는 순서대로 $p \rightarrow q$, $\sim p \rightarrow \sim r$이고, 두 명제를 연결하면 $r \rightarrow p \rightarrow q$이다. 그러므로 $r \rightarrow q$, $\sim q \rightarrow \sim r$이 성립한다.
따라서 '노란색을 좋아하는 사람은 상상력이 풍부하다.'가 옳다.

13 ④ **14** ① ≪정답

15 다음 중 주어진 명제의 대우 명제로 가장 적절한 것은?

> 토끼의 털이 검은색이면 당근을 먹지 않는다.

① 토끼의 털이 검은색이면 당근을 먹는다.
② 토끼의 털이 하얀색이면 당근을 먹지 않는다.
③ 당근을 먹으면 토끼의 털은 검은색이 아니다.
④ 당근을 먹지 않으면 토끼의 털은 검은색이다.

16 제시된 내용을 바탕으로 내린 A, B의 결론에 대한 판단으로 옳은 것은?

> • 태민이는 닭고기보다 돼지고기를 좋아한다.
> • 태민이는 닭고기보다 소고기를 좋아한다.
> • 태민이는 소고기보다 오리고기를 좋아한다.
> • 태민이는 오리고기보다 생선을 좋아한다.

> **보기**
> A : 태민이는 돼지고기보다 오리고기를 좋아한다.
> B : 태민이는 생선을 가장 좋아한다.

① A만 옳다.　　　　　　　　　　② B만 옳다.
③ A, B 모두 옳다.　　　　　　　　④ A, B 모두 틀리다.

정답 및 해설　　　　　　　　　　　　　　　　　　　　　　　　　　　　　　　　○

15 제시된 명제의 대우 명제는 '당근을 먹으면 토끼의 털은 검은색이 아니다.'이다.

16 닭고기<돼지고기
닭고기<소고기<오리고기<생선
• A : 태민이가 돼지고기보다 오리고기를 좋아하는지는 알 수 없다.
• B : 생선보다 돼지고기를 더 좋아할 가능성도 있기 때문에 생선을 가장 좋아하는지는 알 수 없다.

15 ③　16 ④　《정답

※ 주어진 명제가 모두 참일 때, 다음 중 반드시 참인 것을 고르시오. [17~18]

17

- 조선 시대의 대포 중 천자포의 사거리는 1,500보이다.
- 현자포의 사거리는 천자포의 사거리보다 700보 짧다.
- 지자포의 사거리는 현자포의 사거리보다 100보 길다.

① 천자포의 사거리가 가장 길다.
② 현자포의 사거리가 가장 길다.
③ 지자포의 사거리가 가장 짧다.
④ 현자포의 사거리는 지자포의 사서리보다 길다.

18

- 아메리카노는 카페라테보다 많이 팔린다.
- 유자차는 레모네이드보다 덜 팔린다.
- 카페라테는 레모네이드보다 많이 팔리지만, 녹차보다는 덜 팔린다.
- 녹차는 스무디보다 덜 팔리지만, 아메리카노보다 많이 팔린다.

① 녹차가 가장 많이 팔린다.
② 유자차가 가장 안 팔리지는 않는다.
③ 가장 많이 팔리는 음료는 스무디이다.
④ 카페라테보다 덜 팔리는 음료는 3개이다.

정답 및 해설

17 천자포의 사거리는 1,500보, 현자포의 사거리는 800보, 지자포의 사거리는 900보로, 사거리 길이가 긴 순서에 따라 나열하면 '천자포 – 지자포 – 현자포'의 순서이다.
따라서 천자포의 사거리가 가장 긴 것을 알 수 있다.

18 아메리카노를 A, 카페라테를 B, 유자차를 C, 레모네이드를 D, 녹차를 E, 스무디를 F라 하고 각각의 명제를 정리해 보면 A>B, D>C, E>B>D, F>E>A가 된다. 이를 정리하면 F>E>A>B>D>C이다.
따라서 가장 많이 팔리는 음료는 F, 즉 스무디이다.

17 ① **18** ③ **정답**

※ 주어진 명제가 모두 참일 때, 다음 중 참이 아닌 것을 고르시오. [19~20]

19
| 2022년

> • 비가 많이 내리면 습도가 높아진다.
> • 겨울보다 여름에 비가 더 많이 내린다.
> • 습도가 높으면 먼지가 잘 나지 않는다.
> • 습도가 높으면 정전기가 잘 일어나지 않는다.

① 겨울은 여름보다 습도가 낮다.
② 먼지는 여름이 겨울보다 잘 난다.
③ 여름에는 겨울보다 정전기가 잘 일어나지 않는다.
④ 비가 많이 오면 정전기가 잘 일어나지 않는다.

20
| 2022년

> • 책을 읽는 사람은 어휘력이 풍부하다.
> • 끝말잇기를 잘하는 사람은 어휘력이 풍부하다.
> • 자유시간이 많을수록 책을 읽는다.
> • 어휘력이 풍부하면 발표를 잘한다.

① 책을 읽는 사람은 발표를 잘한다.
② 발표를 못하는 사람은 책을 읽지 않았다.
③ 발표를 못하는 사람은 끝말잇기도 못한다.
④ 자유시간이 많으면 끝말잇기를 잘한다.

정답 및 해설

19 주어진 명제를 정리하면 '여름은 겨울보다 비가 많이 내림 → 비가 많이 내리면 습도가 높음 → 습도가 높으면 먼지와 정전기가 잘 일어나지 않음'으로 정리할 수 있다.
따라서 비가 많이 오지 않는 겨울이 여름보다 먼지가 잘 난다는 것을 알 수 있다.

[오답분석]
① 첫 번째와 두 번째 명제로 추론할 수 있다.
③ 첫 번째와 두 번째 그리고 네 번째 명제로 추론할 수 있다.
④ 첫 번째와 네 번째 명제로 추론할 수 있다.

20 주어진 명제를 정리하면 '자유시간이 많음 → 책을 읽음 → 어휘력이 풍부함 → 발표를 잘함'과 '끝말잇기를 잘함 → 어휘력이 풍부함 → 발표를 잘함'으로 정리할 수 있다. 그러나 자유시간이 많으면 끝말잇기를 잘한다는 것은 제시된 명제만으로는 알 수 없다.

19 ② **20** ④ 〈정답

| 2024년

21

> (가) 그런데 자연의 일양성은 선험적으로 알 수 있는 것이 아니라 경험에 기대어야 알 수 있는 것이다. 즉, '귀납이 정당한 추론이다.'라는 주장은 '자연은 일양적이다.'라는 다른 지식을 전제로 하는데, 그 지식은 다시 귀납에 의해 정당화되어야 하는 경험 지식이므로 귀납의 정당화는 순환 논리에 빠져 버린다는 것이다. 이것이 귀납의 정당화 문제이다.
>
> (나) 귀납은 논리학에서 연역이 아닌 모든 추론, 즉 전제가 결론을 개연적으로 뒷받침하는 모든 추론을 가리킨다. 귀납은 기존의 정보나 관찰 증거 등을 근거로 새로운 사실을 추가하는 지식 확장적 특성을 지닌다.
>
> (다) 이와 관련하여 흄은 과거의 경험을 근거로 미래를 예측하는 귀납이 정당한 추론이 되려면 미래의 세계가 과거에 우리가 경험해 온 세계와 동일하다는 자연의 일양성, 곧 한결같음이 가정되어야 한다고 보았다.
>
> (라) 이 특성으로 인해 귀납은 근대 과학 발전의 방법적 토대가 되었지만, 한편으로 귀납 자체의 논리 한계를 지적하는 문제들에 부딪히기도 한다.

① (가) – (다) – (나) – (라)　　② (나) – (다) – (가) – (라)
③ (나) – (다) – (라) – (가)　　④ (나) – (라) – (다) – (가)

정답 및 해설

21　제시문은 귀납과 관련하여 설명하고 있는 것으로, 먼저 귀납이 무엇인지 설명하고 있는 (나) 문단이 온다. 다음으로 그러한 특성으로 인해 귀납의 논리적 한계가 나타난다는 (라) 문단이 오며, 이후 이러한 한계에 대한 흄의 의견인 (다) 문단과 이에 따라 귀납의 정당화 문제에 대해 설명하는 (가) 문단이 차례로 오는 것이 적절하다. 따라서 (나) – (다) – (라) – (가) 순으로 나열하는 것이 적절하다.

21 ③ **정답**

22

> (가) 우리가 선택해야 할 문제는 우주 개발을 어떻게 해야 할 것인가이다.
>
> (나) 인류가 의식을 갖게 되면서부터 우주를 꿈꾸어 왔다는 증거는 세계 여러 민족의 창세신화에서 발견된다.
>
> (다) 이제 인류는 우주의 시초를 밝히게 되었고, 우주의 끄트머리를 바라볼 수 있게 되었으며, 우주 공간에 인류의 거주지를 만들 수 있게 되었다.
>
> (라) 그리고 그 결과가 오늘날의 우주 개발이라는 현실로 다가온 것이다.
>
> (마) 그러므로 우주 개발을 해야 할 것이냐 말아야 할 것이냐는 이제 문제의 핵심이 아니다.
>
> (바) 우주를 개발하려는 시도가 최근에 등장한 것은 아니다.

① (나) - (다) - (마) - (가) - (바) - (라)

② (나) - (마) - (가) - (다) - (바) - (라)

③ (바) - (나) - (라) - (다) - (마) - (가)

④ (바) - (나) - (마) - (가) - (라) - (다)

정답 및 해설

22 (바)에서 언급한 내용의 근거로 (나)의 세계 여러 민족의 창세신화를 들고 있으며, (라)에서 순접 기능의 접속어 '그리고'를 매개로 우주에 대한 꿈이 현실이 되었다고 서술한 후, (다)에서 (라)의 언급한 내용을 구체화하고 있다. 다음으로, (마)에서 인과 기능의 접속어 '그러므로'를 매개로 이제 우주 개발의 여부가 문제의 핵심이 아니라고 하면서, (가)로 이어지며 우주 개발의 방법이 핵심이라고 주장하고 있다. 따라서 (바) - (나) - (라) - (다) - (마) - (가) 순으로 나열하는 것이 적절하다.

22 ③ **《정답**

23

> (가) 19세기 초 헤겔은 시민사회라는 용어를 국가와 구분하여 정교하게 정의하였다. 그가 활동하던 시기에 유럽의 후진국인 프러시아에는 미성숙한 산업 자본주의로 인해 심각한 빈부 격차나 계급 갈등 등의 사회 문제를 해결해야 하는 시대적 과제가 있었다.
>
> (나) 따라서 그는 시민사회가 개인들의 사익을 추구하며 살아가는 생활 영역이자 그 욕구를 사회적 의존 관계 속에서 추구하게 하는 공동체 윤리성의 영역이어야 한다고 생각했다. 특히 시민사회 내에서 사익 조정과 공익 실현에 기여하는 직업단체와 복지 및 치안 문제를 해결하는 복지 행정 조직의 역할을 설정하여 시민사회를 이상적인 국가로 이끌고자 하였다.
>
> (다) 하지만 이러한 시민사회 내에서도 빈곤과 계급 갈등은 근원적으로 해결될 수 없었다. 결국 그는 국가를 사회 문제 해결과 공적 질서 확립의 최종 주체로 설정하고, 시민사회가 국가에 협력해야 한다고 생각했다.
>
> (라) 헤겔은 공리주의가 사익의 극대화를 통해 국부(國富)를 증대해 줄 수 있으나, 그것이 시민사회 내에서 개인들의 무한한 사익 추구가 일으키는 빈부 격차나 계급 갈등 등의 사회 문제를 해결할 수는 없다고 보았다.

① (가) – (나) – (다) – (라)
② (가) – (다) – (나) – (라)
③ (가) – (라) – (나) – (다)
④ (나) – (다) – (라) – (가)

정답 및 해설

23 (가)를 통해 헤겔이 활동하던 19세기 초 프러시아에는 사회 문제를 해결해야 하는 시대적인 과제가 있음을 말하고 있다. 그러나 (라)에서는 공리주의로 해결할 수 없는 사회 문제가 있다고 말하며, 이를 해결하기 위해 헤겔이 제시한 시민사회에 대한 정의가 (나)에 나타난다. 그리고 (다)에서 빈곤과 계급 갈등을 근원적으로 해결하기 위한 시민사회의 역할을 서술하고 있다. 따라서 (가) – (라) – (나) – (다) 순으로 나열하는 것이 적절하다.

23 ③ 《정답》

※ 다음 글에 대한 내용으로 적절하지 않은 것을 고르시오. [24~26]

| 2024년

24

> 프로이트는 정신병 환자를 치료하는 과정에서 다른 결론에 다다랐다. 인간은 자기 자신을 결코 완벽하게 통제할 수 없다는 것이다. 도덕적 양심조차 통제의 장치로는 충분하지 못하다. 프로이트는 인간 심리의 다른 영역, 즉 무의식이 인간을 조종한다고 보았다. 무의식은 인간의 의식과 행위를 결정하는 중심 토대였다. 이로써 모든 확실한 인식은 의식에서 출발한다고 생각했던 전통 철학은 위기를 맞게 되었다.

① 전통 철학에서는 도덕적 양심도 의식에서 출발한다고 설정하였다.
② 인간의 도덕적 양심은 무의식에서부터 자유롭지 못하다.
③ 인간은 확실한 인식을 통하여 무의식을 통제할 수 있다.
④ 프로이트는 인간의 의식에 대한 새로운 이해 방식을 제공하였다.

| 2021년

25

> 현재의 특허법은 생명체나 생명체의 일부분이라도 그것이 인위적으로 분리·확인된 것이라면 발명으로 간주하고 있다. 따라서 유전자도 자연으로부터 분리·정제되어 이용 가능한 상태가 된다면 화학 물질이나 미생물과 마찬가지로 특허의 대상으로 인정된다. 그러나 유전자 특허 반대론자들은 생명체 진화 과정에서 형성된 유전자를 분리하고 그 기능을 확인했다는 이유만으로 독점적 소유권을 인정하는 일은 마치 한마을에서 수십 년 동안 함께 사용해 온 우물물의 독특한 성분을 확인했다는 이유로 특정한 개인에게 독점권을 준다는 논리만큼 부당하다고 주장한다.

① 현재의 특허법은 자연 자체에 대해서도 소유권을 인정한다.
② 유전자 특허 반대론자는 비유를 이용하여 주장을 펼치고 있다.
③ 유전자 특허 반대론자에 따르면 유전자는 특허의 대상이 아니다.
④ 현재의 특허법은 대상보다는 특허권 신청자의 인위적 행위의 결과에 중점을 둔다.

정답 및 해설

24 프로이트는 무의식이 인간을 조종한다고 보았으므로 ③은 적절하지 않다.

25 제시문의 첫 번째 문장에 따르면 현재의 특허법은 생명체나 생명체의 일부분이 인위적으로 분리·확인된 것을 발명으로 간주하는 것을 알 수 있다.

24 ③ 25 ① **정답**

26

모든 수는 두 정수의 조화로운 비로 표현될 수 있다고 믿었던 피타고라스는 음악에도 이런 사고를 반영하여 '순정율(Pure Temperament)'이라는 음계를 만들어냈다. 진동수는 현의 길이에 반비례하므로 현의 길이가 짧아지면 진동수가 많아지고 높은 음을 얻게 된다. 피타고라스는 주어진 현의 길이를 1/2로 하면 8도 음정을 얻을 수 있고 현의 길이를 2/3와 3/4으로 할 때는 각각 5도 음정과 4도 음정을 얻을 수 있음을 알아냈다.

현악기에서 광범위하게 쓰이는 순정율에서는 2도 음정 사이의 진동수의 비가 일정하지 않은 단점이 있다. 예를 들어 똑같은 2도 음정이라도 진동수의 비가 9 : 8, 10 : 9, 16 : 15 등으로 달라진다. 이때 9 : 8이나 10 : 9를 온음이라 하고, 16 : 15를 반음이라 하는데, 두 개의 반음을 합친다고 온음이 되는 것이 아니다. 이 점은 보통 때는 별 상관이 없지만 조바꿈을 할 때는 큰 문제가 된다. 이를 보완하여 진동수의 비가 일정하도록 정한 것이 건반악기에서 이용되는 '평균율(Equal Temperament)'이다. 평균율도 순정율과 마찬가지로 진동수를 2배하면 한 옥타브의 높은 음이 된다. 기준이 되는 '도'에서부터 한 옥타브 위의 '도'까지는 12단계의 음이 있으므로 인접한 두 음 사이의 진동수의 비를 12번 곱하면 한 옥타브 높은 음의 진동수의 비인 2가 되어야 한다. 즉, 두 음 사이의 진동수의 비는 약 1.0595가 된다. 순정율과 평균율은 결과적으로는 비슷한 진동수들을 갖게 되며, 악기의 특성에 따라 다양하게 사용된다.

① 조바꿈할 때 일정한 진동수의 비를 갖도록 정한 것은 평균율이다.
② 순정율이 평균율보다 오래되었다.
③ 현악기에서는 순정율이, 건반악기에서는 평균율이 주로 사용된다.
④ 조바꿈을 여러 번 하는 음악을 연주할 때는 순정율을 사용하는 것이 좋다.

정답 및 해설

26 조바꿈을 할 때는 2도 음정 사이의 진동수의 비가 일정하지 않는 순정율의 특성이 큰 문제가 된다. 이를 보완한 것이 평균율이다.

오답분석
① 2도 음정 사이의 진동수의 비가 일정하지 않은 순정율의 단점을 보완하기 위해 진동수의 비가 일정하도록 정한 것이 평균율이다.
② 평균율은 기존에 존재하던 순정율의 단점을 보완하기 위해 만들어낸 것이다.
③ 두 번째 문단을 통해 알 수 있다.

26 ④ 《 정답

27 다음 글의 제목으로 가장 적절한 것은?

주식 투자를 하는 대부분의 목적은 자산을 증식하는 것이지만, 항상 이익을 낼 수는 없으며 이익에 대한 기대에는 언제나 손해에 따른 위험이 동반된다. 이러한 위험을 줄이기 위해 일반적으로 투자자는 포트폴리오를 구성하는데, 이때 전반적인 시장상황에 상관없이 나타나는 위험인 '비체계적 위험'과 시장 상황에 연관되어 나타나는 위험인 '체계적 위험' 두 가지를 동시에 고려해야 한다.

비체계적 위험이란 종업원의 파업, 경영 실패, 판매의 부진 등 개별 기업의 특수한 상황과 관련이 있는 것으로 '기업 고유 위험'이라고도 한다. 기업의 특수 사정으로 인한 위험은 예측하기 어려운 상황에서 돌발적으로 일어날 수 있는 것들로, 여러 주식에 분산 투자함으로써 제거할 수 있다. 반면에 체계적 위험은 시장의 전반적인 상황과 관련한 것으로, 예를 들면 경기 변동, 인플레이션, 이자율의 변화, 정치 사회적 환경 등 여러 기업들에 공통으로 영향을 주는 요인들에 기인한다. 체계적 위험은 주식 시장 전반에 관한 위험이기 때문에 비체계적 위험에 대응하는 분산투자의 방법으로도 감소시킬 수 없으므로 '분산 불능 위험'이라고도 한다.

그렇다면 체계적 위험에 대응할 방법은 없을까? '베타 계수'를 활용한 포트폴리오 구성으로 투자자는 체계적 위험에 대응할 수 있다. 베타 계수란 주식 시장 전체의 수익률 변동이 발생했을 때 이에 대해 개별 기업의 주가 수익률이 얼마나 민감하게 반응하는가를 측정하는 계수로, 종합주가지수의 수익률이 1% 변할 때 개별 주식의 수익률이 얼마나 변하는가를 나타내며, 수익률의 민감도로 설명할 수 있다. 따라서 투자자는 주식시장이 호황에 진입할 경우 베타 계수가 큰 종목의 투자 비율을 높이지만 불황이 예상되는 경우에는 베타 계수가 작은 종목의 투자 비율을 높여 위험을 최소화할 수 있다.

① 비체계적 위험과 체계적 위험의 사례 분석
② 비체계적 위험을 활용한 경기 변동의 예측 방법
③ 비체계적 위험과 체계적 위험을 고려한 투자 전략
④ 종합주가지수 변동에 민감한 비체계적 위험의 중요성

정답 및 해설

27 제시문은 첫 번째 문단에서 비체계적 위험과 체계적 위험을 나누어 살핀 후 두 번째 문단에서는 비체계적 위험 아래에서의 투자 전략과 체계적 위험 아래에서의 투자 전략을 제시하고 있다. 그리고 세 번째 문단에서는 베타 계수를 활용하여 체계적 위험에 대응하는 내용이 전개되고 있다. 따라서 글의 제목으로 가장 적절한 것은 '비체계적 위험과 체계적 위험을 고려한 투자 전략'이다.

27 ③   **정답**

28 다음 중 밑줄 친 빈칸에 들어갈 내용으로 가장 적절한 것은?

현대인들이 부족한 잠으로 인해 만성 피로를 겪고 있다. 성인 평균 권장 수면시간은 7 ~ 8시간이지만, 이를 지키는 이들은 우리나라 성인 기준 단 4%에 불과하다. 국가별 일평균 수면시간 조사에 따르면, 한국인의 하루 평균 수면시간은 7시간 41분으로 OECD 18개 회원국 중 최하위를 기록했다. 또한, 직장인의 수면시간은 이보다도 짧은 6시간 6분, 권장 수면시간에 2시간 가까이 부족한 수면시간으로 현대인 대부분이 수면 부족에 시달린다 해도 과언이 아닐 정도이다.

수면시간 총량이 적은 것도 문제지만 더 심각한 점은 _____ 즉 수면의 질 또한 높지 않다는 것이다. 수면장애 환자는 '단순히 일이 많아서', 또는 '잠버릇 때문에' 발생한 일시적인 가벼운 증상 정도로 여기는 사회적 분위기를 고려하면 실제 더 많을 것으로 추정된다. 특히 대표적인 수면장애인 '수면무호흡증'은 피로감·불안감·우울감은 물론 고혈압·당뇨병과 심혈관질환·뇌졸중까지 다양한 합병증을 유발할 수 있다는 점에서 진단과 치료가 요구된다.

① '어떻게 잘 잤는지'이다.
② '언제 잠을 잤는지'이다.
③ '어디서 잠을 잤는지'이다.
④ '얼마만큼 많이 잤는지'이다.

정답 및 해설

28 빈칸의 뒷부분에서는 수면장애가 다양한 합병증을 유발할 수 있다는 점을 언급하며 낮은 수면의 질이 문제가 되고 있음을 설명하고 있다. 따라서 빈칸에 들어갈 내용으로 수면의 질과 관련된 '어떻게 잘 잤는지'가 가장 적절하다.

28 ① **《 정답**

※ 다음 제시된 문자와 같은 것의 개수를 구하시오. [1~8]

┃2024년

01

ぎ

ぎ	ぎ	き	し	ち	し	ぢ	じ	き	ぢ	ぎ	じ
ち	し	ぢ	き	じ	し	ぎ	し	じ	し	き	し
し	じ	き	ぎ	じ	ぢ	ぎ	き	じ	き	ぢ	ぎ
ぎ	き	じ	し	ち	ぎ	き	ぢ	ぎ	ぢ	し	き

① 8개　　　　　　　　　② 9개
③ 10개　　　　　　　　④ 11개

┃2024년

02

farm

film	face	film	fast	farm	fall	fail	face	fast	fall	face	farm
fast	fail	fall	face	film	fast	farm	fella	film	film	fall	fail
face	film	farm	fella	fail	face	fast	farm	fella	fail	fast	film
fail	fall	fella	farm	face	film	fall	fella	face	fella	farm	farm

① 8개　　　　　　　　　② 9개
③ 10개　　　　　　　　④ 11개

정답 및 해설

01

ぎ	ぎ	き	し	ち	し	ぢ	じ	き	ぢ	ぎ	じ
ち	し	ぢ	き	じ	し	ぎ	し	じ	し	き	し
し	じ	き	ぎ	じ	ぢ	ぎ	き	じ	き	ぢ	ぎ
ぎ	き	じ	し	ち	ぎ	き	ぢ	ぎ	ぢ	し	き

02

film	face	film	fast	farm	fall	fail	face	fast	fall	face	farm
fast	fail	fall	face	film	fast	farm	fella	film	film	fall	fail
face	film	farm	fella	fail	face	fast	farm	fella	fail	fast	film
fail	fall	fella	farm	face	film	fall	fella	face	fella	farm	farm

01 ③　　**02** ①　《정답》

03

				샤프						

사프	사포	사브	샤프	사포	서프	셰프	사포	샤프	사브	샤파	사프
사포	시프	사프	사피	수프	샤파	스프	소포	소프	사프	사포	서프
소프	셰프	스프	사프	샤파	시프	서프	스프	사브	사프	시프	샤프
샤프	서프	시프	스프	사피	사브	사피	수프	사포	수프	셰프	소프

① 1개   ② 2개
③ 3개   ④ 4개

04

				置						

值	苴	置	直	道	置	罟	栢	值	罟	徟	直
直	道	栢	值	值	百	胄	百	筐	置	直	道
胄	徟	罟	胄	筐	置	苴	直	值	道	筐	罟
道	置	栢	百	罟	徟	筐	胄	栢	百	胄	置

① 4개   ② 5개
③ 6개   ④ 7개

정답 및 해설

03

사프	사포	사브	**샤프**	사포	서프	셰프	사포	**샤프**	사브	샤파	사프
사포	시프	사프	사피	수프	샤파	스프	소포	소프	사프	사포	서프
소프	셰프	스프	사프	샤파	시프	서프	스프	사브	사프	시프	**샤프**
샤프	서프	시프	스프	사피	사브	사피	수프	사포	수프	셰프	소프

04

值	苴	**置**	直	道	**置**	罟	栢	值	罟	徟	直
直	道	栢	值	值	百	胄	百	筐	**置**	直	道
胄	徟	罟	胄	筐	**置**	苴	直	值	道	筐	罟
道	**置**	栢	百	罟	徟	筐	胄	栢	百	胄	**置**

03 ④   **04** ③ 〈정답〉

05

⇦

⇧	♡	◇	⇨	⇩	☆	⇨	△	♡	⇔	♡	⇧
△	⇨	⇦	☆	♡	⇨	♤	⇧	⇩	◇	⇨	⇩
⇦	♤	☆	♡	⇧	⇩	◇	♡	☆	⇦	△	⇔
⇔	⇩	⇔	△	♡	◇	⇩	⇔	⇨	♡	⇩	☆

① 1개   ② 2개
③ 3개   ④ 4개

06

keT

kEt	koT	ket	keT	keI	KeI	KET	KeT	keT	keI	keT	Ket
kOT	keT	kel	ket	KET	Kei	keT	koT	KeT	kET	ksT	koT
KeT	kEt	keT	KeI	keI	ket	EeT	kET	keT	kOT	Ket	koI
ket	keI	kET	keT	Ket	kET	kel	ket	KET	kei	keP	KET

① 5개   ② 6개
③ 7개   ④ 8개

정답 및 해설

05

⇧	♡	◇	⇨	⇩	☆	⇨	△	♡	⇔	♡	⇧
△	⇨	⇦	☆	♡	⇨	♤	⇧	⇩	◇	⇨	⇩
⇦	♤	☆	♡	⇧	⇩	◇	♡	☆	⇦	△	⇔
⇔	⇩	⇔	△	♡	◇	⇩	⇔	⇨	♡	⇩	☆

06

kEt	koT	ket	keT	keI	KeI	KET	KeT	keT	keI	keT	Ket
kOT	keT	kel	ket	KET	Kei	keT	koT	KeT	kET	ksT	koT
KeT	kEt	keT	KeI	keI	ket	EeT	kET	keT	kOT	Ket	koI
ket	keI	kET	keT	Ket	kET	kel	ket	KET	kei	keP	KET

05 ③   **06** ④   《정답

07

IoT

iOT	IOT	10T	Iot	IoT	iOT	iot	Iot	IOT	iOt	10t	Iot
IOt	10t	IOt	IoT	10T	iot	IOt	iot	IoT	10T	iOT	IOt
10T	IoT	10t	IOT	iOT	IOt	10t	iOT	10t	IOt	IOt	IoT
Iot	iot	iOt	IOt	Iot	Iot	IOT	10T	iOt	IOt	iot	IOT

① 3개 ② 4개
③ 5개 ④ 6개

08

재

종	잽	잘	짐	줌	장	재	잼	잡	정	잿	징
쨍	재	점	재	졸	중	잦	찡	젤	전	제	쟁
재	잦	작	잼	잘	줌	쨍	졸	전	즈	재	정
잿	중	잽	종	젤	재	점	짐	장	제	잡	찡

① 2개 ② 3개
③ 4개 ④ 5개

정답 및 해설

07

iOT	IOT	10T	Iot	**IoT**	iOT	iot	Iot	IOT	iOt	10t	Iot
IOt	10t	IOt	**IoT**	10T	iot	IOt	iot	**IoT**	10T	iOT	IOt
10T	**IoT**	10t	IOT	iOT	IOt	10t	iOT	10t	IOt	IOt	**IoT**
Iot	iot	iOt	IOt	Iot	Iot	IOT	10T	iOt	**IoT**	iot	IOT

08

종	잽	잘	짐	줌	장	**재**	잼	잡	정	잿	징
쨍	**재**	점	재	졸	중	잦	찡	젤	전	제	쟁
재	잦	작	잼	잘	줌	쨍	졸	전	즈	**재**	정
잿	중	잽	종	젤	**재**	점	짐	장	제	잡	찡

07 ④ **08** ③ 《정답

※ 다음 표에 제시되지 않은 문자를 고르시오. [9~12]

| 2022년

09

sorry	soil	single	sell	sick	salt	sin	sunny	song	sink
sail	spray	same	switch	swim	size	seek	seize	select	safe
same	sunny	swim	sail	sorry	switch	soil	seek	seize	sin
salt	size	safe	select	spray	song	single	sink	sick	sell

① sick   ② seem
③ sunny   ④ swim

| 2021년

10

콩	쿵	칸	쿡	쿨	콘	키	캔	켐	캬	콜	컨
케	캥	퀘	쾌	쾨	쾡	쿳	캅	쿤	캘	컵	쿵
퀘	콜	쿤	컵	캘	칸	켐	쿨	키	캅	쾨	캬
쿵	캥	콘	케	콩	쾌	쿡	쾡	쿰	켠	캔	쿳

① 켐   ② 캡
③ 계   ④ 쿡

정답 및 해설

09

sorry	soil	single	sell	**sick**	salt	sin	**sunny**	song	sink
sail	spray	same	switch	**swim**	size	seek	seize	select	safe
same	**sunny**	**swim**	sail	sorry	switch	soil	seek	seize	sin
salt	size	safe	select	spray	song	single	sink	**sick**	sell

10

콩	쿵	칸	**쿡**	쿨	콘	키	캔	**켐**	캬	콜	컨
케	캥	퀘	쾌	쾨	쾡	쿳	캅	쿤	캘	컵	쿵
퀘	콜	쿤	컵	캘	칸	**켐**	쿨	키	캅	쾨	캬
쿵	캥	콘	**계**	콩	쾌	**쿡**	쾡	쿰	켠	캔	쿳

09 ② **10** ② 《정답

11

ど	お	せ	が	お	す	せ	が	す	ど	ほ	せ
ほ	す	い	ど	お	ほ	ど	ほ	が	ほ	が	つ
が	り	す	ほ	り	お	せ	ど	す	お	す	す
ど	せ	が	り	ど	ほ	が	り	が	く	お	せ
り	す	り	す	お	せ	せ	ど	ほ	り	が	り
と	お	ど	ほ	が	り	お	す	り	ほ	せ	ど

① い　　　　　　　　　　② く
③ か　　　　　　　　　　④ と

12

irony	iolite	ill	iset	ivory	intro	insane	ink	iffy	iron
issue	illegal	iwis	itch	item	ionic	isle	islet	icon	ikan
item	intro	iolite	iron	islet	ill	ionic	ivory	illegal	itch
iset	wis	isle	ink	irony	icon	issue	ikan	insane	iffy

① ivory　　　　　　　　② iffy
③ ionic　　　　　　　　④ ice

정답 및 해설

11

ど	お	せ	が	お	す	せ	が	す	ど	ほ	せ
ほ	す	い	ど	お	ほ	ど	ほ	が	ほ	が	つ
が	り	す	ほ	り	お	せ	ど	す	お	す	す
ど	せ	が	り	ど	ほ	が	り	が	く	お	せ
り	す	り	す	お	せ	せ	ど	ほ	り	が	り
と	お	ど	ほ	が	り	お	す	り	ほ	せ	ど

12

irony	iolite	ill	iset	ivory	intro	insane	ink	iffy	iron
issue	illegal	iwis	itch	item	ionic	isle	islet	icon	ikan
item	intro	iolite	iron	islet	ill	ionic	ivory	illegal	itch
iset	wis	isle	ink	irony	icon	issue	ikan	insane	iffy

11 ③　**12** ④　《정답

13 다음 중 제시된 문자의 배열에서 찾을 수 없는 것은?

GVnVkOEbLUArTQyu

① b   ② s
③ n   ④ r

※ 다음 제시된 문자 또는 숫자와 같은 것을 고르시오. [14~15]

14

Violin Sonata BB.124-Ⅲ

① Violin Sonata BB.124-Ⅲ   ② Violin Sonota BB.124-Ⅲ
③ Violin Sonata BB.124-Ⅱ   ④ Violin Sonata BP.124-Ⅲ

15

Manufacturing License : 10106749

① Manufacturing License ; 10106749   ② Manufocturing License : 10106749
③ Manufacturing Licanse : 10106749   ④ Manufacturing License : 10106749

정답 및 해설

13 GVnVkOEbLUArTQyu

14 오답분석
② Violin Sonota BB.124-Ⅲ
③ Violin Sonata BB.124-Ⅱ
④ Violin Sonata BP.124-Ⅲ

15 오답분석
① Manufacturing License ; 10106749
② Manufocturing License : 10106749
③ Manufacturing Licanse : 10106749

13 ②   **14** ①   **15** ④   《 정답

※ 다음 중 제시된 도형과 같은 것을 고르시오(단, 도형은 회전이 가능하다). [16~19]

16

①    ②

③    ④

정답 및 해설

16 제시된 도형을 180° 회전한 것이다.

16 ① ◁ **정답**

17

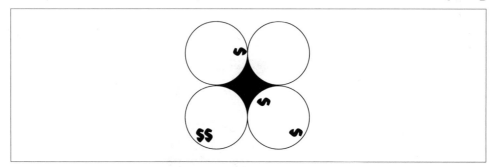

①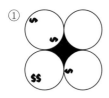

②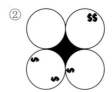

③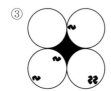

④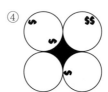

정답 및 해설

17 제시된 도형을 180° 회전한 것이다.

17 ④ **정답**

18

①

②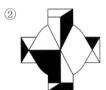

③

④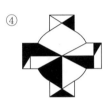

19

①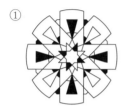

②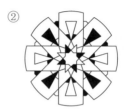

③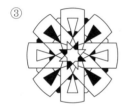

④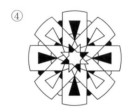

19 별도의 회전 없이 제시된 도형과 같음을 확인할 수 있다.

19 ② 《정답》

※ 다음 중 물음표에 들어갈 도형으로 알맞은 것을 고르시오. [20~22]

20

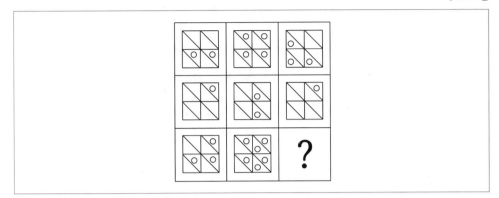

①

②

③

④

정답 및 해설

20 규칙은 세로로 적용된다.
첫 번째 도형과 두 번째 도형을 겹치면 세 번째 도형이 된다.

20 ① 〈정답

21

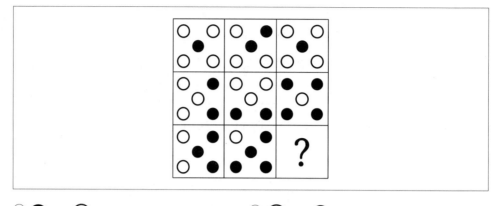

①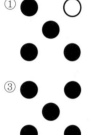

②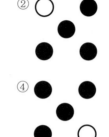

③

④

정답 및 해설

21 규칙은 세로로 적용된다.
첫 번째 도형과 두 번째 도형을 겹치면 세 번째 도형이 된다.

21 ③ 《정답》

22

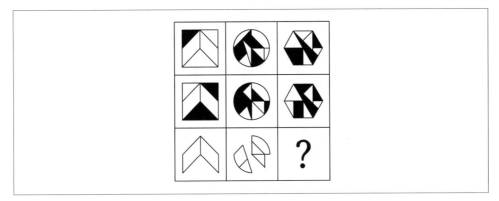

①

②

③

④

22 규칙은 세로로 적용된다.
첫 번째 도형과 두 번째 도형의 색이 같은 부분만을 남긴 도형이 세 번째 도형이다.

22 ④ ≪정답≫

| 2024년

01 수도꼭지에서 물이 나오고 있을 때 대전된 물체를 가까이 대면 물이 대전된 물체가 있는 방향으로 휘어진다. 다음 중 이 현상에 대한 설명으로 옳지 않은 것은?

① 물은 극성을 띤다.
② 극성 분자는 전기적 성질을 가진다.
③ 극성 분자는 무극성 용매에 잘 용해된다.
④ 극성 분자에는 염화수소, 암모니아 등이 있다.

| 2024년

02 다음 그림은 마찰이 없는 수평면에서 크기가 다른 두 힘이 한 물체에 작용하고 있는 것을 나타낸 것이다. 이 물체의 가속도 크기는?

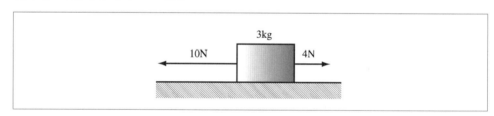

① 1m/s^2 ② 2m/s^2
③ 3m/s^2 ④ 4m/s^2

정답 및 해설

01 극성 분자는 극성 용매에 잘 용해되고, 무극성 분자는 무극성 용매에 잘 용해된다.

02 서로 반대되는 힘의 합력은 다음과 같다.
$-10+4=-6\text{N}[(-)$는 힘의 방향을 뜻한다$]$
뉴턴의 운동 제2법칙(가속도의 법칙)에 따르면 $F=m \times a$이다.
$$\therefore a=\frac{F}{m}=\frac{6}{3}=2\text{m/s}^2$$
따라서 물체의 가속도 크기는 2m/s^2이다.

01 ③   02 ②   ◁ 정답

03 다음 설명에 해당하는 현상은?

> • 물질이 산소와 결합하는 것이다.
> • 나무가 타는 것, 철이 녹스는 것 등이 이에 해당한다.

① 산화   ② 환원
③ 핵분열   ④ 핵융합

04 다음 중 원소의 주기율의 원인이 되는 것은?

① 원자의 크기가 주기적으로 변하기 때문이다.
② 원자량이 주기적으로 변하기 때문이다.
③ 양성자 수가 같은 원소가 주기적으로 나타나기 때문이다.
④ 최외각 전자수가 같은 원소가 주기적으로 나타나기 때문이다.

05 다음 설명에 해당하는 물질은?

> • 이 물질의 고체 상태는 드라이아이스이다.
> • 탄소 원자 1개와 산소 원자 2개가 결합된 물질이다.

① 수소   ② 오존
③ 이산화탄소   ④ 폴리에틸렌

정답 및 해설

03 산소를 얻거나 수소를 잃는 현상을 산화라고 하며, 산소와 결합한 물질이 타거나 녹이 스는 것 등이 이에 해당한다.

[오답분석]
② 환원 : 산화의 반대로 산소를 잃거나 수소를 얻는 현상
③ 핵분열 : 질량수가 크고 무거운 원자핵이 다량의 에너지를 방출하고 같은 정도의 둘 이상의 핵으로 분열하는 현상
④ 핵융합 : 높은 온도와 압력 하에서 두 가벼운 원소가 충돌해 하나의 무거운 핵으로 변하면서 많은 에너지가 방출되는 현상

04 같은 족의 원자는 같은 수의 최외각 전자수를 갖는다.

05 탄소 원자 1개와 산소 원자 2개가 결합된 물질인 이산화탄소를 단열 팽창하여 얻은 고체를 드라이아이스라 하고, 이는 냉동제로 사용된다.

[오답분석]
②·④ 오존은 산소 원자 3개, 폴리에틸렌은 수소 원자 4개와 탄소 원자 2개로 결합된 물질이다.

03 ①   **04** ④   **05** ③   정답

06 다음 그림은 수소 원자와 염소 원자의 결합 과정을 모형으로 나타낸 것이다. 이 과정에서 나온 생성물에 대한 설명으로 옳은 것을 〈보기〉에서 모두 고르면?

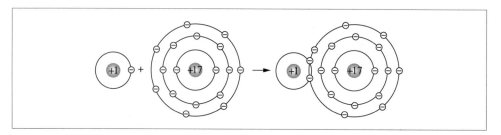

보기
ㄱ 이온 결합 물질이다.
ㄴ 공유 전자쌍은 3개이다.
ㄷ 단일 결합을 가지고 있다.

① ㄱ
② ㄴ
③ ㄷ
④ ㄱ, ㄴ

정답 및 해설

06 수소 원자와 염소 원자는 비금속 원소이므로 공유 결합을 통해 분자를 생성한다. 이때 옥텟 규칙을 만족시키기 위해 최외각 전자를 각각 1개씩 공유하여 단일 결합을 형성한다. 이런 과정에서 생성된 염화수소에는 1개의 공유 전자쌍과 3개의 비공유 전자쌍이 있다.

06 ③ 《 정답

07 다음 설명에 해당하는 물질은?

> • 끓으면 수증기로 변한다.
> • 사람의 체중에서 가장 큰 비율을 차지한다.
> • 산소 원자 1개와 수소 원자 2개로 구성된다.

① 물
② 염소
③ 헬륨
④ 메테인

08 다음 중 오늘날 사용되는 주기율표에서 원소들의 배열 순서를 결정하는 것은?

① 원자 번호
② 원자량
③ 질량수
④ 중성자 수

정답 및 해설

07 물은 산소 원자 1개와 수소 원자 2개로 구성되어 있으며, 사람의 체중에서 가장 큰 비율을 차지하고, 끓으면 수증기로 변하는 성질을 가지고 있다.

08 주기율표는 원소를 원자 번호 순서대로 나열한 것이다.

07 ① 08 ① **정답**

09   다음은 액체 혼합물을 분리하기 위한 장치이다. 이에 대한 설명으로 옳은 것은?

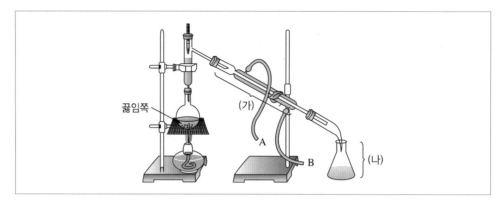

① 밀도 차이를 이용한 분리 방법이다.
② 기화된 물질은 (가)에서 액체로 변한다.
③ 찬물은 A로 들어가 B로 나오도록 장치한다.
④ 끓는점이 높은 물질이 먼저 분리되어 (나)에 모아진다.

정답 및 해설

09   오답분석
① 분별 증류는 액체 혼합물의 끓는점 차이를 이용하여 분리하는 방법이다.
③ (가)에서 냉각 효과를 높이려면 찬물은 B로 들어가 A로 나오도록 장치해야 한다.
④ 분별 증류 결과 끓는점이 낮은 물질이 먼저 분리되어 나온다.

09 ②   〈정답〉

10 다음 중 분자 구성 A ~ C의 결합각을 바르게 짝지은 것은?(단, 결합각은 화살표로 표시된 각을 말한다)

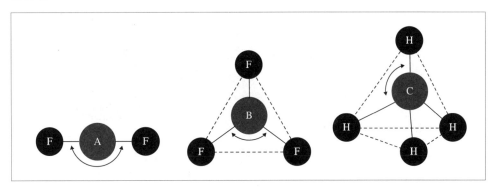

	A	B	C
①	120°	180°	109.5°
②	180°	160°	120°
③	180°	120°	107°
④	180°	120°	109.5°

11 다음 중 분자 1개를 구성하는 원자 수가 가장 많은 것은?

① 물   ② 암모니아

③ 질소   ④ 수소

정답 및 해설

10 A는 직선형, B는 평면 삼각형, C는 정사면체로 각각의 결합각은 180°, 120°, 109.5°이다.

11 암모니아 분자(NH_3) 속에는 질소 원자 1개와 수소 원자 3개, 총 4개의 원자가 들어있다.

[오답분석]
① 물(CO_2)에는 수소 원자 2개, 산소 원자 1개가 들어있다.
③·④ 질소(N)와 수소(H)에는 각각 원자 2개가 들어있다.

10 ④   **11** ②   ◀ 정답

12 다음은 산화 – 환원반응을 알아보는 실험을 나타낸 것이다. 묽은 염산이 담겨 있는 비커에 금속판을 넣었을 때, 아무 반응이 없는 금속판은?

금속판

묽은 염산

① Fe   ② Zn
③ Cu   ④ Al

13 다음은 탄소(C) 원자의 표시이다. 이에 대한 설명으로 옳은 것을 모두 고르면?

$$^{12}_{6}\text{C}$$

ㄱ 원자번호는 6이며, 양성자 수를 나타낸다.
ㄴ 질량수는 12이며, 양성자 수와 중성자 수의 합이다.
ㄷ 중성자 수는 6이다.

① ㄱ   ② ㄱ, ㄷ
③ ㄴ, ㄷ   ④ ㄱ, ㄴ, ㄷ

정답 및 해설

12 이온화반응이 커서 산화가 잘 되는 순서는 다음과 같다.
K > Ca > Na > Mg > Al > Zn > Fe > Ni > Sn > P > (H) > Cu ……
따라서 구리(Cu)는 묽은 염산(HCl)의 수소보다 산화되기 어려우므로 아무 반응이 일어나지 않는다.

13 원소 기호 왼쪽 위의 숫자는 질량수를 나타내며 양성자 수와 중성자 수의 합이다. 또한 왼쪽 아래 숫자는 원자번호이자
양성자 수, 원자의 전자 수이다.
따라서 ㄱ, ㄴ, ㄷ은 모두 옳은 설명이다.

12 ③   13 ④   《정답》

14 다음 그림과 같이 쇠구슬이 A에서 D로 레일을 따라 굴러갈 때, A ~ D 중 중력에 의한 쇠구슬의 위치에너지가 가장 작은 지점은?(단, 지면을 기준으로 한다)

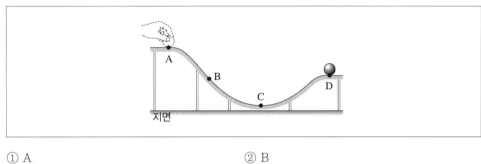

① A   ② B
③ C   ④ D

15 다음 그림과 같이 크기는 같고 질량이 다른 3개의 물체 A ~ C를 같은 높이 h에서 가만히 놓았을 때, 바닥에 도달하는 순간 운동에너지가 가장 큰 것은?(단, 모든 저항은 무시한다)

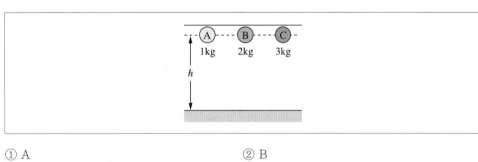

① A   ② B
③ C   ④ 모두 같음

정답 및 해설

14 지구에서의 위치에너지는 지표면과 멀어질수록 증가한다.
따라서 위치에너지가 가장 작은 지점은 지면과 가장 가까이 있는 C지점이다.

15 운동에너지(E_k)는 공식 $\frac{1}{2}mv^2$에 따라 질량에 비례하므로, C의 운동에너지가 가장 크다는 것을 알 수 있다.

14 ③   15 ③   ◀ 정답

16 다음 중 힘의 평형에 대한 설명으로 옳지 않은 것은?

① 서로 다른 물체에 작용한다.

② 두 힘 모두 한 물체에 작용한다.

③ 합성하면 합력이 0이다.

④ 정지해 있는 물체는 평형 상태이다.

17 다음 글의 밑줄 친 빈칸에 들어갈 단어로 옳은 것은?

> 베르누이 법칙은 유체가 흐르는 곳에서 유속이 빠른 곳은 압력이 작아지고 유속이 느린 곳에서는
> 압력이 커지는 현상을 말한다.
> 예를 들어 회전하는 고무풍선을 헤어드라이어 바람이 부는 근처에 놓은 후 고무풍선의 움직임을 보
> 면 고무풍선의 오른쪽으로 바람이 불면 고무풍선의 오른쪽 공기의 _____이/가 왼쪽보다 작아져 고
> 무풍선은 오른쪽으로 힘을 받고, 반대로 왼쪽으로 바람이 지나가면 오른쪽 공기의 _____이/가 높아
> 져 왼쪽으로 힘을 받게 된다.

① 척력 ② 중력

③ 유체 ④ 압력

정답 및 해설 ──────────────────────────────────○

16 서로 다른 물체에 작용하는 것은 작용·반작용이다.

17 베르누이 법칙에서 유체의 속도(유속)은 압력과 반비례 관계에 있다. 이를 두 번째 문단에 나오는 예시에 적용시키면
고무풍선의 오른쪽으로 바람이 불 때 유속은 빨라지고, 오른쪽의 압력은 왼쪽보다 작아져 오른쪽으로 힘을 받음을 추론할
수 있다.
따라서 빈칸에 들어갈 단어는 '압력'이다.

16 ① 17 ④ ◀ **정답**

| 2020년

18 다음은 화력 발전에서 전기를 생산하는 에너지 변환 과정이다. 밑줄 친 A ~ C에 들어갈 단어를 바르게 짝지은 것은?

> 화석 연료의 __A__ 에너지 → __B__ 에너지 → __C__ 에너지 → 전기에너지

	A	B	C
①	화학	열	운동
②	열	화학	운동
③	운동	화학	열
④	운동	열	화학

정답 및 해설

18 화력 발전은 석탄, 석유(화학) 등의 화석 연료를 연소시켜 얻은 열로 물을 데워 증기를 만들어 터빈을 회전(운동)시킨다. 터빈에 연결된 발전기에서 전기에너지를 얻을 수 있다.

18 ① 《정답

19 다음 그림처럼 병따개를 사용할 때의 원리에 대한 설명으로 옳은 것은?(단, a의 길이에는 변화가 없고, 병따개의 무게는 무시한다)

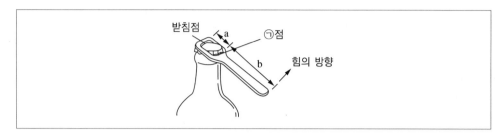

① ㉠점은 힘점이다.

② b가 길어질수록 힘이 더 든다.

③ b가 길어질수록 한 일의 양은 작아진다.

④ b가 짧아져도 한 일의 양에는 변함이 없다.

정답 및 해설

19 b의 길이와 한 일의 양은 관계없으므로 한 일의 양은 변함이 없다.

[오답분석]

① ㉠점은 작용점으로 a, b의 길이와 관계없다.

② b가 길어질수록 힘은 적게 든다.

19 ④ **《정답》**

20 다음 그림은 건물 옥상에서 수평으로 던진 공의 운동 경로를 나타낸 것이다. A ~ C 세 지점에서 공의 운동에 대한 설명으로 옳은 것은?(단, 공기 저항은 무시한다)

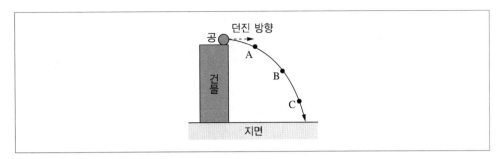

① 속도가 가장 빠른 지점은 A이다.

② 위치에너지가 가장 큰 지점은 B이다.

③ 운동에너지가 가장 작은 지점은 C이다.

④ 모든 지점에서 역학적에너지의 크기는 같다.

20 건물 옥상에서 수평으로 던진 공은 위치에너지와 운동에너지가 계속 변화하지만 위치에너지와 운동에너지의 합은 항상 일정한 값을 유지한다. 따라서 물체가 가지는 운동에너지와 위치에너지의 합인 역학적에너지는 변하지 않고 보존된다.

20 ④ 《정답

21 다음과 같이 용수철상수가 100N/m인 용수철에 질량이 3kg인 물체를 연결한 후, 잡고 있던 손을 놓았더니 0.1m 늘어난 상태로 지면에 정지하였다. 이에 대한 설명으로 옳은 것을 〈보기〉에서 모두 고르면?(단, 중력가속도는 $10m/s^2$이다)

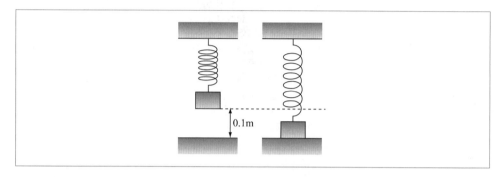

> **보기**
> ㉠ 물체가 지면을 누르는 힘은 20N이다.
> ㉡ 물체에 작용하는 중력과 수직항력은 평형을 이룬다.
> ㉢ 용수철상수가 3배 커질 경우 질량이 3kg인 물체를 매달아도 용수철의 늘어난 길이는 같다.

① ㉠, ㉡   ② ㉡, ㉢

③ ㉠, ㉢   ④ ㉠, ㉡, ㉢

정답 및 해설

21 오답분석

㉡ 현재 0.1m 늘어난 상태에서 지면에 멈춰 있으므로 위로 수직항력과 함께 탄성력이 작용하고 있다.

21 ③   ◀ 정답

1

기초지식

01 | 영어 핵심이론

01 ▶ 어휘의 관계

제시된 단어와 상관관계를 파악하고, 유사·반의·종속 등의 관계를 갖는 적절한 어휘를 찾는 문제이다. 일반적으로 제시된 한 쌍의 단어와 같은 관계를 가진 단어를 찾는 문제, 4개의 보기 중 다른 관계를 가진 단어를 찾는 등의 문제가 출제된다. 어휘의 의미를 정확하게 이해하고 주어진 어휘와의 관계를 추리하는 능력을 길러야 한다.

자주 출제되는 유형
• 다음 중 두 단어의 관계가 나머지와 다른 것은?
• 다음 문장이 서로 동일한 관계가 되도록 빈칸에 들어갈 알맞은 것을 고르시오.

핵심예제

다음 제시된 단어와 같거나 비슷한 뜻을 가진 것은?

access

① expense　　② approach
③ support　　④ budget
⑤ road

|해설| 제시된 단어의 의미는 '접근'으로, 이와 같은 뜻을 가진 단어는 ②이다.
오답분석
① 지출
③ 지원
④ 예산
⑤ 도로

정답 ②

02 ▶ 문법

문법의 경우 어휘 및 기본적인 문법을 제대로 익히고 있는지 평가하는 부분으로, 가장 다양한 유형으로 문제가 출제된다. 문법의 범위가 굉장히 다양해서 공부를 어떻게 해야 할지 난감할 수도 있지만, 어렵지 않은 수준에서 문제들이 출제되고 있으므로, 숙어를 정리하면서 단어에 부합하는 전치사 및 품사를 정리하는 방법으로 공부를 한다면 그리 어렵지 않게 문제를 풀 수 있다.

자주 출제되는 유형
• 다음 빈칸에 들어갈 말로 적절한 것을 고르시오.
• 다음 밑줄 친 부분이 적절하지 않은 것은?

핵심예제

다음 문장의 빈칸에 들어갈 말로 적절한 것은?

> The left side of the human brain _____ language.

① controls   ② to control
③ controlling   ④ is controlled
⑤ are controlled

| 해설 | 주어가 3인칭 단수형이므로 동사도 3인칭 단수형인 ① 'controls'가 나와야 한다.

[오답분석]
④ is controled는 수동태이므로 뒤에 목적어가 올 수 없다.
「인간의 왼쪽 뇌는 언어력을 통제한다.」

정답 ①

영어능력의 경우, 직접 대화하는 것이 아니라면 필기시험만으로 정확한 영어능력을 테스트하기란 사실 어렵다. 최근 들어 회화 문제의 출제비중이 높아지는 것이 이러한 단점을 보완하기 위해서이다. 회화 문제를 통해 독해 및 문법 수준을 복합적으로 테스트할 수 있기 때문이다.

회화 문제는 대화의 흐름상 알맞은 말이 무엇인지, 질문에 대한 대답은 어떤 것인지 등을 질문함으로써, 간단한 생활영어 수준을 테스트하는 문제이다. 주어진 문장에 대한 의미를 정확하게 파악할 수만 있다면 어렵지 않게 풀 수 있으므로, 기본적인 어휘능력 및 독해능력을 바탕으로 문제를 풀면 된다.

자주 출제되는 유형
• 다음 질문의 대답으로 적절하지 않은 것은?
• 다음 질문의 가장 적절한 답은?
• 다음 대화의 빈칸에 들어갈 말로 가장 적절한 것은?
• 다음 중 어색한 대화는?

핵심예제

다음 대화에서 빈칸에 들어갈 말로 가장 적절한 것은?

> A : Won't you come over and have some beer?
> B : _____, but I have something else to do now.

① Yes   ② Ok
③ Sure   ④ I'd like to
⑤ No

| 해설 | but으로 볼 때 빈칸에는 그러고 싶다는 내용이 나와야 한다.
「A : 와서 맥주 좀 마실래?
 B : 그러고는 싶지만, 지금 다른 할 일이 있거든.」

정답 ④

04 ▶ 직업 고르기

글에서 제시되는 특정 직업을 묘사하는 어구나 특정 직업과 관계되는 어휘를 통하여 하나의 직업을 유추하는 문제이다. 다양한 직업에 해당하는 영어 단어를 숙지하고, 각각의 직업의 특징을 대표할 만한 어휘를 미리 파악해 두는 것이 좋다.

다양한 직업

- minister : 목사, 장관
- biologist : 생물학자
- chemist : 화학자
- engineer : 기술자
- plumber : 배관공
- gardener : 정원사
- actor : 배우
- clerk : 점원
- manager : 경영자
- writer : 작가
- president : 대통령
- mayor : 시장
- journalist : 신문기자
- electrician : 전기공
- official : 공무원
- architect : 건축가
- cashier : 출납원
- lawyer : 변호사
- inspector : 조사관
- magician : 마술사
- director : 감독
- sailor : 선원
- scholar : 학자
- physician : 내과의사
- mechanic : 정비공
- custodian : 관리인
- carpenter : 목수
- assembler : 조립공
- actress : 여배우
- businessman : 사업가
- merchant : 상인
- vice-president : 부통령
- statesman : 정치가
- professor : 교수
- prosecutor : 검사
- editor : 편집자
- veterinarian : 수의사
- musician : 음악가
- salesperson : 판매원
- fisher : 어부
- hairdresser : 미용사
- counselor : 상담원
- novelist : 소설가
- mailman : 우체부

자주 출제되는 유형

- 다음 글의 분위기는?
- 다음 글에 나타난 사람의 직업은?

다음 글에 나타난 사람의 직업으로 적절한 것은?

This man is someone who performs dangerous acts in movies and television, often as a carrier. He may be used when an actor's age precludes a great amount of physical activity or when an actor is contractually prohibited from performing risky acts.

① conductor   ② host
③ acrobat   ④ stunt man
⑤ fire fighter

| 해설 | 마지막 문장에서 배우의 risky acts(위험한 연기)를 막는다는 내용을 통해 '스턴트맨'이 정답임을 알 수 있다.
「이 사람은 영화나 텔레비전에서 위험한 연기를 수행하는 사람이다. 그는 배우의 나이로 인해 많은 양의 신체 활동을 못하게 되거나 배우가 위험한 연기를 하는 것으로부터 계약상으로 금지되었을 때 활동한다.」

정답 ④

05 ▶ 지칭 추론

앞 문장에서 나온 인물이나 사물, 행위의 목적과 결과, 장소, 수치, 시간 등을 지칭하는 지시어나 대명사의 관계를 올바르게 파악하고 찾아내는 문제이다.
문맥의 흐름 파악을 통해 지시어가 가리키는 대상을 구체적으로 찾아야 한다. 글의 내용을 잘못 파악하게 되면 지시어나 대명사가 원래 가리키는 것을 찾는 데 혼동을 가져오기 쉬우므로 글을 읽을 때 주의한다. 대상이 사람일 경우 단수인지 복수인지, 남성인지 여성인지 정확하게 구분하는 것도 잊어서는 안 된다.

자주 출제되는 유형
• 다음 글을 읽고 밑줄 친 (A), (B)가 가리키는 것을 고르면?

다음 글을 읽고 밑줄 친 (A), (B)가 가리키는 것을 고르면?

I was recently searching a school that had been broken into. I had my trusty general purpose dog with me, called Louis. We had received reports that the intruders were still inside the school, so I sent the dog in first to try and locate (A) them. He had picked up the scent and as I approached the communal toilet block. As I entered the room there was a line of about twelve toilet cubicles along the wall. (B) They were all standing with the doors wide open-apart from two which were closed. I shouted that anyone inside the toilet cubicle should come out immediately. No response. I had given them the chance and they refused to open the door, so I sent Louis in who pulled them both out. They will not be breaking into anywhere else for a while.

	(A)	(B)
①	the dog	toilet cubicles
②	intruders	toilet cubicles
③	the dog	the walls
④	intruders	the walls
⑤	the dog	intruders

| 해설 | 「나는 믿을 만한 만능견 Louis를 데리고 최근 침입을 당한 학교를 수색하고 있었다. 우리는 침입자가 여전히 학교 안에 있다는 보고를 받고, 그들의 위치를 확인하기 위하여 개를 먼저 들여보냈다. 개가 냄새를 확인하자 나는 공공 화장실 쪽으로 다가갔다. 그곳에 들어갔을 때, 화장실 벽면엔 12개의 칸이 줄지어 있었다. 그 칸들은 닫혀있는 두 개만을 제외하고 모두 문이 열린 채로 있었다. 나는 그 화장실 칸 안에 있는 사람에게 당장 나오라고 소리쳤지만 응답이 없었다. 나는 다시 한 번 나와서 나와 상대하자고 불렀다. 역시 대답이 없었다. 그래서 나는 Louis를 보내 그들이 밖으로 나오도록 했다. 그들은 더 이상 어디도 침입하지 않을 것이다.」

앞에 제시된 문장에 이어지는 글의 순서를 정하는 문제로, 글의 논리적 흐름과 연결사, 시간 및 공간적 순서에 따른 적절한 나열을 요구한다.

1. 제시된 문장이 있는 경우

제시된 문장을 읽고 다음에 이어질 내용을 추론한다. 연결사, 지시어, 대명사, 시간 표현 등을 활용하여 문장의 순서를 논리적으로 결정한다.
① 지시어 : this, that, these, those 등
② 연결사 : but, and, or, so, yet, unless 등
③ 접속부사 : in addition(게다가), afterwards(나중에), as a result(결과적으로), for example(예를 들어), fortunately(운 좋게도), otherwise(그렇지 않으면), therefore(그러므로), however(그러나), moreover(더욱이) 등
④ 부정대명사 : one(사람이나 사물의 불특정 단수 가산명사를 대신 받음), some(몇몇의, 약간의), another(지칭한 것 외의 또 다른 하나), other(지칭한 것 외의 몇몇) 등

2. 주어진 문장이 없는 경우

대개 일반적 사실이 글의 서두에 나오고, 이어서 앞에서 언급했던 사실에 대한 부가적 내용이나 개념 정리 등이 나올 수 있다. 대신 지시어나 대명사가 출제되는 문장이나 앞뒤 문장의 상반된 내용을 연결하는 역접 연결사 및 예를 설명하는 연결사가 포함된 문장은 글의 서두에 나오기 어렵다. 이밖에 문맥의 흐름과 상관없거나 문맥상 어색한 문장을 고르는 문제 유형이 나올 수도 있다.
문맥의 흐름과 상관없는 문장을 고르는 문제는 주제문과 이를 뒷받침하는 문장들의 관계에 있어 글의 흐름상 통일성이 결여된 문장을 찾아낸 후, 그 문장을 제외한 후에도 글의 내용이 자연스럽게 흘러가는지 살펴봐야 한다.
문맥상 어색한 문장을 고르는 문제의 경우 우선적으로 글을 꼼꼼하게 읽어 볼 필요가 있으며, 그 다음에 주제문을 파악한 후 이와 어울리지 않는 내용을 골라내는 순서로 문제를 해결한다.

자주 출제되는 유형
- 글의 흐름상 주어진 문장에 이어질 내용을 순서대로 바르게 나열한 것을 고르시오.
- 다음 글에서 전체 흐름과 관계없는 문장을 고르시오.

글의 흐름상 주어진 문장에 이어질 내용을 순서대로 나열한 것을 고르면?

When asked to make a donation, even those who would like to support the charity in some way say no, because they assume the small amount they can afford won't do much to help the cause.

(A) After introducing himself, the researcher asked the residents, "Would you be willing to help by giving a donation?" For half of the residents, the request ended there. For the other half, however, he added, "Even a penny will help."

(B) Based on this reasoning, a researcher thought that one way to urge people to donate would be to inform them that even a small sum would be helpful. To test this hypothesis, he went to door-to-door to request donations for the American Cancer Society.

(C) When he analyzed the results, the researcher found that, consistent with his hypothesis, people in the "even-a-penny-will-help" condition were almost twice as likely as those in the other condition to donate to the cause.

① (A) – (B) – (C)　　　　　　　② (A) – (C) – (B)

③ (B) – (A) – (C)　　　　　　　④ (C) – (A) – (B)

⑤ (C) – (B) – (A)

| **해설** | • donation : 증여, 기부, 기증
• charity : 자애, 자비
• resident : 거주하는, 체류하는
• hypothesis : 가설, 가정

「기부를 요청받았을 때 어떤 방식으로든 기부하려고 했던 사람들도 거절하게 된다. 왜냐하면 그들은 그들이 할 수 있는 작은 부분이 도움이 되지 못한다고 생각하기 때문이다.

(B) 이러한 이유 때문에 조사자들은 아무리 작은 기부라도 도움이 될 수 있다고 사람들에게 설득하는 것을 생각했다. 이러한 가설을 시험하기 위해 조사자들은 집집마다 방문하여 미국암협회에게 기부할 것을 요구했다.

(A) 자신들을 소개한 후 주민들에게 요청했다. "기부를 하지 않으시겠습니까?" 조사대상자들 중 반에게는 이런 말만 하고 나머지 반에게는 "작은 기부라도 도움이 됩니다."라는 말을 덧붙였다.

(C) 조사자들이 결과를 분석해 보니 "작은 기부라도 도움이 됩니다."라는 말을 덧붙인 경우가 실제로 2배나 많은 실질적인 기부를 이끌어냈다.」

정답 ③

07 ▶ 중심내용과 제목 유추하기

글의 중심어를 포함하면서 간결하게 나타낸 것이 글의 주제나 제목이 되는데, 필자가 이야기하려는 핵심 목적을 파악하는 것이 중요하다.

글의 중심 사건을 바탕으로 주제와 핵심 어휘를 파악한다. 글을 읽다가 모르는 단어가 나와도 당황하지 말고 우선 넘기고 나서 문장의 전체적인 의미를 이해한 후에 어휘의 구체적 의미를 유추한다.

제목은 제시된 글의 내용의 범위보다 지나치게 넓거나 좁아서는 안 된다. 또한 제시된 내용에 근거하지 않고 상식적인 정황을 바탕으로 추측에 의해 성급하게 내린 결론은 결코 제목이 될 수 없다.

지문에 해당하는 질문을 먼저 읽고 해당 내용을 글에서 찾아 이를 위주로 읽어나가는 것도 시간을 절약하는 좋은 방법이다.

자주 출제되는 유형
- 다음 글의 제목으로 가장 적절한 것을 고르시오.
- 다음 글의 요지로 가장 적절한 것을 고르시오.

핵심예제

다음 글의 주제로 가장 적절한 것은?

The same gesture can have different meanings from culture to culture. For example, the 'thumbs-up' sign, raising your thumb in the air, is commonly used to mean 'good job'. However, be sure that you don't use it in Nigeria because it is considered a very rude gesture.

① 좋은 직업의 종류
② 칭찬의 긍정적 효과
③ 나이지리아 여행의 즐거움
④ 문화에 따라 다른 제스처의 의미
⑤ 나라별 직장 예절

|해설| • gesture : 몸짓
- for example : 예를 들어
- thumb : 엄지손가락
- commonly : 흔히, 보통
- rude : 무례한

「문화 사이에서 같은 몸짓이 다른 의미를 가질 수 있다. 예를 들어 엄지손가락을 들어올리는 '승인(찬성)' 표시는 흔히 '잘했다'는 의미로 쓰이곤 한다. 그러나 그 몸짓은 매우 무례한 몸짓으로 간주될 수 있기 때문에 나이지리아에서는 그 몸짓을 사용하지 않도록 해야 한다.」

정답 ④

08 ▶ 세부내용 유추하기

글의 도입, 전개, 결론 등의 흐름을 올바르게 파악하고, 세부적인 사항까지 기억해야 하는 문제이다. 글을 읽으면서 중요 어휘에는 표시를 해두거나, 반대로 보기 문항을 먼저 읽어보고 글을 읽으면서 질문에 부합하는지 따져보는 것도 하나의 방법이다.

글의 내용과 일치하지 않는 것을 고르는 문제는 글의 내용과 반대로 말하거나 글에서 언급하지 않은 것을 골라내야 한다. 객관성에 근거하여 판단하도록 하고, 섣부른 추측은 금물이다.

자주 출제되는 유형
• 글의 내용으로 적절하지 않은 것을 고르시오.
• 다음 글의 내용으로 적절한 것을 고르시오.

핵심예제

다음 글의 내용을 토대로 추측할 수 있는 내용으로 적절하지 않은 것은?

> Ecuador is asking developed countries to pay $350 million for them NOT to drill for oil in the heart of the Amazon. The sum amounts to half of the money that Ecuador would receive from drilling in the Amazon. Since Ecuador proposed the plan last year, countries such as Germany, Norway, Italy and Spain have expressed great interest.

① Norway는 Amazon의 석유개발에 반대한다.
② Ecuador는 Amazon의 석유개발로 7억 달러의 수익을 올릴 수 있다.
③ Ecuador는 Amazon의 석유개발의 대가로 선진국들에게 3억 5천만 달러를 요구하였다.
④ Ecuador가 석유개발을 포기하면, 선진국들은 Ecuador에게 석유개발 수익의 반액을 지불할 수 있다.
⑤ Spain은 Ecuador의 석유개발에 대해 Norway와 같은 입장이다.

| 해설 | 에콰도르가 아마존 심장부에서 석유개발을 하지 않는 것에 대해 선진국들에게 3억 5천만 달러를 요구한다는 내용이다.
• developed country : (이미 개발이 된) 선진국
• drill : 땅을 파다
• propose : 제안하다
• express : 표현하다
• interest : 이익, 수익
「에콰도르는 선진국들에게 석유를 위해 아마존 심장부를 파지 않는 것에 대해 3억 5천만 달러를 지불하라고 요구하고 있다. 이 액수는 아마존을 파는 것을 통해 에콰도르가 얻는 돈의 반에 달한다. 에콰도르가 이 계획을 지난해 제안한 이후로 독일, 노르웨이, 이탈리아, 스페인 같은 나라들은 큰 관심을 표명했다.」

정답 ③

대표유형 1 **어휘**

다음의 관계에서 빈칸에 들어갈 말로 가장 적절한 것을 고르면?

$$\text{earn : gain = point : (\quad)}$$

① aim
② disappoint
③ view
④ role

| **해설** | 'earn(벌다)'과 'gain(얻다)'은 유의 관계이다.
'point'는 '목적', '목표'라는 뜻을 가지므로 같은 뜻의 'aim'이 적절하다.

오답분석
② 실망시키다
③ 견해, 관점
④ 역할

정답 ①

※ 다음 중 제시된 단어와 같거나 비슷한 뜻을 가진 것을 고르시오. [1~4]

01

decide

① discover
② determine
③ sure
④ departure

02

able

① ineffective   ② useless

③ capable   ④ pointless

03

predict

① advantage   ② solitary

③ tolerable   ④ foresee

04

patience

① endurance   ② loyal

③ proper   ④ strict

05

accuse

① charge   ② absolve

③ abolish   ④ abuse

06

advance

① suppress   ② settle

③ withdraw   ④ adapt

07

integrate

① combine   ② blend

③ embed   ④ separate

08

stiff

① weak   ② delicate

③ smooth   ④ kindness

※ 다음 제시된 의미를 가진 단어로 알맞은 것을 고르시오. [9~10]

09

고통

① surfing   ② suffer

③ recover   ④ super

10

유연하다

① insensitive   ② approach

③ flexible   ④ endure

※ 다음 중 나머지 셋과 다른 것을 고르시오. [11~12]

11   ① anger   ② pleasure

         ③ sadness   ④ poverty

12   ① basketball   ② soccer

         ③ table tennis   ④ archery

다음 빈칸에 들어갈 말로 가장 적절한 것은?

> I'll phone you _____ I hear any news.

① as soon as   ② that

③ because of   ④ most

| 해설 | 오답분석

문장과 문장을 이어줄 수 있는 접속사를 고르는 문제로 ②·③·④는 접속사로 쓰이지 못하기 때문에 답이 될 수 없다.

「나는 어떤 뉴스를 <u>듣자마자</u> 너에게 전화를 걸 것이다.」

정답 ①

※ 다음 빈칸에 들어갈 말로 적절한 것을 고르시오. [13~16]

13

> She is more interested in sports _____ I.

① than   ② that

③ what   ④ which

14

> He ran into the room without _____ me.

① being greeted   ② greeting

③ greeted   ④ greet

15

The left side of the human brain _____ language.

① controls
② to control
③ controlling
④ is controlled

PART 1

16

He spent a whole day on _____ funny videos.

① watch
② watches
③ watching
④ watched

17 다음 제시문의 빈칸에 들어갈 단어로 적절한 것은?

In the old days, before cash registers became a staple in almost every store, merchants used to add up the bill by writing the price of each item on the outside of the bag. When customers phoned in orders, however, some merchants — whether by accident or by design — wrote the address or apartment number at the top of the bag and then added that number into the total as well. The introduction of this irrelevant information is a(n) _____ error. A publisher who accidently printed Hamlet's monologue as, "To be sure, or not to be believed, that is their question ···" would be charged with a similar error.

① repetition
② insertion
③ substitution
④ transposition

다음 대화의 빈칸에 들어갈 말로 적절한 것은?

A : I am getting anxious about the exam.
B : _____

① Let's call it a day.　　　　　② I am all thumbs.
③ I am broke, too.　　　　　　④ Take it easy.

| 해설 |　• Take it easy : 마음을 편히 가지다(=Make yours if at home, please relax).
　　　「A : 시험 때문에 초조해.
　　　 B : 진정해.」
　　　[오답분석]
　　　① 오늘은 이만 끝냅시다.
　　　② 저는 손재주가 없습니다.
　　　③ 저도 파산했어요.

정답 ④

18 대화에서 알 수 있는 A의 심경으로 가장 적절한 것은?

A : Mom, I won the first prize in the singing contest.
B : Wow, you did it. Congratulations!
A : I am very happy about that.

① excited　　　　　　　　　② fearful
③ regretful　　　　　　　　 ④ depressed

※ 대화가 이루어지는 장소로 가장 적절한 곳을 고르시오. [19~20]

19

A : I like this shirt. Can I try it on?
B : Sure. The fitting room is over there.
A : It fits me well. I will buy it.

① 식당 ② 소방서
③ 경찰서 ④ 옷가게

20

A : Excuse me. I'd like to exchange these shoes.
B : Sure. What's wrong with them?

① 음식점 ② 우체국
③ 동물 병원 ④ 구두 가게

※ 주어진 말에 이어질 대화의 순서로 알맞은 것을 고르시오. [21~22]

21

Amy, our train will be delayed because of an accident.

(A) Good idea. Let's meet at the bus stop at ten a.m.
(B) Oh, no! Why don't we take a bus instead?
(C) Okay. See you then.

① (A) − (B) − (C) ② (B) − (A) − (C)
③ (B) − (C) − (A) ④ (C) − (B) − (A)

22

Did you hear the news?

(A) Oh! That's incredible.
(B) Our soccer team won the game.
(C) What news?

① (A) − (B) − (C) ② (B) − (A) − (C)
③ (B) − (C) − (A) ④ (C) − (B) − (A)

23

A : I'm so sorry to be late for school today.

B : you're not late very often. I imagine you've got reason.

A : I missed my train and had to wait twenty minutes for the next one.

B : _____.

① That sounds good   ② That's all right

③ You're kidding   ④ you're right

24

A : I love that shirt you gave me for my for birthday, but it's a little small.

B : Don't worry. I'll _____ to the store and exchange it.

① call back   ② take it back

③ come back   ④ pay you back

25

A : Hi, Bill. _____?

B : I've just returned from Jeju-do.

A : How was the trip?

B : It was delightful. And the weather was perfect.

① What size are you

② Why are you so angry

③ How's the weather

④ Where have you been

26

A : Good morning, sir. _____?

B : Yes, I'm looking for a small telescope for my son.

A : Here's one you'll like. It's of fine quality.

B : It looks okay. What's the price?

A : It's one sale for 20 dollars.

B : That sounds fair.

① What can I do for you

② May I take your order

③ May I try it on

④ Will you do me a favor

27

A : Do you think you can live without machines?

B : No, I don't think so. Machines are an important part of our modern life.

A : _____. Our lives are tied to machines.

① I agree with you   ② I agree to you

③ That's too bad   ④ I have an idea

28

A : How much is this CD?

B : $10.

A : OK, I'Ill take it. Please, wrap it.

B : _____.

① Here I am   ② Here we are

③ Here you are   ④ Here they are

29

A : Could I ask you something?
B : Sure. _____.

① you cannot   ② so what
③ pardon   ④ go ahead

30

A : Do I need a transfer?
B : No, it goes straight through.
A : _____ does it come by here?
B : Every ten minutes.

① How far   ② How often
③ How long   ④ How much

다음 글의 제목으로 가장 적절한 것은?

The zoologist and specialist in human behavior, Desmond Morris, says that the reason people start to walk like each other is that they have a subconscious need to show their companions that they agree with them and so fit in with them. This is also a signal to other people that 'we are together, we are acting as one.' Other studies suggest that we adopt the mannerisms of our company as well, especially our superiors, such as crossing our legs in the same direction as others. An example often given is when, in a meeting, the boss scratches his nose and others at the table then follow him without realizing it.

① Why People Mimic Others
② Take a Walk for Your Health
③ Good Manners with Superiors
④ Benefits of Good Companionship

| 해설 | 사람들이 동료들에게 동의하며 조화를 이루고 있다는 것을 보여주고 싶어 하는 잠재의식적 욕구가 있다는 점과, 동료, 특히 윗사람의 버릇을 따라한다는 점에서 'Why People Mimic Others(왜 사람들은 다른 사람을 흉내 내는가)'가 가장 적절하다.
• zoologist : 동물학자
• specialist : 전문가(권위자)
• subconscious : 잠재의식의
• companion : 친구, 동료
• fit in with : ~와 조화를 이루다, 잘 어울리다
• adopt : 취하다, 채택하다
• mannerism : 매너리즘(타성), 무의식적인 버릇
• superior : 윗사람, 상사
• cross one's legs : 다리를 꼬다
• scratch : 긁다, 문지르다
• mimic : 흉내 내다
• companionship : 교우 관계, 친구, 동료애
「동물학자이자 인간 행동 (분야)의 전문가인 Desmond Morris는 사람들이 서로 비슷하게 걷기 시작한 이유가 그들이 동료들에게 동의하고 있고 그들과 조화를 이루고 있다는 것을 그 동료들에게 보여 주기 위한 잠재의식적 욕구를 지니고 있기 때문이라고 말한다. 이것은 또한 '우리는 함께 있고, 하나처럼 행동하고 있다.'는 점을 다른 사람에게 전하는 신호이기도 하다. 다른 연구는 우리가 다른 사람들과 같은 방향으로 다리를 꼬는 것처럼, 동료, 특히 윗사람의 (무의식적인) 버릇을 취하기도 한다는 점을 밝히고 있다. 한 예로 회의 중에 상사가 자기 코를 문지르면, 회의석에 있는 다른 사람들이 무의식적으로 그를 따라하는 것을 종종 보게 된다.」

[오답분석]
② 당신의 건강을 위해 걸어라.
③ 상관을 대하는 훌륭한 예절
④ 좋은 동료 관계가 주는 이점들

정답 ①

31

I was recently searching a school that had been broken into. I had my trusty general purpose dog with me, called Louis. We had received reports that the intruders were still inside the school, so I sent the dog in first to try and locate (A) them. He had picked up the scent and as I approached the communal toilet block. As I entered the room there was a line of about twelve toilet cubicles along the wall. (B) They were all standing with the doors wide open - apart from two which were closed. I shouted that anyone inside the toilet cubicle should come out immediately. No response. I had given them the chance and they refused to open the door, so I sent Louis in who pulled them both out. They will not be breaking into anywhere else for a while.

	(A)	(B)
①	the dog	toilet cubicles
②	intruders	toilet cubicles
③	the dog	the walls
④	intruders	the walls

32

Because of the visual media, some people may become discontented with the reality of their own lives. To them, everyday life does not seem as exciting as the roles actors play in movies or TV dramas. (A) They realize they aren't having as much fun as (B) them. Also media watchers might get depressed when they can't handle situations in real life as well as TV stars seem to.

	(A)	(B)
①	the visual media	media watchers
②	the visual	media actors
③	some people	media watchers
④	some people	actors

33

If you want to quit smoking, you can. A good way to quit smoking is to exercise, chew gum, drink more water and eat food with vitamins. Remember, the longer you wait to quit, the harder it will be.

① 운동하기　　　　　　　　② 물 마시기
③ 휴식 취하기　　　　　　　④ 비타민 섭취하기

34

- Take 2 tablets every 4 hours.
- Tablets can be chewed or swallowed with water.
- Keep out of reach of children.

① 복용량　　　　　　　　　② 복용 방법
③ 복용효과　　　　　　　　④ 주의사항

※ 다음 글의 중심 내용으로 가장 적절한 것을 고르시오. [35~37]

35

If you want a good friendship with someone, you should try to give first. To build a good friendship, you should try to be a giver, not a taker. By doing so, you can get a good friend.

① How to Donate Money
② The Type of Unfriendly People
③ How to Build a Good Friendship
④ The Benefit of Taking Something

36

Eating breakfast is very good for teenagers' learning. Many researchers have shown that students who eat breakfast do better in school than those who don't eat it.

① 비만은 청소년들의 건강에 해롭다.
② 학교의 적극적인 학습지도가 필요하다.
③ 학생들의 학습량이 학업성취에 영향을 미친다.
④ 아침 식사를 하는 것이 학생들의 학습에 도움이 된다.

37

Figures in authority can have tremendous influence. Often we believe them simply because of who they are and do not ask whether they are right or have the knowledge or experience to support their statements. The media is a very good example of this. It is quite amazing that so many people believe, without question, everything that is fed to them through the media. Naturally we are going to believe some of it, but relayed "facts" need to be viewed with caution. Often it is only someone's opinion, or a fact exaggerated or taken out of context in order to make a saleable story.

① 대중매체의 정보전달력은 뛰어나다.
② 표면적인 부분만 보고 판단해서는 안 된다.
③ 지식보다는 경험을 더 중시해야 한다.
④ 다른 사람의 의견을 존중해야 한다.

38 다음 글의 내용으로 적절하지 않은 것은?

I presented myself at a series of hotels around the central station, but they were all full. Not sure how to deal with this unfolding crisis, I decided on an impulse to hitchhike into Belgium. I stood for an hour beside the highway with my thumb out. I was about to abandon this plan as well when a battered old car pulled over. I lugged my rucksack over to find a young couple arguing in the front seat. For a moment, I thought they weren't stopping for me at all, but then the young woman got out and allowed me to clamber into the back. Against my expectation, they were on good terms and kept turning around to rearrange things to give me more space.

① 주인공이 탄 차는 커브 길을 돌아갔다.
② 주인공은 차를 빌려 타기 위해 고속도로에서 한 시간이나 서 있었다.
③ 주인공은 호텔을 여러 군데 들렀으나 빈 방을 찾을 수 없었다.
④ 젊은 한 쌍은 다정한 사이였다.

※ 다음 글에 표현된 사람의 직업으로 적절한 것을 고르시오. [39~40]

39

James prepares various cuts of meat and other related goods for sale. Traditionally, he sells his goods in a specialized store, although most meat is sold through supermarkets nowadays.

① cook
③ carpenter
② butcher
④ blacksmith

40

"OK. Let's have a look. Umm. I think it's the flu. Let me write you a prescription. Take one teaspoon of this every four hours. And call me next week sometime. I hope you feel better soon."

① film director
③ doctor
② professor
④ plumber

02 | 수학 핵심이론

01 ▶ 기초계산

1. 기본 연산

(1) 사칙연산

① 사칙연산 ＋, －, ×, ÷

왼쪽을 기준으로 순서대로 계산하되 ×와 ÷를 먼저 계산한 뒤 ＋와 －를 계산한다.

예 $1+2-3\times4\div2=1+2-12\div2=1+2-6=3-6=-3$

② 괄호연산 ( ), { }, [ ]

소괄호 ( ) → 중괄호 { } → 대괄호 [ ]의 순서대로 계산한다.

예 $[\{(1+2)\times3-4\}\div5]6=\{(3\times3-4)\div5\}\times6$

$=\{(9-4)\div5\}\times6=(5\div5)\times6=1\times6=6$

(2) 연산 규칙

크고 복잡한 수들의 연산에는 반드시 쉽게 해결할 수 있는 특성이 있다. 지수법칙, 곱셈공식 등 연산 규칙을 활용하여 문제 내에 숨어 있는 수의 연결고리를 찾아야 한다.

자주 출제되는 곱셈공식

- $a^b \times a^c \div a^d = a^{b+c-d}$
- $ab \times cd = ac \times bd = ad \times bc$
- $a^2 - b^2 = (a+b)(a-b)$
- $(a+b)(a^2-ab+b^2)=a^3+b^3$
- $(a-b)(a^2+ab+b^2)=a^3-b^3$

---

2. 식의 계산

(1) 약수 · 소수

① **약수** : 0이 아닌 어떤 정수를 나누어떨어지게 하는 정수

② **소수** : 1과 자기 자신으로만 나누어지는 1보다 큰 양의 정수

   예 10 이하의 소수는 2, 3, 5, 7이 있다.

③ **소인수분해** : 주어진 합성수를 소수의 곱의 형태로 나타내는 것

   예 $12 = 2^2 \times 3$

④ **약수의 개수** : 양의 정수 $N = a^\alpha b^\beta (a, b$는 서로 다른 소수)일 때, N의 약수의 개수는 $(\alpha+1)(\beta+1)$개다.

⑤ **최대공약수** : 2개 이상의 자연수의 공통된 약수 중에서 가장 큰 수

   예 $GCD(4, 8) = 4$

⑥ **최소공배수** : 2개 이상의 자연수의 공통된 배수 중에서 가장 작은 수

   예 $LCM(4, 8) = 8$

⑦ **서로소** : 1 이외에 공약수를 갖지 않는 두 자연수

   예 $GCD(3, 7) = 1$이므로, 3과 7은 서로소이다.

(2) 수의 크기

분수, 지수함수, 로그함수 등 다양한 형태의 문제들이 출제된다. 분모의 통일, 지수의 통일 등 제시된 수를 일정한 형식으로 정리해 해결해야 한다. 연습을 통해 여러 가지 문제의 풀이방법을 익혀 두자.

예 $\sqrt[3]{2}$, $\sqrt[4]{4}$, $\sqrt[5]{8}$ 의 크기 비교

$$\sqrt[3]{2} = 2^{\frac{1}{3}}, \quad \sqrt[4]{4} = 4^{\frac{1}{4}} = (2^2)^{\frac{1}{4}} = 2^{\frac{1}{2}}, \quad \sqrt[5]{8} = 8^{\frac{1}{5}} = (2^3)^{\frac{1}{5}} = 2^{\frac{3}{5}} \text{ 이므로}$$

지수의 크기에 따라 $\sqrt[3]{2} < \sqrt[4]{4} < \sqrt[5]{8}$ 임을 알 수 있다.

(3) 수의 특징

주어진 수들의 공통점 찾기, 짝수 및 홀수 연산, 자릿수 등 위에서 다루지 않았거나 복합적인 여러 가지 수의 특징을 가지고 풀이하는 문제들을 모아 놓았다. 주어진 상황에서 제시된 수들의 공통된 특징을 찾는 것이 중요한 만큼 혼동하기 쉬운 수의 자릿수별 개수와 홀수, 짝수의 개수는 꼼꼼하게 체크해가면서 풀어야 한다.

01 다음 식의 값을 구하면?

$$889 \div 7 + 54 - 18$$

① 166   ② 165

③ 164   ④ 163

⑤ 162

| 해설 | $889 \div 7 + 54 - 18 = 127 + 36 = 163$

정답 ④

02 다음 빈칸에 들어갈 수 있는 값으로 적절한 것은?

$$\frac{3}{11} < (\quad) < \frac{36}{121}$$

① $\dfrac{1}{11}$ ② $\dfrac{35}{121}$

③ $\dfrac{4}{11}$ ④ $\dfrac{32}{121}$

⑤ $\dfrac{2}{11}$

| 해설 | 문제에 주어진 분모 11과 121, 그리고 선택지에서 가장 큰 분모인 121의 최소공배수인 121로 통분해서 구한다.

$$\frac{3}{11} < (\quad) < \frac{36}{121} \rightarrow \frac{33}{121} < (\quad) < \frac{36}{121}$$

따라서 $\dfrac{35}{121}$ 가 빈칸에 들어갈 수 있다.

오답분석

① $\dfrac{1}{11} = \dfrac{11}{121}$, ③ $\dfrac{4}{11} = \dfrac{44}{121}$, ④ $\dfrac{32}{121}$, ⑤ $\dfrac{2}{11} = \dfrac{22}{121}$

정답 ②

02 ▶ 응용계산

1. 날짜·요일·시계에 관한 문제

(1) 날짜, 요일

① 1일＝24시간＝1,440분＝86,400초
② 날짜, 요일 관련 문제는 대부분 나머지를 이용해 계산한다.

핵심예제

어느 달의 3월 2일이 금요일일 때, 한 달 후인 4월 2일은 무슨 요일인가?

① 월요일 　　　　　　　　② 화요일
③ 수요일 　　　　　　　　④ 목요일
⑤ 금요일

| 해설 | 3월은 31일까지 있고 일주일은 7일이므로 31÷7＝4…3
따라서 4월 2일은 금요일부터 3일이 지난 월요일이다.

정답 ①

---

(2) 시계

① 시침이 1시간 동안 이동하는 각도 : 30°
② 시침이 1분 동안 이동하는 각도 : 0.5°
③ 분침이 1분 동안 이동하는 각도 : 6°

핵심예제

시계 광고에서 시계는 항상 10시 10분을 가리킨다. 그 이유는 이 시각이 회사 로고가 가장 잘 보이며 시계 바늘이 이루는 각도도 가장 안정적이기 때문이다. 시계가 10시 10분을 가리킬 때 시침과 분침이 이루는 작은 쪽의 각도는?

① 115°   ② 145°
③ 175°   ④ 205°
⑤ 215°

| **해설** | 10시 10분일 때 시침과 분침의 각도를 구하면 다음과 같다.
- 10시 10분일 때 12시 정각에서부터 시침의 각도 : $30° \times 10 + 0.5° \times 10 = 305°$
- 10시 10분일 때 12시 정각에서부터 분침의 각도 : $6° \times 10 = 60°$
따라서 시침과 분침이 이루는 작은 쪽의 각도는 $(360-305)° + 60° = 115°$이다.

정답 ①

2. 시간 · 거리 · 속력에 관한 문제

$$(\text{시간}) = \frac{(\text{거리})}{(\text{속력})}, \quad (\text{거리}) = (\text{속력}) \times (\text{시간}), \quad (\text{속력}) = \frac{(\text{거리})}{(\text{시간})}$$

핵심예제

영희는 집에서 50km 떨어진 할머니 댁에 가는데, 시속 90km로 버스를 타고 가다가 내려서 시속 5km로 걸어갔더니, 총 1시간 30분이 걸렸다. 영희가 걸어간 거리는 몇 km인가?

① 5km
② 10km
③ 13km
④ 20km
⑤ 22km

| **해설** | 영희가 걸어간 거리를 $x$km라고 하고, 버스를 타고 간 거리를 $y$km라고 하면

- $x + y = 50$
- $\dfrac{x}{5} + \dfrac{y}{90} = \dfrac{3}{2} \ \rightarrow \ x = 5, \ y = 45$

따라서 영희가 걸어간 거리는 5km이다.

정답 ①

3. 나이 · 개수에 관한 문제

구하고자 하는 것을 미지수로 놓고 식을 세운다. 동물의 경우 다리의 개수에 유의해야 한다.

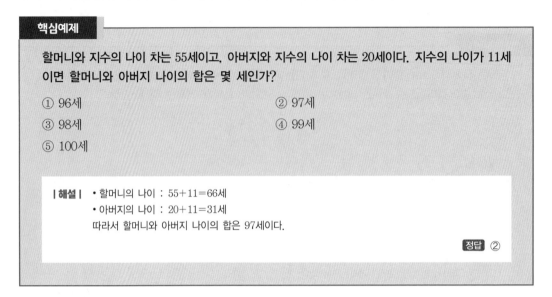

핵심예제

할머니와 지수의 나이 차는 55세이고, 아버지와 지수의 나이 차는 20세이다. 지수의 나이가 11세
이면 할머니와 아버지 나이의 합은 몇 세인가?

① 96세   ② 97세

③ 98세   ④ 99세

⑤ 100세

| **해설** | • 할머니의 나이 : 55+11=66세
• 아버지의 나이 : 20+11=31세
따라서 할머니와 아버지 나이의 합은 97세이다.

정답 ②

4. 원가 · 정가에 관한 문제

(1) (정가)＝(원가)＋(이익), (이익)＝(정가)－(원가)

(2) a원에서 $b\%$ 할인한 가격 : $a \times \left(1 - \dfrac{b}{100}\right)$

핵심예제

가방의 원가에 40%의 이익을 붙여서 정가를 정한 후, 이벤트로 정가의 25%를 할인하여 물건을 판매하면 1,000원의 이익이 남는다. 이 가방의 원가는 얼마인가?

① 16,000원　　　　　　　　　　② 18,000원

③ 20,000원　　　　　　　　　　④ 22,000원

⑤ 24,000원

| **해설** | 가방의 원가를 x원이라고 하면 정가는 $1.40x$원이고, 할인 판매가는 $1.40x \times 0.75 = 1.05x$원이다.

$1.05x - x = 1,000 \rightarrow 0.05x = 1,000$

$\therefore\ x = 20,000$

따라서 가방의 원가는 20,000원이다.

정답 ③

5. 일 · 톱니바퀴에 관한 문제

(1) 일

전체 일의 양을 1로 놓고, 시간 동안 한 일의 양을 미지수로 놓고 식을 세운다.

- $(일률)=\dfrac{(작업량)}{(작업기간)}$

- $(작업기간)=\dfrac{(작업량)}{(일률)}$

- $(작업량)=(일률)\times(작업기간)$

핵심예제

S사에 재직 중인 A사원이 혼자 보험안내 자료를 정리하는 데 15일이 걸리고 B사원과 같이 하면 6일 만에 끝낼 수 있다. 이때 B사원 혼자 자료를 정리하는 데 걸리는 시간은 며칠인가?

① 8일   ② 9일

③ 10일   ④ 11일

⑤ 12일

|해설| 전체 일의 양을 1이라고 하면 A사원이 혼자 일을 끝내는 데 걸리는 시간은 15일, A, B사원이 같이 할 때는 6일이 걸린다. B사원이 혼자 일하는 데 걸리는 시간을 b일이라고 하면,

$$\frac{1}{15}+\frac{1}{b}=\frac{1}{6} \rightarrow \frac{b+15}{15b}=\frac{1}{6} \rightarrow 6b+6\times15=15b \rightarrow 9b=90$$

$\therefore b=10$

따라서 B사원 혼자 자료를 정리하는 데 걸리는 시간은 10일이다.

정답 ③

(2) 톱니바퀴

(톱니 수)×(회전수)=(총 톱니 수)

즉, A, B 두 톱니에 대하여, (A의 톱니 수)×(A의 회전수)=(B의 톱니 수)×(B의 회전수)가 성립한다.

핵심예제

지름이 15cm인 톱니바퀴와 지름이 27cm인 톱니바퀴가 서로 맞물려 돌아가고 있다. 큰 톱니바퀴가 분당 10바퀴를 돌았다면, 작은 톱니바퀴는 분당 몇 바퀴를 돌았겠는가?

① 16바퀴   ② 17바퀴

③ 18바퀴   ④ 19바퀴

⑤ 20바퀴

| 해설 | 작은 톱니바퀴가 x바퀴 돌았다고 하면, 큰 톱니바퀴와 작은 톱니바퀴가 돈 길이는 같으므로

$27\pi \times 10 = 15\pi \times x$

$\therefore x = 18$

따라서 작은 톱니바퀴는 분당 18바퀴를 돌았다.

정답 ③

6. 농도에 관한 문제

(1) (농도)$=\dfrac{(용질의\ 양)}{(용액의\ 양)}\times100$

(2) (용질의 양)$=\dfrac{(농도)}{100}\times(용액의\ 양)$

핵심예제

농도를 알 수 없는 설탕물 500g에 농도 3%의 설탕물 200g을 온전히 섞었더니 섞은 설탕물의 농도는 7%가 되었다. 처음 500g의 설탕물에 녹아있던 설탕은 몇 g인가?

① 40g ② 41g

③ 42g ④ 43g

⑤ 44g

| **해설** | 500g의 설탕물에 녹아있는 설탕의 양이 xg이라고 하면

3%의 설탕물 200g에 들어있는 설탕의 양은 $\dfrac{3}{100}\times200=6$g이다.

$\dfrac{x+6}{500+200}\times100=7 \rightarrow x+6=49$

$\therefore\ x=43$

따라서 500g의 설탕에 녹아있는 설탕의 양은 43g이다.

정답 ④

7. 수에 관한 문제(I)

(1) 연속하는 세 자연수 : $x-1$, x, $x+1$

(2) 연속하는 세 짝수(홀수) : $x-2$, x, $x+2$

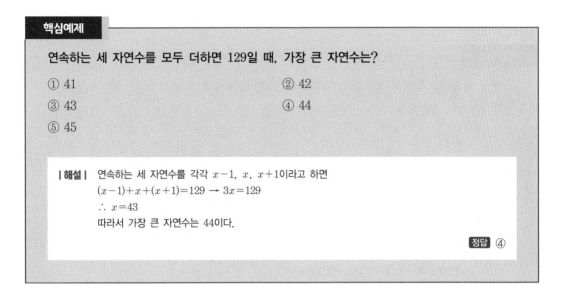

핵심예제

연속하는 세 자연수를 모두 더하면 129일 때, 가장 큰 자연수는?

① 41
② 42
③ 43
④ 44
⑤ 45

| **해설** | 연속하는 세 자연수를 각각 $x-1$, x, $x+1$이라고 하면
$(x-1)+x+(x+1)=129 \rightarrow 3x=129$
$\therefore x=43$
따라서 가장 큰 자연수는 44이다.

정답 ④

PART 1

8. 수에 관한 문제(II)

(1) 십의 자릿수가 x, 일의 자릿수가 y인 두 자리 자연수 : $10x+y$

이 수에 대해, 십의 자리와 일의 자리를 바꾼 수 : $10y+x$

(2) 백의 자릿수가 x, 십의 자릿수가 y, 일의 자릿수가 z인 세 자리 자연수 : $100x+10y+z$

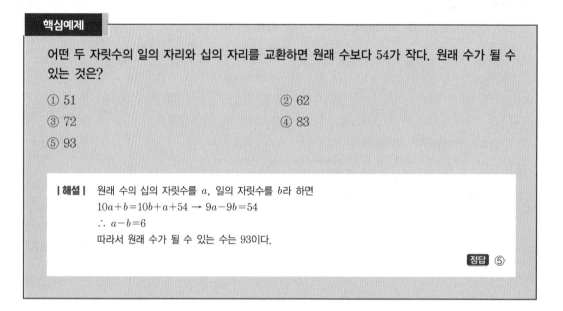

핵심예제

어떤 두 자릿수의 일의 자리와 십의 자리를 교환하면 원래 수보다 54가 작다. 원래 수가 될 수 있는 것은?

① 51   ② 62

③ 72   ④ 83

⑤ 93

| 해설 | 원래 수의 십의 자릿수를 a, 일의 자릿수를 b라 하면

$10a+b=10b+a+54 \rightarrow 9a-9b=54$

$\therefore a-b=6$

따라서 원래 수가 될 수 있는 수는 93이다.

정답 ⑤

9. 열차·터널에 관한 문제

(열차가 이동한 거리)=(터널의 길이)+(열차의 길이)

핵심예제

길이가 50m인 열차가 250m의 터널을 통과하는 데 10초가 걸렸다. 이 열차가 310m인 터널을 통과하는 데 걸리는 시간은 몇 초인가?

① 10초

② 11초

③ 12초

④ 13초

⑤ 14초

| 해설 |

열차의 이동거리는 250+50=300m이고, (속력)=$\dfrac{(거리)}{(시간)}$이므로, 열차의 속력은 $\dfrac{300}{10}$=30m/s이다.

길이가 310m인 터널을 통과한다고 하였으므로, 총 이동 거리는 310+50=360m이고, 속력은 30m/s이다.

따라서 열차가 터널을 통과하는데 걸리는 시간은 $\dfrac{360}{30}$=12초이다.

정답 ③

10. 증가 · 감소에 관한 문제

(1) x가 $a\%$ 증가하면, $\left(1 + \dfrac{a}{100}\right)x$

(2) x가 $a\%$ 감소하면, $\left(1 - \dfrac{a}{100}\right)x$

핵심예제

S고등학교의 작년 중국어 수강생은 전체 학생의 20%이다. 올해 전체 학생 수가 1% 증가하고 중국어 수강생이 2% 감소했다면, 올해 중국어 수강생은 전체 학생의 몇 %인가?

① 약 19%

② 약 19.2%

③ 약 19.4%

④ 약 19.6%

⑤ 약 19.8%

| 해설 | 작년 전체 학생 수를 x라 하면, 중국어 수강생의 수는 $\dfrac{1}{5}x$이다.

따라서 올해 1% 증가한 전체 학생 수는 $\dfrac{101}{100}x$, 2% 감소한 중국어 수강생의 수는 $\dfrac{1}{5}x \times \dfrac{98}{100} = \dfrac{98}{500}x$

이므로, 올해 중국어 수강생의 비율은 $\dfrac{\dfrac{98}{500}x}{\dfrac{101}{100}x} \times 100 \fallingdotseq 19.4\%$이다.

정답 ③

11. 그 외의 방정식 활용문제

핵심예제

혜민이는 가로 9m, 세로 11m인 집을 넓히려고 한다. 세로는 1m 이상 늘릴 수가 없는 상황에서, 가로를 최소 얼마나 늘려야 면적이 10평만큼 늘어나는 효과를 볼 수 있겠는가?(단, 1평=3.3m^2 이다)

① 1m

② 2m

③ 3m

④ 4m

⑤ 5m

| 해설 | 원래 면적에서 늘어난 면적은 $10 \times 3.3 = 33 \text{m}^2$ 이다.

(나중 면적)$-$(원래 면적)$=33\text{m}^2$이므로, 늘려야 할 가로 길이를 xm라 하면,

$(9+x) \times (11+1) - 9 \times 11 = 33 \rightarrow 12x + 108 - 99 = 33 \rightarrow 12x = 24$

$\therefore x = 2$

따라서 가로의 길이는 2m 늘려야 한다.

정답 ②

12. 부등식의 활용

문제에 '이상', '이하', '최대', '최소' 등이 들어간 경우로 방정식의 활용과 해법이 비슷하다.

핵심예제

01 A회사는 10분에 5개의 인형을 만들고, B회사는 1시간에 1대의 인형 뽑는 기계를 만든다. 이 두 회사가 40시간 동안 일을 하면 최대 몇 대의 인형이 들어있는 인형 뽑는 기계를 완성할 수 있는가?(단, 인형 뽑는 기계 하나에는 적어도 40개의 인형이 들어가야 한다)

① 30대 ② 35대
③ 40대 ④ 45대
⑤ 50대

> **|해설|** A회사는 10분에 5개의 인형을 만드므로 1시간에 30개의 인형을 만든다. 따라서 40시간에 인형은 1,200개를 만들고, 인형 뽑는 기계는 40대를 만든다. 기계 하나당 적어도 40개의 인형이 들어가야 하므로 최대 30대의 인형이 들어있는 인형 뽑는 기계를 만들 수 있다.
>
> **정답** ①

02 A가게에서는 감자 한 박스에 10,000원이고 배송비는 무료이며, B가게에서는 한 박스에 8,000원이고 배송비는 3,000원이라고 할 때, 최소한 몇 박스를 사야 B가게에서 사는 것이 A가게에서 사는 것보다 저렴한가?

① 2박스 ② 3박스
③ 4박스 ④ 5박스
⑤ 6박스

> **|해설|** 감자를 x박스를 산다고 하자.
> - A가게에서 드는 돈 : $10,000x$원
> - B가게에서 드는 돈 : $(8,000x+3,000)$원
> $10,000x>8,000x+3,000$
> $\therefore x>1.5$
> 따라서 최소한 2박스를 사야 B가게에서 사는 것이 A가게에서 사는 것보다 저렴하다.
>
> **정답** ①

03 ▶ 경우의 수, 확률

1. 경우의 수

(1) 경우의 수

어떤 사건이 일어날 수 있는 모든 가짓수

예 주사위 한 개를 던졌을 때, 나올 수 있는 모든 경우의 수는 6가지이다.

(2) 합의 법칙

① 두 사건 A, B가 동시에 일어나지 않을 때, A가 일어나는 경우의 수를 m, B가 일어나는 경우의 수를 n이라고 하면, 사건 A 또는 B가 일어나는 경우의 수는 $m+n$이다.

② '또는', '~이거나'라는 말이 나오면 합의 법칙을 사용한다.

예 한 식당의 점심 메뉴는 김밥 3종류, 라면 2종류, 우동 1종류가 있다. 이 중 한 가지의 메뉴를 고르는 경우의 수는 $3+2+1=6$가지이다.

(3) 곱의 법칙

① A가 일어나는 경우의 수를 m, B가 일어나는 경우의 수를 n이라고 하면, 사건 A와 B가 동시에 일어나는 경우의 수는 $m \times n$이다.

② '그리고', '동시에'라는 말이 나오면 곱의 법칙을 사용한다.

예 집에서 학교를 가는 방법 수는 2가지, 학교에서 집으로 오는 방법 수는 3가지이다. 집에서 학교까지 갔다가 오는 경우의 수는 $2 \times 3=6$가지이다.

(4) 여러 가지 경우의 수

① 동전 n개를 던졌을 때, 경우의 수 : 2^n

② 주사위 n개를 던졌을 때, 경우의 수 : 6^n

③ 동전 n개와 주사위 m개를 던졌을 때, 경우의 수 : $2^n \times 6^m$

예 동전 3개와 주사위 2개를 던졌을 때, 경우의 수는 $2^3 \times 6^2 = 288$가지

④ n명을 한 줄로 세우는 경우의 수 : $n! = n \times (n-1) \times (n-2) \times \cdots \times 2 \times 1$

⑤ n명 중, m명을 뽑아 한 줄로 세우는 경우의 수 : $_n\mathrm{P}_m = n \times (n-1) \times \cdots \times (n-m+1)$

예 5명을 한 줄로 세우는 경우의 수는 $5 \times 4 \times 3 \times 2 \times 1 = 120$가지, 5명 중 3명을 뽑아 한 줄로 세우는 경우의 수는 $5 \times 4 \times 3 = 60$가지

⑥ n명을 한 줄로 세울 때, m명을 이웃하여 세우는 경우의 수 : $(n-m+1)! \times m!$

예 갑, 을, 병, 정, 무 5명을 한 줄로 세우는데, 을, 병이 이웃하여 서는 경우의 수는 $4! \times 2! = 4 \times 3 \times 2 \times 1 \times 2 \times 1 = 48$가지

⑦ 0이 아닌 서로 다른 한 자리 숫자가 적힌 n장의 카드에서, m장을 뽑아 만들 수 있는 m자리 정수의 개수 : ${}_n\mathrm{P}_m$

  예 0이 아닌 서로 다른 한 자리 숫자가 적힌 4장의 카드에서, 3장을 뽑아 만들 수 있는 3자리 정수의 개수 : ${}_4\mathrm{P}_3=4\times3\times2=24$가지

⑧ 0을 포함한 서로 다른 한 자리 숫자가 적힌 n장의 카드에서, m장을 뽑아 만들 수 있는 m자리 정수의 개수 : $(n-1)\times{}_{n-1}\mathrm{P}_{m-1}$

  예 0을 포함한 서로 다른 한 자리 숫자가 적힌 6장의 카드에서, 3장을 뽑아 만들 수 있는 3자리 정수의 개수는

  $5\times{}_5\mathrm{P}_2=5\times5\times4=100$가지

⑨ n명 중 자격이 다른 m명을 뽑는 경우의 수 : ${}_n\mathrm{P}_m$

  예 5명의 학생 중 반장 1명, 부반장 1명을 뽑는 경우의 수는 ${}_5\mathrm{P}_2=5\times4=20$가지

⑩ n명 중 자격이 같은 m명을 뽑는 경우의 수 : ${}_n\mathrm{C}_m=\dfrac{{}_n\mathrm{P}_m}{m!}$

  예 5명의 학생 중 부반장 2명을 뽑는 경우의 수는 ${}_5\mathrm{C}_2=\dfrac{{}_5\mathrm{P}_2}{2!}=\dfrac{5\times4}{2\times1}=10$가지

⑪ 원형 모양의 탁자에 n명을 앉히는 경우의 수 : $(n-1)!$

  예 원형 모양의 탁자에 5명을 앉히는 경우의 수는 $4!=4\times3\times2\times1=24$가지

(5) 최단거리 문제

A에서 B 사이에 P가 주어져 있다면, A와 P의 거리, B와 P의 거리를 각각 구하여 곱한다.

핵심예제

S사에서 파견 근무를 나갈 10명을 뽑아 팀을 구성하려 한다. 새로운 팀 내에서 팀장 한 명과 회계 담당 2명을 뽑으려고 하는데, 이 인원을 뽑는 경우는 몇 가지인가?

① 300가지   ② 320가지
③ 348가지   ④ 360가지
⑤ 396가지

|해설| • 팀장 한 명을 뽑는 경우의 수 : ${}_{10}\mathrm{C}_1=10$

   • 회계 담당 2명을 뽑는 경우의 수 : ${}_9\mathrm{C}_2=\dfrac{9\times8}{2!}=36$

   따라서 $10\times36=360$가지이다.

정답 ④

2. 확률

(1) (사건 A가 일어날 확률)$=\dfrac{(\text{사건 A가 일어나는 경우의 수})}{(\text{모든 경우의 수})}$

예 주사위 1개를 던졌을 때, 3 또는 5가 나올 확률은 $\dfrac{2}{6}=\dfrac{1}{3}$

(2) 여사건의 확률

① 사건 A가 일어날 확률이 p일 때, 사건 A가 일어나지 않을 확률은 $(1-p)$이다.

② '적어도'라는 말이 나오면 주로 사용한다.

(3) 확률의 계산

① 확률의 덧셈

두 사건 A, B가 동시에 일어나지 않을 때, A가 일어날 확률을 p, B가 일어날 확률을 q라고 하면, 사건 A 또는 B가 일어날 확률은 $(p+q)$이다.

② 확률의 곱셈

A가 일어날 확률을 p, B가 일어날 확률을 q라고 하면, 사건 A와 B가 동시에 일어날 확률은 $(p \times q)$ 이다.

(4) 여러 가지 확률

① 연속하여 뽑을 때, 꺼낸 것을 다시 넣고 뽑는 경우 : 처음과 나중의 모든 경우의 수는 같다.

예 자루에 흰 구슬 4개와 검은 구슬 5개가 들어 있다. 연속하여 2번을 뽑을 때, 처음에는 흰 구슬, 두 번째는 검은 구슬을 뽑을 확률은?(단, 꺼낸 것은 다시 넣는다)

→ 처음에 흰 구슬을 뽑을 확률은 $\dfrac{4}{9}$이고, 꺼낸 것은 다시 넣는다고 하였으므로 두 번째에 검은

구슬을 뽑을 확률은 $\dfrac{5}{9}$이다. 즉, $\dfrac{4}{9} \times \dfrac{5}{9} = \dfrac{20}{81}$

② 연속하여 뽑을 때, 꺼낸 것을 다시 넣지 않고 뽑는 경우 : 나중의 모든 경우의 수는 처음의 모든 경우의 수보다 1만큼 작다.

예 자루에 흰 구슬 4개와 검은 구슬 5개가 들어 있다. 연속하여 2번을 뽑을 때, 처음에는 흰 구슬, 두 번째는 검은 구슬을 뽑을 확률은?(단, 꺼낸 것은 다시 넣지 않는다)

→ 처음에 흰 구슬을 뽑을 확률은 $\dfrac{4}{9}$이고, 꺼낸 것은 다시 넣지 않는다고 하였으므로 자루에는

흰 구슬 3개, 검은 구슬 5개가 남아 있다. 따라서 두 번째에 검은 구슬을 뽑을 확률은 $\dfrac{5}{8}$이므

로, $\dfrac{4}{9} \times \dfrac{5}{8} = \dfrac{5}{18}$

③ (도형에서의 확률)$=\dfrac{(\text{해당하는 부분의 넓이})}{(\text{전체 넓이})}$

1부터 10까지 적힌 열 개의 공 중에서 첫 번째는 2의 배수, 두 번째는 3의 배수가 나오도록 공을 뽑을 확률은?(단, 뽑은 공은 다시 넣는다)

① $\dfrac{5}{18}$ ② $\dfrac{3}{20}$

③ $\dfrac{1}{7}$ ④ $\dfrac{5}{24}$

⑤ $\dfrac{5}{20}$

| 해설 |

• 첫 번째에 2의 배수(2, 4, 6, 8, 10)가 적힌 공을 뽑을 확률 : $\dfrac{5}{10} = \dfrac{1}{2}$

• 두 번째에 3의 배수(3, 6, 9)가 적힌 공을 뽑을 확률 : $\dfrac{3}{10}$ (∵ 뽑은 공은 다시 넣음)

따라서 확률은 $\dfrac{1}{2} \times \dfrac{3}{10} = \dfrac{3}{20}$ 이다.

정답 ②

02 | 수학 적중예상문제

정답 및 해설 p.008

대표유형 1 기초계산

01 다음 식의 값을 구하면?

$$572 \div 4 + 33 - 8$$

① 144 ② 158
③ 164 ④ 168

|해설| $572 \div 4 + 33 - 8 = 143 + 33 - 8 = 168$

정답 ④

02 1,500의 2할 2푼은 얼마인가?

① 3.3 ② 33
③ 330 ④ 3,300

|해설| $1,500 \times 0.22 = 330$

정답 ③

※ 다음 식을 계산한 값으로 옳은 것을 고르시오. [1~10]

01

$$48.231 - 19.292 + 59.124$$

① 85.023 ② 98.063
③ 76.033 ④ 88.063

02

$$777-666+555-444$$

① 212
② 222
③ 232
④ 242

03

$$(48^2+16^2)\div16+88$$

① 232
② 233
③ 247
④ 248

04

$$4,355-23.85\div0.15$$

① 1,901
② 2,190
③ 3,856
④ 4,196

05

$$4.7+22\times5.4-2$$

① 121.5   ② 120

③ 132.4   ④ 136

06

$$(59{,}378-36{,}824)\div42$$

① 532   ② 537

③ 582   ④ 594

07

$$746\times650\div25$$

① 19,826   ② 18,211

③ 19,396   ④ 18,621

08

$$545-245-247+112$$

① 145   ② 155

③ 165   ④ 175

09

$$512,745-425,427+23,147$$

① 106,465   ② 107,465

③ 108,465   ④ 110,465

10

$$\sqrt{18} + \sqrt{24} + \sqrt{72} + \sqrt{96}$$

① $5\sqrt{2} + 4\sqrt{6}$

② $6\sqrt{2} + 6\sqrt{6}$

③ $6\sqrt{2} + 9\sqrt{6}$

④ $9\sqrt{2} + 6\sqrt{6}$

※ 다음 식의 빈칸에 들어갈 알맞은 숫자를 구하시오. [11~12]

11

$$12\times8-\square\div2=94$$

① 2   ② 4

③ 10   ④ 12

12

$$66-\square\div6+16=78$$

① 24   ② 30

③ 36   ④ 48

※ 다음 중 계산 결과가 주어진 식과 같은 것을 고르시오. [13~15]

13

$$36 \times 145 + 6{,}104$$

① $901 \times 35 + 27$　　　　　　　② $385 \times 12 + 5{,}322$

③ $16{,}212 \div 28 + 8{,}667$　　　　④ $516 \times 31 - 4{,}672$

14

$$70.668 \div 151 + 6.51$$

① $3.79 \times 10 - 30.922$　　　　　② $6.1 \times 1.2 - 1.163$

③ $89.1 \div 33 + 5.112$　　　　　　④ $9.123 - 1.5 \times 1.3$

15

$$\frac{5}{6} \times \frac{3}{4} - \frac{7}{16}$$

① $\dfrac{8}{3} - \dfrac{4}{7} \times \dfrac{2}{5}$　　　　　　② $\dfrac{4}{5} \times \dfrac{2}{3} - \left(\dfrac{3}{7} - \dfrac{1}{6}\right)$

③ $\dfrac{5}{6} \div \dfrac{5}{12} - \dfrac{3}{5}$　　　　　④ $\left(\dfrac{1}{4} - \dfrac{2}{9}\right) \times \dfrac{9}{4} + \dfrac{1}{8}$

16

$$0.544 < (\quad) < \frac{26}{29}$$

① $\dfrac{77}{79}$ 　　　　② 0.901

③ $\dfrac{91}{96}$ 　　　　④ 0.758

17

$$\sqrt{50} < (\quad) < \sqrt{72}$$

① $\dfrac{268}{33}$ 　　　　② $\dfrac{220}{37}$

③ $\dfrac{362}{42}$ 　　　　④ $\dfrac{298}{45}$

18

$$\frac{7}{9} < (\quad) < \frac{7}{6}$$

① $\dfrac{64}{54}$ 　　　　② $\dfrac{13}{18}$

③ $\dfrac{39}{54}$ 　　　　④ $\dfrac{41}{36}$

19 438의 6할 1리는?

① 263.238   ② 277.23

③ 283.144   ④ 285.542

20 69의 2푼 3리는?

① 1.572   ② 1.587

③ 1.593   ④ 1.693

21 38의 4할 1푼 3리는?

① 15.694   ② 156.94

③ 16.384   ④ 163.84

22 A가 양궁연습을 하는데 80개의 화살 중 12개가 과녁에서 빗나갔다면, A의 실패율은?

① 1푼 6리   ② 1할 5리

③ 1할 5푼   ④ 1할 7푼 5리

시계가 4시 20분을 가리킬 때, 시침과 분침이 이루는 작은 쪽의 각도는?

① 5°   ② 10°

③ 15°   ④ 20°

| 해설 | 시침 : 30°×4+0.5°×20=120°+10°=130°
분침 : 6°×20=120°
시침과 분침이 이루는 작은 각의 각도는 130−120=10°이다.

정답 ②

---

23 시계가 10시 10분을 가리킬 때, 시침과 분침이 이루는 작은 쪽의 각도는?

① 115°   ② 145°

③ 175°   ④ 205°

---

24 시계가 6시 30분을 가리킬 때, 시침과 분침이 이루는 작은 쪽의 각도는?

① 0°   ② 15°

③ 25°   ④ 35°

---

25 12시 이후 처음으로 시침과 분침의 각도가 55°가 되는 시각은 몇 시인가?

① 12시 10분   ② 12시 11분

③ 12시 12분   ④ 12시 13분

26 서진, 현미, 주희는 각각 9일, 11일, 14일 일하고 그다음 날 하루 쉰다고 한다. 4월 1일에 세 사람이 동시에 쉬었고 그 이후로 세 사람이 처음으로 동시에 쉬는 날 같이 영화를 보기로 하였다. 세 사람이 같이 영화를 볼 수 있는 날은?

① 5월 1일　　　　　　　　　　　　② 5월 11일
③ 5월 21일　　　　　　　　　　　　④ 5월 31일

대표유형 3　　**시간·거리·속력**

A와 B가 호수를 같은 방향으로 도는데 A는 5km/h, B는 3km/h로 걷는다고 한다. 7시간 뒤에 두 사람이 다시 만난다면 호수의 둘레는 몇 km인가?

① 14km　　　　　　　　　　　　② 16km
③ 18km　　　　　　　　　　　　④ 20km

| **해설** | 7시간 뒤에 두 사람이 다시 만난다면 A는 $5\times7=35$km, B는 $3\times7=21$km를 걸은 것인데 A는 호수를 한 바퀴 돌고 나서 B가 걸은 21km까지 더 걸은 것이므로 호수의 둘레는 $35-14=28$km이다.

정답 ①

---

27 조종석을 포함하여 칸 수가 10량인 A열차가 길이 500m인 터널을 지나는 데 16초가 걸렸다. 이 열차보다 40m 짧은 B열차가 같은 터널을 10m/s 더 빠른 속력으로 지나는 데 12초가 걸렸다면 A열차 1량의 길이는?(단, 연결부위 길이는 고려하지 않는다)

① 10m　　　　　　　　　　　　② 11m
③ 12m　　　　　　　　　　　　④ 14m

---

28 A가 시속 40km/h로 30km 가는 데 45분이 걸리고, B가 시속 30km/h로 $x$km만큼 갔을 때, A보다 5분 덜 걸린다. 이때 B가 이동한 거리는?

① 15km　　　　　　　　　　　　② 20km
③ 25km　　　　　　　　　　　　④ 30km

29 길이가 800m인 다리에 기차가 진입하는 순간부터 다리를 완전히 벗어날 때까지 걸린 시간은 36초였다. 기차의 속력은 몇 km/h인가?(단, 기차의 길이는 100m이다)

① 60km/h
② 70km/h
③ 80km/h
④ 90km/h

30 강을 따라 20km 떨어진 A지점과 B지점을 배로 왕복하였더니 가는 데는 4시간, 오는 데는 2시간이 걸렸다. 강물이 흐르는 속력은 몇 km/h인가?

① 2km/h
② 2.5km/h
③ 3km/h
④ 3.5km/h

대표유형 4　　나이 · 수

현재 아버지와 아들의 나이의 차는 25세이고, 3년 후 아버지 나이는 아들 나이의 2배보다 7살 더 많다. 이때, 현재 아버지의 나이는?

① 40세
② 42세
③ 44세
④ 46세

> **|해설|** x, y를 각각 아버지, 아들의 현재 나이라고 하면
> $x-y=25 \cdots \text{㉠}$
> $x+3=2(y+3)+7 \cdots \text{㉡}$
> ㉠과 ㉡을 연립하면 $x=40$, $y=15$
> 따라서 현재 아버지의 나이는 40세이다.
>
> **정답** ①

---

31 할아버지와 손녀의 나이 차는 50세이고, 아버지와 딸의 나이 차는 25세이다. 딸의 나이가 10세이면 할아버지와 아버지의 나이의 합은 얼마인가?

① 94세
② 95세
③ 96세
④ 97세

32 올해 S사 지원부서원 25명의 평균 나이가 38세이다. 다음 달에 52세의 팀원이 퇴사하고 27세의 신입사원이 입사할 예정일 때, 내년 지원부서원 25명의 평균 나이는?(단, 주어진 조건 외에 다른 인사이동은 없다)

① 35세   ② 36세

③ 37세   ④ 38세

33 현재 아버지의 나이는 35세, 아들은 10세이다. 아버지 나이가 아들 나이의 2배가 되는 것은 몇 년 후인가?

① 5년 후   ② 10년 후

③ 15년 후   ④ 20년 후

34 종대와 종인이의 나이 차이는 3세이다. 아버지의 나이는 종대와 종인이의 나이의 합보다 1.6배 많다. 종대의 나이가 14세이면 아버지의 나이는?(단, 종대가 형이고, 종인이가 동생이다)

① 37세   ② 38세

③ 40세   ④ 41세

원가가 a원인 물품에 30% 이익을 예상하고 정가를 붙였지만 팔리지 않아 결국 정가의 20%를 할인하여 팔았다고 한다. 이때, 이익은 얼마인가?

① $0.04a$ 원   ② $0.05a$ 원

③ $0.06a$ 원   ④ $0.07a$ 원

| 해설 | (정가)−(원가)=(이익)이므로 $a×(1+0.3)×(1-0.2)=1.04a$
따라서 이익은 $1.04a-a=0.04a$원이다.

정답 ①

35 어느 가정의 1월과 6월의 전기요금 비율이 5 : 2이다. 1월의 전기요금에서 6만 원을 뺄 경우에 그 비율이 3 : 2라면, 1월의 전기요금은?

① 9만 원   ② 10만 원

③ 12만 원   ④ 15만 원

36 어느 가정의 1월과 6월의 난방요금 비율이 7 : 3이다. 1월의 난방요금에서 2만 원을 뺄 경우에 그 비율이 2 : 1이면, 1월의 난방요금은?

① 10만 원   ② 12만 원

③ 14만 원   ④ 16만 원

37 새롭게 오픈한 한 게임방은 1인당 입장료가 5,000원이며, 5명이 입장하면 추가 1명이 무료로 입장할 수 있는 이벤트를 진행하려고 한다. 고등학생 친구 A씨가 친구들 53명과 함께 게임방에 들어가고자 할 때, 할인받는 총금액은 얼마인가?

① 2만 원   ② 3만 원

③ 4만 원   ④ 5만 원

38 K씨는 저가항공을 이용하여 비수기에 제주도 출장을 가려고 한다. 1인 기준으로 작년에 비해 비행기 왕복 요금은 20% 내렸고, 1박 숙박비는 15% 올라서 올해의 비행기 왕복 요금과 1박 숙박비 합계는 작년보다 10% 증가한 금액인 308,000원이라고 한다. 이 때, 1인 기준으로 올해의 비행기 왕복 요금은?

① 31,000원   ② 32,000원

③ 33,000원   ④ 34,000원

대표유형 6   일률 · 톱니바퀴

어떤 물통에 물을 가득 채우는 데 A관은 10분, B관은 15분이 걸린다. A관과 B관을 동시에 틀면 몇 분 만에 물통에 물이 가득 차는가?

① 3분   ② 4분

③ 5분   ④ 6분

| 해설 | 물통의 총량을 1이라고 하면 A관은 1분에 물통의 $\frac{1}{10}$ 을 채우고, B관은 $\frac{1}{15}$ 을 채운다. A, B관을 동시에 틀면 1분에 $\frac{1}{10} + \frac{1}{15} = \frac{1}{6}$ 을 채울 수 있다.

따라서 물통을 가득 채우는 데 걸리는 시간은 6분이다.

정답 ④

---

39 A, B 두 개의 톱니가 서로 맞물려 있다. A의 톱니수는 30개, B의 톱니수는 20개이다. A가 4회 회전할 때, B는 몇 회 회전하는가?

① 4회   ② 5회

③ 6회   ④ 7회

---

40 A회사는 10분에 5개의 인형을 만들고, B회사는 1시간에 1대의 인형 뽑는 기계를 만든다. 이 두 회사가 40시간 동안 일을 하면 최대 몇 대의 인형이 들어있는 인형 뽑는 기계를 완성할 수 있는가? (단, 인형 뽑는 기계 하나에는 적어도 40개의 인형이 들어가야 한다)

① 30대   ② 35대

③ 40대   ④ 45대

41 지름이 15cm인 톱니바퀴와 지름이 27cm인 톱니바퀴가 서로 맞물려 돌아가고 있다. 큰 톱니바퀴가 분당 10바퀴를 돌았다면, 작은 톱니바퀴는 분당 몇 바퀴를 돌았겠는가?

① 16바퀴　　　　　　　　　　　② 17바퀴

③ 18바퀴　　　　　　　　　　　④ 19바퀴

42 A가 혼자하면 4일, B가 혼자하면 6일 걸리는 일이 있다. A가 먼저 2일 동안 일을 하고 남은 양을 B가 끝마치려 한다. B는 며칠 동안 일을 해야 하는가?

① 2일　　　　　　　　　　　　② 3일

③ 4일　　　　　　　　　　　　④ 5일

43 화물을 운송하는 트럭 A, B, C트럭은 하루 2회 운행하며 192톤을 옮겨야 한다. A트럭만 운행하였을 때 12일이 걸렸고, A트럭과 B트럭을 동시에 운행하였을 때 8일이 걸렸으며, B트럭과 C트럭을 동시에 운행하였을 때 16일이 걸렸다. 이때, C트럭의 적재량은 얼마인가?

① 1톤　　　　　　　　　　　　② 2톤

③ 3톤　　　　　　　　　　　　④ 4톤

⑤ 5톤

농도가 5%인 100g의 설탕물을 증발시켜 농도가 10%인 설탕물이 되게 하려고 한다. 한 시간에 2g씩 증발된다고 할 때, 몇 시간이 걸리겠는가?

① 22시간   ② 23시간

③ 24시간   ④ 25시간

| 해설 | 5% 설탕물에 들어있는 설탕의 양은 $100 \times \dfrac{5}{100} = 5g$이다.

xg의 물을 증발시켜 10%의 농도가 되게 하려면 $\dfrac{5}{100-x} \times 100 = 10\%$이므로, 50g만큼 증발시켜야 한다.

따라서 한 시간에 2g씩 증발된다고 했으므로 $50 \div 2 = 25$시간이 소요된다.

정답 ④

44 농도 6%의 소금물과 농도 11%의 소금물을 섞어서 농도 9%의 소금물 500g을 만들려고 한다. 이때 농도 6%의 소금물은 몇 g을 섞어야 하는가?

① 200g   ② 300g

③ 400g   ④ 500g

45 농도를 알 수 없는 설탕물 500g에 3%의 설탕물 200g을 온전히 섞었더니 설탕물의 농도는 7%가 되었다. 처음 500g의 설탕물에 녹아있던 설탕은 몇 g인가?

① 40g   ② 41g

③ 42g   ④ 43g

46 농도가 a%인 설탕물 100g과 농도가 10%인 설탕물 200g을 섞은 후 100g의 물을 증발시켰더니 농도가 30%가 되었다. 농도 a는 얼마인가?

① 25%   ② 30%

③ 35%   ④ 40%

동전을 연속하여 3번 던졌을 때, 앞면이 2번 나올 확률은?

① $\dfrac{1}{4}$　　　　　　　　　　② $\dfrac{2}{3}$

③ $\dfrac{3}{8}$　　　　　　　　　　④ $\dfrac{1}{2}$

| 해설 | 앞면을 ○, 뒷면을 ×라고 하면
(○○×), (○×○), (×○○) → 3가지
전체 경우의 수는 $2^3 = 8$가지
따라서 앞면이 2번 나올 확률은 $\dfrac{3}{8}$이다.

정답 ③

47 서로 다른 2개의 주사위 A, B를 동시에 던졌을 때, 나온 눈의 곱이 홀수일 확률은?

① $\dfrac{1}{4}$　　　　　　　　　　② $\dfrac{1}{5}$

③ $\dfrac{1}{6}$　　　　　　　　　　④ $\dfrac{1}{8}$

48 주머니 A, B가 있는데 A주머니에는 흰 공 3개, 검은 공 2개가 들어있고, B주머니에는 흰 공 1개, 검은 공 4개가 들어있다. A, B주머니에서 각각 한 개의 공을 꺼낼 때, 검은 공을 한 개 이상 뽑을 확률은?

① $\dfrac{3}{10}$　　　　　　　　　　② $\dfrac{2}{5}$

③ $\dfrac{18}{25}$　　　　　　　　　　④ $\dfrac{22}{25}$

49 서로 다른 주사위 세 개를 던졌을 때, 나오는 눈의 합이 4가 되는 경우의 수는?

① 1가지   ② 3가지

③ 5가지   ④ 7가지

50 2~8의 자연수가 적힌 숫자 카드 7장이 있다. 7장의 카드 중 2장을 고를 때 고른 수의 합이 짝수일 확률은?(단, 한 번 뽑은 카드는 다시 넣지 않는다)

① $\dfrac{1}{2}$ ② $\dfrac{3}{7}$

③ $\dfrac{5}{14}$ ④ $\dfrac{2}{7}$

03 | 한자성어 핵심이론

1. 깨끗하고 편안한 마음

- 飮馬投錢(음마투전) : 말에게 물을 마시게 할 때 먼저 돈을 물속에 던져서 물 값을 갚는다는 뜻으로, 결백한 행실을 비유함
- 純潔無垢(순결무구) : 마음과 몸가짐이 깨끗하여 조금도 더러운 티가 없음
- 明鏡止水(명경지수) : 맑은 거울과 잔잔한 물이란 뜻으로, 아주 맑고 깨끗한 심경을 일컫는 말
- 安貧樂道(안빈낙도) : 가난한 생활을 하면서도 편안한 마음으로 분수를 지키며 지냄

2. 놀라움 · 이상함

- 茫然自失(망연자실) : 멍하니 정신을 잃음
- 刮目相對(괄목상대) : 눈을 비비고 상대방을 본다는 뜻. 남의 학식이나 재주가 놀랄 만큼 갑자기 늘어난 것을 일컫는 말
- 魂飛魄散(혼비백산) : 몹시 놀라 넋을 잃음
- 大驚失色(대경실색) : 몹시 놀라 얼굴빛이 변함
- 傷弓之鳥(상궁지조) : 화살에 상처를 입은 새란 뜻으로, 한 번 혼이 난 일로 인하여 늘 두려운 마음을 품는 일을 비유
- 駭怪罔測(해괴망측) : 헤아릴 수 없이 괴이함

3. 계절

- 陽春佳節(양춘가절) : 따뜻하고 좋은 봄철
- 天高馬肥(천고마비) : 하늘은 높고 말은 살찐다는 뜻으로, 가을의 특성을 형용하는 말
- 嚴冬雪寒(엄동설한) : 눈이 오고 몹시 추운 겨울
- 凍氷寒雪(동빙한설) : 얼어붙은 얼음과 차가운 눈. 심한 추위

4. 교훈 · 경계

- 好事多魔(호사다마) : 좋은 일에는 흔히 장애물이 들기 쉬움
- 戴盆望天(대분망천) : 화분 등을 머리에 이고 하늘을 바라봄. 한 번에 두 가지 일을 할 수 없음을 비유

- 兵家常事(병가상사) : 전쟁에서 이기고 지는 것은 흔히 있는 일. 실패는 흔히 있는 일이니 낙심할 것이 없다는 말
- 登高自卑(등고자비) : 높은 곳도 낮은 데서부터. 모든 일은 차례를 밟아서 해야 함. 직위가 높아질수록 자신을 낮춤
- 事必歸正(사필귀정) : 무슨 일이나 결국 옳은 이치대로 돌아감
- 堤潰蟻穴(제궤의혈) : 제방도 개미구멍으로 해서 무너진다는 뜻으로, 작은 일이라도 신중을 기하여야 한다는 말
- 他山之石(타산지석) : 다른 산의 돌 자체로는 쓸모가 없으나 다른 돌로 옥을 갈면 옥이 빛난다는 사실에서 하찮은 남의 언행일지라도 자신을 수양하는 데에 도움이 된다는 말
- 孤掌難鳴(고장난명) : 한쪽 손뼉으로는 울리지 못한다는 뜻. 혼자서는 일을 이루기가 어려움. 맞서는 이가 없으면 싸움이 되지 아니함
- 大器晚成(대기만성) : 크게 될 인물은 오랜 공적을 쌓아 늦게 이루어짐
- 識字憂患(식자우환) : 학식이 도리어 근심을 이끌어 옴

5. 기쁨 · 좋음

- 氣高萬丈(기고만장) : 일이 뜻대로 잘 될 때 우쭐하며 뽐내는 기세가 대단함
- 抱腹絕倒(포복절도) : 배를 그러안고 넘어질 정도로 몹시 웃음
- 與民同樂(여민동락) : 임금이 백성과 함께 즐김
- 弄璋之慶(농장지경) : '장(璋)'은 사내아이의 장난감인 구슬이라는 뜻으로, 아들을 낳은 즐거움을 이르는 말
- 弄瓦之慶(농와지경) : 딸을 낳은 즐거움을 이르는 말
- 拍掌大笑(박장대소) : 손뼉을 치며 크게 웃음
- 秉燭夜遊(병촉야유) : 경치가 좋을 때 낮에 놀던 흥이 미진해서 밤중까지 놀게 됨을 일컫는 말. 옛날에는 촛대가 없기 때문에 촛불을 손에 들고 다녔음
- 錦上添花(금상첨화) : 비단 위에 꽃을 놓는다는 뜻으로, 좋은 일이 겹침을 비유 ↔ 설상가상(雪上加霜)
- 多多益善(다다익선) : 많을수록 더욱 좋음

6. 슬픔 · 분노

- 哀而不傷(애이불상) : 슬퍼하되 도를 넘지 아니함
- 兔死狐悲(토사호비) : 토끼의 죽음을 여우가 슬퍼한다는 뜻으로, 같은 무리의 불행을 슬퍼한다는 말
- 目不忍見(목불인견) : 눈으로 차마 볼 수 없음
- 天人共怒(천인공노) : 하늘과 사람이 함께 분노한다는 뜻. 도저히 용서 못 함을 비유
- 悲憤慷慨(비분강개) : 슬프고 분한 느낌이 마음속에 가득 차 있음
- 切齒腐心(절치부심) : 몹시 분하여 이를 갈면서 속을 썩임

7. 강박 · 억압

- 焚書坑儒(분서갱유) : 학업을 억압하는 것을 의미하는 것으로, 진나라 시황제가 정부를 비방하는 언론을 봉쇄하기 위하여 서적을 불사르고 선비를 생매장한 일을 일컫는 말
- 盤溪曲徑(반계곡경) : 꾸불꾸불한 길이라는 뜻으로 정당하고 평탄한 방법으로 하지 아니하고 그릇되고 억지스럽게 함을 이르는 말
- 弱肉强食(약육강식) : 약한 자는 강한 자에게 먹힘
- 不問曲直(불문곡직) : 옳고 그른 것을 묻지도 아니하고 함부로 마구 함
- 牽强附會(견강부회) : 이치에 맞지 아니한 말을 끌어 대어 자기에게 유리하게 함

8. 근심 · 걱정

- 勞心焦思(노심초사) : 마음으로 애를 써 속을 태움
- 髀肉之嘆(비육지탄) : 재능을 발휘할 기회를 가지지 못하여 헛되이 날만 보냄을 탄식함을 이름
- 坐不安席(좌불안석) : 불안, 근심 등으로 자리에 가만히 앉아 있지를 못함
- 內憂外患(내우외환) : 나라 안팎의 여러 가지 근심과 걱정
- 輾轉反側(전전반측) : 이리저리 뒤척이며 잠을 이루지 못함

9. 평온

- 物外閒人(물외한인) : 번잡한 세상 물정을 벗어나 한가롭게 지내는 사람
- 無念無想(무념무상) : 무아의 경지에 이르러 일체의 상념을 떠나 담담함
- 無障無碍(무장무애) : 마음에 아무런 집착이 없는 평온한 상태

10. 권세

- 左之右之(좌지우지) : 제 마음대로 휘두르거나 다룸
- 僭賞濫刑(참상남형) : 상을 마음대로 주고 형벌을 함부로 내림
- 指鹿爲馬(지록위마) : 사슴을 가리켜 말이라 이른다는 뜻으로, 윗사람을 농락하여 권세를 마음대로 휘두르는 짓의 비유. 모순된 것을 끝까지 우겨 남을 속이려는 짓
- 生殺與奪(생살여탈) : 살리고 죽이고 주고 빼앗음. 어떤 사람이나 사물을 마음대로 쥐고 흔들 수 있음

11. 노력

- 臥薪嘗膽(와신상담) : 불편한 섶에서 자고, 쓴 쓸개를 맛본다는 뜻. 마음먹은 일을 이루기 위하여 온갖 괴로움을 무릅씀을 이르는 말

- 粉骨碎身(분골쇄신) : 뼈는 가루가 되고 몸은 산산조각이 됨. 곧 목숨을 걸고 최선을 다함
- 專心致志(전심치지) : 오로지 한 가지 일에만 마음을 바치어 뜻한 바를 이룸
- 不撤晝夜(불철주야) : 어떤 일에 골몰하느라고 밤낮을 가리지 아니함. 또는 그 모양
- 切磋琢磨(절차탁마) : 옥·돌·뼈·뿔 등을 갈고 닦아서 빛을 낸다는 뜻으로, 학문·도덕·기예 등을 열심히 닦음을 말함
- 不眠不休(불면불휴) : 자지도 아니하고 쉬지도 아니함. 쉬지 않고 힘써 일하는 모양을 말함
- 走馬加鞭(주마가편) : 달리는 말에 채찍질을 계속함. 자신의 위치에 만족하지 않고 계속 노력함

12. 대책

- 一擧兩得(일거양득) : 한 가지 일로 두 가지 이익을 얻음늑 一石二鳥(일석이조)
- 三顧草廬(삼고초려) : 인재를 맞아들이기 위해서 온갖 노력을 다함을 이르는 말
- 拔本塞源(발본색원) : 폐단이 되는 근원을 아주 뽑아 버림
- 泣斬馬謖(읍참마속) : 촉한의 제갈량이 군령을 어긴 마속을 눈물을 흘리면서 목을 베었다는 고사에서, 큰 목적을 위하여 자기가 아끼는 사람을 버리는 것을 비유하는 말
- 臨機應變(임기응변) : 그때그때의 사정과 형편을 보아 그에 알맞게 그 자리에서 처리함
- 姑息之計(고식지계) : 당장 편한 것만을 택하는 꾀나 방법
- 苦肉之計(고육지계) : 적을 속이기 위하여, 자신의 희생을 무릅쓰고 꾸미는 계책. 일반적으로는 괴로운 나머지 어쩔 수 없이 쓰는 계책을 이름
- 下石上臺(하석상대) : 아랫돌 빼서 윗돌 괴기. 임시변통으로 이리저리 돌려 맞춤을 이르는 말
- 隔靴搔癢(격화소양) : 신을 신은 채 발바닥을 긁음. 일의 효과를 나타내지 못하고 만족을 얻지 못함
- 窮餘之策(궁여지책) : 궁박한 나머지 생각다 못하여 짜낸 꾀
- 束手無策(속수무책) : 어찌할 도리가 없어 손을 묶은 듯이 꼼짝 못함
- 糊口之策(호구지책) : 겨우 먹고 살아갈 수 있는 방책

13. 도리 · 윤리

- 世俗五戒(세속오계) : 신라 진평왕 때, 원광 법사가 지은 화랑의 계명
- 事君以忠(사군이충) : 세속오계의 하나. 임금을 섬기기를 충성으로써 함
- 事親以孝(사친이효) : 세속오계의 하나. 어버이를 섬기기를 효도로써 함
- 交友以信(교우이신) : 세속오계의 하나. 벗을 사귀기를 믿음으로써 함
- 臨戰無退(임전무퇴) : 세속오계의 하나. 전장에 임하여 물러서지 아니함
- 殺生有擇(살생유택) : 세속오계의 하나. 생명을 죽일 때에는 가려서 해야 함
- 君爲臣綱(군위신강) : 신하는 임금을 섬기는 것이 근본이다.
- 夫爲婦綱(부위부강) : 아내는 남편을 섬기는 것이 근본이다.
- 父子有親(부자유친) : 아버지와 아들은 친애가 있어야 한다.
- 君臣有義(군신유의) : 임금과 신하는 의가 있어야 한다.
- 夫婦有別(부부유별) : 남편과 아내는 분별이 있어야 한다.
- 長幼有序(장유유서) : 어른과 아이는 순서가 있어야 한다.

- 朋友有信(붕우유신) : 벗과 벗은 믿음이 있어야 한다.
- 夫唱婦隨(부창부수) : 남편이 주장하고 아내가 잘 따르는 것이 부부 사이의 도리라는 말

14. 미인

- 丹脣皓齒(단순호치) : 붉은 입술과 하얀 이란 뜻에서 여자의 아름다운 얼굴을 이르는 말
- 綠鬢紅顔(녹빈홍안) : 윤이 나는 검은 머리와 고운 얼굴이라는 뜻. 젊고 아름다운 여자의 얼굴을 이르는 말
- 傾國之色(경국지색) : 한 나라를 위기에 빠뜨리게 할 만한 미인이라는 뜻

15. 비교

- 伯仲之勢(백중지세) : 서로 우열을 가리기 힘든 형세
- 難兄難弟(난형난제) : 누구를 형이라 해야 하고, 누구를 아우라 해야 할지 분간하기 어렵다는 뜻으로, 두 사물의 우열을 판단하기 어려움을 비유
- 春蘭秋菊(춘란추국) : 봄의 난초와 가을의 국화는 각각 그 특색이 있으므로, 어느 것이 더 낫다고 말할 수 없다는 것
- 互角之勢(호각지세) : 역량이 서로 비슷비슷한 위세
- 五十步百步(오십보백보) : 오십 보 도망가나 백 보 도망가나 같다는 뜻으로, 좀 낫고 못한 차이는 있으나 서로 엇비슷함을 이르는 말

16. 변화

- 塞翁之馬(새옹지마) : 국경에 사는 늙은이[새옹 : 人名]와 그의 말[馬]과 관련된 고사에서, 인생의 길흉화복은 변화가 많아 예측하기 어렵다는 말
- 苦盡甘來(고진감래) : 쓴 것이 다하면 단 것이 온다는 뜻으로, 고생 끝에 즐거움이 옴을 비유
- 桑田碧海(상전벽해) : 뽕나무밭이 푸른 바다가 된다는 뜻으로, 세상이 몰라볼 정도로 바뀐 것을 이르는 말≒ 동해양진(東海揚塵)
- 轉禍爲福(전화위복) : 언짢은 일이 계기가 되어 오히려 좋은 일이 생김
- 朝令暮改(조령모개) : 아침에 법령을 만들고 저녁에 그것을 고친다는 뜻으로, 자꾸 이리저리 고쳐 갈피를 잡기가 어려움을 이르는 말≒ 朝令夕改(조령석개)
- 龍頭蛇尾(용두사미) : 머리는 용이나 꼬리는 뱀이라는 뜻으로, 시작이 좋고 나중은 나빠짐의 비유
- 改過遷善(개과천선) : 허물을 고치어 착하게 됨
- 榮枯盛衰(영고성쇠) : 사람의 일생이 성하기도 하고, 쇠하기도 한다는 뜻
- 隔世之感(격세지감) : 그리 오래지 아니한 동안에 아주 바뀌어서 딴 세대가 된 것 같은 느낌
- 一口二言(일구이언) : 한 입으로 두 말을 한다는 뜻. 말을 이랬다저랬다 함≒ 一口兩舌(일구양설)
- 今昔之感(금석지감) : 지금을 옛적과 비교함에 변함이 심하여 저절로 일어나는 느낌
- 換骨奪胎(환골탈태) : 용모가 환하게 트이고 아름다워져 전혀 딴사람처럼 됨

17. 영원함 · 한결같음

- 常住不滅(상주불멸) : 본연 진심이 없어지지 아니하고 영원히 있음
- 晝夜長川(주야장천) : 밤낮으로 쉬지 아니하고 연달아. 언제나
- 搖之不動(요지부동) : 흔들어도 꼼짝 않음
- 萬古常靑(만고상청) : 오랜 세월을 두고 변함없이 언제나 푸름
- 舊態依然(구태의연) : 예나 이제나 조금도 다름이 없음
- 始終一貫(시종일관) : 처음부터 끝까지 한결같이 함
- 堅如金石(견여금석) : 굳기가 금이나 돌같음
- 始終如一(시종여일) : 처음이나 나중이 한결같아서 변함없음
- 一片丹心(일편단심) : 한 조각 붉은 마음. 곧 참된 정성

18. 은혜

- 結草報恩(결초보은) : 은혜를 입은 사람이 혼령이 되어 풀포기를 묶어 적이 걸려 넘어지게 함으로써 은인을 구해 주었다는 고사에서 유래, 죽어서까지도 은혜를 잊지 않고 갚음을 뜻하는 말
- 刻骨難忘(각골난망) : 은덕을 입은 고마움이 마음 깊이 새겨져 잊히지 아니함
- 罔極之恩(망극지은) : 다함이 없는 임금이나 부모의 큰 은혜
- 白骨難忘(백골난망) : 백골이 된 후에도 잊을 수 없다는 뜻으로, 큰 은혜나 덕을 입었을 때 감사의 뜻으로 하는 말

19. 원수

- 誰怨誰咎(수원수구) : 남을 원망하거나 탓할 것이 없음
- 刻骨痛恨(각골통한) : 뼈에 사무치게 맺힌 원한≒刻骨之痛(각골지통)
- 徹天之寃(철천지원) : 하늘에 사무치는 크나큰 원한
- 不俱戴天(불구대천) : 하늘을 같이 이지 못한다는 뜻. 이 세상에서 같이 살 수 없을 만큼 큰 원한을 비유하는 말

20. 우정

- 斷金之契(단금지계) : 합심하면 그 단단하기가 쇠를 자를 수 있을 만큼 굳은 우정이나 교제란 뜻으로, 절친한 친구 사이를 말함
- 芝蘭之交(지란지교) : 지초와 난초의 향기와 같이 벗 사이의 맑고도 높은 사귐
- 竹馬故友(죽마고우) : 어렸을 때부터 친하게 사귄 벗
- 水魚之交(수어지교) : 고기와 물과의 사이처럼 떨어질 수 없는 특별한 친분
- 刎頸之交(문경지교) : 목이 잘리는 한이 있어도 마음을 변치 않고 사귀는 친한 사이

- 類類相從(유유상종) : 같은 무리끼리 서로 내왕하며 사귐
- 管鮑之交(관포지교) : 관중과 포숙아의 사귐이 매우 친밀하였다는 고사에서, 우정이 깊은 사귐을 이름
- 金蘭之契(금란지계) : 둘이 합심하면 그 단단하기가 능히 쇠를 자를 수 있고, 그 향기가 난의 향기와 같다는 뜻으로, 친구 사이의 매우 두터운 정의를 이름≒金蘭之交(금란지교)
- 知己之友(지기지우) : 서로 뜻이 통하는 친한 벗
- 莫逆之友(막역지우) : 거스르지 않는 친구란 뜻으로, 아주 허물없이 지내는 친구를 일컬음
- 金蘭之交(금란지교) : 둘이 합심하면 그 단단하기가 능히 쇠를 자를 수 있고, 그 향기가 난의 향기와 같다는 뜻으로, 벗 사이의 깊은 우정을 말함
- 肝膽相照(간담상조) : 간과 쓸개를 보여주며 사귄다는 뜻으로, 서로의 마음을 터놓고 사귐을 이르는 말

21. 원인과 결과

- 因果應報(인과응보) : 선과 악에 따라 반드시 업보가 있는 일
- 結者解之(결자해지) : 맺은 사람이 풀어야 한다는 뜻으로, 자기가 저지른 일은 자기가 해결하여야 한다는 말
- 礎潤而雨(초윤이우) : 주춧돌이 축축해지면 비가 온다는 뜻으로, 원인이 있으면 결과가 있다는 말
- 孤掌難鳴(고장난명) : 손바닥도 마주 쳐야 소리가 난다.
- 矯角殺牛(교각살우) : 빈대 잡으려다 초가 삼간 태운다. 뿔을 바로잡으려다가 소를 죽인다. 곧 조그마한 일을 하려다 큰일을 그르친다는 뜻
- 錦衣夜行(금의야행) : 비단 옷 입고 밤길 가기. 아무 보람 없는 행동
- 金枝玉葉(금지옥엽) : 아주 귀한 집안의 소중한 자식
- 囊中之錐(낭중지추) : 주머니에 들어간 송곳. 재능이 뛰어난 사람은 숨어 있어도 저절로 사람들에게 알려짐을 이르는 말
- 談虎虎至(담호호지) : 호랑이도 제 말 하면 온다. 이야기에 오른 사람이 마침 그 자리에 나타났을 때 하는 말
- 堂狗風月(당구풍월) : 서당개 삼 년에 풍월을 읊는다.
- 螳螂拒轍(당랑거철) : 계란으로 바위치기, 하룻강아지 범 무서운 줄 모른다. 사마귀가 수레에 항거한다는 뜻으로 자기 힘을 생각하지 않고 강적 앞에서 분수없이 날뛰는 것을 비유한 말
- 同價紅裳(동가홍상) : 같은 값이면 다홍치마
- 同族相殘(동족상잔) : 갈치가 갈치 꼬리 문다. 동족끼리 서로 헐뜯고 싸움
- 得隴望蜀(득롱망촉) : 말 타면 경마(말의 고삐) 잡고 싶다. 농서지방을 얻고 또 촉나라를 탐낸다는 뜻으로 인간의 욕심이 무한함을 나타냄
- 登高自卑(등고자비) : 천리길도 한 걸음부터. 일을 하는 데는 반드시 차례를 밟아야 한다.
- 磨斧爲針(마부위침) : 열 번 찍어 안 넘어가는 나무 없다. 도끼를 갈면 바늘이 된다는 뜻으로 아무리 어렵고 험난한 일도 계속 정진하면 꼭 이룰 수가 있다는 말

- 亡羊補牢(망양보뢰) : 소 잃고 외양간 고친다.
- 百聞不如一見(백문불여일견) : 열 번 듣는 것이 한 번 보는 것만 못하다.
- 不入虎穴不得虎子(불입호혈 부득호자) : 호랑이 굴에 가야 호랑이 새끼를 잡는다.
- 牝鷄之晨(빈계지신) : 암탉이 울면 집안이 망한다. 집안에서 여자가 남자보다 활달하여 안팎일을 간섭하면 집안 일이 잘 안 된다는 말
- 三歲之習至于八十(삼세지습 지우팔십) : 세 살 버릇 여든까지 간다.
- 喪家之狗(상가지구) : 상갓집 개. 궁상맞은 초라한 모습으로 이곳저곳 기웃거리며 얻어먹을 것만 찾아다니는 사람을 이름
- 雪上加霜(설상가상) : 엎친 데 덮친다(엎친 데 덮치기), 눈 위에 서리 친다.
- 脣亡齒寒(순망치한) : 입술이 없으면 이가 시리다. 서로 이해관계가 밀접한 사이에 어느 한쪽이 망하면 다른 한쪽도 그 영향을 받아 온전하기 어려움을 이르는 말
- 十伐之木(십벌지목) : 열 번 찍어 아니 넘어 가는 나무 없다.
- 十匙一飯(십시일반) : 열에 한 술 밥이 한 그릇 푼푼하다. 열이 어울려 밥 한 그릇 된다.
- 我田引水(아전인수) : 제 논에 물 대기. 자기 이익을 먼저 생각하고 행동하는 것을 이름
- 吾鼻三尺(오비삼척) : 내 코가 석자. 자기 사정이 급하여 남을 돌보아 줄 겨를이 없음
- 烏飛梨落(오비이락) : 까마귀 날자 배 떨어진다. 아무 관계도 없는 일인데 우연히 때가 같음으로 인하여 무슨 관계가 있는 것처럼 의심을 받게 되는 것
- 牛耳讀經(우이독경) : 쇠귀에 경 읽기. 아무리 가르치고 일러 주어도 알아듣지 못함
- 耳懸鈴鼻懸鈴(이현령비현령) : 귀에 걸면 귀걸이, 코에 걸면 코걸이라는 뜻
- 一魚濁水(일어탁수) : 한 마리의 고기가 물을 흐린다. 한 사람의 잘못이 여러 사람에게 해가 됨
- 以管窺天(이관규천) : 우물 안 개구리. 대롱을 통해 하늘을 봄
- 積小成大(적소성대) : 티끌 모아 태산. 적은 것도 모으면 많아진다는 뜻
- 井底之蛙(정저지와) : 우물 안 개구리. 세상물정을 너무 모름
- 種瓜得瓜種豆得豆(종과득과 종두득두) : 콩 심은 데 콩 나고 팥 심은 데 팥 난다.
- 走馬加鞭(주마가편) : 달리는 말에 채찍질하기. 잘하고 있음에도 불구하고 더 잘되어 가도록 부추기거나 몰아침
- 走馬看山(주마간산) : 수박 겉핥기. 말을 타고 달리면서 산수를 본다는 뜻으로 바쁘게 대충 보며 지나감을 일컫는 말
- 兎死狗烹(토사구팽) : 토끼를 다 잡으면 사냥개도 잡아먹는다.
- 下石上臺(하석상대) : 아랫돌 빼서 윗돌 괴기, 임기응변으로 어려운 일을 처리함
- 漢江投石(한강투석) : 한강에 돌 던지기, 한강에 아무리 돌을 던져도 메울 수 없다는 뜻으로, 아무리 애써도 보람이 없는 일을 비유
- 咸興差使(함흥차사) : 일을 보러 밖에 나간 사람이 오래도록 돌아오지 않을 때 하는 말
- 狐假虎威(호가호위) : 원님 덕에 나팔 분다. 다른 사람의 권세를 빌어서 위세를 부림
- 後生可畏(후생가외) : 후생목이 우뚝하다. 젊은 후학들을 두려워 할 만하다는 뜻

03 | 한자성어 적중예상문제

정답 및 해설 p.013

대표유형 한자어

다음 빈칸에 들어갈 한자어로 가장 적절한 것은?

( )俱戴天

① 花   ② 恨

③ 不   ④ 常

|해설| • 不俱戴天(불구대천) : 하늘을 같이 이지 못한다는 뜻. 이 세상에서 같이 살 수 없을 만큼 큰 원한을 비유하는 말

정답 ③

※ 다음 빈칸에 들어가기 적절한 한자의 음을 고르시오. [1~7]

01

각골통( )

① 해   ② 지

③ 만   ④ 한

02

대기( )성

① 망   ② 만

③ 장   ④ 천

03

낙(　)유수

① 화   ② 상
③ 초   ④ 목

04

무(　)무상

① 념   ② 유
③ 사   ④ 상

05

단순(　)치

① 호   ② 송
③ 막   ④ 구

06

상(　)벽해

① 소   ② 상
③ 전   ④ 대

07

각골(　)망

① 해   ② 도
③ 주   ④ 난

08 다음 중 놀람을 표현한 말로 옳은 것은?

① 大驚失色(대경실색)   ② 好事多魔(호사다마)
③ 識字憂患(식자우환)   ④ 左之右之(좌지우지)

09 다음 중 슬픔을 표현한 말로 옳은 것은?

① 與民同樂(여민동락)   ② 無念無想(무념무상)
③ 兎死狐悲(토사호비)   ④ 粉骨碎身(분골쇄신)

10 다음 중 우정을 표현한 말로 옳은 것은?

① 內憂外患(내우외환)　　　　② 臥薪嘗膽(와신상담)

③ 莫逆之友(막역지우)　　　　④ 牛耳讀經(우이독경)

11 밑줄 친 단어를 한자어로 바르게 옮긴 것은?

인적성검사 <u>합격</u>을 한번에!

① 合格　　　　② 閤格

③ 合各　　　　④ 踐格

12 한자 '競技'의 독음으로 옳은 것은?

① 경기　　　　② 절기

③ 경지　　　　④ 구기

13 한자 '韓服'의 독음으로 옳은 것은?

① 한국　　　　② 한옥

③ 한복　　　　④ 한지

14 한자 '陸地'의 독음으로 옳은 것은?

① 토지   ② 현지

③ 육지   ④ 능지

※ 다음 문장에서 밑줄 친 한자어의 뜻풀이로 가장 적절한 것을 고르시오. [15~16]

15

> 한국과 러시아 간의 협력이 강화되고 있는 것은 양국의 미래를 위해서 매우 **鼓舞**적이다.

① 희망적임

② 바람직함

③ 격려하여 기세를 돋움

④ 평화로움

16

> 그 자선단체는 당초에 목적을 <u>沒却</u>하고 부정을 저질렀다.

① 없애버리거나 무시해 버림

② 빼앗아 버림

③ 자기 멋대로 바꾸어 버림

④ 물건 등을 모조리 거두어들임

※ 다음 빈칸에 들어갈 한자어로 적절한 것을 고르시오. [17~20]

17

선거일로부터 며칠 후, 드디어 새로운 대통령이 ( )하였다.

① 就任　　　　　　　　　② 連任
③ 進入　　　　　　　　　④ 轉入

18

( )別, 理( ), ( )格

① 成　　　　　　　　　② 聖
③ 姓　　　　　　　　　④ 性

19

그 아이는 음악에 ( )이 있으니 피아노를 가르쳐 보는 게 좋겠다.

① 才能　　　　　　　　　② 性質
③ 感情　　　　　　　　　④ 效果

20

靑出於( )

① 監　　　　　　　　　② 盡
③ 藍　　　　　　　　　④ 血

04 | 회사상식 핵심이론

1. 인재상

SK그룹이 바라는 인재상은 경영철학에 대한 확신을 바탕으로 일과 싸워서 이기는 패기를 실천하는 인재이다.

(1) SK경영철학을 이해하는 인재 – SK경영철학에 대한 믿음과 확신

경영철학에 대한 확신과 VWBE를 통한 SUPEX 추구 문화로 이해관계자 행복 구현

이해관계자의 행복

기업은 이해관계자 간 행복이 조화와 균형을 이루도록 노력하고, 장기적으로 지속 가능하도록 현재와 미래의 행복을 동시에 고려해야 한다.

구성원은 기업의 이해관계자 중 하나임과 동시에 기업을 구성하는 주체이다. 이해관계자에 대한 행복을 추구함으로써 구성원 전체의 행복이 커지고, 이를 통해 구성원 각자의 행복도 지속될 수 있다는 것을 믿고 실천한다.

VWBE

자발적이고(Voluntarily) 의욕적인(Willingly) 두뇌활용(Brain Engagement)을 통해 최대한의 역량을 발휘하여 성과 창출에 기여한다.

SUPEX

급변하는 환경 속에서 기업은 이해관계자 행복을 키워나가기 위하여 인간의 능력으로 도달할 수 있는 최고의 수준인 Surper Excellent 수준, 즉 SUPEX 추구를 통하여 최고의 성과를 지속적으로 창출하여야 한다.

SUPEX Company를 지향하되 곧바로 도달하는 것은 현실적으로 어려우므로 한 단계 높은 수준의 회사 (Better Company)를 목표로 설정하고, 이를 반복적으로 달성하면서 SUPEX Company를 구현해 나간다.

SUPEX 추구를 위해서는 구성원이 자발적이고 의욕적인 두뇌활동을 하여야 하며, 자발적·의욕적 두뇌 활용이 외부로 발현되는 모습이 곧 일과 싸워서 이기는 패기다.

따라서 SUPEX 추구 환경을 조성할 때는 구성원이 패기를 갖추도록 하는 것이 중요하다.

(2) SK경영철학을 잘 실행할 수 있는 인재 – 패기

'과감한 실행의 패기, 일과 싸워서 이기는 패기를 실천하는 인재'

스스로 동기 부여하여 높은 목표에 도전하고 기존의 틀을 깨는 과감한 실행

그 과정에서 필요한 역량을 개발하기 위해 노력하며 팀웍을 발휘

2. SKMS(SK Management System)

SKMS는 SK 고유의 경영철학과 경영기법을 체계적으로 정리한 것으로, SK 구성원 모두의 합의와 공유를 통해 SK 기업문화를 구축하는 기반이다. SKMS는 SK그룹 경영의 기본 방향을 제시하고 있으며, SK의 경영철학과 이를 현실 경영에 구현하는 방법론으로 구성되어 있다. SKMS는 1979년 최초 정립, 이후 14차례 개정을 거치면서 환경 변화에 선제적으로 대응하고 있다.

3. 주요 연혁(2023년 9월 기준)

1953 선경직물 창립
1966 아세테이트 원사 공장 준공
1969 폴리에스터 공장 완공
1973 MBC장학퀴즈 후원 시작
1975 제2창업선언, 수직계열화 천명
1978 세계 4번째 폴리에스터 필름 개발
1979 SK고유의 경영관리기법 SKMS 정립
1980 유공 인수
1988 예멘 마리브 석유 발견
1989 SUPEX 추구 도입
1991 석유에서 섬유까지 수직 계열화 완성
1994 한국이동통신 인수
1996 세계최초 CDMA 서비스 상용화
1998 선경에서 SK로 신CI 선포
2000 신세기통신 인수·합병
2004 SKMS 재정비
2005 행복날개 CI 제정
2006 인천정유 인수
2007 지주회사 체제 출범 및 SKMS 재정비(12차), 하나로 텔레콤 인수
2011 SK이노베이션, SK에너지, SK종합화학 독자경영 출범식
2012 하이닉스반도체 지분 인수
2013 창립 60주년. '따로 또 같이 3.0' 출범
2015 SK주식회사와 SK C&C 합병, 통합법인 출범
2016 SKMS 재정비(13차), 동양매직 인수 및 SK머티리얼즈 출범
2017 SK실트론 인수로 반도체 수직계열화 완성
2018 SK텔레콤, ADT캡스 인수 / SK하이닉스 M15 준공 및 SK주식회사 앰팩(AMPAC) 인수
2019 SK텔레콤, 이동통신 5G 서비스 세계 첫 개통 / SK실트론, 듀폰사의 SiC 웨이퍼 사업부 인수 /
      SK하이닉스, 세계 최초 128단 1Tb TLC 4D낸드플래시 양산
2020 SKMS 재정비(14차) / SK에너지, 친환경 설비 VRDS 준공 / SK바이오팜, 주식 시장 상장 / SK그룹
      8개사, 한국 최초 RE100 / SK주식회사 수소사업추진단 출범
2021 SK바이오사이언스·SK아이이테크놀로지·SK리츠 상장 / SK온·SK스퀘어 출범 / SK주식회사와
      SK머티리얼즈 합병 / SK하이닉스, 인텔社 낸드플래시 사업부 1단계 인수 완료

4. 사업영역

GREEN 분야	SK이노베이션, SKC, SK E&S, SK에코플랜트, SK디스커버리, SK케미칼, SK가스, SK에너지, SK지오센트릭, SK온, SK엔무브, SK아이이테크놀로지, SK인천석유화학, SK트레이딩인터내셔널, SK어스온
DIGITAL 분야	SK스퀘어, SK텔레콤, SK브로드밴드, SK주식회사 C&C, SK플래닛, SK쉴더스, SK텔링크, SK매직, SK렌터카, 11번가
BIO 분야	SK바이오팜, SK팜테코, SK바이오사이언스
첨단 소재 분야	SK하이닉스, SK실트론, SK주식회사 머티리얼즈

5. 사회공헌 활동

SK는 일자리를 만들고 수익은 나누어 사회에 환원함으로써 사회문제를 해결하는 '사회적 기업'과 함께 우리 사회의 발전을 위한 새로운 길을 만들어가고 있다. 사회적 기업을 설립, 후원하여 생태계를 구축함은 물론 중국 SK장웬방(장학퀴즈) 후원과 베트남 안면기형 어린이수술 후원, 중남미 재난 복구 지원 등 글로벌 사회공헌을 이어가고 있다. 또한 창의적 인재육성을 위해 장학퀴즈 후원, 프로보노 육성, 사회적 기업가 육성에 힘쓰고 있으며 장애청소년 IT챌린지와 취약계층 김장 / 연탄 지원, 사별 자원봉사단 활동, 긴급구호 활동, 핸드볼협회와 펜싱협회 지원, 핸드볼전용 경기장 건축 등 다방면에서 힘쓰고 있다.

행복나눔재단

행복나눔재단은 더 나은 미래를 꿈꾸는 사람들에게 성장의 기회를 제공하고자 하는 SK의 대표적인 사회공헌재단으로 2006년 출범한 이후 사회적 기업과 교육문화 사업을 통해 우리 사회의 다양한 문제를 해결하고자 했다. 2006년에는 행복도시락을 설립해 결식아동들에게 식사를, 취약계층에게는 안정된 일자리를 제공했으며 단계별 맞춤 지원체계 구축을 시도했다.

SK미소금융재단

SK미소금융재단은 금융소외계층의 자립을 지원하기 위해 2009년 12월에 설립되어 SK그룹에서 기부한 재원을 통해 저금리 사업자금 대출과 컨설팅 지원 사업, 미소희망봉사단 등을 운영하고 있다. '아름다운 소액대출'이라는 의미의 미소(美少)금융은 제도권 금융회사 이용이 곤란한 저소득, 저신용계층을 대상으로 창업과 운영자금 등을 무보증 무담보로 대출하고, 여타의 지원활동 등을 통해 사회 · 경제적으로 자립할 수 있는 자활의 기회를 제공하는 사업이다.

한국고등교육재단

한국고등교육재단은 SK그룹 故 최종현 회장이 세계 수준의 학자를 양성하여 학술발전을 통한 국가발전을 촉진하기 위해 1974년 설립한 비영리 공익법인이다. 설립 이래 국내 우수 인재들을 선발, 유학을 준비하는 과정부터 지도, 학비 및 생활비를 지원하는 해외유학 장학프로그램을 실시하여 현재까지 사회과학, 자연과학, 동양학, 정보통신 분야에서 727여 명의 박사 학위자를 배출하였다. 이외에도 대학특별 장학프로그램과 한학연수장학제도를 운영함은 물론, 2000년부터는 국제학술사업을 신설, 국제학술교류 지원 사업을 실시하는 한편, 중국과 아시아 내 17개의 아시아연구센터를 운영, 베이징포럼과 상하이포럼 등 세계적 수준의 학술포럼 사업을 통해 국제학술교류증진에 기여하고 있다.

01 SK그룹의 경영철학은 VWBE를 통한 SUPEX를 추구하는 것이다. 다음 중 VWBE에 해당하지 않는 것은?

① Victory
② Brain Engagement
③ Voluntarily
④ Willingly

02 다음 중 SK그룹의 사업영역에 해당하지 않는 것은?

① 디지털
② 바이오
③ 교육
④ 첨단소재

03 故 최종현 회장이 한국의 우수 인재들을 세계수준의 학자로 키워 학문과 국가 발전에 기여하고자 설립한 비영리 공익법인의 이름은?

① 한국우수교육재단
② 한국인재교육재단
③ 한국학문교육재단
④ 한국고등교육재단

04 SK그룹에서 '따로 또 같이'의 효과적인 실행을 위하여 주요 관계사들이 체결한 공식적인 최고 협의 기구의 이름은?

① SK최고협의회   ② SUPEX추구협의회

③ SUPEX최고협의회   ④ SK컨트롤타워

05 SK그룹이 사회적 가치 실현을 위한 방법론이 아닌 것은?

① DBL 추구를 통한 BM의 혁신

② 기업 자산의 공유 인프라 전환

③ 사회적 기업의 생태계 조성

④ 사회적 가치를 위한 기업정보 공유

06 다음 중 SK그룹의 인재상과 거리가 가장 먼 것은?

① 독립적인 인재   ② 자발적인 인재

③ 의욕적인 인재   ④ 패기를 실천하는 인재

07 SK그룹의 창립 초창기 주력 사업품목은 무엇인가?

① 가스 　　　　　　　　　　　② 통신
③ 직물 　　　　　　　　　　　④ 정유

08 다음 중 SK스포츠에서 현재 운영하지 않는 스포츠 팀 종목은?

① 축구 　　　　　　　　　　　② 배구
③ 골프 　　　　　　　　　　　④ 핸드볼

09 다음 〈보기〉의 밑줄 친 빈칸에 들어가기에 알맞은 단어는?

> **보기**
>
> 이해관계자의 행복을 지속적으로 키워나가기 위해 SK는 인간의 능력으로 도달할 수 있는 최고의 수준인 SUPEX, 즉 Super Excellent 수준을 목표로 정하여 이를 달성하기 위해 노력하고 있습니다. SUPEX Company를 지향하되 곧바로 도달하는 것은 현실적으로 어려우므로 한 단계 높은 수준의 회사인 _____를 목표로 설정하고, 이를 반복적으로 달성하면서 SUPEX Company를 구현해 나갑니다.

① Next Company 　　　　　　② Best Company
③ Nice Company 　　　　　　④ Better Company

10 다음 중 SUPEX추구협의회에 속해있지 않은 위원회는?

① 전략/Global위원회   ② ICT위원회

③ 윤리경영위원회   ④ 인재육성위원회

11 2024년 시간당 최저 임금은 얼마인가?

① 8,970원   ② 9,020원

③ 9,620원   ④ 9,860원

12 도시에서 생활하던 노동자가 고향과 가까운 지방도시에서 취직하려는 현상은?

① U턴 현상   ② J턴 현상

③ T턴 현상   ④ Y턴 현상

13 일과 여가의 조화를 추구하는 노동자를 지칭하는 용어는 무엇인가?

① 골드칼라　　　　　　　　　② 화이트칼라

③ 퍼플칼라　　　　　　　　　④ 논칼라

14 이미 지출되었기 때문에 현재 다시 쓸 수 없는 비용이라는 뜻으로 합리적인 선택을 할 때 고려해서는 안 되는 비용을 무엇이라고 하는가?

① 매몰비용　　　　　　　　　② 망각비용

③ 생산비용　　　　　　　　　④ 기회비용

15 값싼 가격에 질 낮은 저급품만 유통되는 시장을 가리키는 용어는?

① 레몬마켓　　　　　　　　　② 프리마켓

③ 제3마켓　　　　　　　　　④ 피치마켓

16 영화나 드라마에서 특정 상품, 이미지, 상품명 등을 노출시켜 관객들에게 간접적으로 홍보하는
광고 마케팅 기법은 무엇인가?

① PPL 마케팅 ② 바이럴 마케팅
③ 브랜디드 엔터테인먼트 마케팅 ④ 니치 마케팅

17 문화적으로 연결이 강하다고 여기는 소비재에 관한 사회현상을 가리켜 무엇이라고 하는가?

① 립스틱 효과 ② 핀터레스트
③ 체리피커 ④ 디드로 효과

18 기차역, 호텔, 공항 등에서 모바일 쇼핑몰, 방송 등을 통해 물건을 주문하고 모바일 뱅킹으로 결제
를 하는 소비자들을 가리키는 용어는?

① 블루슈머 ② 트랜슈머
③ 프로슈머 ④ 블랙컨슈머

19 4자 안보대화인 '쿼드'에 속하지 않은 나라는 어디인가?

① 일본   ② 미국
③ 캐나다   ④ 인도

20 다음 중 직장폐쇄와 관련된 설명으로 적절하지 않은 것은?

① 직장폐쇄 기간에는 임금을 지급하지 않아도 된다.

② 직장폐쇄를 금지하는 단체협약은 무효이다.

③ 사용자의 적극적인 권리 행사 방법이다.

④ 노동쟁의를 사전에 막기 위해 직장폐쇄를 실시하는 경우에는 사전에 해당 관청과 노동위원회에 신고해야 한다.

아이들이 답이 있는 질문을 하기 시작하면 그들이 성장하고 있음을 알 수 있다.

- 존 J. 플롬프 -

2

언어이해

01 | 언어추리 핵심이론

1. 연역 추론

이미 알고 있는 판단(전제)을 근거로 새로운 판단(결론)을 유도하는 추론이다. 연역 추론은 진리일 가능성을 따지는 귀납 추론과는 달리, 명제 간의 관계와 논리적 타당성을 따진다. 즉, 연역 추론은 전제들로부터 절대적인 필연성을 가진 결론을 이끌어내는 추론이다.

(1) 직접 추론

한 개의 전제로부터 중간적 매개 없이 새로운 결론을 이끌어내는 추론이며, 대우 명제가 그 대표적인 예이다.

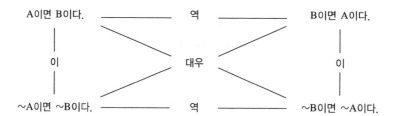

• 한국인은 모두 황인종이다. (전제)
• 그러므로 황인종이 아닌 사람이 모두 한국인은 아니다. (결론 1)
• 그러므로 황인종 중에는 한국인이 아닌 사람도 있다. (결론 2)

(2) 간접 추론

둘 이상의 전제로부터 새로운 결론을 이끌어내는 추론이다. 삼단논법이 가장 대표적인 예이다.

① 정언 삼단논법 : 세 개의 정언명제로 구성된 간접추론 방식이다. 세 개의 명제 가운데 두 개의 명제는 전제이고, 나머지 한 개의 명제는 결론이다. 세 명제의 주어와 술어는 세 개의 서로 다른 개념을 표현한다.

② 가언 삼단논법 : 가언명제로 이루어진 삼단논법을 말한다. 가언명제란 두 개의 정언명제가 '만일 ~이라면'이라는 접속사에 의해 결합된 복합명제이다. 여기서 '만일'에 의해 이끌리는 명제를 전건이라고 하고, 그 뒤의 명제를 후건이라고 한다. 가언 삼단논법의 종류로는 혼합가언 삼단논법과 순수가언 삼단논법이 있다.

　㉠ 혼합가언 삼단논법 : 대전제만 가언명제로 구성된 삼단논법이다. 긍정식과 부정식 두 가지가 있으며, 긍정식은 'A면 B이다. A이다. 그러므로 B이다.'이고, 부정식은 'A면 B이다. B가 아니다. 그러므로 A가 아니다.'이다.

> - 만약 A라면 B이다.
> - B가 아니다.
> - 그러므로 A가 아니다.

    ⓛ 순수가언 삼단논법 : 대전제와 소전제 및 결론까지 모두 가언명제들로 구성된 삼단논법이다.

> - 만약 A라면 B이다.
> - 만약 B라면 C이다.
> - 그러므로 만약 A라면 C이다.

  ③ 선언 삼단논법 : '~이거나 ~이다.'의 형식으로 표현되며 전제 속에 선언 명제를 포함하고 있는 삼단논법이다.

> - 내일은 비가 오거나 눈이 온다(A 또는 B이다).
> - 내일은 비가 오지 않는다(A가 아니다).
> - 그러므로 내일은 눈이 온다(그러므로 B이다).

  ④ 딜레마 논법 : 대전제는 두 개의 가언명제로, 소전제는 하나의 선언명제로 이루어진 삼단논법으로, 양도추론이라고도 한다.

> - 만일 네가 거짓말을 하면, 신이 미워할 것이다.   (대전제)
> - 만일 네가 거짓말을 하지 않으면, 사람들이 미워할 것이다.   (대전제)
> - 너는 거짓말을 하거나, 거짓말을 하지 않을 것이다.   (소전제)
> - 그러므로 너는 미움을 받게 될 것이다.   (결론)

2. 귀납 추론

특수한 또는 개별적인 사실로부터 일반적인 결론을 이끌어내는 추론을 말한다. 귀납 추론은 구체적 사실들을 기반으로 하여 결론을 이끌어내기 때문에 필연성을 따지기보다는 개연성과 유관성, 표본성 등을 중시하게 된다. 여기서 개연성이란, 관찰된 어떤 사실이 같은 조건하에서 앞으로도 관찰될 수 있는가 하는 가능성을 말하고, 유관성은 추론에 사용된 자료가 관찰하려는 사실과 관련되어야 하는 것을 일컬으며, 표본성은 추론을 위한 자료의 표본 추출이 공정하게 이루어져야 하는 것을 가리킨다. 이러한 귀납 추론은 일상생활 속에서 많이 사용하고, 우리가 알고 있는 과학적 사실도 이와 같은 방법으로 밝혀졌다.

그러나 전제들이 참이어도 결론이 항상 참인 것은 아니다. 단 하나의 예외로 인하여 결론이 거짓이 될 수 있다.

> - 성냥불은 뜨겁다.
> - 연탄불도 뜨겁다.
> - 그러므로 모든 불은 뜨겁다.

위 예문에서 '성냥불이나 연탄불이 뜨거우므로 모든 불은 뜨겁다.'라는 결론이 나왔는데, 반딧불은 뜨겁지 않으므로 '모든 불이 뜨겁다.'라는 결론은 거짓이 된다.

(1) 완전 귀납 추론

관찰하고자 하는 집합의 전체를 다 검증함으로써 대상의 공통 특질을 밝혀내는 방법이다. 이는 예외 없는 진실을 발견할 수 있다는 장점은 있으나, 집합의 규모가 크고 속성의 변화가 다양할 경우에는 적용하기 어려운 단점이 있다.

예 1부터 10까지의 수를 다 더하여 그 합이 55임을 밝혀내는 방법

(2) 통계적 귀납 추론

통계적 귀납 추론은 관찰하고자 하는 집합의 일부에서 발견한 몇 가지 사실을 열거함으로써 그 공통점을 결론으로 이끌어내려는 방식을 가리킨다. 관찰하려는 집합의 규모가 클 때 그 일부를 표본으로 추출하여 조사하는 방식이 이에 해당하며, 표본 추출의 기준이 얼마나 적합하고 공정한가에 따라 그 결과에 대한 신뢰도가 달라진다는 단점이 있다.

예 여론조사에서 일부 국민의 설문 내용을 바탕으로, 이를 전체 국민의 여론으로 제시하는 것

(3) 인과적 귀납 추론

관찰하고자 하는 집합의 일부 원소들이 지닌 인과 관계를 인식하여 그 원인이나 결과를 이끌어내려는 방식을 말한다.

① 일치법 : 공통적인 현상을 지닌 몇 가지 사실 중에서 각기 지닌 요소 중 어느 한 가지만 일치한다면 이 요소가 공통 현상의 원인이라고 판단

　예 마을 잔칫집에서 돼지고기를 먹은 사람들이 집단 식중독을 일으켰다. 따라서 식중독의 원인은 상한 돼지고기가 아닌가 생각한다.

② 차이법 : 어떤 현상이 나타나는 경우와 나타나지 않은 경우를 놓고 보았을 때, 각 경우의 여러 조건 중 단 하나만이 차이를 보인다면 그 차이를 보이는 조건이 원인이 된다고 판단

　예 현수와 승재는 둘 다 지능이나 학습 시간, 학습 환경 등이 비슷한데 공부하는 태도에는 약간의 차이가 있다. 따라서 두 사람의 성적이 차이를 보이는 것은 학습 태도 차이 때문이라고 생각된다.

③ 일치·차이 병용법 : 몇 개의 공통 현상이 나타나는 경우와 몇 개의 그렇지 않은 경우를 놓고 일치법과 차이법을 병용하여 적용함으로써 그 원인을 판단

　예 학업 능력 정도가 비슷한 두 아동 집단에 대해 처음에는 같은 분량의 과제를 부여하고 나중에는 각기 다른 분량의 과제를 부여한 결과, 많이 부여한 집단의 성적이 훨씬 높게 나타났다. 이로 보아, 과제를 많이 부여하는 것이 적게 부여하는 것보다 학생의 학업 성적 향상에 도움이 된다고 판단할 수 있다.

④ 공변법 : 관찰하는 어떤 사실의 변화에 따라 현상의 변화가 일어날 때 그 변화의 원인이 무엇인지 판단

　예 담배를 피우는 양이 각기 다른 사람들의 집단을 조사한 결과, 담배를 많이 피울수록 폐암에 걸릴 확률이 높다는 사실이 발견되었다.

⑤ 잉여법 : 앞의 몇 가지 현상이 뒤의 몇 가지 현상의 원인이며, 선행 현상의 일부분이 후행 현상의 일부분이라면, 선행 현상의 나머지 부분은 후행 현상의 나머지 부분의 원인임을 판단

　예 어젯밤 일어난 사건의 혐의자는 정은이와 규민이 두 사람인데, 정은이는 알리바이가 성립되어 혐의 사실이 없는 것으로 밝혀졌다. 따라서 그 사건의 범인은 규민이일 가능성이 높다.

3. 유비 추론

두 개의 대상 사이에 일련의 속성이 동일하다는 사실에 근거하여 그것들의 나머지 속성도 동일하리라는 결론을 이끌어내는 추론, 즉 이미 알고 있는 것에서 다른 유사한 점을 찾아내는 추론을 말한다. 그렇기 때문에 유비 추론은 잣대(기준)가 되는 사물이나 현상이 있어야 한다. 유비 추론은 가설을 세우는 데 유용하다. 이미 알고 있는 사례로부터 아직 알지 못하는 것을 생각해 봄으로써 쉽게 가설을 세울 수 있다. 이때 유의할 점은 이미 알고 있는 사례와 이제 알고자 하는 사례가 매우 유사하다는 확신과 증거가 있어야 한다. 그렇지 않은 상태에서 유비 추론에 의해 결론을 이끌어내면, 그것은 개연성이 거의 없고 잘못된 결론이 될 수도 있다.

- 지구에는 공기, 물, 흙, 햇빛이 있다(A는 a, b, c, d의 속성을 가지고 있다).
- 화성에는 공기, 물, 흙, 햇빛이 있다(B는 a, b, c, d의 속성을 가지고 있다).
- 지구에 생물이 살고 있다(A는 e의 속성을 가지고 있다).
- 그러므로 화성에도 생물이 살고 있을 것이다(그러므로 B도 e의 속성을 가지고 있을 것이다).

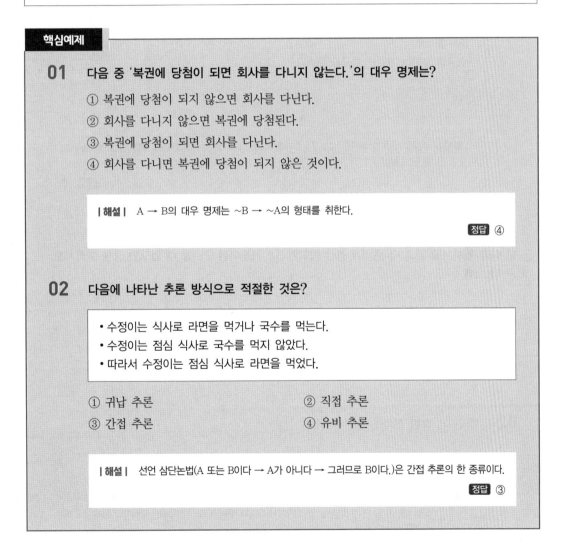

핵심예제

01 다음 중 '복권에 당첨이 되면 회사를 다니지 않는다.'의 대우 명제는?

① 복권에 당첨이 되지 않으면 회사를 다닌다.
② 회사를 다니지 않으면 복권에 당첨된다.
③ 복권에 당첨이 되면 회사를 다닌다.
④ 회사를 다니면 복권에 당첨이 되지 않은 것이다.

| 해설 | A → B의 대우 명제는 ~B → ~A의 형태를 취한다.

정답 ④

02 다음에 나타난 추론 방식으로 적절한 것은?

- 수정이는 식사로 라면을 먹거나 국수를 먹는다.
- 수정이는 점심 식사로 국수를 먹지 않았다.
- 따라서 수정이는 점심 식사로 라면을 먹었다.

① 귀납 추론   ② 직접 추론
③ 간접 추론   ④ 유비 추론

| 해설 | 선언 삼단논법(A 또는 B이다 → A가 아니다 → 그러므로 B이다.)은 간접 추론의 한 종류이다.

정답 ③

01 | 언어추리 적중예상문제

정답 및 해설 p.018

대표유형 1 참·거짓·알 수 없음

01 제시문 A를 읽고, 제시문 B가 참인지 거짓인지 혹은 알 수 없는지 고르면?

> **[제시문 A]**
> • 수영을 잘하는 모든 사람은 축구를 잘한다.
> • 축구를 잘하는 모든 사람은 농구를 잘한다.
>
> **[제시문 B]**
> 수영을 잘하는 철수는 농구도 잘한다.

① 참   ② 거짓   ③ 알 수 없음

| **해설 |** 수영을 잘하면 축구를 잘하고, 축구를 잘하면 농구를 잘하기 때문에 수영을 잘하는 철수는 농구도 잘한다.

정답 ①

※ 다음 제시문을 읽고 각 문제가 항상 참이면 ①, 거짓이면 ②, 알 수 없으면 ③을 고르시오.
[2~3]

> • 에어컨의 소비 전력은 900W이다.
> • TV의 소비 전력은 냉장고보다 100W 더 높다.
> • 세탁기의 소비 전력은 TV보다 높고, 에어컨보다 낮다.
> • 냉장고의 소비 전력 140W이다.

02 세탁기의 소비 전력은 480W이다.

① 참   ② 거짓   ③ 알 수 없음

| **해설 |** 주어진 조건에 따르면 세탁기의 소비 전력은 240W인 TV보다 높고, 900W인 에어컨보다 낮으므로 899 ~ 241W 사이임을 알 수 있다. 그러나 주어진 조건만으로는 세탁기의 정확한 소비 전력을 알 수 없다.

정답 ③

03 네 개의 가전제품 중 냉장고의 소비 전력이 가장 낮다.

① 참   ② 거짓   ③ 알 수 없음

> |해설| 소비 전력이 높은 순서대로 나열하면 '에어컨 – 세탁기 – TV – 냉장고' 순이므로 냉장고의 소
> 비 전력이 가장 낮음을 알 수 있다.
>
> 정답 ①

※ 제시문 A를 읽고, 제시문 B가 참인지 거짓인지 혹은 알 수 없는지 고르시오. [1~8]

01

[제시문 A]
• 게임을 좋아하는 사람은 만화를 좋아한다.
• 만화를 좋아하는 사람은 독서를 좋아하지 않는다.

[제시문 B]
독서를 좋아하는 영수는 게임을 좋아하지 않는다.

① 참   ② 거짓   ③ 알 수 없음

02

[제시문 A]
• 아침잠이 많은 사람은 지각을 자주 한다.
• 지각을 자주 하는 사람은 지각 벌점이 높다.

[제시문 B]
아침잠이 많은 재은이는 지각 벌점이 높다.

① 참   ② 거짓   ③ 알 수 없음

03

[제시문 A]
• 황도 12궁은 천구상에서 황도가 통과하는 12개의 별자리이다.
• 황도 전체를 30°씩 12등분하여 각각에 대해 별자리의 이름을 붙였다.

[제시문 B]
황도 12궁의 12개 별자리들은 300°의 공간에 나열되어 있다.

① 참   ② 거짓   ③ 알 수 없음

04

[제시문 A]
• 만일 내일 비가 온다면 소풍을 가지 않는다.
• 뉴스에서는 내일 비가 온다고 하였다.

[제시문 B]
내일 학교를 갈 것이다.

① 참   ② 거짓   ③ 알 수 없음

05

[제시문 A]
• 철수는 자전거보다 오토바이를 더 좋아한다.
• 철수는 오토바이보다 자동차를 더 좋아한다.
• 철수는 비행기를 가장 좋아한다.

[제시문 B]
철수는 자동차를 두 번째로 좋아한다.

① 참   ② 거짓   ③ 알 수 없음

06

[제시문 A]
• 아메리카노를 좋아하는 모든 사람은 카페라테를 좋아한다.
• 카페라테를 좋아하는 모든 사람은 에스프레소를 좋아한다.

[제시문 B]
아메리카노를 좋아하는 진실이는 에스프레소도 좋아한다.

① 참   ② 거짓   ③ 알 수 없음

07

[제시문 A]
• 안구 내 안압이 상승하면 시신경 손상이 발생한다.
• 시신경이 손상되면 주변 시야가 좁아진다.

[제시문 B]
안구 내 안압이 상승하면 주변 시야가 좁아진다.

① 참   ② 거짓   ③ 알 수 없음

08

[제시문 A]
• 단거리 경주에 출전한 사람은 장거리 경주에 출전한다.
• 장거리 경주에 출전한 사람은 농구 경기에 출전하지 않는다.
• 농구 경기에 출전한 사람은 배구 경기에 출전한다.

[제시문 B]
농구 경기에 출전한 사람은 단거리 경주에 출전하지 않는다.

① 참   ② 거짓   ③ 알 수 없음

09

A. 도구를 사용할 수 있는 짐승이 있다.
B. 도구를 사용할 수 있는 짐승은 생각을 할 수 있다.
C. 생각을 할 수 있는 짐승은 도구를 사용하지 못할 수도 있다.

① 참   ② 거짓   ③ 알 수 없음

10

A. 민수는 정현보다 나이가 많다.
B. 철수는 정현보다 나이가 많다.
C. 민수와 철수는 동갑이다.

① 참   ② 거짓   ③ 알 수 없음

11

A. 진수는 그림을 그리고 있다.
B. 모든 화가는 앞치마를 두르고 있다.
C. 진수는 앞치마를 두르고 있다.

① 참   ② 거짓   ③ 알 수 없음

12

A. 나무에 물을 주지 않으면 나무가 마를 것이다.
B. 나무는 마르지 않았다.
C. 나무에 물을 주었다.

① 참   ② 거짓   ③ 알 수 없음

13

A. 혜진이가 영어 회화 학원에 다니면 미진이는 중국어 회화 학원에 다닌다.
B. 미진이가 중국어 회화 학원에 다니면 아영이는 일본어 회화 학원에 다닌다.
C. 아영이가 일본어 회화 학원에 다니지 않으면 혜진이는 영어 회화 학원에 다니지 않는다.

① 참   ② 거짓   ③ 알 수 없음

14

A. 피자를 좋아하는 모든 사람은 치킨을 좋아한다.
B. 치킨을 좋아하는 모든 사람은 맥주를 좋아한다.
C. 맥주를 좋아하는 미혜는 피자를 좋아한다.

① 참   ② 거짓   ③ 알 수 없음

15

A. 주영이는 화요일에만 야근한다.
B. 주영이는 야근한 다음 날에만 친구를 만난다.
C. 주영이가 친구를 만나는 날은 월요일이다.

① 참   ② 거짓   ③ 알 수 없음

16

A. 유화를 잘 그리는 모든 화가는 수채화를 잘 그린다.
B. 수채화를 잘 그리는 모든 화가는 한국화를 잘 그린다.
C. 유화를 잘 그리는 희정이는 한국화도 잘 그린다.

① 참   ② 거짓   ③ 알 수 없음

A ~ E 5명이 5층 건물에 한 층당 한 명씩 살고 있다. 다음에 근거하여 항상 적절한 추론을 한 것은?

> • C와 D는 서로 인접한 층에 산다.
> • A는 2층에 산다.
> • B는 A보다 높은 층에 산다.

① D는 가장 높은 층에 산다.

② A는 E보다 높은 층에 산다.

③ C는 3층에 산다.

④ E는 D보다 높은 층에 산다.

| 해설 | 아래층부터 (E, A, B, C, D), (E, A, C, D, B), (E, A, B, D, C), (E, A, D, C, B)의 네 가지 경우를 추론할 수 있다.

정답 ②

※ 다음 제시된 내용을 바탕으로 추론할 수 있는 것을 고르시오. **[17~23]**

17

> • 수박을 사면 감자를 산다.
> • 귤을 사면 고구마를 사지 않는다.
> • 사과를 사면 배도 산다.
> • 배를 사면 수박과 귤 중 하나를 산다.
> • 고구마를 사지 않으면 감자를 산다.

① 사과를 사면 수박과 귤 모두 산다.

② 수박을 사지 않으면 고구마를 산다.

③ 배를 사지 않으면 수박과 귤 모두 산다.

④ 귤을 사면 감자도 같이 산다.

18

- 마케팅 팀의 사원은 기획 역량이 있다.
- 마케팅 팀이 아닌 사원은 영업 역량이 없다.
- 기획 역량이 없는 사원은 소통 역량이 없다.

① 마케팅 팀의 사원은 영업 역량이 있다.
② 소통 역량이 있는 사원은 마케팅 팀이다.
③ 영업 역량을 가진 사원은 기획 역량이 있다.
④ 기획 역량이 있는 사원은 소통 역량이 있다.

19

- 사과를 좋아하면 배를 좋아하지 않는다.
- 귤을 좋아하면 배를 좋아한다.
- 귤을 좋아하지 않으면 오이를 좋아한다.

① 사과를 좋아하면 오이를 좋아하지 않는다.
② 사과를 좋아하면 오이를 좋아한다.
③ 귤을 좋아하면 사과를 좋아한다.
④ 배를 좋아하지 않으면 사과를 좋아한다.

20

- 어떤 여자는 바다를 좋아한다.
- 바다를 좋아하는 모든 여자는 직업이 선생님이다.
- 직업이 선생님인 모든 여자는 슬기롭다.

① 바다를 좋아하는 어떤 여자는 직업이 선생님이 아니다.
② 직업이 선생님인 사람은 여자이다.
③ 바다를 좋아하는 사람은 모두 여자이다.
④ 어떤 여자는 슬기롭다.

21

> • 어떤 편집팀 사원은 산을 좋아한다.
> • 산을 좋아하는 사원은 여행 동아리 소속이다.
> • 모든 여행 동아리 소속은 솔로이다.

① 어떤 편집팀 사원은 솔로이다.
② 여행 동아리 소속은 편집팀 사원이다.
③ 산을 좋아하는 모든 사원은 편집팀 사원이다.
④ 산을 좋아하는 어떤 사원은 여행 동아리 소속이 아니다.

22

> • 민현이는 1995년에 태어났다.
> • 재현이는 민현이보다 2년 늦게 태어났다.
> • 정현이는 재현이보다 먼저 태어났다.

① 민현이의 나이가 가장 많다.
② 정현이의 나이가 가장 많다.
③ 정현이는 민현이보다 어리다.
④ 정현이는 1997년 이전에 태어났다.

23

> • 희정이는 세영이보다 낮은 층에 산다.
> • 세영이는 은솔이보다 높은 층에 산다.
> • 은솔이는 희진이 옆집에 산다.

① 세영이는 희진이보다 높은 층에 산다.
② 희진이는 희정이보다 높은 층에 산다.
③ 은솔이는 희정이보다 높은 층에 산다.
④ 세영이가 가장 낮은 층에 산다.

24

- 휴가는 2박 3일이다.
- 혜진이는 수연이보다 하루 일찍 휴가를 간다.
- 지연이는 수연이보다 이틀 늦게 휴가를 간다.
- 태현이는 지연이보다 하루 일찍 휴가를 간다.
- 수연이는 화요일에 휴가를 간다.

A : 수요일에 휴가 중인 사람의 수와 목요일의 휴가 중인 사람의 수는 같다.
B : 태현이는 금요일까지 휴가이다.

① A만 옳다.
② B만 옳다.
③ A, B 모두 옳다.
④ A, B 모두 틀리다.

25

- 현수, 인환, 종훈, 윤재가 물감을 각각 1 ~ 2개씩 가져와 무지개 그림을 그리기로 했다.
- 현수는 빨간색, 노란색, 파란색, 남색 물감을 가져올 수 없다.
- 인환이는 주황색 물감을 가져올 수 있다.
- 종훈이는 빨간색, 초록색, 보라색 물감을 가져올 수 없다.
- 윤재는 노란색 물감을 가져올 수 없다.
- 가져온 물감의 색은 서로 중복되지 않는다.

A : 현수는 초록색과 보라색 물감을 가져올 것이다.
B : 인환이가 물감을 한 개만 가져온다면, 종훈이는 노란색 물감을 가져와야 한다.

① A만 옳다.
② B만 옳다.
③ A, B 모두 옳다.
④ A, B 모두 틀리다.

PART 2

26

- 은채, 새롬, 유정, 도현이는 두유, 오렌지 주스, 사과 주스, 우유 중 서로 다른 하나를 마신다.
- 은채는 오렌지 주스와 두유를 마시지 않았다.
- 유정이는 두유를 마셨다.
- 새롬이는 우유나 오렌지 주스를 마시지 않았다.

A : 도현이는 사과 주스를 마시지 않았다.
B : 우유를 마신 사람은 은채이다.

① A만 옳다.
② B만 옳다.
③ A, B 모두 옳다.
④ A, B 모두 틀리다.

27

- 낚시를 하는 사람은 모두 책을 읽는다.
- 책을 읽는 사람은 모두 요리를 하지 않는다.
- 요리를 하는 사람은 모두 등산을 한다.

A : 요리를 하는 사람은 낚시를 하지 않는다.
B : 등산을 하지 않는 사람은 책을 읽는다.

① A만 옳다.
② B만 옳다.
③ A, B 모두 옳다.
④ A, B 모두 틀리다.

28

- 재중이는 국어보다 사회를 싫어한다.
- 재중이는 사회보다 수학을 싫어한다.
- 재중이는 사회보다 영어를 싫어한다.

A : 재중이는 국어보다 영어를 싫어한다.
B : 재중이는 국어를 가장 좋아한다.

① A만 옳다.
② B만 옳다.
③ A, B 모두 옳다.
④ A, B 모두 틀리다.

29

- A, B, C, D, E가 차례대로 있는 1~5번 방에 들어가 있다.
- A와 B 사이의 간격과 B와 E 사이의 간격은 같다.
- D는 E보다 오른쪽 방에 있다.
- A는 가장 왼쪽의 1번 방에 있다.

A : E는 C보다 왼쪽에 있다.
B : B, E, C는 차례대로 옆방에 붙어있다.

① A만 옳다.
② B만 옳다.
③ A, B 모두 옳다.
④ A, B 모두 틀리다.

30

- 영어를 잘하면 중국어를 못한다.
- 스페인어를 잘하면 영어를 잘한다.
- 일본어를 잘하면 스페인어를 잘한다.

A : 스페인어를 잘하면 중국어를 못한다.
B : 일본어를 잘하면 중국어를 못한다.

① A만 옳다.
② B만 옳다.
③ A, B 모두 옳다.
④ A, B 모두 틀리다.

02 | 언어유추 핵심이론

단어의 관계를 묻는 유형은 주어진 낱말과 대응 방식이 같은 것 또는 나머지와 속성이 다른 것으로 출제되며, 문제 유형은 'a : b=( ) : d' 또는 'a : ( )=( ) : d'와 같이 빈칸을 채우는 문제이다.

보통 유의 관계, 반의 관계, 상하 관계, 부분 관계를 통해 단어의 속성을 묻는 문제로, 제시된 단어들의 관계와 속성을 바르게 파악하여 적용하는 것이 중요하다.

1. 유의 관계

두 개 이상의 어휘가 서로 소리는 다르나 의미가 비슷한 경우를 유의 관계라고 하고, 유의 관계에 있는 어휘를 유의어(類義語)라고 한다. 유의 관계의 대부분은 개념적 의미의 동일성을 전제로 한다. 그렇다고 하여 유의 관계를 이루는 단어들을 어느 경우에나 서로 바꾸어 쓸 수 있는 것은 아니다. 따라서 언어 상황에 적합한 말을 찾아 쓰도록 노력하여야 한다.

(1) 원어의 차이

한국어는 크게 고유어, 한자어, 외래어로 구성되어 있다. 따라서 하나의 사물에 대해서 각각 부르는 일이 있을 경우 유의 관계가 발생하게 된다.

① 고유어와 한자어

　　예 오누이 : 남매, 나이 : 연령, 사람 : 인간

② 한자어와 외래어

　　예 사진기 : 카메라, 탁자 : 테이블

(2) 전문성의 차이

같은 사물에 대해서 일반적으로 부르는 이름과 전문적으로 부르는 이름이 다른 경우가 많다. 이런 경우에 전문적으로 부르는 이름과 일반적으로 부르는 이름 사이에 유의 관계가 발생한다.

　　예 에어컨 : 공기조화기, 소금 : 염화나트륨

(3) 내포의 차이

나타내는 의미가 완전히 일치하지는 않으나, 유사한 경우에 유의 관계가 발생한다.

　　예 즐겁다 : 기쁘다, 친구 : 동무

(4) 완곡어법

문화적으로 금기시하는 표현을 둘러서 말하는 것을 완곡어법이라고 하며, 이러한 완곡어법 사용에 따라 유의 관계가 발생한다.

예 변소 : 화장실, 죽다 : 운명하다

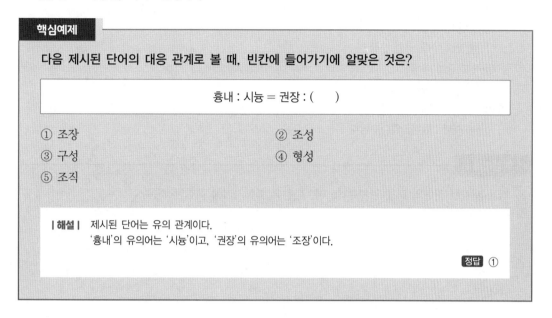

핵심예제

다음 제시된 단어의 대응 관계로 볼 때, 빈칸에 들어가기에 알맞은 것은?

흉내 : 시늉 = 권장 : (   )

① 조장   ② 조성
③ 구성   ④ 형성
⑤ 조직

| 해설 | 제시된 단어는 유의 관계이다.
         '흉내'의 유의어는 '시늉'이고, '권장'의 유의어는 '조장'이다.

정답 ①

2. 반의 관계

(1) 개요

반의어(反意語)는 둘 이상의 단어에서 의미가 서로 짝을 이루어 대립하는 경우를 말한다. 어휘의 의미가 서로 대립하는 단어를 말하며, 이러한 어휘들의 관계를 반의 관계라고 한다. 한 쌍의 단어가 반의어가 되려면, 두 어휘 사이에 공통적인 의미 요소가 있으면서도 동시에 서로 다른 하나의 의미 요소만 달라야 한다.

반의어는 반드시 한 쌍으로만 존재하는 것이 아니라, 다의어(多義語)이면 그에 따라 반의어가 여러 개로 달라질 수 있다. 즉, 하나의 단어에 대하여 여러 개의 반의어가 있을 수 있다.

(2) 반의어의 종류

반의어에는 상보 반의어와 정도 반의어, 방향 반의어가 있다.

① 상보 반의어 : 한쪽 말을 부정하면 다른 쪽 말이 되는 반의어이며, 중간항은 존재하지 않는다. '있다'와 '없다'가 상보적 반의어이며, '있다'와 '없다' 사이의 중간 상태는 존재할 수 없다.

예 참 : 거짓, 합격 : 불합격

② **정도 반의어** : 한쪽 말을 부정하면 반드시 다른 쪽 말이 되는 것이 아니며, 중간항을 갖는 반의어이다. '크다'와 '작다'가 정도 반의어이며, 크지도 작지도 않은 중간이라는 중간항을 갖는다.

　[예] 길다 : 짧다, 많다 : 적다

③ **방향 반의어** : 맞선 방향을 전제로 하여 관계나 이동의 측면에서 대립을 이루는 단어 쌍이다. 방향 반의어는 공간적 대립, 인간관계 대립, 이동적 대립 등으로 나누어 볼 수 있다.

　㉠ 공간적 대립

　　[예] 위 : 아래, 처음 : 끝

　㉡ 인간관계 대립

　　[예] 부모 : 자식, 남편 : 아내

　㉢ 이동적 대립

　　[예] 사다 : 팔다, 열다 : 닫다

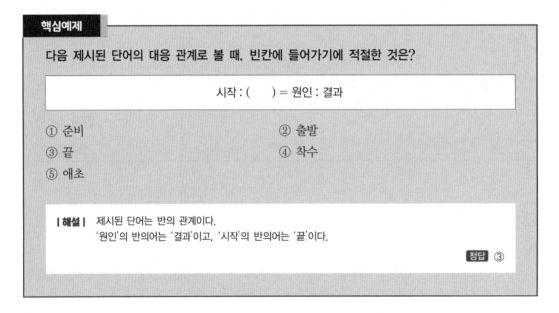

핵심예제

다음 제시된 단어의 대응 관계로 볼 때, 빈칸에 들어가기에 적절한 것은?

시작 : (　　) = 원인 : 결과

① 준비　　　　　　　　② 출발
③ 끝　　　　　　　　　④ 착수
⑤ 애초

| **해설** | 제시된 단어는 반의 관계이다.
　　　　'원인'의 반의어는 '결과'이고, '시작'의 반의어는 '끝'이다.

정답 ③

3. 상하 관계

상하 관계는 단어의 의미적 계층 구조에서 한쪽이 의미상 다른 쪽을 포함하거나 다른 쪽에 포섭되는 관계를 말한다. 상하 관계를 형성하는 단어들은 상위어(上位語)일수록 일반적이고 포괄적인 의미를 지니며, 하위어(下位語)일수록 개별적이고 한정적인 의미를 지닌다. 따라서 상위어는 하위어를 의미적으로 함의하게 된다. 즉, 하위어가 가지고 있는 의미 특성을 상위어가 자동적으로 가지게 되는 것이다.

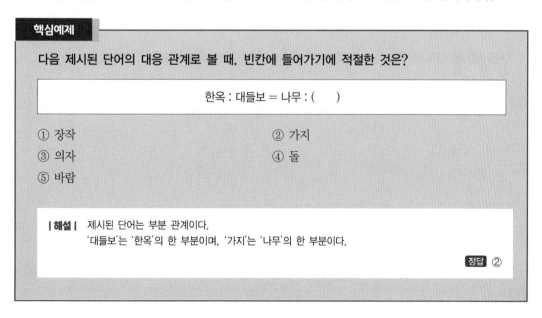

핵심예제

다음 제시된 단어의 대응 관계로 볼 때, 빈칸에 들어가기에 적절한 것은?

음악 : 힙합 = (   ) : 소서

① 명절
② 절기
③ 풍속
④ 연휴
⑤ 대서

| 해설 | 제시된 단어는 상하 관계이다.
'힙합'은 '음악'의 하위어이며, '소서'는 '절기'의 하위어이다.

정답 ②

4. 부분 관계

부분 관계는 한 단어가 다른 단어의 부분이 되는 관계를 말하며, 전체 – 부분 관계라고도 한다. 부분 관계에서 부분을 가리키는 단어를 부분어(部分語), 전체를 가리키는 단어를 전체어(全體語)라고 한다. 예를 들면, '머리, 팔, 몸통, 다리'는 '몸'의 부분어이며, 이러한 부분어들에 의해 이루어진 '몸'은 전체어이다.

핵심예제

다음 제시된 단어의 대응 관계로 볼 때, 빈칸에 들어가기에 적절한 것은?

한옥 : 대들보 = 나무 : (   )

① 장작
② 가지
③ 의자
④ 돌
⑤ 바람

| 해설 | 제시된 단어는 부분 관계이다.
'대들보'는 '한옥'의 한 부분이며, '가지'는 '나무'의 한 부분이다.

정답 ②

PART 2

02 | 언어유추 적중예상문제

정답 및 해설 p.021

대표유형 1 관계유추 1

다음 제시된 단어의 대응 관계로 볼 때, 빈칸에 들어가기에 적절한 것은?

( ) : 보강 = 비옥 : 척박

① 상쇄　　　　　　　　　　② 감소

③ 보전　　　　　　　　　　④ 감쇄

| 해설 | 제시된 단어는 반의 관계이다.
　　　• 보강 : 보태어진 것에 영향을 받음
　　　• 상쇄 : 상반되는 것이 서로 영향을 주어 효과가 없어지는 일

오답분석
④ 감쇄 : 단순히 줄어 없어짐

정답 ①

※ 다음 제시된 단어의 대응 관계로 볼 때, 빈칸에 들어가기에 적절한 것을 고르시오. **[1~21]**

01

위임 : 의뢰 = ( ) : 계몽

① 대리　　　　　　　　　　② 주문

③ 미개　　　　　　　　　　④ 개화

02

준거 : 표준 = 자취 : ( )

① 척도　　　　　　　　　　② 흔적

③ 주관　　　　　　　　　　④ 반영

03

치환 : 대치 = 포고 : (　　)

① 국면　　　　　　　　　② 공포

③ 전위　　　　　　　　　④ 극명

04

별세 : 하직 = 선생 : (　　)

① 태생　　　　　　　　　② 학생

③ 학교　　　　　　　　　④ 교사

05

전화기 : 통화 = (　　) : 수면

① 식탁　　　　　　　　　② 수업

③ 치료　　　　　　　　　④ 침대

06

출발선 : 결승선 = 천당 : (　　)

① 감옥　　　　　　　　　② 천국

③ 지옥　　　　　　　　　④ 선행

07

하트 : 사랑 = 네잎클로버 : (   )

① 운명　　　　　　　　　② 까마귀
③ 행운　　　　　　　　　④ 불행

08

청결하다 : 정갈하다 = (   ) : 고단하다

① 피곤하다　　　　　　　② 흐리멍덩하다
③ 애매하다　　　　　　　④ 혼미하다

09

간섭 : (   ) = 폭염 : 폭서

① 개입　　　　　　　　　② 개괄
③ 주의　　　　　　　　　④ 분투

10

짐 : 부치다 = 천자문 : (   )

① 붙다　　　　　　　　　② 지우다
③ 만들다　　　　　　　　④ 떼다

11

곰살맞다 : 퉁명스럽다 = 방자하다 : (   )

① 방정맞다   ② 무례하다
③ 정중하다   ④ 얄궂다

12

암상 : 시기심 = (   ) : 답습

① 장난   ② 흉내
③ 지원   ④ 소풍

13

쌀 : 섬 = 바늘 : (   )

① 갓   ② 거리
③ 말   ④ 쌈

14

나태 : 태만 = (   ) : 청순

① 근면   ② 순박
③ 청량   ④ 유순

15

( ) : 뿌리 = 연필 : 연필심

① 줄기　　　　　　　　　　② 토양
③ 공기　　　　　　　　　　④ 나무

16

능동 : 수동 = ( ) : 자유

① 자진　　　　　　　　　　② 범죄
③ 속박　　　　　　　　　　④ 권리

17

임대물반환청구권 : 부속물매수청구권 = 임대인 : ( )

① 시공사　　　　　　　　　② 관리사
③ 중개사　　　　　　　　　④ 임차인

18

독점 : 공유 = ( ) : 창조

① 양심　　　　　　　　　　② 모방
③ 연상　　　　　　　　　　④ 발명

19

자동차 : 바퀴 = 사람 : (　　)

① 머리　　　　　　　　　　② 허리

③ 다리　　　　　　　　　　④ 손목

20

지도 : 내비게이션 = 마차 : (　　)

① 유모차　　　　　　　　　② 손수레

③ 리어카　　　　　　　　　④ 자동차

21

수증기 : (　　) = 꽃 : 만개하다

① 답답하다　　　　　　　　② 자욱하다

③ 승화하다　　　　　　　　④ 을씨년스럽다

대표유형 2 관계유추 2

다음 제시된 단어의 대응 관계로 볼 때, 빈칸에 들어가기에 적절하게 짝지어진 것은?

(   ) : 추출하다 = (   ) : 올리다

① 용질, 물   ② 고체, 공기
③ 액체, 공간   ④ 용매, 물건

| **해설** | 제시문은 목적어와 동사의 관계이다.
          '용매'를 '추출'하고, '물건'을 '올린다'.

정답 ④

※ 다음 제시된 단어의 대응 관계로 볼 때, 빈칸에 들어가기에 적절하게 짝지어진 것을 고르시오. **[22~33]**

22

(   ) : 시간 = (   ) : 차례

① 보내다, 지내다   ② 맞다, 비우다
③ 시각, 제사   ④ 시계, 순서

23

묘항현령 : (   ) = (   ) : 까마귀

① 방울, 학수고대   ② 토끼, 견토지쟁
③ 고양이, 오비이락   ④ 토사구팽, 토끼

24

농부 : ( ) = ( ) : 채굴

① 경작, 돌   ② 광부, 광산
③ 수확, 광부   ④ 땅, 광산

25

( ) : 꿀 = 누에 : ( )

① 목화, 솜   ② 벌, 솜
③ 벌, 실   ④ 양봉장, 실

26

승강기 : ( ) = ( ) : 삼투압

① 계단, 냉장고   ② 도르래, 정수기
③ 지레, 농도   ④ 거중기, 미생물

27

마우스 : ( ) = ( ) : 젓가락

① 핸드폰, 고기   ② 키보드, 숟가락
③ 카메라, 접시   ④ 아이패드, 그릇

28

| 칠칠하다 : 야무지다 = (　　) : (　　) |

① 순간, 영원　　　　　　　　② 낙찰, 유찰
③ 널널하다, 너르다　　　　　④ 가축, 야수

29

| (　　) : 몸무게 = 온도계 : (　　) |

① 각도기, 손목　　　　　　　② 줄자, 지방
③ 체중계, 온도　　　　　　　④ 체온계, 키

30

| (　　) : 공부 = 전조등 : (　　) |

① 손전등, 보행　　　　　　　② 가로등, 시험
③ 독서등, 주행　　　　　　　④ 신호등, 식사

31

( ) : 대중교통 = 아파트 : ( )

① 택시, 빌라   ② 출근, 집

③ 기차, 단독주택   ④ 전철, 집

32

( ) : 조타 = 자동차 : ( )

① 선박, 도로   ② 경적, 항해

③ 배, 운전   ④ 선장, 운전면허

33

( ) : 수선 = 마트 : ( )

① 호들갑, 구매   ② 세탁소, 판매

③ 땜질, 물건   ④ 구두, 외래어

※ 다음 제시된 단어와 동일한 관계가 되도록 빈칸에 들어갈 가장 적절한 어휘를 고르시오. [34~40]

34

	(A) : 한국 = 초밥 : (B)		

A ① 미국   ② 한글   ③ 수영   ④ 비빔밥
B ① 중국   ② 이란   ③ 일본   ④ 태국

35

	(A) : 마디 = 음악 : (B)		

A ① 피부   ② 몸   ③ 손가락   ④ 손톱
B ① 음표   ② 오선지   ③ 리듬   ④ 절

36

	송편 : (A) = 꽈배기 : (B)		

A ① 추석   ② 반달   ③ 송병   ④ 떡
B ① 빵   ② 기름   ③ 밀가루   ④ 설탕

37

	의무 : (A) = 용기 : (B)		

A ① 교육   ② 병역   ③ 자유   ④ 납세
B ① 기백   ② 비겁   ③ 의기   ④ 기개

38

시력 : (A) = 청력 : (B)

A	① 안과	② 안경	③ 라식	④ 안약
B	① 귀마개	② 피어싱	③ 귀걸이	④ 보청기

39

(A) : 간식 = (B) : 술

A	① 니코틴	② 카페	③ 비타민	④ 초콜릿
B	① 녹차	② 막걸리	③ 커피	④ 보리차

40

(A) : 과식 = (B) : 이산화탄소

A	① 다이어트	② 비만	③ 소식	④ 식단
B	① 온난화	② 쓰레기	③ 소음공해	④ 공장

03 | 언어논리 핵심이론

1. 논리구조

논리구조에서는 주로 단락과 문장 간의 관계나 글 전체의 논리적 구조를 정확히 파악했는지를 묻는다. 글의 순서를 바르게 배열하는 유형이 출제되고 있다. 제시문의 전체적인 흐름을 바탕으로 각 문단의 특징, 단락 간의 역할 등을 논리적으로 구조화할 수 있는 능력을 길러야 한다.

(1) 문장과 문장 간의 관계

① 상세화 관계 : 주지 → 구체적 설명(비교, 대조, 유추, 분류, 분석, 인용, 예시, 비유, 부연, 상술 등)

② 문제(제기)와 해결 관계 : 한 문장이 문제를 제기하고, 다른 문장이 그 해결책을 제시하는 관계(과제 제시 → 해결 방안, 문제 제기 → 해답 제시)

③ 선후 관계 : 한 문장이 먼저 발생한 내용을 담고, 다음 문장이 나중에 발생한 내용을 담고 있는 관계

④ 원인과 결과 관계 : 한 문장이 원인이 되고, 다른 문장이 그 결과가 되는 관계(원인제시 → 결과 제시, 결과 제시 → 원인 제시)

⑤ 주장과 근거 관계 : 한 문장이 필자가 말하고자 하는 바(주지)가 되고, 다른 문장이 그 문장의 증거(근거)가 되는 관계(주장 제시 → 근거 제시, 의견 제안 → 의견 설명)

⑥ 전제와 결론 관계 : 앞 문장에서 조건이나 가정을 제시하고, 뒤 문장에서 이에 따른 결론을 제시하는 관계

(2) 문장의 연결 방식

① 순접 : 원인과 결과, 부연 설명 등의 문장 연결에 쓰임

예 그래서, 그리고, 그러므로 등

② 역접 : 앞글의 내용을 전면적 또는 부분적으로 부정

예 그러나, 그렇지만, 그래도, 하지만 등

③ 대등 · 병렬 : 앞뒤 문장의 대비와 반복에 의한 접속

예 및, 혹은, 또는, 이에 반하여 등

④ 보충 · 첨가 : 앞글의 내용을 보다 강조하거나 부족한 부분을 보충하기 위해 다른 말을 덧붙이는 문맥

예 단, 곧, 즉, 더욱이, 게다가, 왜냐하면 등

⑤ 화제 전환 : 앞글과는 다른 새로운 내용을 이야기하기 위한 문맥

예 그런데, 그러면, 다음에는, 이제, 각설하고 등

⑥ 비유 · 예시 : 앞글에 대해 비유적으로 다시 말하거나 구체적인 예를 보임

예 예를 들면, 예컨대, 마치 등

(3) 원리 접근법

앞뒤 문장의 중심 의미 파악	→	앞뒤 문장의 중심 내용이 어떤 관계인지 파악	→	문장 간의 접속어, 지시어의 의미와 기능	→	문장의 의미와 관계성 파악
각 문장의 의미를 어떤 관계로 연결해서 글을 전개하는지 파악해야 한다.		지문 안의 모든 문장은 서로 논리적 관계성이 있다.		접속어와 지시어를 음미하는 것은 독해의 길잡이 역할을 한다.		문단의 중심 내용을 알기 위한 기본 분석 과정이다.

핵심예제

다음 문단을 논리적 순서대로 나열한 것은?

(가) 환경부 국장은 "급식인원이 하루 50만 명에 이르는 S놀이공원이 음식문화 개선에 앞장서는 것은 큰 의미가 있다."면서, "이번 협약을 계기로 대기업 중심의 범국민적인 음식문화 개선 운동이 빠르게 확산될 것으로 기대한다."라고 말했다.

(나) 놀이공원은 환경부와 하루 평균 15,000여 톤에 이르는 과도한 음식물쓰레기 발생으로 연간 20조 원의 경제적인 낭비가 초래되고 있는 심각성에 인식을 같이하고, 상호협력하여 음식물쓰레기 줄이기를 적극 추진하기로 했다.

(다) 이날 체결한 협약에 따라 S놀이공원에서 운영하는 전국 500여 단체급식 사업장과 외식사업장에서는 구매, 조리, 배식 등 단계별로 음식물쓰레기 줄이기 활동을 전개하고, 사업장별 특성에 맞는 감량 활동 및 다양한 홍보 캠페인 실시, 인센티브 제공을 통해 이용 고객들의 적극적인 참여를 유도할 계획이다.

(라) 이에, 환경부 국장과 S놀이공원 사업부장은 지난 26일, 환경부, 환경연구소 및 S놀이공원관계자 등이 참석한 가운데, 「음식문화 개선대책」에 관한 자발적 협약을 체결하였다.

① (나) - (라) - (가) - (다)
② (라) - (다) - (나) - (가)
③ (라) - (다) - (가) - (나)
④ (나) - (라) - (다) - (가)
⑤ (라) - (나) - (다) - (가)

| 해설 | 제시문은 S놀이공원이 음식물쓰레기로 인한 낭비의 심각성을 인식하여 환경부와 함께 음식문화 개선대책 협약을 맺었고, 이 협약으로 인해 대기업 중심의 국민적인 음식문화 개선 운동이 확산될 것이라는 내용의 글이다. 따라서 (나) 음식물쓰레기로 인한 낭비에 대한 심각성을 인식한 S놀이공원과 환경부 → (라) 음식문화 개선 대책 협약 체결 → (다) 협약에 따라 사업장별 특성에 맞는 음식물쓰레기 감량 활동 전개하는 S놀이공원 → (가) 협약을 계기로 대기업 중심의 범국민적 음식문화 개선 운동이 확산될 것을 기대하는 환경부 국장의 순서대로 나열하는 것이 가장 적절하다.

정답 ④

2. 논리적 이해

(1) 전제의 추론

전제의 추론은 규칙적으로 주어진 내용의 이면에 내포되어 있는 이미 옳다고 인정된 사실을 유추하는 유형이다.

① 먼저 주장이 무엇인지 명확하게 파악해야 한다.

② 주장이 성립하기 위해서 논리적으로 필요한 요건이 무엇인지 생각해 본다.

③ 선택지 중 주장과 논리적으로 인과 관계를 형성할 수 있는 조건을 찾아낸다.

(2) 결론의 추론

주어진 내용을 명확히 이해한 다음, 이를 근거로 이끌어 낼 수 있는 올바른 결론이나 관련 사항을 논리적인 관점에서 찾는 문제 유형이다. 이와 같은 문제는 평상시 비판적이고 논리적인 관점으로 글을 읽는 연습을 충분히 해 두어야 유리하다고 볼 수 있다.

> **자주 출제되는 유형**
> • 정의가 바르게 된 것
> • 문맥상 삭제해도 되는 부분
> • 빈칸에 들어갈 적절한 것
> • 다음 글에 이어 나올 수 있는 것
> • 글의 내용을 통해 알 수 없는 것
> • 가장 타당한 논증
> • 다음 내용이 들어가기에 가장 적절한 위치

이와 같은 유형의 문제를 풀 때는 먼저 제시문을 읽고, 그 글을 통해 타당성 여부를 검증해 가는 방법을 취하는 것이 좋다. 물론 통독(通讀)을 통해 각 문단에서 다루고 있는 내용이 무엇인지 미리 확인해 두어야만 선택지와 관련된 내용을 이끌어 낼 근거가 언급된 부분을 쉽게 찾을 수 있다.

다음 글의 제목으로 가장 적절한 것은?

우리는 비극을 즐긴다. 비극적인 희곡과 소설을 즐기고, 비극적인 그림과 영화 그리고 비극적인 음악과 유행가도 즐긴다. 슬픔, 애절, 우수의 심연에 빠질 것을 알면서도 소포클레스의 『안티고네』, 셰익스피어의 『햄릿』을 찾고, 베토벤의 '운명', 차이코프스키의 '비창', 피카소의 '우는 연인'을 즐긴다. 아니면 텔레비전의 멜로드라마를 보고 값싼 눈물이라도 흘린다. 이를 동정과 측은과 충격에 의한 '카타르시스', 즉 마음의 세척으로 설명한 아리스토텔레스의 주장은 유명하다. 그것은 마치 눈물로 스스로의 불안, 고민, 고통을 씻어내는 역할을 한다는 것이다.

니체는 좀 더 심각한 견해를 갖는다. 그는 "비극은 언제나 삶에 아주 긴요한 기능을 가지고 있다. 비극은 사람들에게 그들을 싸고도는 생명 파멸의 비운을 똑바로 인식해야 할 부담을 덜어주고, 동시에 비극 자체의 암울하고 음침한 원류에서 벗어나게 해서 그들의 삶의 흥취를 다시 돋우어 준다."라고 하였다. 그런 비운을 직접 전면적으로 목격하는 일, 또 더구나 스스로 직접 그것을 겪는 일이라는 것은 너무나 끔찍한 일이기에, 그것을 간접경험으로 희석한 비극을 봄으로써 '비운'이란 그런 것이라는 이해와 측은지심을 갖게 되고, 동시에 실제 비극이 아닌 그 가상적인 환영(幻影) 속에서 비극에 대한 어떤 안도감도 맛보게 된다.

① 비극의 현대적 의의   ② 비극을 즐기는 이유
③ 비극의 기원과 역사   ④ 비극에 반영된 삶
⑤ 문학작품 속의 비극

| 해설 | 제시문의 첫 번째 문단에서 '카타르시스'와 니체가 말한 비극의 기능을 제시하며 비극을 즐기는 이유를 설명하고 있다.

정답 ②

03 | 언어논리 적중예상문제

정답 및 해설 p.025

대표유형 1 나열하기

다음 문장을 논리적 순서대로 나열한 것은?

(가) 하지만 몇몇 전문가들은 유기 농업이 몇 가지 결점을 안고 있다고 말한다.

(나) 유기 농가들의 작물 수확량이 전통적인 농가보다 훨씬 낮으며, 유기농 경작지가 전통적인 경작지보다 잡초와 벌레로 인해 많은 피해를 입고 있다는 점이다.

(다) 최근 많은 소비자들이 지구에 도움이 되는 일을 하고 있고, 건강에 좀 더 좋은 음식을 먹고 있다고 확신하면서 유기농 식품 생산이 급속도로 증가하고 있다.

(라) 또한 유기 농업이 틈새시장의 부유한 소비자들에게 먹을거리를 제공하지만, 전 세계 수십억의 굶주리는 사람을 먹여 살릴 수는 없다는 점이다.

① (나) - (다) - (라) - (가)　　　　② (다) - (나) - (라) - (가)

③ (다) - (가) - (나) - (라)　　　　④ (나) - (가) - (다) - (라)

| **해설** | 제시문은 유기농 식품의 생산이 증가하고 있지만, 몇몇 전문가들은 유기 농업을 부정적으로 보고 있다는 내용을 말하고 있다. 따라서 (다) 최근 유기농 식품 생산의 증가 → (가) 유기 농업을 부정적으로 보는 몇몇 전문가들의 시선 → (나) 전통 농가에 비해 수확량도 적고 벌레의 피해가 잦은 유기 농가 → (라) 유기 농업으로는 굶주리는 사람을 충분히 먹여 살릴 수 없음 순으로 나열되는 것이 적절하다.

  ③

※ 다음 제시된 문장을 논리적인 순서대로 나열한 것을 고르시오. [1~7]

01

(가) 이 보육시설은 지상 2층에 4개의 보육실, 식당, 놀이터, 잔디밭 마당은 물론 영양사・조리사 등이 상시 근무하는 최신 시설을 갖췄다.

(나) S사가 직장 내 보육시설을 지난달에 개원했다.

(다) 보육시설의 개원으로 인해 직원들의 요구가 증대되고 있는 상황에서, 여성 인재를 확보하고 유지하는 데 큰 역할을 할 것으로 기대되고 있다.

(라) 내부 인테리어 역시 창의적이고 안전한 어린이집을 지향해 아이의 따뜻한 감성과 창의력을 키울 수 있도록 다양한 동물들의 재미난 캐릭터로 벽면을 장식하였다.

① (가) - (라) - (나) - (다)
② (가) - (다) - (나) - (라)
③ (나) - (라) - (가) - (다)
④ (나) - (가) - (라) - (다)

02

(가) 이와 같이 임베디드 금융의 개선을 위해서는 효과적인 보안 시스템과 프라이버시 보호 방안을 도입하여 사용자의 개인정보를 안전하게 관리하는 것이 필요하다. 또한 디지털 기기의 접근성을 개선하고 사용자들이 편리하게 이용할 수 있는 환경을 조성해야 한다.

(나) 임베디드 금융은 기업과 소비자 모두에게 이점을 제공한다. 기업은 제품과 서비스에 금융 기능을 통합함으로써 자사 플랫폼 의존도를 높이고, 수집한 고객의 정보를 통해 매출을 증대시킬 수 있으며, 고객들에게 편리한 금융 서비스를 제공할 수 있다. 소비자의 경우는 모바일 앱을 통해 간편하게 금융 거래를 할 수 있고, 스마트기기 하나만으로 다양한 금융 상품에 접근할 수 있어 편의성과 접근성이 크게 향상된다.

(다) 그러나 임베디드 금융은 개인정보 보호와 안전성에 대한 관리가 필요하다. 사용자의 금융 데이터와 개인정보가 디지털 플랫폼이나 기기에 저장되므로 해킹이나 데이터 유출과 같은 사고가 발생할 수 있다. 이는 사용자의 프라이버시 침해와 금융 거래 안전성에 대한 심각한 위협이 될 수 있다. 또한 모든 사람들이 안정적인 인터넷 연결과 임베디드 금융이 포함된 최신 기기를 보유하고 있지는 않기 때문에 디지털 기기에 익숙하지 않은 사람들은 임베디드 금융 서비스를 제공받는 데 제한을 받을 수 있다.

(라) 임베디드 금융은 비금융 기업이 자신의 플랫폼이나 디지털 기기에 금융 서비스를 탑재하는 것을 뜻한다. 삼성페이나 애플페이 같은 결재 서비스부터 대출이나 보험까지 임베디드 금융은 제품과 서비스에 금융 기능을 통합하여 사용자에게 편의성과 접근성을 높여준다.

① (가) - (다) - (라) - (나)
② (나) - (라) - (다) - (가)
③ (나) - (가) - (다) - (라)
④ (라) - (나) - (다) - (가)

03

> (가) 이는 대부분의 족보가 처음 편찬된 조선 중기나 후기까지는 적어도 '단군'이라는 공통의 조상을 모신 단일 민족이라는 의식이 별로 없었다는 증거가 된다.
> (나) 우리는 한 명의 조상으로부터 퍼져 나온 단일 민족일까? 고대부터 고려 초에 이르기까지 대규모로 인구가 유입된 사례는 수 없이 많다.
> (다) 각 성씨의 족보를 보더라도 자기 조상이 중국으로부터 도래했다고 주장하는 귀화 성씨가 적지 않다. 또 한국의 토착 성씨인 김 씨나 박 씨를 보더라도 그 시조는 알에서 태어났지 단군의 후손임을 표방하지는 않는다.
> (라) 또한 엄격한 신분제가 유지된 전통 사회에서 천민과 지배층이 같은 할아버지의 자손이라는 의식은 존재할 여지가 없다.

① (다) – (가) – (라) – (나)
② (라) – (가) – (다) – (나)
③ (나) – (다) – (가) – (라)
④ (나) – (라) – (다) – (가)

04

> (가) 언어의 전파 과정에 대해 이와 같이 설명하는 것을 수면에 떨어진 물체로부터 파생된 물결이 주위로 퍼져 나가는 것과 같다 하여 '파문설(波紋說)'이라 한다.
> (나) 일반적으로 도시나 저지대가 방사 원점이 되는데 개신파가 퍼져나가는 속도는 지리적 제약에 따라 달라진다. 넓은 평야 지대가 발달한 지역은 그 속도가 빠른 반면, 지리적 장애물로 둘러싸인 지역은 그 속도가 느리다.
> (다) 언어는 정치·경제·문화 중심지로부터 그 주변 지역으로 퍼져 나간다. 전국 각 지역으로부터 사람들이 중심지로 모여들고 이들이 다시 각 지역으로 흩어져 가는 과정이 되풀이되면서 중심지의 언어가 주변 지역으로 퍼져 나가게 되는 것이다.
> (라) 이때 중심지로부터 주변 지역으로 퍼져 나가는 언어 세력을 '개신파(改新波)'라고 하고 세력의 중심지를 '방사원점(放射原點)'이라고 한다.

① (가) – (라) – (나) – (다)
② (라) – (가) – (나) – (다)
③ (다) – (라) – (가) – (나)
④ (다) – (가) – (라) – (나)

05

(가) 그런데 예술 작품 중에서는 우리의 감각으로 파악하기에 적합한 크기와 형식에서 벗어난 거대한 건축물이나 추상적인 작품이 있다. 이러한 경우에도 우리는 아름다움을 느끼게 되는데, 그 이유는 무엇일까?

(나) 우리가 한두 가지 단조로운 색으로 칠해진 거대한 추상화에서 모호하고도 경이로운 존재의 신비를 느꼈다면, 그것은 비감각적 차원에서 유사성을 지각함으로써 정신적 합일을 통한 아름다움을 느낀 것이다.

(다) 이는 예술 작품에서 표현된 것은 색채나 형태 그 자체가 아니라 그것을 넘어서 있는 어떤 정신적인 것일 경우가 많기 때문이다. 이러한 정신적인 것을 우리의 감각에 적합한 형식으로 나타낼 수 없기 때문에 작가는 내용을 암시만 하는 정도로 색채나 형태와 같은 감각적 매체를 사용할 수밖에 없다.

(라) 아름다운 것이란 일반적으로 적절한 크기와 형식을 가질 때 성립한다. 어떤 대상이 우리의 감각으로 파악하기에 적합한 크기와 형식을 벗어날 때 우리는 아름다움이나 조화보다는 불편함을 느끼게 된다.

① (가) – (라) – (다) – (나)
② (라) – (가) – (다) – (나)
③ (나) – (가) – (다) – (라)
④ (라) – (다) – (가) – (나)

06

(가) 하지만 지금은 고령화 시대를 맞아 만성질환이 다수다. 꾸준히 관리받아야 건강을 유지할 수 있다. 치료보다 치유가 대세다. 이 때문에 미래 의료는 간호사 시대라고 말한다. 그럼에도 간호사에 대한 활용은 시대 흐름과 동떨어져 있다.

(나) 인간의 질병 구조가 변하면 의료 서비스의 비중도 바뀐다. 과거에는 급성질환이 많았다. 맹장염(충수염)이나 구멍 난 위궤양 등 수술로 해결해야 할 상황이 잦았다. 따라서 질병 관리 대부분을 의사의 전문성에 의존해야 했다.

(다) 현재 2년 석사과정을 거친 전문 간호사가 대거 양성되고 있다. 하지만 이들의 활동은 건강보험 의료수가에 반영되지 않고, 그러니 병원이 전문 간호사를 적극적으로 채용하려 하지 않는다. 의사의 손길이 미치지 못하는 곳은 전문성을 띤 간호사가 그 역할을 대신해야 함에도 말이다.

(라) 고령 장수 사회로 갈수록 간호사의 역할은 커진다. 병원뿐 아니라 다양한 공간에서 환자를 돌보고 건강관리가 이뤄지는 의료 서비스가 중요해졌다. 간호사 인력 구성과 수요는 빠르게 바뀌어 가는데 의료 환경과 제도는 한참 뒤처져 있어 안타깝다.

① (나) – (가) – (다) – (라)
② (나) – (라) – (가) – (다)
③ (다) – (라) – (가) – (나)
④ (가) – (다) – (라) – (나)

(가) 이때 보험금에 대한 기댓값은 사고가 발생할 확률에 사고 발생 시 받을 보험금을 곱한 값이다. 보험금에 대한 보험료의 비율(보험료 / 보험금)을 보험료율이라 하는데, 보험료율이 사고 발생 확률보다 높으면 구성원 전체의 보험료 총액이 보험금 총액보다 더 많고, 그 반대의 경우에는 구성원 전체의 보험료 총액이 보험금 총액보다 더 적게 된다. 따라서 공정한 보험에서는 보험 료율과 사고 발생 확률이 같아야 한다.

(나) 위험 공동체의 구성원이 내는 보험료와 지급받는 보험금은 그 위험 공동체의 사고 발생 확률을 근거로 산정된다. 특정 사고가 발생할 확률은 정확히 알 수 없지만, 그동안 발생한 사고를 바탕 으로 그 확률을 예측한다면 관찰 대상이 많아짐에 따라 실제 사고 발생 확률에 근접하게 된다.

(다) 본래 보험 가입의 목적은 금전적 이득을 취하는 데 있는 것이 아니라 장래의 경제적 손실을 보상받는 데 있으므로, 위험 공동체의 구성원은 자신이 속한 위험 공동체의 위험에 상응하는 보험료를 내는 것이 공정할 것이다.

(라) 따라서 공정한 보험에서는 구성원 각자가 내는 보험료와 그가 지급받을 보험금에 대한 기댓값 이 일치해야 하며 구성원 전체의 보험료 총액과 보험금 총액이 일치해야 한다.

① (가) – (라) – (나) – (다)
② (가) – (나) – (다) – (라)
③ (나) – (다) – (라) – (가)
④ (나) – (라) – (다) – (가)

※ 다음 밑줄 친 부분이 맞춤법상 적절하지 않은 것을 고르시오. [8~12]

08   ① 바리스타<u>로서</u> 자부심을 가지고 커피를 내렸다.
      ② 어제는 <u>왠지</u> 피곤한 하루였다.
      ③ 용감한 시민의 제보로 진실이 <u>드러났다</u>.
      ④ 점심을 먹은 뒤 바로 <u>설겆이</u>를 했다.

09   ① 자신의 고집만 <u>부리다</u> 보면 큰 분란이 일어날 수 있다.
      ② 그는 라이벌과의 대결을 앞두고 조용히 마음을 <u>다잡았다</u>.
      ③ 그녀는 갑작스러운 부모의 방문이 영 <u>마뜩찮았다</u>.
      ④ 군수는 회의가 끝난 후 사고 현장에 <u>들러</u> 관계자를 만났다.

10   ① <u>윗층</u>에 누가 사는지 모르겠다.
      ② <u>오뚝이</u>는 아무리 쓰러뜨려도 잘도 일어난다.
      ③ 새 컴퓨터를 살 생각에 좋아서 <u>깡충깡충</u> 뛰었다.
      ④ 그의 초라한 모습이 내 호기심에 불을 <u>당겼다</u>.

11 ① 얼굴이 햇볕에 <u>가무잡잡하게</u> 그을렸다.

② 과음을 했더니 오전 내내 정신이 <u>흐리멍덩</u>했다.

③ 딸의 뺨이 <u>불그스름하게</u> 부어 있었다.

④ 아무도 그의 과거를 <u>괘념하지</u> 않았다.

12 ① 그는 쥐꼬리만 한 수입으로 <u>근근히</u> 살아간다.

② 우리는 <u>익히</u> 알고 지내는 사이다.

③ <u>어차피</u> 죽을 바엔 밥이라도 배불리 먹고 싶다.

④ 그들은 모두 배가 고팠던 터라 자장면을 <u>곱빼기</u>로 시켜 먹었다.

13 다음 중 맞춤법상 적절한 것을 모두 고르면?

> • (내노라 / 내로라 / 내놔라)하는 사람들이 다 모였다.
> • 탐장님이 (결제 / 결재)해야 할 수 있는 일이다.

① 내노라, 결제   ② 내노라, 결재

③ 내로라, 결제   ④ 내로라, 결재

14 다음 중 맞춤법이 적절하지 않은 문장을 모두 고르면?

> ㉠ 시간이 있으면 제 사무실에 들리세요.
> ㉡ 나무를 꺽으면 안 됩니다.
> ㉢ 사람은 누구나 옳바른 행동을 해야 한다.
> ㉣ 좋은 물건을 고르려면 이쪽에서 고르세요.

① ㉠, ㉡   ② ㉡, ㉣
③ ㉢, ㉣   ④ ㉠, ㉡, ㉢

15 다음 중 각 문장의 수정 방안으로 가장 적절한 것은?

> • 빨리 도착하려면 저 산을 ㉠ 넘어야 한다.
> • 장터는 저 산 ㉡ 넘어에 있소.
> • 나는 대장간 일을 ㉢ 어깨너머로 배웠다.
> • 자동차는 수많은 작은 부품들로 ㉣ 나뉜다.

① ㉠ – 목적지에 대해 설명하고 있으므로 '너머'로 수정한다.
② ㉡ – 산으로 가로막힌 반대쪽 장소를 의미하기 때문에 '너머'로 수정한다.
③ ㉢ – 남몰래 보고 배운 것을 뜻하므로 '어깨넘어'로 수정한다.
④ ㉣ – 피동 표현을 사용해야 하므로 '나뉘어진다'로 수정한다.

16 다음 중 띄어쓰기가 가장 적절한 것은?

① 그녀가 사는 데는 회사에서 한참 멀다.
② KTX를 타면 서울과 목포간에 3시간이 걸린다.
③ 드실 수 있는만큼만 가져가 주십시오.
④ 비가 올 것 같은 데 우산을 챙겨가야지.

대표유형 2   빈칸추론

다음 중 밑줄 친 빈칸에 들어갈 내용으로 가장 적절한 것은?

"너는 냉면 먹어라, 나는 냉면 먹을게."와 같은 문장이 어딘가 이상한 문장이라는 사실과, 어떻게 고쳐야 바른 문장이 된다는 사실은 특별히 심각하게 따져 보지 않고도 거의 순간적으로 파악해 낼 수 있다. 그러나 막상 이 문장이 틀린 이유가 무엇인지 설명하라고 하면, _____ 이를 논리적으로 설명해 내기 위해서는 국어의 문법 현상에 관한 상당한 수준의 전문적 식견이 필요하기 때문이다.

① 일반인으로서는 매우 곤혹스러움을 느끼게 된다.

② 전문가들은 설명이 불가능하다고 말한다.

③ 이 역시 특별한 문제없이 설명할 수 있다.

④ 대부분의 사람들은 틀린 이유를 명확하게 찾아낼 수 있다.

⑤ 국어를 모국어로 하는 사람들만이 설명할 수 있다.

| **해설** | 제시문에서 문장의 어색함을 순간적으로 파악할 수 있다는 문장 이후에 '그러나'와 '막상'이라는 표현을 사용하고 있다. 따라서 빈칸에는 이전의 문장과는 반대되는 의미가 포함된 내용이 들어가야 한다.

정답 ①

※ 다음 중 밑줄 친 빈칸에 들어갈 말로 가장 적절한 것을 고르시오. [17~21]

17

제주 한라산 천연보호구역에 있는 한 조립식 건물에서 불이 나 3명의 사상자가 발생했다. 이 건물은 무속 신을 모시는 신당으로 수십 년 동안 운영된 곳이나, 실상은 허가 없이 지은 불법 건축물에 해당되었다. 특히 해당 건물은 조립식 샌드위치 패널로 지어져 있어 이번 화재는 자칫 대형 산불로 이어져 한라산까지 타버릴 아찔한 사고였지만, 행정당국은 불이 난 뒤에야 이 건축물의 존재를 파악했다. 해당 건물에서의 화재는 30여 분 만에 빠르게 진화되었지만, 이 불로 건물 안에 있던 40대 남성이 숨지고, 60대 여성 2명이 화상을 입어 병원으로 이송되었다. 이는 해당 건물이 _____ 불이 삽시간에 번져 나갔기 때문이었다.
행정당국은 서귀포시는 산림이 울창하고, 인적이 드문 곳이어서 관련 신고가 접수되지 않는 등 단속에 한계가 있다고 밝히며 행정의 손이 미치지 않는 취약한 지역, 산지나 으슥한 지역은 관련 부서와 협의를 거쳐 점검할 필요가 있다고 말했다.

① 화재에 취약한 구조로 지어져 있어

② 산지에 위치해 기후가 건조했기 때문에

③ 안정성을 검증받지 못한 가건물에 해당 되어

④ 소방시설과 거리가 있는 곳에 위치하고 있어

18

자율주행차란 운전자가 핸들과 가속페달, 브레이크 등을 조작하지 않아도 정밀한 지도, 위성항법시스템(GPS) 등 차량의 각종 센서로 상황을 파악해 스스로 목적지까지 찾아가는 자동차를 말한다. 국토교통부는 자율주행차의 상용화를 위해 '부분자율주행차(레벨 3)' 안전기준을 세계 최초로 도입했다고 밝혔다. 이에 따라 7월부터는 자동으로 차로를 유지하는 기능이 탑재된 레벨 3 자율주행차의 출시와 판매가 가능해진다. 국토부가 마련한 안전기준에 따르면 레벨 3 부분자율주행차는 운전자 탑승이 확인된 후에만 작동할 수 있다. 자동 차로 유지기능은 운전자가 직접 운전하지 않아도 자율주행시스템이 차선을 유지하면서 주행하고 긴급 상황 등에 대응하는 기능이다. 기존 '레벨 2'는 차로 유지기능을 작동했을 때 차량이 차선을 이탈하면 경고 알림이 울리는 정도여서 운전자가 직접 운전을 해야 했지만, 레벨 3 안전기준이 도입되면 지정된 작동영역 안에서는 자율주행차의 책임 아래

① 운전자가 탑승하지 않더라도 자율주행이 가능해진다.
② 운전자가 직접 조작하지 않더라도 자동으로 속도 조절이 가능해진다.
③ 운전자가 운전대에서 손을 떼고도 차로를 유지하며 자율주행이 가능해진다.
④ 운전자가 직접 조작하지 않더라도 차량 간 일정한 거리 유지가 가능해진다.

19

과학은 한 형태의 자연에 대한 지식이라는 사실 그 자체만으로도 한없이 귀중하고, 과학적 기술이 인류에게 가져온 지금까지의 혜택은 아무리 부정하려 해도 부정될 수 없다. 앞으로도 보다 많고 보다 정확한 과학 지식과 고도로 개발된 과학적 기술이 필요하다. 그러나 문제의 핵심은 생태학적이고 예술적인 자연관, 즉 존재 일반에 대한 넓고 새로운 시각, 포괄적인 맥락에서 과학적 지식과 기술의 의미에 눈을 뜨고 그러한 지식과 기술을 활용함에 있다. 그렇지 않고 오늘날과 같은 추세로 그러한 지식과 기술을 당장의 욕망을 위해서 인간 중심적으로 개발하고 이용한다면 그 효과가 당장에는 인간에게 만족스럽다 해도 머지않아 자연의 파괴뿐만 아니라 인간적 삶의 파괴, 그리고 궁극적으로는 인간 자신의 멸망을 초래하고 말 것이다. 한마디로 지금 우리에게 필요한 것은 과학적 비전과 과학적 기술의 의미를 보다 포괄적인 의미에서 이해하는 작업이다. 이러한 작업을 _____라 불러도 적절할 것 같다.

① 예술의 다양화   ② 예술의 기술화
③ 과학의 예술화   ④ 과학의 현실화

20

현대 자본주의 사회에서 대중은 예술미보다 상품미에 더 민감하다. 상품미란 이윤을 얻기 위해 대량으로 생산하는 상품이 가지는 아름다움을 의미한다. '_____'라고, 요즈음 생산자는 상품을 많이 팔기 위해 디자인과 색상에 신경을 쓰고, 소비자는 같은 제품이라도 겉모습이 화려하거나 아름다운 것을 사려고 한다. 결국, 우리가 주위에서 보는 거의 모든 상품은 상품미를 추구하고 있다. 그래서인지 모든 것을 다 상품으로 취급하는 자본주의 사회에서는 돈벌이를 위해서라면 모든 사물, 심지어는 인간까지도 상품미를 추구하는 대상으로 삼는다.

① 같은 값이면 다홍치마
② 술 익자 체 장수 지나간다
③ 원님 덕에 나팔 분다
④ 구슬이 서 말이라도 꿰어야 보배

21

질병(疾病)이란 유기체의 신체적, 정신적 기능이 비정상으로 된 상태를 일컫는다. 인간에게 있어 질병이란 넓은 의미에서는 극도의 고통을 비롯하여 스트레스, 사회적인 문제, 신체기관의 기능 장애와 죽음까지를 포괄하며, 넓게는 개인에서 벗어나 사회적으로 큰 맥락에서 이해되기도 한다.
하지만 다분히 진화 생물학적 관점에서, 질병은 인간의 몸 안에서 일어나는 정교하고도 합리적인 자기조절 과정이다. 질병은 정상적인 기능을 할 수 없는 상태임과 동시에, 진화의 역사 속에서 획득한 자기 치료 과정이 _____이기도 하다. 가령, 기침을 하고, 열이 나고, 통증을 느끼고, 염증이 생기는 것 따위는 자기 조절과 방어 시스템이 작동하는 과정인 것이다.

① 문제를 일으킨 상태
② 비일상적인 특이 상태
③ 정상적으로 가동하고 있는 상태
④ 인구의 개체 변이를 도모하는 상태

22

기억이 착오를 일으키는 프로세스는 인상적인 사물을 받아들이는 단계부터 이미 시작된다. (가) 감각적인 지각의 대부분은 무의식 중에 기록되고 오래 유지되지 않는다. (나) 대개는 수 시간 안에 사라져 버리며, 약간의 본질만이 남아 장기 기억이 된다. 무엇이 남을지는 선택에 의해서 그 사람의 견해에 따라서도 달라진다. (다) 분주하고 정신이 없는 장면을 보여 주고, 나중에 그 모습에 대해서 이야기하게 해 보자. (라) 어느 부분에 주목하고, 또 어떻게 그것을 해석했는지에 따라 즐겁기도 하고 무섭기도 하다. 단순히 정신 사나운 장면으로만 보이는 경우도 있다. 기억이란 원래 일어난 일을 단순하게 기록하는 것이 아니다.

> **보기**
>
> 일어난 일에 대한 묘사는 본 사람이 무엇을 중요하게 판단하고, 무엇에 흥미를 가졌느냐에 따라 크게 다르다.

① (가)　　　　　　　　　　② (나)
③ (다)　　　　　　　　　　④ (라)

23

유기농 농법으로 키운 작물보다 유전자 변형 식품이 더 안전할 수 있다. 사람들은 식품에 '자연산'이라는 표시가 있으면 무조건 안전하려니 믿는 경향이 있다. (가) 특히 유기농 식품이라면 무조건 좋다고 생각하는 사람이 많다. (나) 하지만 유기농 식품이 더 위험할 수 있다. (다) 이렇게 보면 자연식품이 안전하고 더 몸에 좋을 것이라는 생각은 편견일 가능성이 많다. (라) 자연 또는 천연이라는 말이 반드시 안전을 의미하지는 않는 것이다.

> **보기**
>
> 세균 오염으로 인한 치명적인 결과를 초래할 수 있기 때문이다.

① (가)　　　　　　　　　　② (나)
③ (다)　　　　　　　　　　④ (라)

PART 2

24

'갑'이라는 사람이 있다고 하자. 이때 사회가 갑에게 강제적 힘을 행사하는 것이 정당화되는 근거는 무엇일까? 그것은 갑이 다른 사람에게 미치는 해악을 방지하려는 데 있다. 특정 행위가 갑에게 도움이 될 것이라든가, 이 행위가 갑을 더욱 행복하게 할 것이라든가 또는 이 행위가 현명하다든가 혹은 옳은 것이라든가 하는 이유를 들면서 갑에게 이 행위를 강제하는 것은 정당하지 않다. 이러한 이유는 갑에게 권고하거나 이치를 이해시키거나 무엇인가를 간청하거나 할 때는 충분한 이유가 된다. 그러나 갑에게 강제를 가하는 이유 혹은 어떤 처벌을 가할 이유는 되지 않는다. 이와 같은 사회적 간섭이 정당화되기 위해서는 갑이 행하려는 행위가 다른 어떤 이에게 해악을 끼칠 것이라는 점이 충분히 예측되어야 한다. 한 사람이 행하고자 하는 행위 중에서 그가 사회에 대해서 책임을 져야 할 유일한 부분은 다른 사람에게 관계되는 부분이다.

① 개인에 대한 사회의 간섭은 어떤 조건이 필요하다.
② 행위 수행 혹은 행위 금지의 도덕적 이유와 법적 이유는 구분된다.
③ 한 사람의 행위는 타인에 대한 행위와 자신에 대한 행위로 구분된다.
④ 사회는 개인의 해악에 관해서는 관심이 있지만, 그 해악을 방지할 강제성의 근거는 가지고 있지 않다.

25

우리 은하에서 가장 가까이 위치한 은하인 안드로메다은하까지의 거리는 220만 광년이다. 이처럼 엄청난 거리로 떨어져 있는 천체까지의 거리는 어떻게 측정한 것인가?
첫 번째 측정 방법은 삼각 측량법이다. 그러나 피사체가 매우 멀리 있는 경우라면 삼각형의 밑변이 충분히 길 필요가 있다. 지구는 1년에 한 바퀴씩 태양 주변을 공전하는데 우리는 이 공전 궤도 반경을 알고 있기 때문에 이를 밑변으로 삼아 별까지의 거리를 측정할 수 있다. 그러나 가까이 있는 별까지의 거리도 지구 궤도 반지름에 비하면 엄청나게 커서 연주 시차는 아주 작은 값이 되므로 측정하기가 쉽지 않다. 두 번째 측정 방법은 주기적으로 별의 밝기가 변하는 변광성의 주기와 밝기를 연구하는 과정에서 얻어졌다. 보통 별의 밝기는 거리의 제곱에 반비례해서 어두워지는데, 1등급과 6등급의 별은 100배의 밝기 차이가 있다. 그러나 밝은 별이 반드시 어두운 별보다 가까이 있는 것은 아니다. 별의 거리는 밝기의 절대 등급과 겉보기 등급의 비교를 통해 확정되기 때문이다. 즉, 모든 별이 같은 거리에 놓여 있다고 가정하고, 밝기 등급을 매긴 것을 절대 등급이라 하는데, 만약 이 등급이 낮은(밝은) 별이 겉보기에 어둡다면 이 별은 매우 멀리 있는 것으로 볼 수 있다.

① 절대등급과 겉보기등급은 다를 수 있다.
② 별은 항상 같은 밝기를 가지고 있지 않다.
③ 삼각 측량법은 지구의 궤도 반경을 알아야 측정이 가능하다.
④ 어두운 별은 밝은 별보다 항상 멀리 있기 때문에 밝기에 의해 거리의 차가 있다.

26

간디는 절대로 몽상가는 아니다. 그가 말한 것은 폭력을 통해서는 인도의 해방도, 보편적인 인간 해방도 없다는 것이었다. 민족 해방은 단지 외국 지배자의 퇴각을 의미하는 것일 수는 없다. 참다운 해방은 지배와 착취와 억압의 구조를 타파하고 그 구조에 길들여져 온 심리적 습관과 욕망을 뿌리로 부터 변화시키는 일 – 다시 말하여 일체의 '칼의 교의(敎義)' – 로부터의 초월을 실현하는 것이다. 간디의 관점에서 볼 때, 무엇보다 큰 폭력은 인간의 근원적인 영혼의 요구에 대해서는 조금도 고려 하지 않고, 물질적 이득의 끊임없는 확대를 위해 착취와 억압의 구조를 제도화한 서양의 산업 문명 이었다.

① 간디는 비폭력주의자이다.
② 간디는 산업 문명에 부정적이었다.
③ 간디는 반외세 사회주의자이다.
④ 간디는 외세가 인도를 착취하였다고 보았다.

27

사람에게서는 인슐린이라는 호르몬이 나온다. 이 호르몬은 당뇨병에 걸리지 않게 하는 호르몬이다. 따라서 이 호르몬이 제대로 생기지 않는 사람은 당뇨병에 걸리게 된다. 이런 사람에게는 인슐린을 주사하여 당뇨병을 치료할 수 있다. 문제는 인슐린을 구하기가 어렵다는 것이다. 돼지의 인슐린을 뽑아서 이용하기도 했지만, 한 마리 돼지로부터 얻을 수 있는 인슐린이 너무 적어서 인슐린은 아주 값이 비싼 약일 수밖에 없었다.
사람에게는 인슐린을 만들도록 하는 DNA가 있다. 이 DNA를 찾아 잘라 낸다. 그리고 이 DNA를 대장균의 DNA에 연결한다. 그러면 대장균은 인슐린을 만들어 낸다.

① 인슐린을 만드는 DNA를 가공할 수 있다.
② 대장균의 DNA와 인간의 DNA가 결합할 수 있다.
③ 돼지의 인슐린이 인간의 인슐린을 대체할 수 있다.
④ 인슐린은 당뇨병을 예방할 수 있게 해 주는 약이다.

28 다음 중 '빌렌도르프의 비너스'에 대한 설명으로 가장 적절한 것은?

> 1909년 오스트리아 다뉴브 강가의 빌렌도르프 근교에서 철도 공사를 하던 중 구석기 유물이 출토되었다. 이 중 눈여겨볼 만한 것이 '빌렌도르프의 비너스'라 불리는 여성 모습의 석상이다. 대략 기원전 2만 년의 작품으로 추정되나 구체적인 제작연대나 용도 등에 대해 알려진 바가 거의 없다. 높이 11.1cm의 이 작은 석상은 굵은 허리와 둥근 엉덩이에 커다란 유방을 늘어뜨리는 등 여성 신체가 과장되어 묘사되어 있다. 가슴 위에 올려놓은 팔은 눈에 띄지 않을 만큼 작으며, 땋은 머리에 가려 얼굴이 보이지 않는다. 출산, 다산의 상징으로 주술적 숭배의 대상이 되었던 것이라는 의견이 지배적이다. 태고의 이상적인 여성을 나타내는 것이라고 보는 의견이나, 선사시대 유럽의 풍요와 안녕의 상징이었다고 보는 의견도 있다.

① 팔은 떨어져 나가고 없다.
② 빌렌도르프라는 사람에 의해 발견되었다.
③ 부족장의 부인을 모델로 만들어졌다.
④ 구석기 시대의 유물이다.

※ 다음 중 글에 대한 내용으로 적절한 것을 고르시오. [29~30]

29

> 지금까지 보았듯이 체계라는 개념은 많은 현실주의자들에게 있어서 중요한 개념이다. 무질서 상태라는 비록 단순한 개념이건 현대의 현실주의자가 고안한 정교한 이론이건 간에 체계라는 것은 국제적인 행위체에 영향을 주기 때문에 중요시되는 것이다. 그런데 최근의 현실주의자들은 체계를 하나의 유기체로 보고 얼핏 국가의 의지나 행동으로부터 독립한 듯이 기술하고 있다. 정치가는 거의 자율성이 없으며 또 획책할 여지도 없어서, 정책결정과정에서는 인간의 의지가 별 효과가 없는 것으로 본다. 행위자로서 인간은 눈앞에 버티고 선 냉혹한 체계의 앞잡이에 불과하며 그러한 체계는 이해할 수 없는 기능을 갖는 하나의 구조이며 그러한 메커니즘에 대하여 막연하게 밖에는 인지할 수 없다. 정치가들은 무수한 제약에 직면하지만 호기는 거의 오지 않는다. 정치가들은 권력정치라고 불리는 세계규모의 게임에 열중할 뿐이며 자발적으로 규칙을 변화시키고 싶어도 그렇게 하지 못한다. 결국 비판의 초점은 현실주의적 연구의 대부분은 숙명론적이며 결정론적이거나 혹은 비관론적인 저류가 흐르고 있다고 지적한다. 그 결과 이러한 비판 중에는 행위자로서 인간과 구조는 상호 간에 영향을 주고 있다는 것을 강조하면서 구조를 보다 동적으로 파악하는 사회학에 눈을 돌리는 학자도 있다.

① 이상주의자들에게 있어서 체계라는 개념은 그리 중요하지 않다.
② 무질서 상태는 국제적 행위체로서 작용하는 체계가 없는 혼란스러운 상태를 의미한다.
③ 현실주의자들은 숙명론 혹은 결정론을 신랄하게 비판한다.
④ 현실주의적 관점에서 정치인들은 체계 앞에서 무기력하다.

30

> 그녀는 저녁 10시면 잠이 들었다. 퇴근하고 집에 돌아오면 아주 오랫동안 샤워를 했다. 한 달에 수도 요금이 5만 원 이상 나왔고, 생활비를 줄이기 위해 휴대폰을 정지시켰다. 일주일에 한 번씩 고향에 있는 어머께 전화를 드렸고, 매달 말일에는 고시공부를 하는 동생에게 50만 원을 온라인으로 송금했다. 의사로부터 신경성 위염이라는 진단을 받은 후로는 밥을 먹을 때 꼭 백 번씩 씹었다. 밥을 먹고 30분 후에는 약을 먹었다. 그녀는 8년째 도서관에서 일했지만, 정작 자신은 책을 읽지 않았다.

① 그녀는 8년째 도서관에서 고시공부를 하고 있다.
② 그녀는 신경성 위염 때문에 식사 후에는 약을 먹는다.
③ 그녀는 휴대폰 요금이 한 달에 5만 원 이상 나오자 정지시켰다.
④ 그녀는 일주일에 한 번씩 어머께 온라인으로 용돈을 보내 드렸다.

지식에 대한 투자가 가장 이윤이 많이 남는 법이다.

– 벤자민 프랭클린 –

3

패턴이해

대표유형 1 패턴추리

다음 도형 내부의 기호들은 일정한 패턴을 가지고 변화한다. 다음 중 물음표에 들어갈 도형으로 가장 적절한 것은?

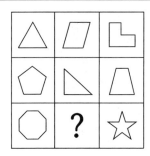

①

②

③

④

| 해설 | 규칙은 세로로 적용된다.
첫 번째 도형과 두 번째 도형의 꼭짓점 수를 합하면 세 번째 도형의 꼭짓점 수가 된다.

정답 ①

※ 다음 제시된 도형의 규칙을 보고 물음표에 들어갈 알맞은 것을 고르시오. [1~10]

01

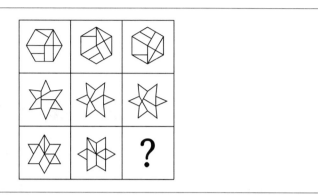

① 　　　　②

③ 　　　　④

02

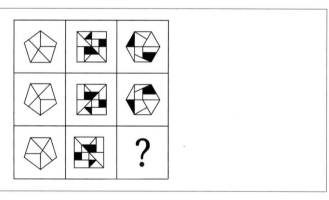

① 　　　　②

③ 　　　　④

03

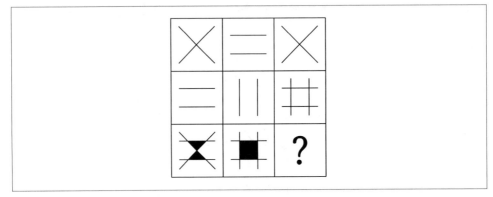

①

②

③

④

04

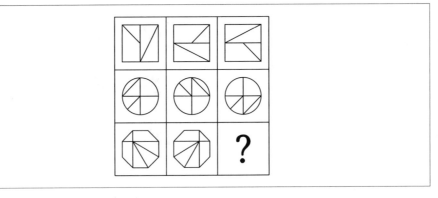

①

②

③

④

05

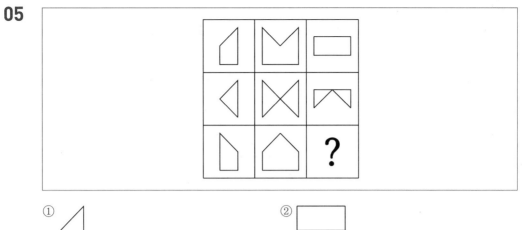

①
②
③
④

06

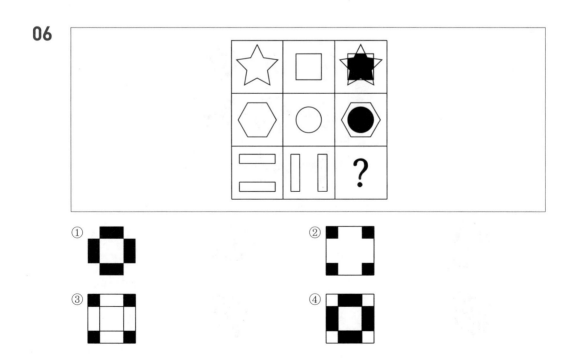

①
②
③
④

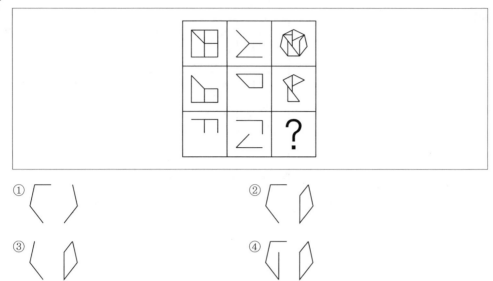

① ② ③ ④

08

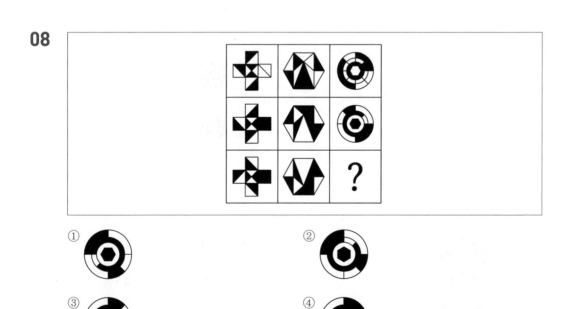

① ② ③ ④

09

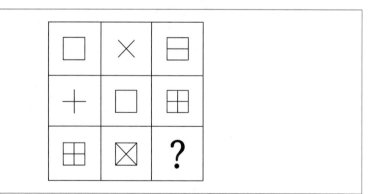

Easy

10

다음 그림을 순서대로 나열한 것은?

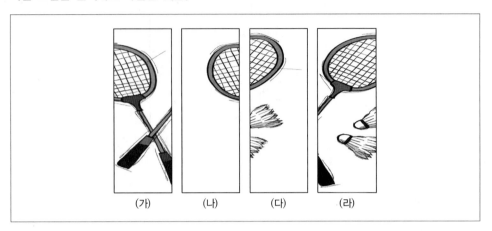

① (나) – (라) – (가) – (다)
② (나) – (다) – (가) – (라)
③ (나) – (가) – (라) – (다)
④ (다) – (가) – (라) – (나)

| 해설 |

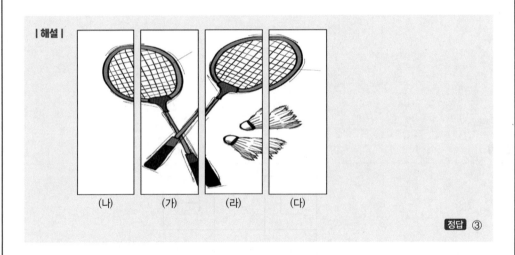

정답 ③

11

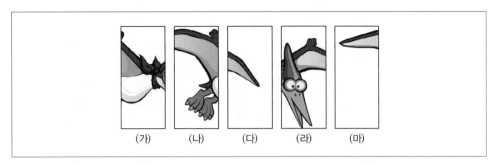

(가) (나) (다) (라) (마)

① (마) – (가) – (나) – (라) – (다)
② (다) – (라) – (가) – (나) – (마)
③ (마) – (나) – (가) – (라) – (다)
④ (다) – (나) – (가) – (라) – (마)

12

(가) (나) (다) (라)

① (다) – (나) – (라) – (가)
② (다) – (나) – (가) – (라)
③ (라) – (나) – (가) – (다)
④ (라) – (가) – (나) – (다)

13

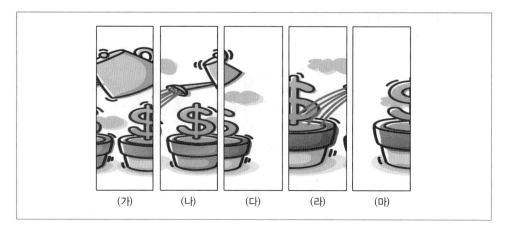

① (나) – (라) – (가) – (마) – (다)
② (라) – (다) – (가) – (마) – (나)
③ (마) – (라) – (나) – (가) – (다)
④ (다) – (마) – (라) – (나) – (가)

14

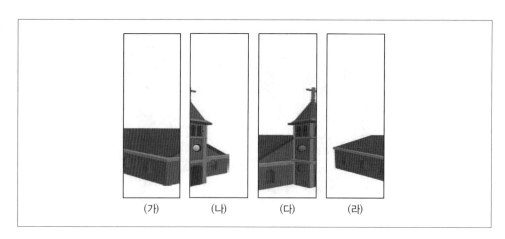

① (다) – (가) – (라) – (나)
② (라) – (가) – (다) – (나)
③ (나) – (가) – (라) – (다)
④ (나) – (라) – (다) – (가)

15

(가)   (나)   (다)   (라)

① (가) – (라) – (다) – (나)
② (나) – (가) – (라) – (다)
③ (나) – (다) – (가) – (라)
④ (다) – (가) – (라) – (나)

다음 중 제시된 도형과 같은 것은?

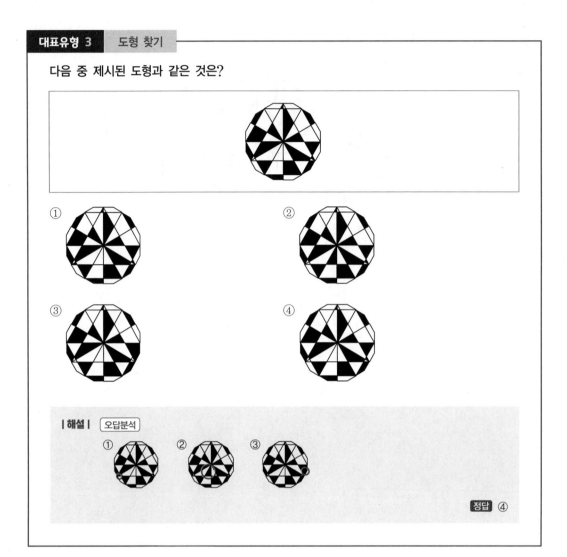

| 해설 | 오답분석

정답 ④

16

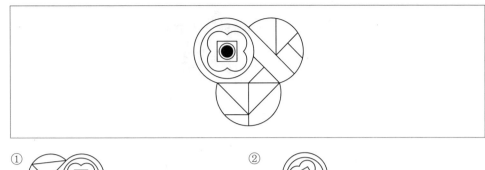

①

②

③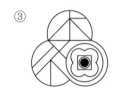

④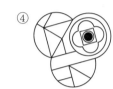

17

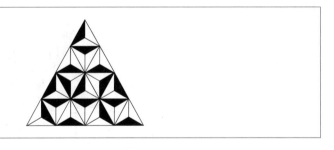

①

②

③

④

PART 3

18

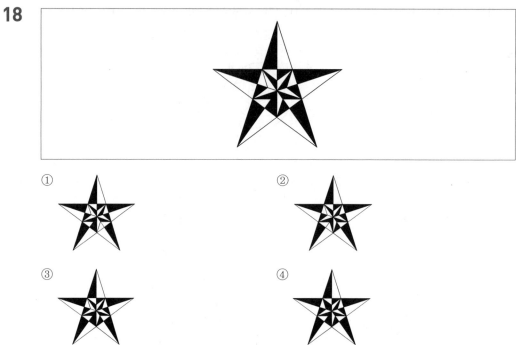

19

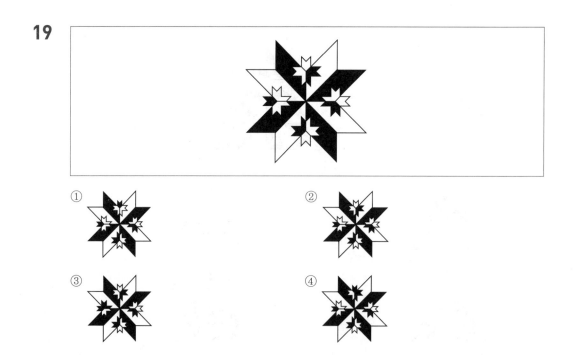

20

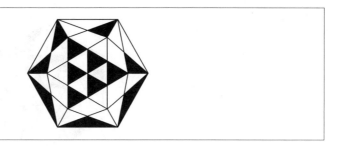

①   ②

③   ④

21

①    ②

③    ④

22

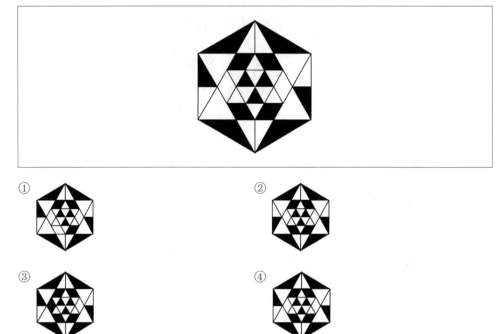

※ 다음 중 나머지 도형과 다른 것을 고르시오. [23~27]

23

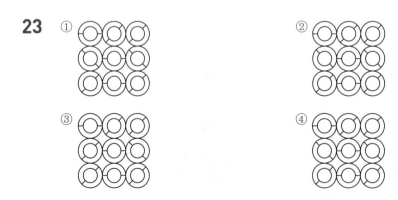

24

①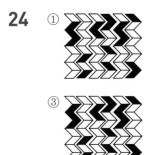

②

③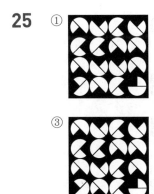

④

25

①

②

③

④

26

①

②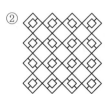

③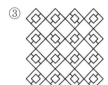

④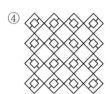

27

①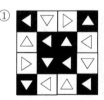

②

③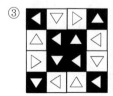

④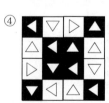

제시된 전개도를 접었을 때, 나타나는 입체도형으로 옳지 않은 것은?

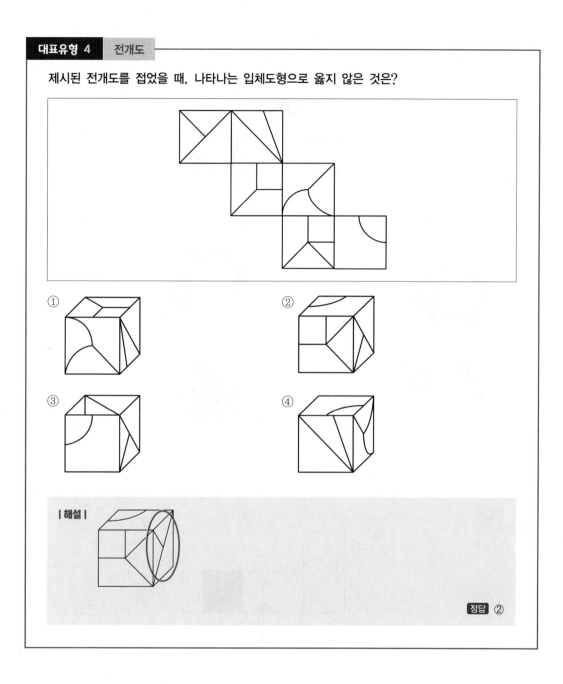

① ② ③ ④

|해설|

※ 제시된 전개도를 접었을 때, 나타나는 입체도형으로 옳은 것을 고르시오. [28~30]

28

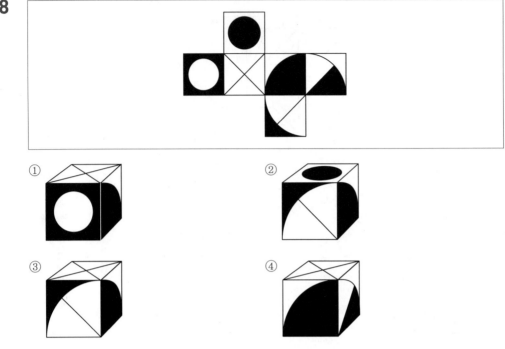

①

②

③

④

29

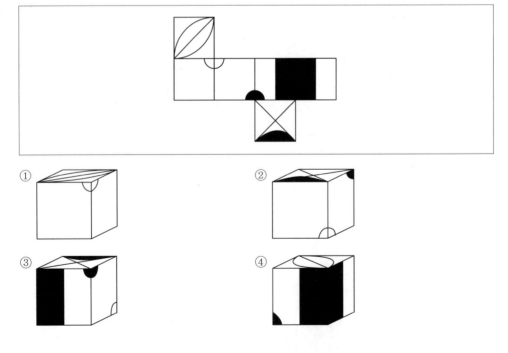

①

②

③

④

30

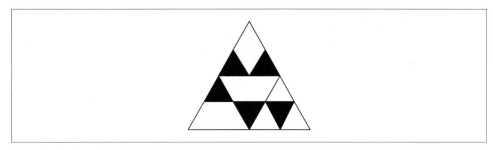

①

②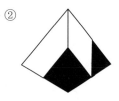

③

④

02 | 지각속도 적중예상문제

정답 및 해설 p.036

대표유형 1 | **같은 문자 찾기**

다음 제시된 문자와 같은 것의 개수는 몇 개인가?

				Ⅷ							

Ⅶ	Ⅻ	Ⅲ	Ⅵ	Ⅴ	Ⅶ	Ⅵ	Ⅰ	Ⅻ	Ⅲ	Ⅶ	Ⅱ
Ⅰ	Ⅴ	Ⅶ	Ⅰ	Ⅱ	Ⅷ	Ⅴ	Ⅸ	Ⅱ	Ⅶ	Ⅱ	Ⅻ
Ⅸ	Ⅷ	Ⅱ	Ⅻ	Ⅺ	Ⅱ	Ⅰ	Ⅱ	Ⅵ	Ⅰ	Ⅸ	Ⅰ
Ⅱ	Ⅺ	Ⅵ	Ⅸ	Ⅲ	Ⅴ	Ⅺ	Ⅲ	Ⅺ	Ⅴ	Ⅷ	Ⅶ

① 2개   ② 3개

③ 4개   ④ 5개

| **해설** | |

Ⅶ	Ⅻ	Ⅲ	Ⅵ	Ⅴ	Ⅶ	Ⅵ	Ⅰ	Ⅻ	Ⅲ	Ⅶ	Ⅱ
Ⅰ	Ⅴ	Ⅶ	Ⅰ	Ⅱ	**Ⅷ**	Ⅴ	Ⅸ	Ⅱ	Ⅶ	Ⅱ	Ⅻ
Ⅸ	**Ⅷ**	Ⅱ	Ⅻ	Ⅺ	Ⅱ	Ⅰ	Ⅱ	Ⅵ	Ⅰ	Ⅸ	Ⅰ
Ⅱ	Ⅺ	Ⅵ	Ⅸ	Ⅲ	Ⅴ	Ⅺ	Ⅲ	Ⅺ	Ⅴ	**Ⅷ**	Ⅶ

정답 ①

※ 다음 제시된 문자와 같은 것의 개수를 구하시오. [1~10]

01

				堂						

域	垈	塋	壁	棠	甕	塢	埋	棠	塵	垈	堂
當	埋	棠	堂	壟	垈	塋	壟	域	塋	埋	壟
埋	堂	域	甕	垈	壁	堂	垈	塵	堂	棠	塢
垈	當	埋	塋	棠	域	甕	棠	塢	埋	塋	垈

① 3개   ② 4개

③ 5개   ④ 6개

02

					뚱						

똘	덩	답	둘	땅	뚱	댜	달	동	딥	댁	뒤
닲	돼	댕	딸	딩	떼	뚱	돌	덤	때	덫	닭
뚱	뒤	둘	떼	닲	댁	덩	댜	딸	됴	땅	뚱
댕	덮	딩	뚱	딥	덤	돼	답	닭	뚱	돌	때

① 3개　　　　　　　　　② 4개
③ 4개　　　　　　　　　④ 6개

PART 3

03

① 8개　　　　　　　　　② 10개
③ 12개　　　　　　　　　④ 14개

04

					glib						

grad	glib	gory	grip	good	grad	gory	grim	grim	gory	glib	gory
grim	grad	good	good	grim	glib	good	grip	grad	grim	grip	grad
grip	grim	gory	grad	glib	good	grad	good	good	glib	good	gory
good	glib	grip	grim	gory	grip	gory	grip	grip	good	grad	grim

① 4개　　　　　　　　　② 5개
③ 6개　　　　　　　　　④ 7개

05

					듈				

듈	듑	동	듕	당	돈	둘	돔	듈	들
덜	돔	듈	듐	돌	들	듑	둥	듭	둘
등	돌	들	딜	듐	동	돌	듈	둔	둠

① 2개   ② 3개
③ 4개   ④ 5개

06

			스브스				

<u>스브스</u>	<u>스부스</u>	<u>스브스</u>	<u>소보스</u>	<u>스브소</u>	<u>스브수</u>	<u>소보소</u>	<u>스브스</u>
<u>스브스</u>	<u>스브스</u>	<u>시브스</u>	<u>스브스</u>	<u>스브시</u>	<u>스뵤스</u>	<u>스브스</u>	<u>스브스</u>
<u>스프스</u>	<u>즈브스</u>	<u>스브스</u>	<u>스므스</u>	<u>스포스</u>	<u>스브신</u>	<u>스그스</u>	<u>스브스</u>

① 6개   ② 7개
③ 8개   ④ 9개

07

					깖						

갊	걄	꺍	깔	꾊	꺾	걺	긁	꿁	챍	캋	켬
겲	깖	꺍	겶	갊	꺍	깖	깖	햙	걇	갋	갊
갊	갋	겖	꺍	끌	꼴	글	걸	깖	꺍	걁	갈
갈	칼	챍	갊	걊	겕	꺍	깖	껎	꺍	겶	꿁

① 3개   ② 4개
③ 5개   ④ 6개

08

							◎				

★	☆	◇	♀	□	◇	□	◎	♀	★	◇	☆
◐	◎	☆	★	◎	◇	♀	◐	☆	★	☆	♀
●	●	◐	●	♀	☆	★	◇	◎	◇	★	◎
□	●	◎	☆	♀	★	□	◇	◐	◎	★	□

① 5개   ② 6개

③ 7개   ④ 8개

09

						428					

528	328	228	528	628	228	628	328	528	628	528	628
228	628	428	328	418	528	428	528	438	528	328	428
328	418	438	418	428	438	328	228	628	418	628	228
428	438	418	328	438	228	528	228	628	428	528	328

① 5개   ② 6개

③ 7개   ④ 8개

10

						nm					

mm	nm	mm	nn	nn	mn	mm	mn	Mn	mn	mm	mn
Nn	nn	mn	nm	mm	mn	Nn	mm	nn	Nn	mm	nn
nn	mm	nn	Mn	nn	nm	mm	Nn	mm	Mn	nm	Mn
mm	nn	mn	mn	Mn	NN	Nn	mm	Mn	NN	mm	mm
mn	mn	nm	mm	mm	mm	NN	Nn	mm	Nn	mm	nn
mn	mm	nn	mn	Mn	mm	NN	Nn	Mn	nm	mm	nn

① 5개   ② 6개

③ 7개   ④ 8개

다음 표에 제시되지 않은 문자는?

413	943	483	521	253	653	923	653	569	467	532	952
472	753	958	551	956	538	416	567	955	282	568	954
483	571	462	933	457	353	442	482	668	533	382	682
986	959	853	492	957	558	955	453	913	531	963	421

① 467   ② 568
③ 531   ④ 482
⑤ 953

| 해설 |

413	943	483	521	253	653	923	653	569	467	532	952
472	753	958	551	956	538	416	567	955	282	568	954
483	571	462	933	457	353	442	482	668	533	382	682
986	959	853	492	957	558	955	453	913	531	963	421

정답 ⑤

※ 다음 표에 제시되지 않은 문자를 고르시오. [11~20]

11

tall	term	tote	team	time	this	turn	tiny	ties	tape	thin	then
talk	thus	tame	taco	tile	toss	term	temp	test	thew	take	time
then	tune	thin	ties	tail	tuna	thor	tune	term	time	toss	tame
tiny	ties	test	task	thew	talk	taco	temp	than	tote	tail	type

① thor   ② tate
③ team   ④ tall

12

가도	가나	가고	가라	가주	가치	가마	가호	가정	가세	가리	가수
가이	가용	가진	가누	가루	가추	가하	가준	가무	가서	가로	가인
가시	가창	가회	가니	가우	가양	가신	가오	가노	가산	가포	가조
가다	가부	가타	가요	가중	가미	가소	가두	가뇨	가연	가지	가빈

① 가지   ② 가나
③ 가루   ④ 가사

13

홍	경	묘	청	래	이	재	순	조	사	고	종
방	김	삿	랑	인	시	갓	구	대	위	충	절
보	은	속	리	대	청	한	타	국	금	아	태
짬	탕	짜	단	짠	고	감	래	진	상	왕	전

① 홍   ② 속
③ 무   ④ 짠

14

ㄹ	ㅂ	ㅊ	ㄹ	ㅁ	ㅂ	ㅇ	ㄹ	ㅋ	ㅁ	ㅇ	ㄴ
ㅁ	ㅇ	ㅋ	ㅂ	ㅇ	ㅌ	ㄹ	ㅊ	ㅂ	ㅂ	ㅅ	ㅊ
ㅂ	ㅊ	ㄴ	ㅋ	ㅊ	ㄷ	ㅁ	ㅇ	ㅌ	ㅊ	ㅌ	ㅁ
ㅇ	ㄹ	ㅁ	ㅇ	ㄹ	ㅊ	ㅌ	ㅂ	ㄴ	ㅋ	ㅇ	ㅂ
ㅎ	ㄴ	ㅂ	ㅊ	ㅂ	ㅇ	ㅋ	ㅁ	ㅊ	ㄹ	ㄹ	ㅊ

① ㄱ   ② ㄷ
③ ㅅ   ④ ㅈ

15

d	m	h	c	m	i	c	s	h	l	q	s
r	i	q	s	e	m	h	d	u	h	m	l
m	t	i	k	c	s	p	s	g	s	h	s
r	z	p	i	z	h	u	m	u	r	m	x

① e ② g

③ x ④ n

16

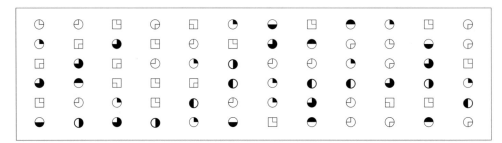

① ◑ ② ⬤

③ ◔ ④ ◔

17

기	리	히	니	리	지	비	티	리	시	니	히
리	히	비	시	니	비	니	리	니	비	히	리
지	키	니	티	히	디	시	디	지	리	디	티
피	티	히	리	피	시	피	디	니	시	리	디
지	이	키	디	리	이	이	히	키	디	피	키
비	리	디	이	비	지	디	리	지	비	히	디

① 지 ② 시

③ 미 ④ 리

18

ㅁㅂ	ㄷㄹ	ㅍㅂ	ㅊㅊ	ㅎㄱ	ㅍㅂ	ㅎㄱ	ㅊㅊ	ㅊㅊ	ㅌㅋ	ㄱㅂ	ㄷㄹ
ㅂㅂ	ㄱㅂ	ㄹㅎ	ㄷㄹ	ㅂㅂ	ㅍㅂ	ㄹㅎ	ㄷㄹ	ㄱㅂ	ㅍㅂ	ㅎㅅ	ㅎㄱ
ㅌㅋ	ㅎㄱ	ㅍㅂ	ㄱㅂ	ㄷㄹ	ㅌㅋ	ㅊㅊ	ㄱㅂ	ㅎㄱ	ㅌㅋ	ㅊㅊ	ㅌㅋ
ㅊㅊ	ㄱㅂ	ㅂㅂ	ㅎㄱ	ㅌㅋ	ㅍㅂ	ㄱㅂ	ㄱㅍ	ㅌㅋ	ㅎㄱ	ㅂㅂ	ㅍㅂ
ㄹㅎ	ㅌㅈ	ㅍㅂ	ㄹㅎ	ㅊㅊ	ㄱㅂ	ㄷㄹ	ㄹㅎ	ㅂㅂ	ㄷㄹ	ㅌㅋ	ㅎㄱ
ㅍㅂ	ㄹㅎ	ㅌㅋ	ㅊㅊ	ㄹㅎ	ㅂㅂ	ㄹㅎ	ㄱㅂ	ㅎㄱ	ㄹㅎ	ㅂㅂ	ㅍㅂ

① ㅁㅂ   ② ㅊㅂ

③ ㄱㅍ   ④ ㅌㅈ

19

498	237	853	362	986	682	382	925	683	942	347	375
794	826	569	510	593	483	779	128	753	908	628	261
569	237	347	593	382	908	483	853	794	986	128	942
362	826	261	683	779	498	375	628	753	261	682	925

① 682   ② 382

③ 510   ④ 717

20

같	강	감	갓	갈	갓	각	갈	간	강	각	갇
갈	갇	간	갚	갈	감	간	같	갖	갇	갖	강
갓	간	갇	갇	갖	강	갈	감	각	같	갈	갇
갓	갈	강	갖	간	갇	갚	갇	감	갖	같	갈

① 간   ② 강

③ 감   ④ 갑

※ 다음 제시된 좌우의 문자 또는 기호를 비교하여 같으면 ①을, 다르면 ②를 고르시오. [21~25]

21

EUIOLLSHSIJP213 [　] EUIOLLSHSIJP213

①　　　　　　　　　　　　　②

22

12LJIAGPOQI;HN [　] 12LJIAGPOQI:HN

①　　　　　　　　　　　　　②

23

54742082631 [　] 54742082631

①　　　　　　　　　　　　　②

24

연구개발총괄팀장 [　] 연구개발총팔팀장

①　　　　　　　　　　　　　②

25

♧♡♥♣♥♧♠♥♡♠♣ － ♧♡♥♣♠♧♠♥♡♧♣

①　　　　　　　　　　　　　②

※ 다음 중 나머지 셋과 다른 것을 고르시오. [26~28]

26 ① 서울 강동구 임원동 355-14   ② 서울 강동구 일원동 355-14
　　　 ③ 서울 강동구 일원동 355-14   ④ 서울 강동구 일원동 355-14

27 ① さしどぺぴゆよりれっちぐ   ② さしどぺぴゆよりれっちぐ
　　　 ③ さしどぺぴゆよりれうちぐ   ④ さしどぺぴゆよりれっちぐ

28 ① ⇧□→⇒⇔≤→⇩⇒≡∞   ② ⇧□→⇒⇔≤→⇩⇒≡∞
　　　 ③ ⇧□→⇒⇔≤→⇩⇒≡∞   ④ ⇧□→⇒⇔□≤→⇩⇒≡∞

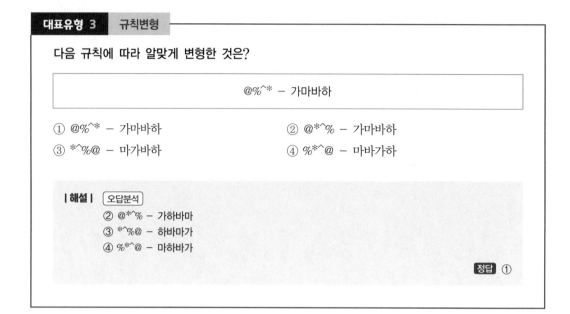

대표유형 3 규칙변형

다음 규칙에 따라 알맞게 변형한 것은?

@%^* - 가마바하

① @%^* - 가마바하   ② @*^% - 가마바하

③ *^%@ - 마가바하   ④ %*^@ - 마바가하

| 해설 | 오답분석
  ② @*^% - 가하바마
  ③ *^%@ - 하바마가
  ④ %*^@ - 마하바가

정답 ①

※ 다음 규칙에 따라 변형한 것으로 옳지 않은 것을 고르시오. [29~30]

29

$W^* → cw3$

① W*W → w3cwc

② W*$*W → w3c3w

③ *$*W$ → 3w3wc

④ $WW*$ → cww3c

30

ㅅㅁㄹ → ^#%

① ㅅㄹㄹㅁ → ^%%#

② ㅁㅅㅁㄹ → #^#^

③ ㅅㄹㅁㅁ → ^%##

④ ㄹㄹㅁㅅ → %%#^

PART

4

상황판단

※ 상황판단 영역은 정답이 따로 없으니, 참고하기 바랍니다.

01 S사에 재직중인 A주임은 우연하게 거래처인 B회사의 비공개 정보를 습득하였다. 이 정보는 S사의 경쟁력 확보를 위해 중요하지만 이것을 공유했을 때 윤리적·법적 문제가 발생할 수 있다. 당신이 A주임이라면 어떻게 하겠는가?

① 회사의 윤리 정책과 법적 절차를 따른다.
② 윤리적·법적 문제가 있을 수 있으므로 모른 체한다.
③ 자사의 이익이 가장 중요하므로 즉시 관련 부서에 공유한다.
④ B회사에 알려 보안 강화를 촉구한다.

02 신규 프로젝트를 기획 중인 A과장은 아이디어의 부족으로 어려움을 겪고 있었지만, 다른 부서인 B대리의 아이디어로 성공적으로 프로젝트를 마칠 수 있었다. 그러나 회사에서는 담당자인 A과장에게만 성과급을 지급하였다. 당신이 A과장이라면 어떻게 하겠는가?

① 작은 선물을 통해 고마움을 전달한다.
② 아이디어의 주인인 B대리에게 성과급을 모두 전달한다.
③ 프로젝트 담당자가 받는 것이므로 가만히 있는다.
④ 인사관리팀에 이야기하여 B대리도 받을 수 있도록 한다.

03 S회사에서 영업을 담당하는 A대리는 거래처 직원을 만나러 미팅장소에 왔다. 그런데 미팅에 나온 거래처 직원은 대학교를 다닐 때 금전문제로 싸웠던 동창이었다. 당신이 A대리라면 어떻게 행동할 것인가?

① 미팅을 취소하고 다른 사람을 보낸다.
② 전문적인 태도를 유지하여 업무에 대한 이야기만 짧게 하고 끝낸다.
③ 다른 거래처를 이용한다.
④ 모르는 척 하고 거래를 진행한다.

04 A사원은 친구와 이번 주 주말여행을 위해 숙소 및 교통편을 다 예약해놓았다. 그런데 새롭게 진행하고 있는 팀 프로젝트를 위해 B팀장이 토요일 출근을 지시했다. 숙소 및 교통편의 예약을 취소하면 친구가 실망하는 것은 물론 친구의 것까지 2배의 수수료를 물어야 하는 상황이다. 당신이 A사원이라면 어떻게 하겠는가?

① B팀장에게 자신의 상황을 솔직하게 말한다.
② 팀장의 지시이므로 수수료를 물더라도 여행 및 예약을 취소한다.
③ 아픈 척 거짓말을 해서 당일 근무를 뺀다.
④ 친구에게 혼자라도 여행을 갈 것을 권유한다.

05 얼마 전부터 K팀장이 업무수행 시 기존의 시스템이 아닌 새로운 시스템을 활용할 것을 지시했다. 그런데 A사원이 보기에는 새로운 시스템은 다루기가 너무 어려울 뿐만 아니라 기존의 시스템이 더 좋은 것 같아 보인다. A사원은 어떻게 행동해야 하는가?

① 새로운 시스템으로 바꿀 필요가 없다고 생각하기 때문에 지시와 상관없이 기존의 시스템을 활용한다.
② K팀장에게 자기 생각을 말한 후 기존의 시스템을 활용한다.
③ 새로운 시스템이 비효율적이라는 생각이 들더라도, K팀장은 상사이기 때문에 지시에 순응한다.
④ 어려운 부분에 대해서는 K팀장에게 질문하고, 새로운 시스템에 익숙해지도록 노력한다.

06 A팀장이 속한 팀은 높은 업무 성과를 자랑한다. 그러나 문제가 있다면 팀에 속한 B사원과 C대리가 지나치게 자주 다툰다는 점이다. A팀장이 생각하기에는 업무를 처리할 때마다 B사원과 C대리 사이에 다툼이 발생하니, 팀 내 분위기가 자주 냉각되어 업무 효율이 떨어지는 것 같다. 당신이 A팀장이라면 어떻게 하겠는가?

① B사원과 C대리 중 한 명을 다른 부서로 이동 조치한다.
② B사원과 C대리를 불러 화해를 유도한다.
③ B사원과 C대리를 불러 반복적인 갈등은 징계를 받을 수 있다고 경고한다.
④ 팀 내에 이와 같은 상황을 그대로 알리고 전체에 경고한다.

07 C사원은 새벽부터 몸이 좋지 않았다. 그러나 C사원은 오늘 진행되는 중요한 프로젝트 회의의 발표 담당이다. 자신이 빠지면 팀에 피해가 된다는 것을 알지만, 몸 상태가 너무 좋지 않다. 당신이 C사원이라면 어떻게 하겠는가?

① 그래도 내 건강이 우선이기 때문에 상사에게 상황을 설명하고 결근을 한다.
② 일단 오전의 프로젝트 회의는 참여해서 마친 후 오후에 휴가를 낸다.
③ 결근하면 다른 팀원에게 피해를 줄 수 있으므로 아프더라도 참고 일을 한다.
④ 같은 팀의 팀원에게 전화로 상황을 설명한 후 자신의 발표를 대신 부탁한다.

08 D대리는 전날 회식의 과음으로 인해 늦잠을 잤다. 8시까지 출근인데 눈을 떠 시계를 보니 이미 9시 30분이었다. 깜짝 놀라 일어나기는 했지만 어떻게 해야 할지 막막했다. 당신이 D대리라면 어떻게 하겠는가?

① 전날 회식이었기 때문에 자신의 사정을 이해해 줄 것으로 생각하고, 느긋하게 점심시간 이후에 출근한다.
② 지각보다는 아파서 결근하는 것이 낫다고 생각하여 상사에게 전화해 몸이 좋지 않아 결근한다고 말한다.
③ 늦게 출근하면 분명 혼날 것이기 때문에 그냥 무단으로 결근한다.
④ 상사에게 바로 전화하여 상황을 설명하고, 서둘러서 출근한다.

09 E사원은 F팀장이 매번 개인 물품을 회사로 보내 택배로 받는 것을 발견했다. E사원은 한두 번도 아니고 매번 공용 물품이 아닌 개인 물품을 회사로 보내는 것은 옳지 않다고 생각한다. 당신이 E사원이라면 어떻게 하겠는가?

① F팀장에게 찾아가 팀장으로서 행동에 모범을 보일 것을 조목조목 따진다.
② F팀장의 상사를 찾아가 F팀장의 잘못된 행동을 말한다.
③ 어차피 자기 일이 아니므로 모른 척한다.
④ F팀장에게 자신이 생각하는 문제점을 공손하게 이야기한다.

10 D사원은 최근 업무를 수행하는 데 있어 스트레스를 받고 있다. E팀장이 업무를 제대로 설명해 주지 않은 채 업무를 지시하기 때문이다. D사원은 어떻게 행동해야 하는가?

① E팀장에게 자신이 어려움을 겪고 있는 부분을 솔직하게 이야기해 본다.
② 업무를 배분받을 때마다 자신의 불만을 표정으로 여과 없이 드러낸다.
③ 같은 팀의 사원에게 자신의 불만을 이야기하고 어려움을 상담한다.
④ 업무를 배분받을 때 우선은 알겠다고 한 뒤, 팀 공유 폴더의 기준을 따라 업무를 수행한다.

11 최근 A대리의 팀은 원활한 업무 수행을 위해 메신저를 설치했다. 하지만 A대리는 E사원이 자신 몰래 메신저를 개인 용도로 사용하는 것을 발견했다. 몇 번 주의를 시켰지만, E사원의 행동이 쉽게 고쳐지지 않는 상황이다. 당신이 A대리라면 어떻게 하겠는가?

① E사원을 개인적으로 불러 마지막으로 한 번 더 주의를 시킨다.
② 팀원들이 다 같이 있는 공개적인 자리에서 E사원을 혼낸다.
③ 팀 회의를 할 때 개인적인 용도로 메신저를 사용하는 것에 대한 옳고 그름을 회의 안건으로 상정한다.
④ 어차피 말을 하더라도 듣지 않으리라 판단하고 자신의 말을 듣지 않았으니 다른 방법으로 E사원을 당황하게 한다.

12 A사원과 같은 팀인 C주임과 D팀장은 유독 업무 수행에 있어 마찰이 심한 편이다. 신입사원인 A사원은 C주임, D팀장 모두와 불편한 관계가 되고 싶지 않은데 업무를 할 때마다 괜히 양쪽의 눈치가 보이는 상황이다. 당신이 A사원이라면 어떻게 하겠는가?

① 다른 부서의 선배에게 현재 팀의 상황을 말하고, 조언을 구한다.
② 인사과에 다른 부서로 옮겨달라고 요청한다.
③ 두 사람이 의견이 부딪힐 때는 모른 척한다.
④ 중간에서 두 사람의 이견을 조율하기 위해 자신이 할 수 있는 방법을 생각해본다.

13 D대리는 평소 깔끔하기로 회사에서 유명하다. 하지만 자신의 물품이나 책상 정리는 누구보다 깔끔하게 하면서, 공동구역을 엉망으로 사용하는 모습에 E대리는 화가 난 상황이다. 당신이 E대리라면 어떻게 하겠는가?

① D대리가 자리를 비운 사이 D대리의 자리를 어질러 놓는다.
② D대리에게 개인구역처럼 공동구역도 깔끔하게 사용하라고 딱 잘라 말한다.
③ D대리가 스스로 청소를 할 때까지 노골적으로 눈치를 준다.
④ 공개적인 자리에서 D대리에게 공동구역 청소를 제대로 할 것을 요구한다.

14 평소에 B사원은 남들보다 업무를 빨리 끝내는 편이다. 하지만 은근슬쩍 야근을 압박하는 팀 분위기 때문에 B사원은 매번 정시에 퇴근하는 것이 눈치가 보인다. 하지만 B사원으로선 주어진 업무가 다 끝났는데 눈치를 보며 회사에 남아 있는 것이 시간을 허비하는 느낌이다. 당신이 B사원이라면 어떻게 하겠는가?

① 상사에게 현재 상황의 비효율성을 이야기하며 불만을 호소한다.
② 회사 익명 게시판에 야근을 강요하는 분위기에 대한 불만의 글을 올린다.
③ 인사과에 찾아가서 상황을 설명한 후 부서 이동을 요구한다.
④ 사원인 자신이 할 수 있는 일이 없으니 비효율적이지만 참고 야근을 한다.

15 입사한 지 얼마 되지 않은 G사원은 최근 업무 관련해서 스트레스가 많다. P과장의 순서 없는 업무 분배는 물론 P과장 자신의 업무를 넘기는 탓에 정작 G사원 본인의 업무를 제대로 하고 있지 못하기 때문이다. 당신이 G사원이라면 어떻게 하겠는가?

① P과장에게 업무의 비효율성에 대해 조목조목 따진다.
② P과장에게 자신이 느끼는 스트레스에 대해 말하고, 효율적인 업무 배분을 위해 함께 대책을 마련한다.
③ 스트레스를 받지만, P과장이 상사이기 때문에 그냥 참고 일한다.
④ P과장의 업무를 같은 팀의 C사원과 분배해서 함께 수행한다.

16 G사원은 평소 직장 동료들에게 인사를 잘한다. 그런데 옆 팀의 H사원은 인사를 잘 하지 않을 뿐만 아니라, 본인의 기분에 따라 상대를 대하는 태도가 달라진다. G사원은 서로 간의 인사는 직장 생활에서의 기본예절이라고 생각하기 때문에, H사원의 행동이 잘못됐다고 생각한다. 당신이 G사원이라면 어떻게 하겠는가?

① H사원을 개인적으로 불러, 인사의 중요성에 관해 이야기한다.
② H사원 행동의 잘못된 점에 대해 다른 동료들과 함께 험담한다.
③ 공개적인 장소에서 H사원을 겨냥한 말을 은근슬쩍 한다.
④ H사원의 행동이 잘못됐다고 생각하지만, 본인이 직접 깨달을 때까지 티를 내지 않는다.

17 C사원은 최근 상사인 H팀장 때문에 스트레스를 받고 있다. H팀장이 업무 시간에 개인 심부름을 시키기 때문이다. 당신이 C사원이라면 어떻게 하겠는가?

① 같은 팀의 D사원에게 이러한 상황을 토로한다.
② H팀장에게 업무 시간에 개인 심부름은 옳지 않다고 딱 잘라 말한다.
③ 스트레스는 받지만 H팀장이 상사이기 때문에 그냥 참는다.
④ H팀장의 상사인 J과장에게 이러한 상황을 말하고, 조언을 듣는다.

18 A대리는 최근 들어 회사 생활에 회의감을 느끼고 있다. 업무도 예전만큼 재미가 없고, 동료들과의 관계도 서먹하다. 이러던 중에 평소 가고 싶던 회사의 경력직 공고가 났다. 마침 현 회사에 불만이 많았던 A대리는 이직을 준비하려고 한다. 당신이 A대리라면 어떻게 하겠는가?

① 다른 회사의 이직 준비가 끝남과 동시에 현재 회사에 사직서를 제출한다.
② 자신이 곧 퇴사할 것을 같은 팀 사원에게만 넌지시 언급한다.
③ 적어도 한 달 전에 퇴사 의사를 밝힌 후, 이직을 준비한다.
④ 이직이 확실하게 정해진 것이 아니므로, 상황이 정해질 때까지는 아무에게도 알리지 않는다.

19 B대리는 나이는 어리지만, 직급이 높은 A팀장과의 호칭 문제로 많은 스트레스를 받고 있다. 당신이 B대리라면 어떻게 하겠는가?

① A팀장에게 개인적으로 찾아가 회사는 공적인 자리인 만큼 예의를 갖출 것을 요구한다.

② 직급이 높다 하더라도 자신보다 나이가 어리기 때문에 똑같이 반말한다.

③ 상사인 C부장을 찾아가 현재 상황을 설명하고, 조언을 구한다.

④ 자신과 똑같은 불만을 느낀 팀원을 찾아 같이 A팀장을 험담한다.

20 F사원은 점심시간마다 자신과 점심을 먹으며 상사의 험담을 하는 E사원 때문에 많은 스트레스를 받고 있다. 입사 때부터 E사원과 항상 같이 점심을 먹어왔기 때문에 점심식사도 거절하기 어려운 상황이다. 당신이 F사원이라면 어떻게 하겠는가?

① E사원에게 계속해서 험담하면 같이 식사를 하지 않을 것이라고 딱 잘라 말한다.

② E사원이 험담하는 당사자에게 찾아가, E사원이 험담하고 다님을 밝힌다.

③ 스트레스를 받지만 괜한 불화를 만들기 싫으므로 참는다.

④ 회식 자리와 같은 공개적인 자리에서 E사원에게 험담하지 않을 것을 부탁한다.

21 I팀장은 휴가를 가기 전 H사원에게 자신이 자리를 비우는 일주일 동안 해야 할 일을 전달했다. H사원은 다 할 수 있겠다고 말은 했지만, 막상 보니 주어진 시간에 비해 일의 양이 많아 일주일 동안 해야 할 할당량을 끝내지 못했다. 당신이 H사원이라면 어떻게 하겠는가?

① I팀장이 업무 진행 상황을 묻기 전까지는 모른 척하고 계속 일을 한다.

② 일단은 업무가 완전히 진행되지 않았더라도, 중간 상황까지 I팀장에게 보고한다.

③ I팀장에게 일주일 동안 왜 일을 다 하지 못했는지에 대한 변명을 한다.

④ I팀장이 물어보기 전 남은 업무를 옆 팀원에게 부탁하여 빨리 마무리 짓는다.

22 입사한 지 얼마 되지 않은 J사원은 최근 회사 생활에 어려움을 겪고 있다. H팀장의 과도한 친절이 부담스럽기 때문이다. 처음에는 친해지기 위함이라 생각했는데 최근 들어 친해지려는 것 이상으로 자신의 사생활에 너무 많은 관심을 가지는 것 같은 느낌이다. 당신이 J사원이라면 어떻게 하겠는가?

① 같은 팀의 K사원에게 자신의 고민을 상담하고 함께 해결방안을 찾아본다.

② H팀장에게 자신의 감정과 상황에 대한 생각을 공손하게 이야기한다.

③ 괜히 이야기를 꺼냈다가 회사 생활이 어려울 수 있다는 걱정에 싫더라도 그냥 참는다.

④ H팀장보다 높은 상사를 찾아가 상황을 설명하고, 불편함을 호소한다.

23 A사원은 같은 회사의 동료인 B사원과 우연히 사적인 자리를 갖게 되었다. A사원과 B사원은 자연스럽게 회사 생활에 관해 이야기를 나누기 시작했다. 그러던 중 A사원이 갑자기 한 상사에 대해 좋지 않은 말들을 털어놓았다. 당신이 B사원이라면 어떻게 하겠는가?

① A사원에게 좋지 않은 소문은 자제할 것을 요구한다.

② A사원의 속상한 마음에 공감해준다.

③ 이러한 상황을 해당 상사에게 알린다.

④ A사원의 이야기를 들어주되 공감의 표현은 일절 하지 않는다.

24 얼마 전 입사한 A사원은 거래처와 중대한 거래를 앞두고 있다. A사원의 상급자인 H대리는 거래를 성사시키기 위해 거래처에 리베이트를 시도하라는 지시를 내렸다. 그러나 A사원이 다니고 있는 회사는 회사 방침상 리베이트 관행을 금지하고 있다. 당신이 업무상 부당한 지시를 받은 A사원이라면 어떻게 할 것인가?

① 그냥 지시대로 따른다.

② 개인적으로 불합리성을 설명하고 시정을 건의한다.

③ 모든 동료와 단합하여 반대한다.

④ 지시 사항을 무시해버린다.

25 A사원은 최근에 맡은 업무를 성공적으로 수행하기 위해서 B부서의 협조가 필요하다. 그런데 부끄러움을 많이 타는 성격의 A사원은 B부서와 평소에 접촉도 없었으며 B부서 내에 개인적으로 친한 직원도 없다. 당신이 A사원이라면 어떻게 할 것인가?

① B부서로 직접 찾아가서 상황을 설명하고 정중히 업무 협조를 구한다.

② B부서 동료와 잘 통하는 사람을 찾아본다.

③ 업무 협조가 어려워 일을 못 하겠다고 상관에게 보고한다.

④ 그 업무를 일단 뒤로 미뤄버린다.

26 A사원은 운동을 하기보다는 영화관에 가서 영화를 보거나 새로 나온 책을 읽으며 쉬는 것을 선호하는 편이다. 그러나 A사원이 속한 부서의 B부장은 A사원과 반대로 운동을 취미로 삼고 있다. 문제는 사원들과 친밀한 관계를 유지하고 싶어 하는 B부장이 A사원에게도 계속해서 같은 운동을 취미로 삼을 것을 강요한다는 점이다. 당신이 A사원이라면 어떻게 행동하겠는가?

① 관계 유지 및 개선을 위해 요구를 받아들여 운동을 취미로 삼는다.

② 주말 등 별도의 시간을 투자하여 해당 운동에서 두각을 드러낼 수 있도록 한다.

③ B부장에게 자신은 운동에 흥미가 없음을 밝히고 정중하게 거절한다.

④ B부장에게 개개인의 특성을 고려하지 않은 업무 외의 일방적인 요구는 옳지 않다고 딱 잘라 말한다.

27 A사원이 속한 C팀은 다른 팀에 비해 야근이 잦은 편이다. 그렇다고 해서 C팀의 업무량이 많은 것은 아니며, 오히려 C팀의 수장인 B팀장이 팀 운영에서 비효율적인 업무 처리 방식을 고수하고 있기 때문이다. A사원이 생각하기에는 B팀장이 유지하고 있는 업무 처리 방식과 다른 업무 처리 방식을 도입한다면 효율성을 높이고 야근 횟수를 줄일 수 있을 것 같다. 당신이 A사원이라면 이런 상황에서 어떻게 하겠는가?

① B팀장의 방식을 존중하여 묵묵히 견딘다.

② B팀장에게 현재의 방식이 비효율적임을 조목조목 밝힌다.

③ B팀장에게 현재의 방식이 비효율적임을 공손하게 밝히고 대안을 제시한다.

④ B팀장에 대해 불만을 가진 다른 동료들을 부추겨 말하게 한다.

28 A과장은 어느 날 C부장에게 좋지 않은 말을 들었다. 이유는 최근에 A과장이 속한 부서에 들어오게 된 B사원 때문이었다. B사원이 아직 새로운 부서에 적응되지 않은 건지, 혹은 회사 생활에 필요한 업무 능력이 떨어지는 건지 알 수는 없지만, B사원의 미흡한 일 처리로 인해서 부서 업무가 엉망이 되었고 상사인 C부장에게 쓴소리까지 들은 상황이다. 당신이 A과장이라면 어떻게 하겠는가?

① B사원에게 상황을 그대로 알리고 시정 조치할 것을 지시한다.

② B사원에게 상황을 간략하게 알리고 개선할 방안을 제시해준다.

③ 부서 내에 상황을 그대로 알리고 B사원이 스스로 개선할 마음이 들도록 한다.

④ 일 처리에 능숙한 D대리를 불러 B사원을 도와줄 것을 지시한다.

29 새로 온 A팀장의 절차를 지나치게 강조하는 업무 방식에 B사원과 팀원들은 불만이 많다. 이때까지 해왔던 기존의 업무 방식이 누가 보더라도 훨씬 더 효율적이기 때문이다. 당신이 B사원이라면 어떻게 하겠는가?

① 업무 수행에서 효율성이 가장 중요하기 때문에 A팀장의 방식이 아닌 기존의 방식을 고수한다.

② 팀 회의와 같은 공식적인 자리에서 A팀장에게 본인뿐만 아니라 팀원들도 새로운 업무 방식에 불만을 느끼고 있음을 말한다.

③ 팀원들과 함께 A팀장의 업무 방식에 대해 험담을 한다.

④ 비효율적이라는 생각이 들지만, A팀장이 상사이므로 방식을 존중하며 불만을 참는다.

PART 4

30 A사원은 다른 업무에는 자신이 있지만 유독 컴퓨터를 사용하는 업무에는 자신이 없다. 그러나 A사원의 상사인 B부장은 종종 자신의 능력 밖인 컴퓨터 사용 업무를 부탁하곤 한다. A사원은 B부장이 자신에게 업무를 부탁하는 것 자체는 상관없지만, 컴퓨터 사용 업무는 잘하지 못하기 때문에 곤란한 상황이다. 당신이 A사원이라면 어떻게 하겠는가?

① B부장에게 부탁하는 일들이 자신의 능력 밖임을 밝히고 정중히 거절한다.

② B부장에게 업무가 밀려있다고 말하며 부탁을 정중히 거절한다.

③ B부장을 도와줄 수 있는 다른 동료나 선배를 찾는다.

④ 업무 외의 별도 지시를 반복해서 내리는 B부장에 대한 반대 여론을 조성한다.

우리가 해야 할 일은 끊임없이 호기심을 갖고
새로운 생각을 시험해 보고 새로운 인상을 받는 것이다.

– 월터 페이터 –

01 ▶ 과학의 탐구 과정

1. 탐구 과정에 필요한 기초 기능

(1) 탐구 방법

① 연역적 방법(데카르트)
  ㉠ 어떤 자연 현상을 이미 인정된 과학적 원리나 법칙으로 설명하는 과정으로 가설(잠정적 결론) 검증 과정을 중시한다.
  ㉡ 탐구 과정
    관찰 → 문제 인식 → 가설(잠정적 결론) 설정 → 탐구 설계(변인 설정) → 탐구(실험) 수행(가설의 검증 과정) → 자료 해석 → 결론 도출 → 일반화(원리, 법칙)
  ㉢ 자료 해석을 통하여 얻은 결론이 앞의 가설과 일치하지 않을 때에는 가설을 수정하거나 새로운 가설을 세우고 다시 새로운 가설에 알맞은 탐구 설계를 하여 탐구 과정을 거친다(Feed-back 과정).

② 귀납적 방법(베이컨)
  ㉠ 가설 설정 과정이 없다.
  ㉡ 개개의 특수한 사실을 일반적 원리로 도출한다.
  ㉢ 탐구 과정
    자연 현상 → 관찰 주제 설정 → 관찰 방법 및 절차 고안 → 관찰 수행 → 관찰 결과 및 결론 도출

(2) 과학의 탐구 과정

① 탐구 수행의 과정
  ㉠ 문제 인식
    • 주어진 상황에서 문제점을 발견하는 단계
    • 어떤 사실에 대해 의문을 가지는 것을 말한다.
  ㉡ 가설 설정
    • 어떤 문제를 인식하였을 때 그 문제에 대한 답을 임시로 정한 후 깊이 연구한다.
    • 이때 임시로 정한 답을 가설이라 하고, 가설을 세우는 것을 가설 설정이라고 한다.
  ㉢ 탐구 설계 : 종속 변인과 독립 변인을 구별하고 여러 가지 실험 방법 및 과정을 계획한다.
    • 종속 변인 : 독립 변인에 따라 결정되는 변인
    • 독립 변인 : 연구하는 사람이 조작할 수 있는 변화 가능한 변인
      - 조작 변인 : 실험하는 동안 체계적으로 변화시켜야 하는 변인
      - 통제 변인 : 실험에서 일정하게 유지시켜야 하는 변인
    • 변인 통제 : 실험에서 정확한 비교가 되기 위해서는 조작 변인 외에 실험에 영향을 미칠 수 있는 변인은 모두 일정하게 유지시켜야 한다.

ⓔ 탐구 수행
- 탐구 설계대로 올바른 정보를 찾아낸다.
- 사물과 사건을 수집하여 정리하는 과정이다.

ⓜ 자료 분석 및 해석
- 실험, 관찰로부터 얻은 결과에서 일정한 규칙성을 찾아낸다.
- 추리, 예상, 상관관계 등을 포함한다.

ⓗ 결론 도출 및 평가
- 자료를 해석하여 결론을 내리고 탐구 과정을 평가한다.
- 과학적인 결론은 다른 과학자가 실험을 하더라도 같은 결론을 얻을 수 있어야 한다.

② 탐구 활동의 기록
ⓐ 객관성 : 자신은 물론 다른 사람들에게 원래 목적하던 바를 정확하게 전달할 수 있어야 한다.
ⓑ 사실성 : 실험 결과나 느낀 바를 솔직하고 명확하게 기술해야 한다.
ⓒ 즉각성 : 데이터나 의문점들은 바로바로 기록하여야 한다.

2. 연구 방법

(1) 관찰, 조사, 측정

① 관찰
ⓐ 오감을 사용하여 정성적인 자료를 수집하는 탐구 활동이다.
ⓑ 사물이나 사건의 현상을 자연 상태 그대로 두고 세심하게 살피는 활동이다.
ⓒ 분류와 추론의 바탕이 되는 자료와 정보를 수집하는 데에 주요한 목적이 있다.

② 조사
ⓐ 관찰보다 능동적이고 의도적인 탐색 활동을 뜻한다.
ⓑ 자연을 통제하지 않고 그대로 둔 상태에서 진행된다.
ⓒ 자연 현상들 사이의 상관관계나 인과관계를 밝히는 데 목적이 있다.

③ 측정
ⓐ 과학 실험 도구나 기계를 사용하여 단위로 표현할 수 있는 정량적 자료를 수집하는 조작적 기능을 의미한다.
ⓑ 주로 수학 공식으로 표현할 수 있는 과학적 법칙이나 원리의 기초자료를 얻는 데에 그 목적이 있다.

(2) 분류, 추리, 예상, 모형

① 분류
ⓐ 어떤 공통적이거나 특징적인 속성에 따라 사물을 나누는 탐구 기능이다.
ⓑ 관찰이나 측정을 통해 수집한 자료를 정리·정돈하여 분류 체계를 구성하는 데에 주된 목적이 있다.

② 추리
ⓐ 관찰·측정·분류 과정을 통해 취득한 자료를 바탕으로 어떤 결론을 이끌어내고 그 결론에 따라 자연의 현상을 설명하는 탐구 기능이다.

ⓛ 예를 들어, 숲속에서 관찰한 생태학적 자료를 바탕으로 그곳에 살고 있는 동물의 종류를 알아
내는 것이 추론이다.

③ 예상

㉠ 확실한 관찰 결과와 정확한 측정 결과를 바탕으로 어떤 규칙성을 예측하는 탐구 활동을 말한다.

ⓛ 그렇지 못할 경우에는 검증이 불가능한 추측에 지나지 않을 수도 있다.

④ 모형

㉠ 직접 관찰하기가 곤란한 현상을 눈으로 직접 볼 수 있도록 한 것이다.

ⓛ 마네킹을 이용하여 자동차 충돌 실험을 하는 것처럼 쉽게 다룰 수 있도록 활용하는 것이다.

(3) 실험, 자료 해석, 토의

① 실험

㉠ 자연 현상에 인위적인 변화를 일으켜 관찰이나 측정을 통해 그 원인을 밝히려는 과학적 탐구 방
법이다.

ⓛ 일반적으로 실험은 자연에서 일어나는 현상들 사이의 인과관계를 규명하는 데에 궁극적인 목적
을 둔다.

② 자료 해석

㉠ 조사나 실험을 통해 얻은 자료를 바탕으로 새로운 사실 또는 아직 관찰되지 않은 사실을 예상하
거나 추론한다.

ⓛ 그러한 사실의 진위를 검증하는 데에 이용할 가설을 설정하는 활동을 일컫는다.

ⓒ 예로써 신문의 일기도 읽기, TV의 뉴스 보고 말하기, 여러 가지 도표를 보고 그 자료에 함축된
의미 말하기 등이 있다.

③ 토의

㉠ 어떤 문제에 관하여 각자 의견을 내어 검토한다.

ⓛ 협의를 통해 그 해결 방법을 모색하는 일종의 사회적 활동이다.

02 ▶ 전해질과 이온

1. 전해질과 이온의 관계

(1) 전해질과 비전해질

① 전해질

㉠ 물에 녹았을 때 전류가 흐르게 하는 물질

ⓛ 전해질의 예 : 염화나트륨, 질산칼륨, 염화구리, 황산구리, 염화수소, 수산화나트륨, 암모니아 등

ⓒ 염화나트륨이나 황산구리(Ⅱ) 등의 고체 결정은 전류가 흐르지 않지만 물에 녹아 수용액 상태에
서는 전류가 흐른다.

ⓔ 수용액에서 전류가 흐르는 이유 : 전해질이 물에 녹으면 전하의 운반체(이온)가 생기기 때문에

ⓜ 전해질의 농도와 전류

- 농도와 전류의 양 : 같은 전해질이라도 농도가 진해지면 흐르는 전류의 양이 많아진다(수용액 속에 이온이 많아지기 때문에).
- 전해질의 농도와 전류의 세기 : 전류의 세기는 전해질의 농도가 진할수록 증가하다가 어느 한 계를 넘어서면 더 이상 증가하지 않고 일정해진다.

〈전해질의 농도와 전류의 세기〉

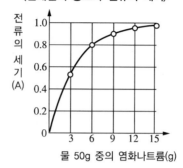

② 비전해질

　㉠ 물에 녹아 전류가 흐르지 않는 물질
　㉡ 비전해질의 예 : 설탕, 증류수, 알코올, 녹말, 포도당, 에탄올 등
　㉢ 설탕이나 녹말은 고체 상태뿐만 아니라 수용액 상태에서도 전류가 흐르지 않는다.

〈전해질과 비전해질〉

물질 ＼ 상태	전해질(소금)	비전해질(설탕)
고체	×	×
액체	○	×

〈수용액 상태의 전해질과 비전해질〉

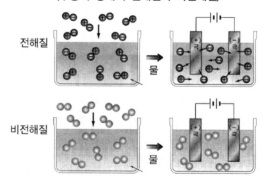

(2) 이온

① 이온의 형성

ㄱ 이온 : 원자가 전자를 잃거나 얻어서 생긴 전하를 띤 입자

- 양이온 : 원자가 전자를 잃어서 (+)전하를 띤 입자

$$Na \rightarrow Na^+ + \ominus$$

- 음이온 : 원자가 전자를 얻어서 (−)전하를 띤 입자

$$Cl + \ominus \rightarrow Cl^-$$

〈양이온과 음이온〉

(+)이온	이온식	(−)이온	이온식
수소 이온	H^+	수산화 이온	OH^-
은 이온	Ag^+	질산 이온	NO_3^-
칼슘 이온	Ca^{2+}	황산 이온	SO_4^{2-}
알루미늄 이온	Al^{3+}	인산 이온	PO_4^{3-}

ㄴ 원자의 전기적 성질 : 원자는 원자핵의 (+)전하 총량과 전자의 (−)전하 총량이 같아서 전기적으로 중성이다.

ㄷ 전기적으로 중성인 원자가 전자를 잃으면 (+)전하를 띤 입자가 되고, 전자를 얻으면 (−)전하를 띤 입자가 된다.

〈이온의 생성〉

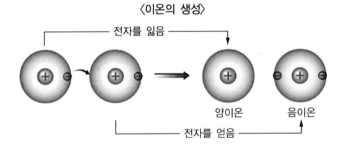

ㄹ 이온의 이동 : 전해질 수용액에서 전류가 흐를 때 (−)이온이 움직이며 전하를 운반한다. 이때 양이온은 (−)전극으로 음이온은 (+)전극으로 이동한다.

② 이온의 표시 방법

ㄱ 양이온 : 잃은 전자 수에 따라 +, 2+, 3+를 표기한다.

ㄴ 음이온 : 얻은 전자 수에 따라 −, 2−, 3−를 표기한다.

ㄷ 이온과 반응식

이온	명칭	반응식	형성 과정
Na^+	나트륨 이온	$Na \rightarrow Na^+ + \ominus$	전자를 1개 잃어서 생성
Cu^{2+}	구리 이온	$Cu \rightarrow Cu^{2+} + 2\ominus$	전자를 2개 잃어서 생성
Cl^-	염화 이온	$Cl + \ominus \rightarrow Cl^-$	전자를 1개 얻어서 생성
S^{2-}	황화 이온	$S + 2\ominus \rightarrow S^{2-}$	전자를 2개 얻어서 생성

③ 이온의 종류

　ⓐ 음이온

　　• 전자 1개를 얻는 경우 : Cl^-(염화 이온), OH^-(수산화 이온), $NO_3{}^-$(질산 이온)

　　• 전자 2개를 얻는 경우 : O^{2-}(산화 이온), $SO_4{}^{2-}$(황산 이온), $CO_3{}^{2-}$(탄산 이온)

　ⓑ 양이온

　　• 전자 1개를 잃는 경우 : H^+(수소 이온), K^+(칼륨 이온), Ag^+(은 이온), $NH_4{}^+$(암모늄 이온)

　　• 전자 2개를 잃는 경우 : Ca^{2+}(칼슘 이온), Mg^{2+}(마그네슘 이온), Cu^{2+}(구리 이온), Fe^{2+}
　　　(철 이온)

　ⓒ 다원자 이온 : 여러 가지 원자가 결합하여 이온으로 존재하는 이온

　　　→ 암모늄 이온($NH_4{}^+$), 황산 이온($SO_4{}^{2-}$), 탄산 이온($CO_3{}^{2-}$), 수산화 이온(OH^-)

④ 이온화 : 전해질을 물에 녹였을 때 양이온과 음이온으로 분리되는 현상

이온	명칭	이온화(수용액 상태)
HCl	염산	$HCl \rightarrow H^+ + Cl^-$
$CuCl_2$	염화구리	$CuCl_2 \rightarrow Cu^{2+} + 2Cl^-$
$CuSO_4$	황산구리	$CuSO_4 \rightarrow Cu^{2+} + SO_4{}^{2-}$
$AgNO_3$	질산은	$AgNO_3 \rightarrow Ag^+ + NO_3{}^-$
$CaCl_2$	염화칼슘	$CaCl_2 \rightarrow Ca^{2+} + 2Cl^-$
K_2CO_3	탄산칼륨	$K_2CO_3 \rightarrow 2K^+ + CO_3{}^{2-}$
Na_2CO_3	탄산나트륨	$Na_2CO_3 \rightarrow 2Na^+ + CO_3{}^{2-}$

〈원자핵과 전자〉

원자핵

전자

　ⓐ 원자핵 : 원자 중심에 위치하고 있는 (＋)전하(양성자＋중성자)

　ⓑ 전자 : 원자핵 주위에 위치하고 있는 (－)전하

⑤ 원소의 주기율표

족\주기	1	2	3	4	5	6	7	8	9	10	11	12	13	14	15	16	17	18
1	1 H																	2 He
2	3 Li	4 bE											5 B	6 C	7 N	8 O	9 F	10 Ne
3	11 Na	12 Mg											13 Al	14 Si	15 P	16 S	17 Cl	18 Ar
4	19 K	20 Ca	21 Sc	22 Ti	23 V	24 Cr	25 Mn	26 Fe	27 Co	28 Ni	29 Cu	30 Zn	31 Ga	32 Ge	33 As	34 Se	35 Br	36 Kr
5	37 Rb	38 Ba	39 Y	40 Zr	41 Nb	42 Mc	43 Tc	44 Ru	45 Rh	46 Pb	47 Ag	48 Cd	49 In	50 Sn	51 Sb	52 Te	53 I	54 Xe
6	55 Cs	56 Ba	*	72 Ht	73 Ta	74 W	75 Re	76 Os	77 Ir	78 Pt	79 Au	80 Hg	81 Sl	82 Pb	83 Bi	84 Po	85 At	86 Rn
7	87 Fr	88 Ra	**	※ 원자 번호는 원소 기호 위에 표시하였다.														

*란탄족	57 La	58 Ce	59 Pr	60 Nd	61 Pm	62 Sm	63 Eu	64 Gd	65 Tb	66 Dy	67 Ho	68 Er	69 Tm	70 Yb	71 Lu
**악티늄족	89 Ac	90 Th	91 Pa	92 U	93 Np	94 Pu	95 Am	96 Cm	97 Bk	98 Cf	99 Es	100 Fm	101 Md	102 No	103 Lr

2. 이온 반응과 검출 방법

(1) 전기 분해

① 전기 분해

　㉠ 전기 분해 : 전해질 수용액에서 전류가 흐르면 각각의 이온은 전하의 종류와 서로 반대되는 전극으로 이동하여 전자를 얻거나 잃은 후 전기적 중성을 띠는 성분 물질로 분해되는 것이다. 즉, 전해질 수용액이 전류에 의해 2가지 이상의 물질로 분리되어 생성되는 반응이다.

　㉡ 염화수소의 전기 분해

　　• 염화수소(HCl)는 수용액에서 수소 이온(H^+)과 염화 이온(Cl^-)으로 나누어진다.

　　• 수소(H^+) 이온은 ($-$)극으로 이동하고 염화 이온(Cl^-)은 ($+$)극으로 이동한다.

　　• 두 전극으로 이동한 이온은 전자를 흡수·방출하여 반응한다.

　　　($-$)극에서 : $2H^+ + 2e \rightarrow H_2 \uparrow$ (수소 기체 발생)

　　　($+$)극에서 : $2Cl^- \rightarrow Cl^2 \uparrow + 2e$ (염소 기체 발생)

　　• 결과 : 염화수소가 전류에 의하여 수소와 염소로 분해된다.

　㉢ 염화구리의 전기 분해

　　• 염화구리(Ⅱ)의 이온화 : $CuCl_2 \rightarrow Cu^{2+} + 2Cl^-$

　　• ($+$)극에서 반응 : ($-$)전하를 띤 Cl^-이 ($+$)극으로 이동하여 전하를 잃고 황록색의 자극성 냄새가 나는 염소 기체가 된다.

　　　$2Cl^- \rightarrow Cl_2 \uparrow + 2e$

- (−)극 반응 : (+)전하를 띤 Cu^{2+}이 (−)극으로 이동하여 전자를 얻은 후 Cu로 석출된다.

  $Cu^{2+} + 2e \rightarrow Cu$

- 전체 반응 : $CuCl_2 \rightarrow Cu$(붉은색)$+Cl_2$(황록색의 기체)

② 용융된 아이오딘화납(PbI_2)의 전기 분해

- 아이오딘화납은 물에는 녹지 않으므로 가열하여 용융 전기 분해한다.
- 용융된 상태에서 아이오딘화납의 이온화

  $PbI_2 \rightarrow Pb^{2+} + 2I^-$

- (+)극에서 반응 : (−)전하를 띤 I^-이 (+)극으로 이동하여 전자를 잃고 보라색으로 아이오딘 고체가 된다.

  $2I^- \rightarrow I_2 + 2e$

- (−)극에서의 반응 : (+)전하를 띤 Pb^{2+}이 (−)극으로 이동하여 전자를 얻은 후 Pb으로 석출된다.

  $Pb^{2+} + 2e \rightarrow Pb$

② 앙금 생성 반응

  ⊙ 물에 녹아 있는 두 종류의 전해질 수용액을 반응시킬 때, 물에 녹지 않는 물질(앙금)이 생기는 반응이다(이온 검출에 이용).

  ⓒ 염화 이온(Cl^-)의 검출
  질산은 수용액과 같이 은이온이 포함된 수용액에 염화나트륨 수용액을 넣으면 흰색 앙금인 염화은이 생성된다.

  $Ag^+ + Cl^- \rightarrow AgCl \downarrow$ (흰색 앙금)

  ⓒ 탄산 이온(CO_3^{2-})의 검출
  바륨 이온이나 칼슘 이온이 포함된 수용액을 탄산 이온 수용액에 넣으면 흰색 앙금인 탄산칼슘이나 탄산바륨이 생성된다.

  $Ca^{2+} + CO_3^{2-} \rightarrow CaCO_3 \downarrow$ (흰색 앙금)

  $Ba^{2+} + CO_3^{2-} \rightarrow BaCO_3 \downarrow$ (흰색 앙금)

  ② 황산 이온(SO_4^{2-})의 검출
  칼슘 이온이나 바륨 이온이 포함된 수용액을 황산 이온 수용액에 넣으면 흰색 앙금인 황산바륨이나 황산칼슘이 생성된다.

  $Ca^{2+} + SO_4^{2-} \rightarrow CaSO_4 \downarrow$ (흰색 앙금)

  $Ba^{2+} + SO_4^{2-} \rightarrow BaSO_4 \downarrow$ (흰색 앙금)

  ⑩ 납 이온(Pb^{2+})의 검출
  폐수 속에 들어 있는 납 이온(Pb^{2+})은 아이오딘화 이온(I^-)으로 검출한다.

  $Pb^{2+} + 2I^- \rightarrow PbI_2 \downarrow$ (노란색 앙금)

ⓗ Zn^{2+}, Cu^{2+}, Pb^{2+}, Cd^{2+}의 검출

폐수 속에 들어 있는 중금속 이온을 황화 이온으로 검출한다.

$Zn^{2+} + S^{2-} \rightarrow ZnS \downarrow$ (흰색 침전)

$Cu^{2+} + S^{2-} \rightarrow CuS \downarrow$ (검은색 침전)

$Pb^{2+} + S^{2-} \rightarrow PbS \downarrow$ (검은색 침전)

$Cd^{2+} + S^{2-} \rightarrow CdS \downarrow$ (노란색 침전)

ⓐ 은 이온(Ag^+)의 검출

은 이온은 염화 이온, 브롬화 이온, 아이오딘화 이온으로 검출이 가능하다.

$Ag^+ + Cl^- \rightarrow AgCl \downarrow$ (흰색 앙금)

$Ag^+ + Br^- \rightarrow AgBr \downarrow$ (연노란색 앙금)

$Ag^+ + I^- \rightarrow AgI \downarrow$ (노란색 앙금)

ⓞ 앙금 반응의 이용

• 염화은($AgCl$) : 수돗물을 소독하고 난 후 남아 있는 염화 이온의 검출

• 탄산칼슘($CaCO_3$) : 샘물에 포함된 칼슘 이온 검출, 지하수 속에 녹아 있는 탄산 이온의 검출

• 황산바륨($BaSO_4$) : 화산 근처의 호수에 녹아 있는 황산 이온의 검출

• 아이오딘화납(PbI_2) : 공장에서 흘러나오는 폐수의 납 이온의 검출

ⓩ 앙금이 생기지 않는 이온의 검출

• 나트륨 이온(Na^+), 칼륨 이온(K^+), 암모늄 이온(NH_4^+), 질산 이온(NO_3^-) 등은 앙금을 생성하지 않는다.

• 금속 이온인 나트륨 이온과 칼륨 이온은 불꽃 반응색으로 확인할 수 있다.

• 암모늄 이온은 네슬러 시약에 의해 적갈색으로 변한다.

• 질산 이온은 진한 황산과 황산철(Ⅲ) 수용액의 혼합 용액을 가하면 갈색 고리가 생긴다.

③ 알짜 이온 반응식

㉠ 이온 사이의 반응에서 실제로 반응에 참여한 이온만을 나타낸 화학식이다.

㉡ 알짜 이온은 반응에 실제로 참여하는 이온이고, 구경꾼 이온은 반응에 참여하지 않는 이온이다.

㉢ 질산납 수용액과 아이오딘화칼륨 수용액의 반응 : 아이오딘화칼륨(KI) 수용액과 질산납[Pb(NO$_3$)$_2$] 수용액을 섞으면 노란색 침전인 아이오딘화납(PbI_2)이 생성된다.

〈알짜 이온 반응식〉

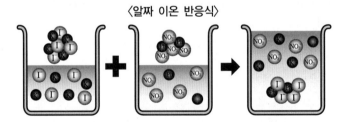

• 화학 반응식 : $2KI(aq) + Pb(NO_3)_2(aq) \rightarrow PbI_2(s) + 2KNO_3(aq)$

• 알짜 이온 반응식 : $Pb^{2+} + 2I^- \rightarrow PbI_2(s)$

• 알짜 이온은 Pb^{2+}, I^-이고, K^+, NO_3^-은 구경꾼 이온이다.

(2) 불꽃 반응과 스펙트럼을 이용한 이온의 검출

① 불꽃 반응

물질을 무색의 겉불꽃 속에 넣었을 때 나타나는 특유한 불꽃 색깔로 원소를 구별하는 방법이다.

② 몇 가지 원소의 불꽃 색깔

원소	리튬(Li)	나트륨(Na)	칼륨(K)	칼슘(Ca)	스트론튬(Sr)	구리(Cu)
불꽃의색깔	빨간색	노란색	보라색	주황색	진한 빨간색	청록색

③ 스펙트럼의 특징

㉠ 시험 방법이 간단하고, 아주 적은 양의 물질이라도 분석이 가능하다.

㉡ 불꽃 색깔이 비슷한 원소도 쉽게 구별할 수 있다.

03 ▶ 산과 염기의 반응

1. 산과 염기의 구별

(1) 산의 성질

① 산 : 산성을 띠는 물질로, 수용액에서 이온화하여 수소 이온(H^+)을 내놓는 물질

② 산성 : 산의 수용액이 나타내는 공통적인 성질

㉠ $HCl \rightarrow H^+ + Cl^-$

㉡ $CH_3COOH \rightarrow CH_3COO^- + H^+$

㉢ $H_2SO_4 \rightarrow 2H^+ + SO_4{}^{2-}$

㉣ $HNO_3 \rightarrow H^+ + NO_3{}^-$

〈산이 수소 이온을 내놓는 정도〉

탄산　　　　염산

③ 산의 성질

㉠ 수용액에서 신맛을 낸다.

㉡ 산의 수용액은 전류를 흐르게 하는 전해질이다.

㉢ 푸른 리트머스 종이를 붉게 한다.

㉣ 금속과 반응하여 수소 기체를 발생한다.

• $Zn + 2HCl \rightarrow ZnCl_2 + H_2 \uparrow$ (기체 발생)

• $Mg + 2HCl \rightarrow MgCl_2 + H_2 \uparrow$ (기체 발생)

〈마그네슘과 염산의 반응모형〉

(2) 염기

① 염기 : 염기성을 띠는 물질로 수용액에서 이온화하여 수산화 이온(OH^-)을 내놓는다.

② 염기성 : 염기의 수용액이 나타내는 공통적인 성질

    ㉠ $NaOH \rightarrow Na^+ + OH^-$

    ㉡ $KOH \rightarrow K^+ + OH^-$

    ㉢ $Ca(OH)_2 \rightarrow Ca^{2+} + 2OH^-$

    ㉣ $NH_4OH \rightarrow NH_4^+ + OH^-$

③ 염기의 성질

    ㉠ 수용액에서 쓴맛을 내며 단백질을 녹이므로 손에 닿으면 미끈거린다.

    ㉡ 염기의 수용액은 전해질이므로 전류를 흐르게 한다.

    ㉢ 염기성이므로 붉은색 리트머스 종이를 푸르게 한다.

    ㉣ 공통적으로 OH^- 가 나타난다.

2. 산과 염기의 세기

(1) 세기의 결정과 표시

① 세기의 결정

    수용액에서 이온화 잘됨 → H^+, OH^- 의 농도($\uparrow$) → 산, 염기의 세기$\uparrow$

② 세기의 표시(pH : 산성도)

    ㉠ 수소 이온의 농도를 나타내는 단위

    ㉡ pH가 7보다 낮으면 산성이다.

(2) 산의 세기

① 강산

    ㉠ 수용액에서 이온화되어 수소 이온(H^+)을 잘 내놓는 물질

    ㉡ 염산(HCl), 황산(H_2SO_4), 질산(HNO_3)

② 약산

    ㉠ 수용액에서 일부만 이온화되어 수소 이온(H^+)을 내놓는 물질

    ㉡ 탄산(H_2CO_3), 아세트산(CH_3COOH), 붕산(H_3BO_3), 인산(H_3PO_4)

〈강한 산과 약한 산의 비교〉

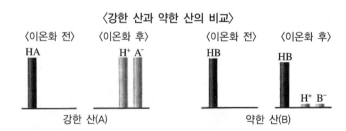

(3) 염기의 세기

① 강한 염기

    ㉠ 수용액에서 대부분 이온화되어 수산화 이온(OH^-)을 잘 내놓는 물질

    ㉡ $NaOH$, KOH, $Ca(OH)_2$

② 약한 염기

    ㉠ 수용액에서 일부만 이온화되어 수산화 이온(OH^-)을 내놓는 물질

    ㉡ NH_4OH, $Mg(OH)_2$

(4) 산과 염기의 이온화

① 이온화도(α)

    ㉠ 전해질이 수용액 속에서 이온화되는 정도를 이온화도(α)라고 한다.

$$[이온화도(\alpha)] = \frac{(이온화된\ 전해질의\ 분자\ 수)}{(수용액\ 속에\ 녹아\ 있는\ 총분자\ 수)}$$

    ㉡ 이온화도의 값 : $0 \leq \alpha \leq 1$

    ㉢ 이온화가 클수록 수용액 속에 이온이 많이 존재한다.

    ㉣ $\alpha = 0$이면 비전해질이고, $\alpha = 1$이면 100% 이온화된 것을 의미한다.

    ㉤ 이온화도는 온도와 농도에 따라 달라진다. 같은 수용액이라도 온도가 높고 농도가 낮을수록 이온

       화도가 커진다.

② 산과 염기의 이온화도

산	이온화도	염기	이온화도
HCl	0.94	NaOH	0.91
HNO_3	0.92	KOH	0.91
H_2SO_4	0.62	$Ca(OH)_2$	0.91
CH_3COOH	0.013	NH_3	0.013

3. 산과 염기의 종류

(1) 산의 종류

① 염산(HCl)

    ㉠ 염화수소

      • 자극성이 강한 무색의 기체로서 공기보다 무거우며 물에 아주 잘 녹는다.

      • 암모니아(NH_3)와 반응하여 흰 연기 상태의 염화암모늄(NH_4Cl)을 만든다.

        $HCl + NH_3 \rightarrow NH_4Cl$

    ㉡ 염산

      • 염화수소를 녹인 수용액으로 휘발성이 있다.

      • 이용 : 금속의 녹을 제거하거나 PVC, 염료, 조미료를 만드는 원료로 쓰인다.

      • 물에 대단히 잘 녹는다(20℃, 1기압에서 물 1L에 HCl 22.4L가 녹는다).

      • 위액 속의 위산은 HCl이 주성분이고, 0.2 ~ 0.4% 들어 있다. 또한, 위산은 소화를 돕는 작용을

        한다.

② 질산(HNO_3)

　　㉠ 진한 질산

　　　• 무색의 발연성이 있는 액체로 물보다 무겁다.

　　　• 열과 빛에 의하여 잘 분해되므로, 빛을 차단하는 갈색 병에 보관한다.

$$4HNO_3 \overset{빛}{\rightarrow} 2H_2O + 4NO_2 + O_2$$

　　㉡ 묽은 질산

　　　• 진한 질산을 묽게 해서 만든다.

　　　• 순수한 수소를 얻는 데 사용하지 않는다(NO, NO_2와 섞여 나오기 때문에).

　　㉢ 산화력이 크기 때문에 수소보다 반응성이 작은 금속과 반응한다.

　　　• 묽은 질산 : $3Cu + 8HNO_3 \rightarrow 3Cu(NO_3)_2 + 4H_2O + 2NO \uparrow$

　　　• 진한 질산 : $Cu + 4HNO_3 \rightarrow Cu(NO_3)_2 + 2H_2O + 2NO_2 \uparrow$

　　㉣ 순수한 질산 : 무색의 발연성 액체로 녹는점이 $-42℃$, 끓는점은 $86℃$, 비중은 1.52이다(진한 질산은 70% 수용액이다).

③ 황산(H_2SO_4)

　　㉠ 진한 황산

　　　• 농도가 98%이며, 무겁고 점성이 큰 무색의 액체이다.

　　　• 탈수 작용을 하므로 건조제로 쓰인다.

　　㉡ 묽은 황산

　　　• 진한 황산을 묽게 해서 만들며, 수용액에서 이온화가 잘 되므로 강산이다.

　　　• 이용 : 염료, 의약, 축전지, 인조 섬유, 석유의 정제 등 화학 공업에 쓰인다.

(2) 염기의 종류

① 수산화나트륨(NaOH)

　　㉠ 흰색의 고체로 물에 잘 녹으며, 수용액은 강한 염기성을 나타낸다.

　　㉡ 공기 중에서 수분을 흡수하여 스스로 녹는 조해성이 있다.

　　㉢ 이산화탄소(CO_2)를 흡수하여 탄산나트륨(Na_2CO_3)을 만든다.

　　㉣ 비누, 섬유, 종이, 물감을 만드는 원료로 사용된다.

② 수산화칼슘[$Ca(OH)_2$]

　　㉠ 회색의 가루로 소석회라고 한다.

　　㉡ 용해도는 작으나 용해된 것은 이온화가 잘 되므로 강염기이다.

　　㉢ 수용액 : 석회수

　　㉣ 석회수는 이산화탄소 검출에 이용한다.

$$Ca(OH)_2 + CO_2 \rightarrow CaCO_3(흰색 앙금) + H_2O$$

③ 암모니아(NH_3)

　　㉠ 무색의 자극성 기체로서 공기보다 가볍다.

　　㉡ 수용액 : 암모니아수(NH_3OH)

　　㉢ 물에 잘 녹으며 이온화하여 염기성을 나타낸다.

ⓐ 염화수소(HCl)와 만나면 염화암모늄을 만든다.

$$NH_3 + HCl \rightarrow NH_4Cl(흰 연기)$$

〈염기성 용액에서의 암모니아의 작용〉

암모니아 분수
물이 든 스포이트
페놀프탈레인을 넣은 물

04 ▶ 산과 염기의 중화 반응

1. 수용액과 지시약

(1) 수용액의 성질

① 수용액의 성질은 수소 이온(H^+)과 수산화 이온(OH^-)의 양에 의해 결정된다.

② 수용액의 성질

    ㉠ 산성 : $H^+ > OH^-$, pH< 7

    ㉡ 중성 : $H^+ = OH^-$, pH= 7

    ㉢ 염기성 : $H^+ < OH^-$, pH> 7

(2) 지시약의 색깔

① 지시약은 수용액의 pH에 따라 색이 달라지는 물질로서, 용액의 액성을 구별할 때 사용된다. 지시약은 그 자체가 약한 산성을 띠거나, 약염기성이므로 사용하면 용액의 액성에 영향을 끼친다.

② 지시약의 변색

지시약	산성	중성	염기성
리트머스	붉은색	보라색	푸른색
페놀프탈레인	무색	무색	붉은색
메틸오렌지	붉은색	주황색	노란색
BTB	노란색	녹색	푸른색

2. 중화 반응의 특성

(1) 중화 반응

① 중화 반응
  ㉠ 산과 염기가 반응하여 물과 염을 만드는 반응
  ㉡ 산+염기 → 염+물
② 중화 반응의 이온 반응식
  ㉠ 산의 H^+와 염기의 OH^-가 $1:1$의 비로 반응하여 염과 물이 생성되는 반응
  ㉡ $HCl+NaOH \rightarrow NaCl+H_2O$ 반응에서 $H^++OH^- \rightarrow H_2O$가 생성되는 반응

〈염산과 수산화나트륨 수용액의 반응〉

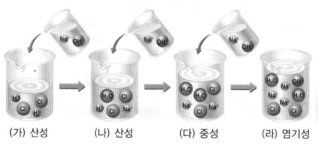

(가) 산성   (나) 산성   (다) 중성   (라) 염기성

  ㉢ 혼합 용액에서의 액성
    • 산성 : $H^+ > OH^-$
    • 중성 : $H^+ = OH^-$
    • 염기성 : $H^+ < OH^-$
③ 염
  ㉠ 산과 염기의 중화 반응에서 물과 함께 생성되는 물질
  ㉡ 염의 생성 반응
    • 산과 염기의 중화 반응 : $HCl+NaOH \rightarrow H_2O+NaCl$
    • 금속과 산의 반응 : $Mg+2HCl \rightarrow MgCl_2+H_2\uparrow$
    • 염과 염의 반응 : $NaCl+AgNO_3 \rightarrow NaNO_3+AgCl\downarrow$
  ㉢ 염의 용해성
    • Na^+, K^+, NH^{4+}는 물에 잘 녹는다.
    • 물에 잘 녹지 않는 염(앙금 생성 반응) : $CaCl_2$, $BaCl_2$, $AgCl$

양이온＼음이온	NO_3^-	Cl^-	SO_4^{2-}	CO_3^{2-}	용해성
Na^+	$NaNO_3$	$NaCl$	Na_2SO_4	Na_2CO_3	잘 녹는다.
K^+	KNO_3	KCl	K_2SO_4	K_2CO_3	
NH_4^+	NH_4NO_3	NH_4Cl	$(NH_4)_2SO_4$	$(NH_4)_2CO_3$	
Ca^{2+}	$Ca(NO_3)_2$	$CaCl_2$	$CaSO_4$	$CaCO_3$	잘 녹지 않는다.
Ba^{2+}	$Ba(NO_3)_2$	$BaCl_2$	$BaSO_4$	$BaCO_3$	
Ag^+	$AgNO_3$	$AgCl$	Ag_2SO_4	Ag_2CO_3	

④ 중화 반응의 예

    ㉠ $HCl + NaOH \rightarrow H_2O + NaCl$

    ㉡ $H_2SO_4 + 2NaOH \rightarrow 2H_2O + Na_2SO_4$

    ㉢ $2HCl + Ca(OH)_2 \rightarrow 2H_2O + CaCl_2$

(2) 중화열과 중화 반응의 이용

① 중화열

    ㉠ 중화 반응이 일어날 때 방출하는 열 : $H^+ + OH^- \rightarrow H_2O + 열$

    ㉡ 중화 반응은 발열 반응이므로 반응 시 물은 열을 흡수하여 용액의 온도는 상승한다(산의 H^+과 염기의 OH^-이 반응하는 양에 따라 발생하는 열량이 달라진다).

    ㉢ 용액의 온도와 중화점 : 일정량의 염기 용액에 산 용액을 가할 때 혼합 용액에서는 열이 발생하므로 용액의 온도가 가장 높을 때가 중화점이다.

② 산과 염기의 중화 반응에서 발생하는 열

    ㉠ $H^+ + OH^- \rightarrow H_2O + 열(중화열)$

    ㉡ 중화 반응 시 온도의 변화

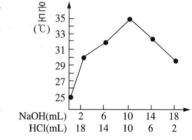

〈온도 변화 그래프〉

      • 산과 염기의 중화 반응이 진행됨에 따라 용액의 온도가 점차 높아지며 완전히 중화될 때 온도가 가장 높다.

      • 반응하는 산의 H^+과 염기의 OH^-이 많을수록 중화열이 많이 발생한다.

    ㉢ 중화 여부 측정 방법

      • 지시약을 사용하여 용액의 색깔 변화를 보아 중화점을 안다.

      • 용액의 온도 변화 측정 : 산과 염기를 중화시킬 때 변화되는 온도를 측정하여 용액의 온도 변화가 최고에 이를 때 중화된 것을 안다.

③ 일상생활과 중화 반응

    ㉠ 벌에 쏘인 부위에 암모니아수를 바른다. → 벌침의 독에는 포름산 등의 산성 물질이 들어 있으므로 염기성인 암모니아수로 중화된다.

    ㉡ 신 김치로 찌개를 만들 때 탄산수소나트륨을 넣으면 신맛이 줄어든다. → 탄산수소나트륨은 염기성 물질이므로 김치의 산을 중화시킨다.

    ㉢ 생선회에 레몬즙을 뿌리면 비린내를 줄일 수 있다. → 생선회의 비린내는 트리메틸아민이라는 염기성 물질이므로 레몬즙의 산성 물질로 중화시킨다.

    ㉣ 속이 쓰릴 때 제산제를 먹는다. → 위에서 과다하게 분비된 염산에 의해 속이 쓰리므로 수산화마그네슘, 탄산수소나트륨 등의 중성분인 제산제를 먹으면 중화된다.

    ㉤ 산성화된 토양이나 호수에 석회를 뿌린다. → 염기성 물질인 석회로 산성을 중화시킨다.

(3) 중화점

① 중화점

ㄱ 산의 수소 이온(H^+)과 염기의 수산화 이온(OH^-)이 1 : 1의 비로 반응하여 정확하게 중성이 되는 점

ㄴ 중화 반응에서 염산에 NaOH 수용액을 가할 때 이온수의 변화

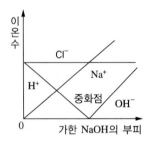

② 중화점의 관찰

ㄱ 지시약 관찰(산성에서 중성으로 변하는 색상 조사) : 용액의 산성도를 조사한다.

ㄴ 온도 측정(온도의 상승 곡선 조사) : 중화점에서 최고 온도를 나타낸다.

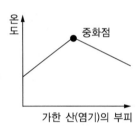

ㄷ 전류 측정(전도도계를 이용하여 전도도의 변곡점 조사) : 이온의 수가 감소하므로 전류 값 감소

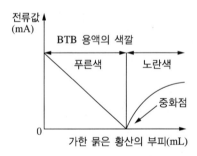

③ 온도에 따른 중화점

ㄱ 중화열과 H^+ 및 OH^-의 수 : 반응하는 수소 이온(H^+)과 수산화 이온(OH^-)의 수가 많을수록 열이 많이 발생한다.

ㄴ 중화점과 온도 변화 : 중화점에서 온도 변화가 가장 크며, 중화점에서는 수소 이온과 수산화 이온이 모두 반응한다.

05 ▶ 반응 속도

1. 반응 속도와 화학 반응

(1) 반응 속도

① 반응물의 성질

반응물의 활성이 큰 경우 반응 속도는 빠르다(엔탈피가 큰 경우).

② 반응 속도

㉠ 반응 속도 : 단위 시간당 반응하는 물질의 농도 감소량, 또는 생성되는 물질의 농도 증가량을 말하며 농도는 몰농도로 나타낸다.

$$（반응\ 속도）=\frac{（반응\ 물질의\ 농도\ 변화）}{（시간）}=\frac{（생성\ 물질의\ 농도\ 변화）}{（시간）}$$

㉡ 반응 속도의 단위

- 기체 : mL/초, mL/분
- 액체 : 몰/(L・초), 몰/(L・분)

㉢ 빠른 반응

- 침전 반응, 중화 반응, 기체 발생 반응, 연소 반응은 반응 속도가 빠르다.
  - 침전 반응 : $AgNO_3 + NaCl \rightarrow AgCl(침전) + NaNO_3$
  - 중화 반응 : $HCl + NaOH \rightarrow H_2O(물\ 생성) + NaCl$
  - 기체 발생 반응 : $Zn + 2HCl \rightarrow ZnCl_2 + H_2(기체\ 발생)$
  - 연소 반응 : $CH_4 + 2O_2 \rightarrow CO_2 + 2H_2O$
- 단순 이온 간의 반응은 반응 속도가 빠르다.
- 빠른 반응의 예
  - 프로판이나 부탄과 같은 연료가 타는 반응
  - 폭약이 폭발하는 반응
  - 수용액에서 앙금이 생기는 반응
  - 대리석과 염산의 반응

㉣ 느린 반응

- 철의 부식이나 석회암 동굴의 생성 반응 등은 느리다.
  - 철의 부식 : $4Fe + 3O_2 + 2H_2O \rightarrow 2Fe_2O_3H_2$
  - 석회암 동굴의 생성 반응 : $CaCO_3 + CO_2 + H_2O \rightarrow Ca(HCO_3)_2$
- 공유 결합의 분해 반응은 반응 속도가 느리다.
  - $2HI \rightarrow H_2 + I_2$

- 느린 반응의 예
  - 대리석 건물이 산성비에 의해 침식될 때의 반응
  - 찹쌀을 이용하여 술을 빚을 때의 반응
  - 김치가 익는 반응
  - 석회 동굴이 생기는 반응
  - 과일이 익어가는 반응
  - 철과 황산의 반응
③ 반응 속도 측정 방법
  ㉠ 일반적으로 단위 시간 동안 반응 물질의 농도 감소량, 생성 물질의 농도 증가량을 조사한다.
  ㉡ 앙금의 이용 : 일정량의 앙금이 생성되는 시간을 조사한다. 속도는 걸린 시간에 반비례한다.
  ㉢ 기체의 이용
  - 생성된 기체가 빠져나갈 때 : 반응할수록 질량이 감소하므로 단위 시간당 질량의 감소량으로 반응 속도를 측정한다(전자저울을 이용).
  - 생성된 기체를 모으는 경우 : 단위 시간당 발생하는 기체의 부피를 측정한다.

〈기체의 생성〉

부피 측정법   질량 측정법

  ㉣ 기울기 그래프 이용
  - 기울기 변화를 조사함으로써 반응 속도를 알 수 있다.
  - 시간에 따른 농도의 변화에서 기울기가 클 때 : 반응 속도가 빠르다.
  - 시간에 따른 농도의 변화에서 기울기가 작을 때 : 반응 속도가 느리다.
  - 시간에 따른 농도의 변화에서 기울기가 0일 때 : 반응 종결
  - 시간에 따라 발생하는 기체의 부피를 그래프로 그렸을 때, 반응 속도는 그래프의 기울기와 같다. 즉, 그래프의 두 점 사이의 기울기는 그 시간 동안의 반응 속도와 같다.

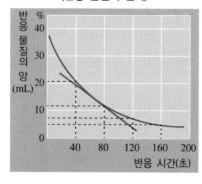

〈반응 물질의 변화〉

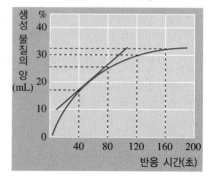

〈생성 물질의 변화〉

④ 반응 속도의 변화

ⓐ 처음에는 빠르지만 시간이 흐를수록 점차 느려진다.

ⓑ 반응 속도는 시간에 따른 농도의 변화 그래프에서 접선의 기울기와 같다.

〈반응 속도의 변화〉

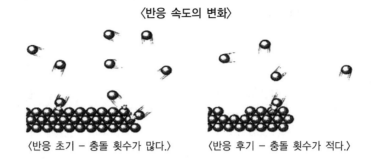

〈반응 초기 – 충돌 횟수가 많다.〉 〈반응 후기 – 충돌 횟수가 적다.〉

(2) 화학 반응의 조건

① 화학 반응이 일어나기 위한 조건

ⓐ 반응하는 물질의 입자 사이에 충돌이 있어야 한다.

ⓑ 충분한 에너지를 동반한 충돌이어야 한다.

② 활성화 에너지 : 반응에 필요한 최소의 에너지를 활성화 에너지라고 하며 활성화 에너지가 작을수록 반응 속도가 빠르다.

③ 유효 충돌 : 반응을 일으키기에 적당한 방향으로 부딪치는 입자의 충돌을 유효 충돌이라고 한다.

2. 반응 속도에 영향을 끼치는 요인

(1) 농도

① 반응 속도와 농도 : 반응물의 농도가 진할수록 반응 물질 사이의 충돌 횟수가 많아져 반응을 일으키는 입자 수가 증가하기 때문에 반응 속도가 빨라진다.

② 농도와 충돌 횟수

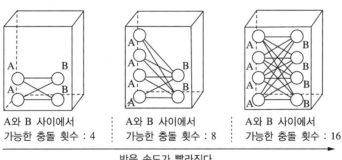

A와 B 사이에서 가능한 충돌 횟수 : 4   A와 B 사이에서 가능한 충돌 횟수 : 8   A와 B 사이에서 가능한 충돌 횟수 : 16

반응 속도가 빨라진다.

PART 5

(2) 온도

① 반응 속도와 온도 : 온도가 상승하면 분자의 운동이 활발해지고 활성화 에너지보다 큰 에너지로 충돌하는 분자 수가 증가하므로 반응 속도는 빨라진다.

② 온도가 10℃ 상승하면 반응 속도는 약 2배 정도 증가한다.

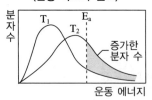

〈반응 속도와 온도〉

T_1, T_2 : 온도($T_1 < T_2$)

E_a : 활성화 에너지(반응을 일으키는 데 필요한 최소의 에너지)

(3) 촉매

① 반응 속도와 촉매 : 촉매는 화학 반응이 일어날 때 활성화 에너지에 영향을 주어 반응 속도가 변하도록 해주는 물질이지만, 촉매 자신은 변하지 않는다.

② 촉매의 종류

  ㉠ 정촉매

  • 활성화 에너지를 감소시켜 반응 속도를 빠르게 한다.

  • $2KClO_3 \xrightarrow{MnO_2} 2KCl + 3O_2$

  ㉡ 부촉매

  • 활성화 에너지를 증가시켜 반응 속도를 느리게 한다.

  • $H_2O_2 \xrightarrow{H_3PO_4} H_2O + \dfrac{1}{2}O_2$

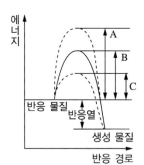

A : 부촉매 사용 시 활성화 에너지

B : 촉매가 없을 때의 활성화 에너지

C : 정촉매 사용 시 활성화 에너지

(4) 그 밖의 요인

① 압력 : 밀폐된 용기 안의 기체 분자들이 반응할 때 압력이 증가하면 기체의 부피가 감소하여(단위 부피 당 분자 수 증가) 압력에 관한 효과는 농도와 같은 결과를 얻는다.

② 표면적 : 반응물의 표면적이 넓을수록 반응물 간의 접촉 면적이 넓으므로 충돌하는 입자 수가 증가되어 반응 속도는 빨라진다.

③ 빛 에너지 : 빛 에너지는 반응물을 활성화시켜 반응 속도를 빠르게 한다.

3. 반응 속도와 생활의 관계

(1) 농도 · 온도 · 촉매의 영향

① 농도의 영향

⊙ 강산에서는 금속이 쉽게 녹슨다.

ⓒ 산성도가 높은 비일수록 금속 구조물을 쉽게 손상시킨다.

ⓒ 알약보다는 가루약, 물약이 약효가 빠르다.

② 온도의 영향

⊙ 음식물을 냉장 보관하면 신선도를 오래 유지한다(부패 속도 감소).

ⓒ 압력솥에서 밥이 빨리 된다.

③ 촉매의 영향

유해한 자동차의 배기가스를 촉매 변환기를 이용하여 유해하지 않은 물질로 변환시킨다.

(2) 반응 속도의 영향

① 반응 속도를 느리게 하는 경우

⊙ 냉장고에 음식을 넣어 부패 속도를 느리게 한다.

ⓒ 위 속에서 녹는 속도가 다른 물질로 캡슐을 만든다.

② 반응 속도를 빠르게 하는 경우

⊙ 압력솥으로 밥을 짓는다.

ⓒ 암모니아의 합성 반응에서 압력과 온도를 조절하여 반응 속도를 빠르게 한다.

ⓒ 화학 공업에서 반응이 잘 일어날 수 있게 하기 위해 정촉매를 사용한다.

ⓔ 된장, 고추장, 김치, 젓갈 등의 식품을 만들거나 물질 합성 및 환경오염 제거 등에 효소를 이용한다.

01 다음 전자기파(빛)를 파장이 긴 순서대로 바르게 나열한 것은?

┌───┐
│ ㉠ 전파   ㉡ 적외선   │
│ ㉢ 감마선   ㉣ 가시광선   │
│ ㉤ 자외선   │
└───┘

① ㉡ － ㉠ － ㉣ － ㉤ － ㉢   ② ㉡ － ㉠ － ㉣ － ㉢ － ㉤

③ ㉠ － ㉡ － ㉢ － ㉣ － ㉤   ④ ㉠ － ㉡ － ㉣ － ㉤ － ㉢

02 다음 그림을 보고 원자모형의 변천과정을 시기 순서대로 나열한 것은?

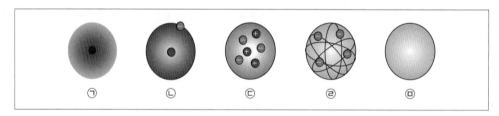

① ㉠ － ㉡ － ㉢ － ㉣ － ㉤   ② ㉠ － ㉤ － ㉢ － ㉡ － ㉣

③ ㉤ － ㉢ － ㉡ － ㉣ － ㉠   ④ ㉤ － ㉢ － ㉡ － ㉠ － ㉣

03 다음 중 보어의 원자 모형에 대한 설명으로 옳지 않은 것은?

① 수소 원자의 불연속적인 선 스펙트럼을 설명하기 위해 제안된 모형이다.

② 전자가 속한 궤도와 전자가 지니는 속성에 집중한다.

③ 원자핵에서 가까워질수록 전자껍질의 에너지 준위는 낮아진다.

④ 전자는 에너지를 방출하며 높은 전자껍질로 전이된다.

※ 다음 그림은 물의 전기분해 실험에 대한 내용이다. 질문에 답하시오. [4~5]

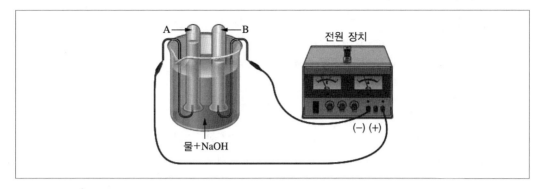

04 위 시험관 A, B에 들어있는 각각의 기체는 무엇인가?

　　　　　 A 　　　　　 B
① 수소 기체 　　　 산소 기체
② 　수증기 　　　 수소 기체
③ 산소 기체 　　　 수소 기체
④ 산소 기체 　　　　 수증기

05 위 실험에 대한 내용 중 옳지 않은 것은?

① 전해질은 수산화나트륨 대신 소량의 황산나트륨을 넣으면 전기분해를 할 수 없다.
② (+)극에서 산소 기체, (−)극에서는 수소 기체가 발생한다.
③ 생성된 수소 기체의 부피는 산소 기체의 2배이다.
④ 생성된 수소 기체와 산소기체는 2원자 분자이다.

06 다음 〈보기〉에서 설명한 염기의 종류는?

• 무색의 자극성 기체로 공기보다 가볍다.
• 물에 잘 녹으며 유기산류 용액에 의해 중화된다.
• 합성 비료의 재료로 사용된다.
• 염화수소(HCl)와 만나면 염화암모늄(NH_4Cl)을 만든다.

① 수산화나트륨   ② 수산화마그네슘
③ 암모니아   ④ 탄산수소나트륨

07 다음 중 전지에서 (−)극이 되는 금속은?

① 이온화 경향이 작은 금속   ② 이온화 경향이 큰 금속
③ 수소보다 이온화 경향이 작은 금속   ④ 전자를 받아 환원되기 쉬운 금속

08 다음은 묽은 염산(HCl)에 수산화나트륨(NaOH)수용액을 가할 때 중화반응에 대한 그래프이다. 이에 대한 설명으로 옳지 않은 것을 〈보기〉에서 모두 고르면?

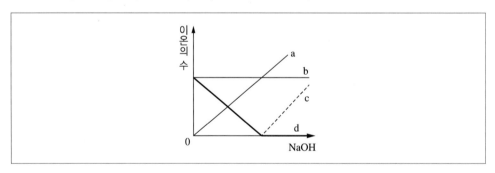

보기

㉠ 구경꾼 이온은 a와 b이다.
㉡ d는 수산화이온이다.
㉢ a는 d와 반응하여 물이 된다.
㉣ 중화점 이후 c가 증가한다.

① ㉠, ㉣   ② ㉡, ㉢
③ ㉢, ㉣   ④ ㉠, ㉢, ㉣

09 다음 중 원자 번호에 따라 주기적으로 변하는 성질이 아닌 것은?

① 원자 반경   ② 몰 부피

③ 원자 금속성   ④ 화학적 성질

10 다음 반응의 공통점은 무엇인가?

- 간 세포에서 포도당이 글리코겐으로 합성된다.
- 단백질은 위액을 혼합한 용액에서 쉽게 분해된다.
- 수소와 산소의 혼합 기체는 백금 가루가 있으면 실온에서도 잘 반응한다.
- 체내 대사 과정에서 생성된 과산화수소는 철 이온에 의하여 물과 산소로 분해된다.

① 촉매 반응   ② 흡열 반응

③ 발열 반응   ④ 산화 반응

11 다음 중 화석 연료에 대한 설명으로 옳은 것을 모두 고르면?

보기

ㄱ. 석유, 석탄 등이 대표적인 화석 연료이다.
ㄴ. 지질 시대의 생물이 땅 속에 묻혀 생성되었다.
ㄷ. 과다하게 사용해도 환경오염을 일으키지 않는다.

① ㄱ   ② ㄷ

③ ㄱ, ㄴ   ④ ㄴ, ㄷ

12 다음은 메테인을 생성하는 화학 반응식이다. 빈칸에 해당하는 물질로 옳은 것은?

$$C + (\quad) \rightarrow CH_4$$

① H ② H_2

③ $3H$ ④ $2H_2$

13 다음 설명에 해당하는 것은?

> • 물질이 산소와 결합하는 것이다.
> • 나무가 타는 것, 철이 녹스는 것이 이에 해당한다.

① 산화　　　　　　　　　　② 환원
③ 핵분열　　　　　　　　　④ 핵융합

14 다음 화학 반응식에 대한 설명으로 옳은 것은?

$$N_2 + 3H_2 \rightarrow 2NH_3$$

① N_2는 생성물이다.　　　② 반응 전후의 분자 수는 같다.
③ 반응 전후의 원자 수는 같다.　④ NH_3는 반응물이다.

15 광물 자원에 대한 설명으로 옳지 않은 것은?

① 구리는 비금속 광물이다.
② 철광석을 제련하여 철을 얻는다.
③ 석회석은 시멘트 원료로 사용된다.
④ 고령토는 도자기를 만드는 데 사용된다.

16 다음은 기체 분자의 분자량을 나타낸 것이다. 0℃, 1기압에서 기체 분자의 평균 속도가 가장 빠른 것은?(단, 온도와 압력을 포함한 모든 조건은 같다)

〈기체 분자의 분자량〉

기체	분자량
수소(H_2)	2
메테인(CH_4)	16
산소(O_2)	32
이산화탄소(CO_2)	44

① 수소(H_2) ② 메테인(CH_4)
③ 산소(O_2) ④ 이산화탄소(CO_2)

17 다음 설명에 해당하는 원소는?

- 자석에 잘 붙으며 녹슬기 쉽다.
- 지각을 구성하는 금속 원소로, 자철석과 적철석 같은 광물을 제련하여 얻을 수 있다.

① 철(Fe) ② 산소(O)
③ 염소(Cl) ④ 헬륨(He)

18 다음 설명에 해당하는 고분자 물질은?

- 천연 고분자 화합물로 많은 수의 포도당이 중합하여 만들어진다.
- 식물의 세포벽을 이루는 주성분으로 섬유소라고도 한다.

① 지질 ② 플라스틱
③ 합성 고무 ④ 셀룰로오스

PART 5

19 다음 중 양성자를 구성하는 기본 입자는?

① 쿼크   ② 이온

③ 분자   ④ 중성자

20 그림은 물(H_2O)의 전자 배치를 나타낸 것이다. 공유 전자쌍의 개수는?

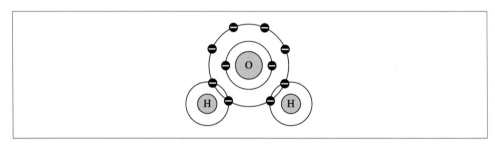

① 1개   ② 2개

③ 3개   ④ 5개

21 다음 설명에 해당하는 고분자 화합물은?

- 축합 중합체이다.
- 질기고 탄성이 있어 스타킹의 원료로 사용된다.

① 나일론   ② 에틸렌

③ PVC   ④ 아미노산

22 다음 중 자동차 타이어에 쓰이며 단위체 간의 중합 반응으로 만들어진 고분자 화합물이 포함된 것은?

① 물   ② 아미노산
③ 합성고무   ④ 이산화탄소

23 그림은 비누가 기름때를 분리하는 과정의 일부를 나타낸 것이다. 이에 대한 설명으로 옳지 않은 것은?

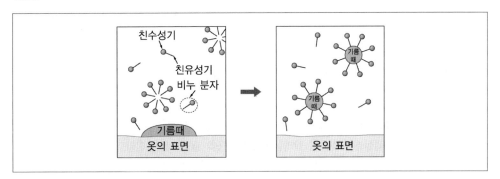

① 비누에는 계면 활성제가 들어 있다.
② 친수성기 부분이 기름때 쪽을 향한다.
③ 비누 분자는 친수성기와 친유성기를 가지고 있다.
④ 기름때가 작게 분리되어 옷의 표면에서 떨어진다.

24 다음 중 이온과 불꽃 반응색이 잘못 짝지어진 것은?

① Na – 노란색   ② K – 보라색
③ Ca – 파란색   ④ Cu – 청록색

25 그림은 수소(H₂)의 전자 배치를 나타낸 것이다. 이에 대한 설명으로 옳은 것은?

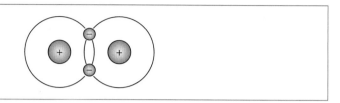

① 극성 분자이다.

② 2원자 분자이다.

③ 이온 결합 물질이다.

④ 공유 전자쌍은 4개이다.

26 다음 설명에 해당하는 합성 의약품은?

• 해열 및 진통 효과가 있다.
• 아세틸살리실산이라고 한다.
• 버드나무 껍질에서 추출한 살리실산의 부작용을 줄인 의약품이다.

① 백신　　　　　　　　　　② 제산제

③ 페니실린　　　　　　　　④ 아스피린

27 다음의 물질들이 수용액 상태에서 공통적으로 나타내는 성질은?

수산화나트륨(NaOH), 수산화칼륨(KOH), 암모니아(NH₃)

① 신맛이 난다.

② 이온화하여 수산화이온(OH⁻)을 내놓는다.

③ 푸른 리트머스 종이를 붉게 한다.

④ 금속과 반응하여 수소 기체를 발생한다.

28 다음은 중화 반응을 나타낸 것이다. 빈칸에 들어갈 수 있는 물질은?

산+염기 → 물+(   )

① 염산(HCl)   ② 수산화칼륨(KOH)
③ 염화나트륨(NaCl)   ④ 수산화나트륨(NaOH)

29 그림은 탄소 나노 튜브의 구조를 나타낸 것이다. 이에 대한 설명으로 옳지 않은 것은?

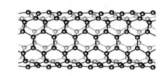

① 나노 물질이다.
② 철보다 단단하다.
③ 연필심으로 사용된다.
④ 구성 원소는 탄소(C)이다.

30 다음 중 생활 속의 산화 – 환원반응이 아닌 경우는?

① 철로 만든 미끄럼틀 표면에 페인트칠을 한다.
② 음식물 부패를 막기 위해 산소 흡수제를 넣는다.
③ 식물이 태양의 빛에너지를 이용하여 광합성을 한다.
④ 생선 비린내를 없애기 위해 레몬즙을 뿌린다.

02 | 물리 핵심이론

1. 힘

(1) 여러 가지 힘

① **힘** : 물체의 모양이나 운동 상태를 변화시키는 원인이 되는 것

② **탄성력** : 탄성체가 변형되었을 때 원래의 상태로 되돌아가려는 힘

    ㉠ 탄성체 : 용수철, 고무줄, 강철판 등

    ㉡ 방향 : 변형된 방향과 반대로 작용한다.

③ **마찰력** : 두 물체의 접촉면 사이에서 물체의 운동을 방해하는 힘

    ㉠ 방향 : 물체의 운동 방향과 반대

    ㉡ 크기 : 접촉면이 거칠수록, 누르는 힘이 클수록 커진다(접촉면의 넓이와는 무관).

④ **자기력** : 자석과 자석, 자석과 금속 사이에 작용하는 힘

⑤ **전기력** : 전기를 띤 물체 사이에 작용하는 힘

⑥ **중력** : 지구와 지구상의 물체 사이에 작용하는 힘

    ㉠ 방향 : 지구 중심 방향

    ㉡ 크기 : 물체의 질량에 비례

(2) 힘의 작용과 크기

① **힘의 작용**

    ㉠ 접촉하여 작용하는 힘 : 탄성력, 마찰력, 사람의 힘

    ㉡ 떨어져서 작용하는 힘 : 자기력, 중력, 전기력

    ㉢ 쌍으로 작용하는 힘 : 물체에 힘이 작용하면 반드시 반대 방향으로 반작용의 힘이 작용한다.

② **힘의 크기**

    ㉠ 크기 측정 : 용수철의 늘어나는 길이는 힘의 크기에 비례하므로 이를 이용하여 힘의 크기를 측정

    ㉡ 힘의 단위 : N, $kg_f(1kg_f = 9.8N)$

〈힘의 화살표〉

(3) 힘의 합성과 평형

① 힘의 합성 : 두 개 이상의 힘이 작용하여 나타나는 효과를 하나의 힘으로 표현

　㉠ 방향이 같은 두 힘의 합력 : $F = F_1 + F_2$

　㉡ 방향이 반대인 두 힘의 합력 : $F = F_1 - F_2 (F_1 > F_2)$

　㉢ 나란하지 않은 두 힘의 합력 : 평행사변형법

② 힘의 평형 : 한 물체에 여러 힘이 동시에 작용하여도 움직이지 않을 때이며, 합력은 0이다.

　㉠ 두 힘의 평형 조건 : 크기가 같고 방향이 반대이며, 같은 작용선상에 있어야 한다.

　㉡ 평형의 예 : 실에 매달린 추, 물체를 당겨도 움직이지 않을 때

2. 힘과 운동의 관계

(1) 물체의 운동

① 물체의 위치 변화

　㉠ 위치 표시 : 기준점에서 방향과 거리로 표시

　㉡ (이동 거리)＝(나중 위치)－(처음 위치)

② 속력 : 단위 시간 동안 이동한 거리

　㉠ $(속력) = \dfrac{(이동\ 거리)}{(걸린\ 시간)} = \dfrac{(나중\ 위치) - (처음\ 위치)}{(걸린\ 시간)}$

　㉡ 단위 : m/s, km/h

(2) 여러 가지 운동

① 속력이 변하지 않는 운동 : 등속(직선)운동

② 속력이 일정하게 변하는 운동 : 낙하 운동

　$(평균\ 속력) = \dfrac{(처음\ 속력) + (나중\ 속력)}{2}$

③ 방향만 변하는 운동 : 등속 원운동

④ 속력과 방향이 모두 변하는 운동 : 진자의 운동, 포물선 운동

(3) 힘과 운동의 관계

① 힘과 속력의 변화

　㉠ 힘이 가해지면 물체의 속력이 변한다.

　㉡ 힘이 클수록, 물체의 질량이 작을수록 속력의 변화가 크다.

② 힘과 운동 방향의 변화

　㉠ 힘이 가해지면 힘의 방향과 운동 방향에 따라 방향이 변할 수도 있고 속력만 변할 수도 있다.

　㉡ 힘이 클수록, 물체의 질량이 작을수록 물체의 운동 방향 변화가 크다.

③ 뉴턴의 운동 법칙

　　㉠ 운동의 제1법칙(관성의 법칙) : 물체는 외부로부터 힘이 작용하지 않는 한 현재의 운동 상태를
　　　계속 유지하려 한다.

　　㉡ 운동의 제2법칙(가속도의 법칙) : 속력의 변화는 힘의 크기에 비례하고 질량에 반비례한다.

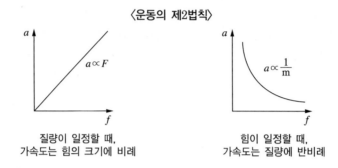

〈운동의 제2법칙〉

질량이 일정할 때,
가속도는 힘의 크기에 비례

힘이 일정할 때,
가속도는 질량에 반비례

　　㉢ 운동의 제3법칙(작용·반작용의 법칙) : 한 물체가 다른 물체에 힘을 가할 때, 힘을 받는 물체도
　　　상대 물체에 같은 크기의 힘이 반대 방향으로 작용한다.

3. 일과 에너지

(1) 일

① 일의 크기와 단위

　　㉠ 일의 크기 : 힘의 크기(F)와 물체가 이동한 거리(S)의 곱으로 나타낸다.
　　　$W = F \times S$

　　㉡ 단위 : 1N의 힘으로 물체를 1m 만큼 이동시킨 경우의 크기를 1J이라 한다.
　　　$1J = 1N \times 1m$

② 들어 올리는 힘과 미는 힘

　　㉠ 물체를 들어 올리는 일 : 물체의 무게만큼 힘이 필요하다.
　　　[드는 일(중력에 대한 일)] = (물체의 무게) × (높이)

　　㉡ 물체를 수평면상에서 밀거나 끄는 일 : 마찰력만큼의 힘이 필요하다.
　　　[미는 일(마찰력에 대한 일)] = (마찰력) × (거리)

　　㉢ 무게와 질량
　　　• 무게 : 지구가 잡아당기는 중력의 크기
　　　• 무게의 단위 : 힘의 단위(N)와 같다.
　　　• 무게는 질량에 비례한다.

(2) 일의 원리

① 도르래를 사용할 때

　㉠ 고정 도르래 : 도르래축이 벽에 고정되어 있다.

　　• 힘과 일의 이득이 없고, 방향만 바꾼다.

　　• (힘)＝[물체의 무게($F=w$)]

　　• [물체의 이동 거리(h)]＝[줄을 잡아당긴 거리(s)]

　　• 힘이 한 일＝도르래가 물체에 한 일

　㉡ 움직 도르래 : 힘에는 이득이 있으나 일에는 이득이 없다.

　　• 힘의 이득 : 물체 무게의 절반 $\left(F=\dfrac{w}{2}\right)$

　　• (물체의 이동 거리)＝(줄을 잡아당긴 거리)$\times\dfrac{1}{2}$

② 지레를 사용할 때 : 힘의 이득은 있으나, 일에는 이득이 없다.

　㉠ 원리 : 그림에서 물체의 무게를 W, 누르는 힘을 F라 하면 식은 다음과 같다.

　　$W\times b=F\times a$

　㉡ 거리 관계

　　[물체가 움직인 거리(h)]＜[사람이 지레를 움직인 거리(s)]

③ 축바퀴를 사용할 때

　㉠ 축바퀴의 원리 : 지레의 원리를 응용한 도구

　㉡ 줄을 당기는 힘

　　$F=w\times\dfrac{r}{R}$

　㉢ (물체가 움직인 거리)＜(당긴 줄의 길이)

　㉣ 일의 이득 : 일의 이득은 없다.

④ 빗면을 이용할 때

　㉠ 힘의 이득 : 빗면의 경사가 완만할수록 힘의 이득이 커진다.

　　(힘)＝(물체의 무게)$\times\dfrac{(수직\ 높이)}{(빗면의\ 길이)}\left(F=w\times\dfrac{h}{s}\right)$

　㉡ 일의 이득 : 일의 이득은 없다.

　㉢ 빗면을 이용한 도구 : 나사, 쐐기, 볼트와 너트

⑤ 일의 원리 : 도르래나 지레, 빗면 등의 도구를 사용하여도 일의 이득이 없지만, 작은 힘으로 물체를 이동시킬 수 있다.

(3) 역학적 에너지

① 위치 에너지 : 어떤 높이에 있는 물체가 가지는 에너지

    ㉠ (위치 에너지)＝(질량)×(중력 가속도)×(높이) → $mgh = 9.8mh$

〈질량과 위치 에너지〉
위치 에너지 (높이가 일정) / 질량

〈높이와 위치 에너지〉
위치 에너지 (질량이 일정) / 높이

    ㉡ 위치 에너지와 일
- 물체를 끌어올릴 때 : 물체를 끌어올리면서 한 일은 위치 에너지로 전환된다.
- 물체가 낙하할 때 : 물체의 위치 에너지는 지면에 대하여 한 일로 전환된다.

    ㉢ 위치 에너지의 기준면
- 기준면에 따라 위치 에너지의 크기가 다르다.
- 기준면은 편리하게 정할 수 있으나, 보통 지면을 기준으로 한다.
- 기준면에서의 위치 에너지는 0이다.

② 운동 에너지 : 운동하고 있는 물체가 갖는 에너지(단위 : J)

    ㉠ 운동 에너지의 크기 : 물체의 질량과 (속력)^{2}에 비례한다.

〈질량과 운동 에너지〉
운동 에너지 (속력이 일정) / 질량

〈속력과 운동 에너지〉
운동 에너지 (질량이 일정) / 속력

    ㉡ (운동 에너지)＝$\dfrac{1}{2}$×(질량)×(속력)^2 → $\dfrac{1}{2}mv^2$

③ 역학적 에너지

    ㉠ 역학적 에너지의 전환 : 높이가 변하는 모든 운동에서는 위치 에너지와 운동 에너지가 서로 전환된다.
- 높이가 낮아지면 : 위치 에너지 → 운동 에너지
- 높이가 높아지면 : 운동 에너지 → 위치 에너지

    ㉡ 역학적 에너지의 보존
- 운동하는 물체의 역학적 에너지
  - 물체가 올라갈 때 : (감소한 운동 에너지)＝(증가한 위치 에너지)
  - 물체가 내려갈 때 : 감소한 (위치 에너지)＝(증가한 운동 에너지)
- 역학적 에너지의 보존 법칙 : 물체가 운동하고 있는 동안 마찰이 없다면 역학적 에너지는 일정
하게 보존된다[(위치 에너지)＋(운동 에너지)＝(일정)].

- 낙하하는 물체의 역학적 에너지 보존
  - 감소한 위치 에너지 $= 9.8mh_1 - 9.8mh_2$
  - 증가한 운동 에너지 $= \dfrac{1}{2}mv_2^{\ 2} - \dfrac{1}{2}mv_1^{\ 2}$

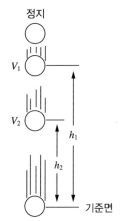

4. 전압 · 전류 · 저항

(1) 전류의 방향과 세기

① 전류의 방향 : (＋)극 → (－)극

② 전자의 이동 방향 : (－)극 → (＋)극

③ 전류의 세기(A) : 1초 동안에 도선에 흐르는 전하의 양

④ [전하량(C)]＝[전류의 세기(A)]×[시간(s)]

(2) 전압과 전류의 관계

① 전류의 세기는 전압에 비례한다.

② 전기 저항(R) : 전류의 흐름을 방해하는 정도

③ 옴의 법칙 : 전류의 세기(A)는 전압(V)에 비례하고, 전기 저항(R)에 반비례한다.

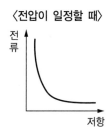

(3) 저항의 연결

① **직렬 연결** : 저항을 한 줄로 연결

　㉠ 전류 : $I = I_1 = I_2$

　㉡ 각 저항의 전합 : $V_1 : V_2 = R_1 : R_2$

　㉢ 전체 전압 : $V = V_1 + V_2$

　㉣ 전체 저항 : $R = R_1 + R_2$

② **병렬 연결** : 저항의 양끝을 묶어서 연결

　㉠ 전체 전류 : $I = I_1 + I_2$

　㉡ 전체 전압 : $V = V_1 = V_2$

　㉢ 전체 저항 : $\dfrac{1}{R} = \dfrac{1}{R_1} + \dfrac{1}{R_2}$

③ **혼합 연결** : 직렬 연결과 병렬 연결을 혼합

02 | 물리 적중예상문제

정답 및 해설 p.043

01 다음 그림과 같은 전기 회로에서 스위치 S를 열면 전류계는 2.0A를 가리킨다. 스위치 S를 닫으면
전류계에 나타나는 전류의 세기는?

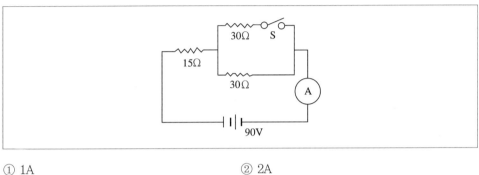

① 1A   ② 2A
③ 3A   ④ 4A

02 다음 자료의 그림은 에너지 사이의 전환 관계를 보여주고 있다. (가)의 에너지 전환에 해당하는
것으로 적절한 것은?

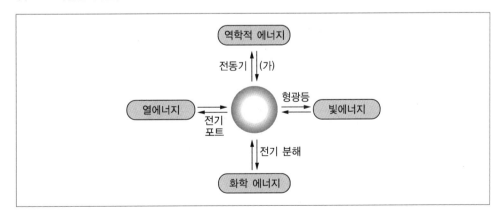

① 광합성   ② 태양전지
③ 원자로   ④ 수력발전

03 다음 그림과 같이 일정한 속력으로 운동하던 물체가 곡면을 따라 이동하였을 때, 옳은 것을 모두 고른 것은?(단, 물체와 접촉면과의 마찰은 무시한다)

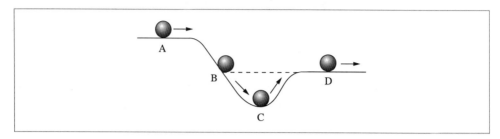

ㄱ A점에서의 역학적 에너지가 가장 크다.
ㄴ B점과 D점에서 위치 에너지는 같다.
ㄷ C점에서의 운동 에너지가 가장 크다.

① ㄱ   ② ㄴ
③ ㄷ   ④ ㄴ, ㄷ

04 해산물을 싣고 직선 도로 위를 달리는 트럭이 있다. 달리는 도중에 트럭의 물탱크에 담겨 있는 물의 수면이 다음 그림과 같이 진행 방향 쪽으로 기울어진 상태를 유지하였다. 이 트럭의 운동 상태에 대한 설명으로 가장 타당한 것은?

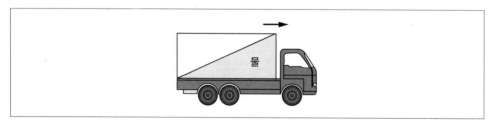

① 일정한 속도로 달리고 있다.
② 속도가 일정하게 증가하고 있다.
③ 속도가 일정하게 감소하고 있다.
④ 가속도가 일정하게 증가하고 있다.

05 그림과 같이 2Ω의 저항 세 개를 연결하였다. 전체 합성저항은?

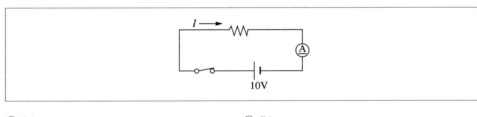

① 6Ω

② $\dfrac{2}{3}$ Ω

③ 3Ω

④ 2Ω

06 저항 5Ω에 10V의 전압이 걸릴 경우 회로에 흐르는 전류의 세기는?

① 2A

② 5A

③ 10A

④ 50A

07 나침반이 언제나 남북방향을 가리키는 것은 지구의 자기장 때문이다. 지구 자기장의 3요소가 아닌 것은?

① 수평자력

② 수직자력

③ 편각

④ 복각

08 다음 중 자기장을 변화시켜 전류가 유도되는 원리를 이용하지 않는 것은?

① 발전기   ② 고정 도르래

③ 금속 탐지기   ④ 도난 경보기

09 다음 그림은 밀도에 따른 우주 모형을 2차원적으로 나타낸 것이다. 이에 대한 설명으로 옳은 것을 〈보기〉에서 모두 고르면?

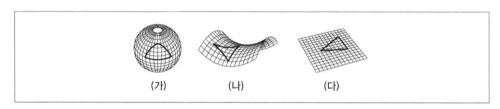

(가)   (나)   (다)

> **보기**
>
> 가. (가) 모형에서 우주의 밀도는 임계밀도보다 크다.
> 나. (나) 모형에서 우주는 다시 수축하여 크기가 0이 된다.
> 다. (다) 모형에서 우주는 영원히 팽창한다.

① 가   ② 나

③ 가, 다   ④ 나, 다

10 다음 그림과 같은 방식을 이용하는 발전 방식으로 옳은 것은?

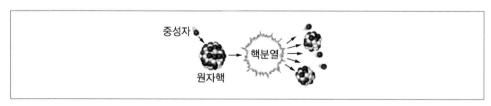

중성자

핵분열

원자핵

① 수력 발전   ② 풍력 발전

③ 화력 발전   ④ 원자력 발전

11 다음의 현상과 동일한 원리로 설명할 수 있는 현상으로 옳은 것은?

> 단진자를 진동시키면 그 진동면이 지면에 대하여 회전한다. 진자를 장시간 진동시키면, 진동면이 북반구에서는 시계 방향으로, 남반구에서는 시계 반대 방향으로 천천히 돌게 된다. 이는 진자의 진동면이 변하지 않는데도 지면에서 보면 진동면이 회전하는 것처럼 보이기 때문이다.
>
>

① 별빛 스펙트럼의 연주 변화
② 인공위성의 서편 이동
③ 연주 시차
④ 계절의 변화

12 다음 그림은 태양을 중심으로 공전하는 어떤 행성의 타원 궤도를 나타낸 것이다. 이 행성이 60일 동안 전체 공전 궤도 면적의 $\frac{1}{6}$을 휩쓸고 지나간다고 할 때, 이 행성의 공전 주기로 옳은 것은?

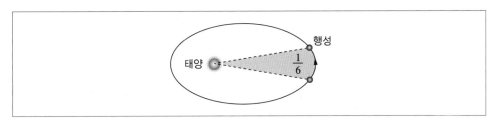

① 120일   ② 240일
③ 360일   ④ 480일

13 다음은 역학적 평형에 대한 설명이다. 옳은 설명을 모두 고르면?

> 가. 지레를 이용하면 힘에서는 이득을 얻을 수 없지만 일에서는 이득을 얻을 수 있다.
> 나. 구조물의 무게 중심이 높을수록 안정해진다.
> 다. 축바퀴에서 지름이 큰 바퀴를 회전시키면 작은 바퀴에 큰 힘을 전달할 수 있다.

① 가   ② 나
③ 다   ④ 나, 다

14 다음 설명에 해당하는 사례로 가장 적절한 것은?

> • 전류에 의한 자기장을 이용한다.
> • 전기 에너지를 소리 에너지로 전환시킨다.

① 다리미   ② 배터리
③ 백열등   ④ 스피커

15 질량 2kg인 물체를 마찰이 없는 수평면 위에 놓고, 수평 방향으로 일정한 힘을 작용하였다. 이 물체의 가속도가 $2m/s^2$일 때, 작용한 힘의 크기는?

① 3N   ② 4N
③ 5N   ④ 6N

16 다음 설명에 해당하는 것은?

> • 사람이 볼 수 있는 전자기파의 한 종류이다.
> • 텔레비전 영상은 이 빛을 통해 보는 것이다.
> • 연속 스펙트럼의 무지개색 빛이다.

① X선   ② 자외선
③ 적외선   ④ 가시광선

17 다음 설명에 해당하는 의료 장비로 적절한 것은?

> • 빛의 전반사 원리를 이용한 것이다.
> • 광섬유와 렌즈 등으로 이루어진 관을 체내에 삽입하여 위나 대장 등을 검진한다.

① 내시경   ② 청진기
③ 체온계   ④ 혈압계

18 열기관에 대한 설명으로 옳은 것만을 〈보기〉에서 모두 고르면?

> 보기
>
> ㄱ. 열에너지를 일로 전환하는 장치이다.
> ㄴ. 열은 저열원에서 고열원으로 이동한다.
> ㄷ. 열효율$(\%)=\dfrac{(\text{열기관이 한 일})}{(\text{열기관이 공급한 열에너지})}\times100$이다.

① ㄴ   ② ㄷ
③ ㄱ, ㄴ   ④ ㄱ, ㄷ

19 전자기파에 대한 설명으로 옳은 것만을 〈보기〉에서 모두 고르면?

> **보기**
> ㉠ 매질이 없는 공간에서도 전파된다.
> ㉡ 물결파는 전자기파의 한 종류이다.
> ㉢ 라디오와 텔레비전 방송 등에 이용된다.

① ㉠

② ㉡

③ ㉠, ㉢

④ ㉡, ㉢

20 다음 그림은 수평면 위에 정지해 있던 물체 A, B에 같은 크기의 힘(F)을 수평 방향으로 일정하게 작용할 때, 두 물체의 가속도를 나타낸 것이다. A와 B의 질량비는?(단, 공기저항과 마찰은 무시한다)

① 1 : 2

② 1 : 3

③ 1 : 4

④ 1 : 5

21 다음 그림과 같이 지레에 무게가 10N인 물체를 놓고 지렛대를 수평으로 하기 위하여 필요한 힘 F의 크기는?

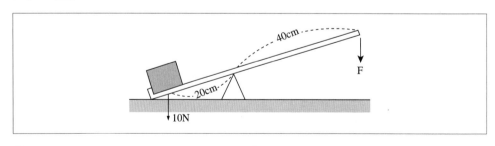

① 5N

② 10N

③ 15N

④ 20N

22 그림은 (가)에서 (나)로 공이 운동한 경로를 나타낸 것이다. 구간 A ~ D 중 위치 에너지가 운동 에너지로 전환된 곳은?(단, 공기 저항과 마찰은 무시한다)

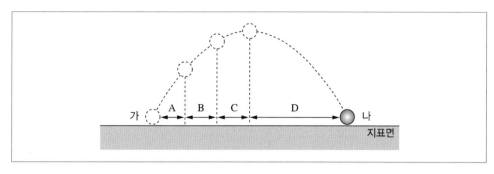

① A   ② B
③ C   ④ D

23 다음 설명에 해당하는 물체로 적절한 것은?

> • 임계온도 이하에서 전기 저항이 0이 되는 물체이다.
> • 자기 부상 열차를 띄우는 데 이용된다.

① 다이오드   ② 초전도체
③ 고무   ④ 액정

PART 5

24 다음 그림과 같이 두꺼운 종이에 코일을 감고 코일에 전류를 흘려보낼 때, 이에 대한 설명으로 옳지 않은 것은?

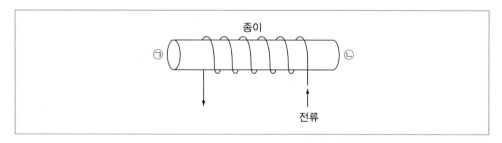

① ㉠은 S극을 나타낸다.
② 코일을 많이 감을수록 자기장이 강하다.
③ 전류가 흐를 때에만 자석의 성질을 나타낸다.
④ 전류의 방향이 반대가 되면 극은 이전과 반대가 된다.

25 다음 설명에 해당하는 센서는?

> • 빛 신호를 전기 신호로 바꾸어 준다.
> • 텔레비전 리모컨 수신기에 사용된다.

① 광센서　　　　　　　　　　② 압력 센서
③ 화학 센서　　　　　　　　　④ 가속도 센서

26 수평한 직선 도로 위에서 10m/s의 속력으로 달리는 자동차의 운전자가 브레이크를 밟아 제동이 걸리기 시작한 후 10m를 가서 정지하였다. 자동차의 질량이 1,000kg이면 자동차와 도로 사이의 마찰력의 크기는 얼마인가?(단, 제동이 걸리는 동안 자동차의 가속도는 일정하다)

① 6,000N　　　　　　　　　② 5,500N
③ 5,000N　　　　　　　　　④ 4,000N

27 가속도 a로 등가속도 직선 운동하는 물체가 있다. 이 물체의 속도가 v_0 상태에서 t초 동안 운동하였다. t초 후의 속도는 얼마인가?

① $v_0 + at$　　　　　　　　② $v_0 t + \dfrac{1}{2} a t^2$

③ $\dfrac{1}{2} a t^2$　　　　　　　　④ $a^2 - v^2{}_0$

28 다음 그림과 같이 2N의 추를 용수철에 매달았더니 용수철이 4cm 늘어났다. 이 용수철을 손으로 잡아당겨 10cm 늘어나게 했을 때, 손이 용수철에 작용한 힘의 크기는 몇 N인가?

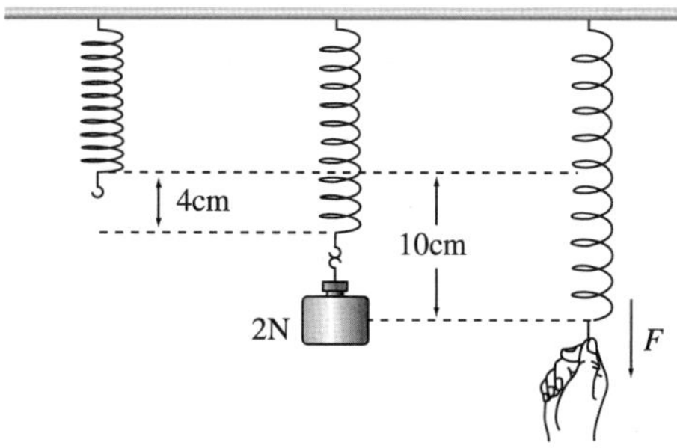

① 2.5N
③ 7.5N

② 5N
④ 9N

29 다음은 길이가 다른 세 개의 원통을 사용하여 만든 솔레노이드 A, B, C를 나타낸 것이다. A, B, C에 흐르는 전류의 세기가 같다면, 내부의 자기장 B^A, B^B, B^C의 크기를 바르게 비교한 것은?(단, 세 솔레노이드 모두 같은 종류의 코일이 일정한 간격으로 고르게 감겨 있다)

솔레노이드	원통의 길이(cm)	코일을 감은 수(횟수)
A	5	200
B	10	200
C	20	400

① $B^A > B^B = B^C$
③ $B^A = B^B < B^C$

② $B^A < B^B < B^C$
④ $B^A > B^B > B^C$

30 유체와 유체 속에서 작용하는 압력에 대한 설명이다. 이에 대한 설명으로 옳은 것을 〈보기〉에서 모두 고르면?

> 보기
> 가. 액체 또는 기체와 같이 흐를 수 있는 물질을 유체라고 한다.
> 나. 유체의 단위 면적에 작용하는 힘을 압력이라고 한다.
> 다. 유체 속에서 작용하는 압력의 단위로 N을 사용한다.

① 가
③ 가, 다

② 가, 나
④ 나, 다

많이 보고 많이 겪고 많이 공부하는 것은 배움의 세 기둥이다.

– 벤자민 디즈라엘리 –

6

최종점검 모의고사

제1회 최종점검 모의고사

☑ 응시시간 : 90분   ☑ 문항 수 : 100문항   정답 및 해설 p.048

※ 상황판단 영역(81~100번)은 정답을 제공하지 않으니 참고하기 바랍니다.

※ 다음 제시된 단어와 같거나 유사한 의미를 가진 것을 고르시오. [1~4]

01

shout

① yell   ② treat
③ depend   ④ cheer

02

path

① link   ② stage
③ edge   ④ way

03

impair

① improve   ② damage
③ flourish   ④ advance

04

usually

① especially   ② distinctly
③ commonly   ④ naturally

※ 다음 중 제시된 단어와 반대되는 의미를 가진 것을 고르시오. [5~8]

05

similar

① different
② inner
③ recent
④ direct

06

pull

① guide
② push
③ affect
④ refund

07

full

① main
② endless
③ allow
④ empty

08

total

① vertical
② greet
③ partial
④ shame

PART 6

09 다음 중 나머지 셋과 다른 것은?

① composer
② conductor
③ accompanist
④ painter

10 다음 빈칸에 문법상 들어갈 말로 적절한 것은?

He has lots of books, _____ that he is still young.

① being considered
② considering
③ considered
④ to be considered

11 다음 글을 쓴 목적으로 적절한 것은?

Dear Mrs. Kim,
There is a girl whom I like in my class. I want to be her boyfriend but she seems to like another boy. Should I tell her how I feel about her? Please tell me what I should do.

① 약속 확인
② 수리 요청
③ 부탁 거절
④ 고민 상담

12 밑줄 친 It(it)이 가리키는 것은?

It is a Korean traditional clothing. We wear it for New Year's Day, Chuseok and many other special events. It is also loved by many foreignersIt is a Korean traditional clothing. We wear it for New Year's Day, Chuseok and many other special events. It is also loved by many foreigners..

① 한복
② 양복
③ 교복
④ 군복

13

A : Oh, my stomach is growling.
B : What do you mean by that?
A : I mean "I'm very _____."

① tired   ② full
③ hungry   ④ painful

14

A : Excuse me, but I want to get to the post office.
    Is this the way to the post office?
B : _____.
A : How far is it from here?
B : It's quite a distance from here. You'd better take a bus.
A : Thank you for your kindness.
B : You are welcome.

① With pleasure

② No thanks

③ Yes, this is the right way

④ I'm a stranger around here

15 다음 제시문의 빈칸에 들어갈 가장 적절한 것은?

> The dengue virus is contracted through contact with mosquitoes, and nearly half of the world's population is at risk of infection. _____, including pain behind the eyes and in the joints, nausea, and rash. Most patients can recover with rest and by staying hydrated, but some develop a severe condition. Presently, there is no cure for the disease, and no vaccines exist to prevent infection.

① Treatment of acute dengue is supportive

② Symptoms of the disease can vary widely

③ Dengue has become a global problem

④ Very few people understand what causes dengue

16 어느 해의 3월 1일이 금요일이라면, 그 해의 5월 25일의 요일은?

① 목요일   ② 금요일

③ 토요일   ④ 일요일

17 어느 마트에서는 A사 음료수를 12일마다 납품받고 B사 과자를 14일마다 납품받으며 각 납품 당일에는 재고 소진을 위해 할인하여 판매하는 행사를 진행한다고 한다. 4월 9일에 할인 행사를 동시에 진행했을 때 할인 행사가 다시 동시에 진행되는 날은 며칠 후인가?(단 재고 소진 목적 외 할인 행사는 진행하지 않는다)

① 6월 30일   ② 7월 1일

③ 7월 2일   ④ 7월 3일

18 어떤 두 소행성 간의 거리는 150km이다. 이 두 소행성이 서로를 향하여 각각 초속 10km와 5km로 접근한다면, 둘은 몇 초 후에 충돌하겠는가?

① 5초 ② 10초
③ 15초 ④ 20초

19 해선이가 학교로 출발한 지 5분 후, 동생이 따라 나왔다. 동생은 100m/min의 속력으로 걷고 해선이는 80m/min의 속력으로 걷는다면, 두 사람은 동생이 출발한 뒤 몇 분 후에 만나는가?

① 15분 ② 20분
③ 25분 ④ 30분

20 어떤 수에서 7을 더하고 4배한 수는 그 수의 7배보다 4만큼 작다고 한다. 어떤 수로 옳은 것은?

① 10 ② $\dfrac{31}{3}$

③ $\dfrac{32}{3}$ ④ 11

21 연속하는 세 자연수를 모두 더하면 114일 때, 가장 작은 자연수는?

① 36   ② 37

③ 38   ④ 39

22 원가가 5,000원인 물건을 25% 인상한 가격으로 판매하였으나, 잘 판매되지 않아 다시 10%를 인하하여 팔았다. 물건 4개를 판매하였을 때, 이익은 얼마인가?

① 2,000원   ② 2,500원

③ 3,000원   ④ 3,500원

23 철수는 2,000원, 영희는 2,400원을 가지고 있었다. 같은 가격의 공책을 1권씩 사고 나니 영희의 돈이 철수의 2배가 되었다. 공책의 가격은?

① 1,000원   ② 1,200원

③ 1,400원   ④ 1,600원

24 어떤 출판사에 분당 100자 타이핑이 가능한 A와 분당 150자 타이핑이 가능한 B가 있다. 총 15,000자 분량의 원고를 두 사람이 동시에 타이핑하면 시간이 얼마나 걸리는가?

① 1시간　　　　　　　　　　② 2시간

③ 3시간　　　　　　　　　　④ 4시간

25 프라모델 한 개를 조립하는 데 희경이 혼자서는 6일이 걸리고, 소현이와 함께 하면 4일이 걸린다. 소현이 혼자 프라모델 한 개를 조립하는 데는 며칠이 걸리겠는가?

① 4일　　　　　　　　　　② 6일

③ 10일　　　　　　　　　　④ 12일

PART 6

26 소금 농도가 4%인 미역국 450g에 소금을 더 넣어 소금 농도 10%의 미역국을 만들었다. 이때 넣은 소금의 양은?

① 25g　　　　　　　　　　② 30g

③ 33g　　　　　　　　　　④ 35g

27 농도 40%의 소금물 100g에 물 60g을 더 넣었을 때, 농도는 몇 %인가?

① 18%   ② 20%

③ 23%   ④ 25%

28 민수가 어떤 일을 하는 데 1시간이 걸리고, 그 일을 아버지가 하는 데는 15분이 걸린다. 민수가 30분간 혼자서 일하는 중에 아버지가 오셔서 함께 그 일을 끝마쳤다면, 민수가 아버지와 함께 일한 시간은 몇 분인가?

① 5분   ② 6분

③ 7분   ④ 8분

29 설을 맞이하여 귀성길에 오르는데, 친가와 외가를 한 번에 가려고 한다. 친가는 대전, 외가는 부산에 있으며, 서울에서 출발하려고 한다. 서울에서 대전까지는 승용차, 버스, 기차, 대전에서 부산 또는 부산에서 대전까지는 버스, 기차, 서울에서 부산까지는 비행기, 기차, 버스로 갈 수 있다. 친가와 외가를 가는 방법은 모두 몇 가지인가?(단, 돌아오는 방법은 생각하지 않는다)

① 10가지   ② 12가지

③ 14가지   ④ 16가지

30 서경이는 흰색 깃발과 검은색 깃발을 하나씩 갖고 있는데, 깃발을 총 5번 들어 신호를 표시하려고 한다. 같은 색의 깃발은 4번까지만 사용하여 신호를 표시한다면, 만들 수 있는 신호는 총 몇 가지인가?

① 14가지　　　　　　　　　　② 16가지
③ 30가지　　　　　　　　　　④ 32가지

31 다음 밑줄 친 단어의 한자로 옳은 것은?

> 처음에 조그마한 세력이었던 이 단체는 급속히 <u>성장</u>하다가 최근 쇠퇴하기 시작하였다.

① 聲張　　　　　　　　　　② 盛裝
③ 盛粧　　　　　　　　　　④ 成長

32 다음 사자성어의 뜻을 가진 속담으로 옳은 것은?

> 동족방뇨

① 밑 빠진 독에 물 붓기
② 언 발에 오줌 누기
③ 가재는 게 편이다
④ 백지 장도 맞들면 낫다

※ 제시문 A를 읽고, 제시문 B가 참인지 거짓인지 혹은 알 수 없는지 고르시오. [33~35]

33

[제시문 A]
• 테니스를 치는 사람은 마라톤을 한다.
• 마라톤을 하는 사람은 축구를 하지 않는다.
• 축구를 하는 사람은 등산을 한다.

[제시문 B]
축구를 하는 사람은 테니스를 치지 않는다.

① 참   ② 거짓   ③ 알 수 없음

34

[제시문 A]
• 소꿉놀이를 좋아하는 아이는 수영을 좋아하지 않는다.
• 공놀이를 좋아하지 않는 아이는 장난감 로봇을 좋아한다.
• 공놀이를 좋아하는 아이는 소꿉놀이를 좋아하지 않는다.

[제시문 B]
장난감 로봇을 좋아하지 않는 아이는 소꿉놀이를 좋아하지 않는다.

① 참   ② 거짓   ③ 알 수 없음

35

[제시문 A]
• 오래달리기를 잘하는 모든 사람은 인내심이 있다.
• 체력이 좋은 모든 사람은 오래달리기를 잘한다.

[제시문 B]
체력이 좋은 지훈이는 인내심이 있다.

① 참   ② 거짓   ③ 알 수 없음

36 다음 중 옳은 것을 고르면?

> • 태환, 지성, 영표, 주영, 수윤이가 수영 시합을 하였다.
> • 지성이는 태환이보다 늦게, 주영이보다 빨리 들어왔다.
> • 영표는 지성이보다 늦게 들어왔지만 5등은 아니었다.
> • 수윤이는 태환이보다 먼저 들어왔다.

> A : 수윤이는 1등이다.
> B : 태환이는 4등이다.

① A만 옳다.
② B만 옳다.
③ A, B 모두 옳다.
④ A, B 모두 틀리다.

※ 다음 명제를 통해 얻을 수 있는 결론으로 타당한 것을 고르시오. [37~38]

37

> • 늦잠을 자지 않으면 부지런하다.
> • 늦잠을 자면 건강하지 않다.
> • 비타민을 챙겨먹으면 건강하다.

① 비타민을 챙겨먹으면 부지런하다.
② 부지런하면 비타민을 챙겨먹는다.
③ 늦잠을 자면 비타민을 챙겨먹는다.
④ 늦잠을 자면 부지런하지 않다.

38

> • 어떤 남자는 산을 좋아한다.
> • 산을 좋아하는 남자는 결혼을 했다.
> • 결혼을 한 모든 남자는 자유롭다.

① 산을 좋아하는 어떤 남자는 결혼을 하지 않았다.
② 결혼을 한 사람은 남자이다.
③ 산을 좋아하는 사람은 모두 남자이다.
④ 어떤 남자는 자유롭다.

※ 다음 제시된 단어의 대응 관계로 볼 때 빈칸에 들어가기에 알맞은 것을 고르시오. [39~43]

39

> 거드름 : 거만 = 삭임 : (   )

① 신체   ② 등산
③ 소화   ④ 소통

40

> 요리사 : 주방 = 학생 : (   )

① 교복   ② 책
③ 공부   ④ 학교

41

> 한옥 : 대들보 = 나무 : (   )

① 장작   ② 가지
③ 의자   ④ 돌

42

> 늦잠 : (   ) = (   ) : 수질오염

① 숙면, 공기오염   ② 자명종, 식수
③ 버릇, 환경   ④ 지각, 폐수

43

커피 : 카페인 = ( ) : ( )

① 레몬, 비타민   ② 나무, 책
③ 얼음, 물   ④ 녹차, 홍차

※ 주어진 명제가 모두 참일 때, 밑줄 친 빈칸에 들어갈 명제로 가장 적절한 것을 고르시오. [44~45]

44

- A세포가 있는 동물은 물체의 상을 감지할 수 없다.
- B세포가 없는 동물은 물체의 상을 감지할 수 있다.
- _____
- A세포가 있는 동물은 빛의 유무를 감지할 수 있다.

① 빛의 유무를 감지할 수 있는 동물은 B세포가 있다.
② B세포가 없는 동물은 빛의 유무를 감지할 수 없다.
③ B세포가 있는 동물은 빛의 유무를 감지할 수 있다.
④ 물체의 상을 감지할 수 있는 동물은 빛의 유무를 감지할 수 있다.

PART 6

45

- 낡은 것을 버려야 새로운 것을 채울 수 있다.
- _____
- 새로운 것을 채우지 않는다면 더 많은 세계를 경험할 수 없다.

① 새로운 것을 채운다면 낡은 것을 버릴 수 있다.
② 낡은 것을 버리지 않는다면 새로운 것을 채울 수 없다.
③ 새로운 것을 채운다면 더 많은 세계를 경험할 수 있다.
④ 낡은 것을 버리지 않는다면 더 많은 세계를 경험할 수 없다.

46

(가) 많은 전통적 인식론자는 임의의 명제에 대해 우리가 세 가지 믿음의 태도 중 하나만을 가질 수 있다고 본다.

(나) 반면 베이즈주의자는 믿음은 정도의 문제라고 본다. 가령 각 인식 주체는 '내일 눈이 온다.'가 참이라는 것에 대하여 가장 강한 믿음의 정도에서 가장 약한 믿음의 정도까지 가질 수 있다.

(다) 이처럼 베이즈주의자는 믿음의 정도를 믿음의 태도에 포함함으로써 많은 전통적 인식론자들과 달리 믿음의 태도를 풍부하게 표현한다.

(라) 가령 '내일 눈이 온다.'는 명제를 참이라고 믿거나, 거짓이라고 믿거나, 참이라 믿지도 않고 거짓이라 믿지않을 수 있다.

① (가) - (나) - (라) - (다)

② (가) - (라) - (다) - (나)

③ (가) - (다) - (나) - (라)

④ (가) - (라) - (나) - (다)

47

(가) 예후가 좋지 못한 암으로 여겨져 왔던 식도암도 정기적 내시경검사로 조기에 발견하여 수술 등 적절한 치료를 받을 경우 치료 성공률을 높일 수 있는 것으로 밝혀졌다.

(나) 이처럼 조기에 발견해 수술을 받을수록 치료 효과가 높음에도 불구하고 실제로 S병원에서 식도암 수술을 받은 환자 중 초기에 수술을 받은 환자는 25%에 불과했으며, 어느 정도 식도암이 진행된 경우 60%가 수술을 받은 것으로 조사됐다.

(다) 식도암을 치료하기 위해서는 50세 이상의 남자라면 매년 정기적으로 내시경검사, 식도조영술, CT 촬영 등 검사를 통해 식도암을 조기에 발견하는 것이 중요하다.

(라) 서구화된 식습관으로 인해 식도암은 남성 중 6번째로 많이 발생하고 있으며, 전체 인구 10만 명당 3명이 사망하는 것으로 나타났다.

(마) S병원 교수팀이 식도암 진단 후 수술을 받은 808명을 대상으로 추적 조사한 결과, 발견 당시 초기에 치료할 경우 생존율이 높았지만, 반대로 말기에 치료할 경우 치료 성공률과 생존율 모두 크게 떨어지는 것으로 나타났다고 밝혔다.

① (다) - (라) - (나) - (마) - (가)

② (다) - (나) - (라) - (마) - (가)

③ (라) - (가) - (마) - (나) - (다)

④ (라) - (다) - (마) - (나) - (가)

48

(가) 과거에 한 월간 잡지가 여성 모델이 정치인과 사귄다는 기사를 내보냈다가 기자는 손해배상을 하고 잡지도 폐간된 경우가 있었다. 일부는 추측 기사이고 일부는 사실도 있었지만, 사실 이든 허위든 관계없이 남의 명예와 인권을 침해하였기에 그 책임을 진 것이다.

(나) 인권이라는 이름으로 남의 사생활을 침해하는 일은 자기 인권을 내세워 남의 불행을 초래하는 것이므로 보호받을 수 없다. 통상 대중 스타나 유명인들의 사생활은 일부 노출되어 있고, 이러한 공개성 속에서 상품화되므로 비교적 보호 강도가 약하기는 하지만 그들도 인간으로서 인권이 보호되는 것은 마찬가지다.

(다) 우리 사회에서 이제 인권이라는 말은 강물처럼 넘쳐흐른다. 과거에는 인권을 말하면 붙잡혀 가고 감옥에도 가곤 했지만, 이제는 누구나 인권을 스스럼없이 주장한다. 그러나 중요한 점은 인권이라 하더라도 무제한 보장되는 것이 아니라 남의 행복과 공동체의 이익을 침해하지 않는 범위 안에서만 보호된다는 것이다.

(라) 그런데 남의 명예를 훼손하여도 손해배상을 해주면 그로써 충분하고, 자기 잘못을 사죄하는 광고를 신문에 강제로 싣게 할 수는 없다. 헌법재판소는 남의 명예를 훼손한 사람이라 하더라도 강제로 사죄 광고를 싣게 하는 것은 양심에 반하는 가혹한 방법이라 하여 위헌으로 선고했다.

① (가) – (나) – (다) – (라)
② (나) – (가) – (다) – (라)
③ (다) – (나) – (가) – (라)
④ (다) – (나) – (라) – (가)

49

멸균이란 곰팡이, 세균, 박테리아, 바이러스 등 모든 미생물을 사멸시켜 무균 상태로 만드는 것을 의미한다. 멸균 방법에는 물리적, 화학적 방법이 있으며, 멸균 대상의 특성에 따라 적절한 멸균 방법을 선택하여 실시할 수 있다. 먼저 물리적 멸균법에는 열이나 화학약품을 사용하지 않고 여과기를 이용하여 세균을 제거하는 여과법, 병원체를 불에 태워 없애는 소각법, 100℃에서 10 ~ 20분간 물품을 끓이는 자비소독법, 미생물을 자외선에 직접 노출시키는 자외선 소독법, 160 ~ 170℃의 열에서 1 ~ 2시간 동안 건열 멸균기를 사용하는 건열법, 포화된 고압증기 형태의 습열로 미생물을 파괴시키는 고압증기 멸균법 등이 있다. 다음으로 화학적 멸균법은 화학약품이나 가스를 사용하여 미생물을 파괴하거나 성장을 억제하는 방법을 말한다. 여기에는 E.O 가스, 알코올, 염소 등 여러 가지 화학약품이 사용된다.

① 멸균의 중요성
② 뛰어난 멸균 효과
③ 다양한 멸균 방법
④ 멸균 시 발생할 수 있는 부작용

50

영양분이 과도하게 많은 물에서는 오히려 물고기의 생존이 어렵다. 농업용 비료나 하수 등에서 배출되는 질소와 인 등으로 영양분이 많아진 하천의 수온이 상승하면 식물성 플랑크톤이 대량으로 증식하게 된다. 녹색을 띠는 플랑크톤이 수면을 뒤덮으면 물속으로 햇빛이 닿지 못하고 결국 물속의 산소가 고갈되어 물고기는 숨을 쉬기 어려워진다. 즉, 물속의 과도한 영양분이 오히려 물고기의 생존을 위협하는 것이다.

이처럼 부영양화된 물에서의 플랑크톤 증식으로 인한 녹조 현상은 경제발전과 각종 오염물질 배출량의 증가로 인해 심각한 사회문제가 되고 있다. 녹조는 냄새를 유발하는 물질과 함께 독소를 생성하여 수돗물의 수질을 저하시킨다. 특히 독성물질을 배출하는 녹조를 유해 녹조로 지정하여 관리하고 있는 현실을 고려하면 이제 녹조는 생태계뿐만 아니라 먹는 물의 안전까지도 위협한다.

하천의 생태계를 보호하고 우리가 먹는 물을 보호하기 위해서는 녹조의 발생 원인을 사전에 제거해야 한다. 이를 위해서는 무엇보다 생활 속에서의 작은 실천이 중요하다. 질소나 인이 첨가되지 않은 세제를 사용하고, 농가에서는 화학 비료 사용을 최소화하며 하천에 오염된 물이 흘러 들어가지 않도록 철저히 관리하는 노력을 기울여야 한다.

① 물고기의 생존을 위협하는 하천의 수질 오염
② 녹조를 가속화하는 이상 기온 현상
③ 하천의 부영양화가 물고기와 인간의 안전을 위협한다.
④ 녹조 예방을 위한 정부의 철저한 관리가 필요하다.

51

주어진 개념에 포섭시킬 수 없는 대상(의 표상)을 만난 경우, 상상력은 처음에는 기지의 보편에 포섭시킬 수 있도록 직관의 다양을 종합할 것이다. 말하자면 뉴턴의 절대 공간, 역학의 법칙 등의 개념(보편)과 자신이 가지고 있는 특수(빛의 휘어짐)가 일치하는가, 조화로운가를 비교할 것이다. 하지만 일치되는 것이 없으므로, 상상력은 또 다시 여행을 떠난다. 즉 새로운 형태의 다양한 종합 활동을 수행해 볼 것이다. 이것은 미지의 세계로 향한 여행이다. 그리고 이 여행에는 주어진 목적지가 없기 때문에 자유롭다.

이런 자유로운 여행을 통해 예들 들어 상대 공간, 상대 시간, 공간의 만곡, 상대성 이론이라는 새로운 개념들을 가능하게 하는 새로운 도식들을 산출한다면, 그 여행은 종결될 것이다. 여기서 우리는 왜 칸트가 상상력의 자유로운 유희라는 표현을 사용하는지 이해할 수 있게 된다. '상상력의 자유로운 유희'란 이렇게 정해진 개념이나 목적이 없는 상황에서 상상력이 그 개념이나 목적을 찾는 과정을 의미한다고 볼 수 있다. 이는 게임이다. 그리고 그 게임에 있어서 반드시 성취해야 할 그 어떤 것이 없다면, 순수한 놀이(유희)가 성립할 수 있을 것이다.

– 칸트 『판단력비판』

① 상상력의 재발견
② 인식능력으로서의 상상력
③ 목적 없는 상상력의 활동
④ 자유로운 유희로서의 상상력의 역할

52

청소년보호법 유해매체물 심의 기준에 '동성애' 조항이 포함된 것은 동성애자의 평등권 침해라는 항의에 대하여, 위원회 쪽은 아직 판단력이 부족한 청소년들에게 균형 잡힌 정보를 제공해야 하므로 동성애를 상대적으로 우월하거나 바람직한 것으로 인식하게 할 우려가 있는 매체물을 단속하기 위함일 뿐, 결코 동성애를 성적 지향의 하나로 존중하지 않는 건 아니라고 주장했다. 일견 그럴싸하게 들리지만 이것이 정말 평등일까? 동성애를 조장하는 매체물을 단속한다는 명목은 이성애를 조장하는 매체물이란 개념으론 연결되지 않는다. 애초에 이성애주의에 기반을 두어 만들어진 규칙의 적용이 결코 평등일 순 없다.

① 청소년보호법 유해매체물 심의 기준은 동성애자에 대한 차별을 내포하고 있다.
② 청소년보호법은 청소년들의 자유로운 매체물 선택을 제한한다.
③ 청소년은 동성애에 대해 중립적인 시각을 갖기 어려울 것이다.
④ 청소년에게 동성애를 이성애와 차별하지 않도록 교육할 필요가 있다.

53

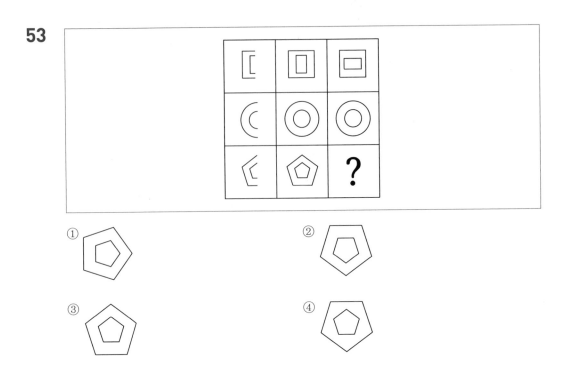

54

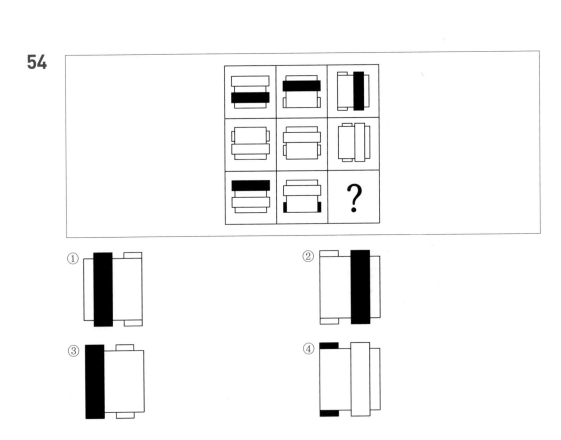

55

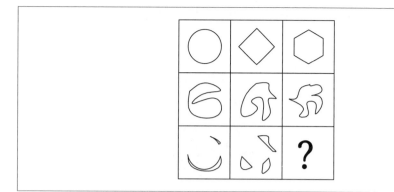

56

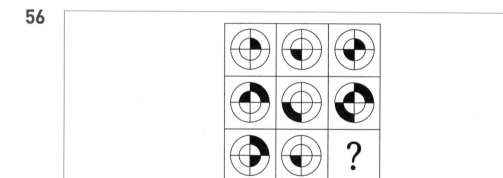

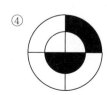

※ 다음 중 제시된 도형과 같은 것을 고르시오. [57~60]

57

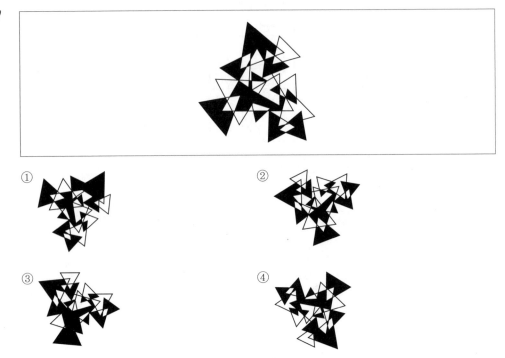

①   ②

③   ④

58

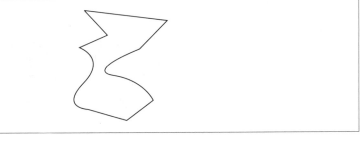

①   ②

③   ④

59

①

②

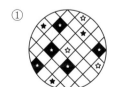

③

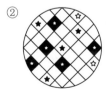

④

60

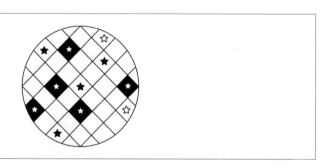

①

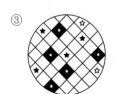

②

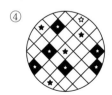

③

④

※ 주어진 전개도로 정육면체를 만들 때, 만들어질 수 없는 것을 고르시오. [61~62]

61

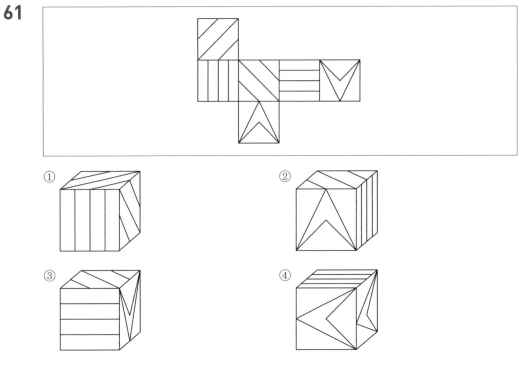

62

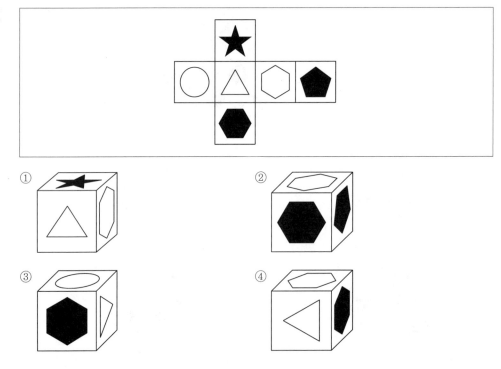

※ 다음 제시된 문자와 같은 것의 개수를 구하시오. [63~67]

63

校

郊	塊	交	塊	郊	愧	校	郊	魁	塊	郊	校
魁	魁	交	校	魁	交	塊	魁	交	郊	愧	交
校	交	愧	塊	郊	魁	愧	交	愧	校	郊	塊
塊	魁	郊	愧	校	塊	魁	交	塊	愧	愧	校

① 4개 ② 5개

③ 6개 ④ 7개

64

ttp

ttp	tto	tpp	tto	ttr	tto	ttr	tpp	tta	tip	tta	tto
tlp	tto	tip	tta	ttp	tip	ttp	tlp	ttr	tpp	tto	tpp
tto	tta	tpp	tlp	tto	tta	ttr	ttr	tto	tip	tta	tip
tip	ttp	tip	tto	tta	tpp	tto	ttr	tip	tpp	tlp	tta
ttr	tlp	ttr	tto	tip	ttr	tlp	tto	tta	tlp	ttp	ttp
tto	tlp	tpp	tlp	tta	ttp	tta	ttr	tto	tlp	tto	ttr

① 5개 ② 6개

③ 7개 ④ 8개

65

▦

▤	⊙	▥	▶	◐	▣	▲	◑	¶	⊙	■	▦
▩	▦	▩	◈	▩	◈	▤	▦	◀	▦	▣	▩
▣	▤	▦	◐	■	◑	⊙	■	◑	◐	◎	¶
◈	▥	▣	⊙	▤	◎	¶	◐	▲	▩	▶	◑

① 1개   ② 3개
③ 4개   ④ 5개

66

88

86	83	60	83	88	85	63	08	68	39	96	38
88	66	38	66	68	33	66	98	86	83	88	86
83	96	88	86	36	83	80	88	38	33	80	68
68	80	96	68	63	39	98	60	88	36	98	66

① 2개   ② 3개
③ 4개   ④ 6개

67

5248

2489	5892	8291	4980	2842	5021	5984	1298	8951	3983	9591	5428
5248	5147	1039	7906	9023	5832	5328	1023	8492	6839	7168	9692
7178	1983	9572	5928	4726	9401	5248	5248	4557	4895	1902	5791
4789	9109	7591	8914	9827	2790	9194	3562	8752	7524	6751	1248

① 1개   ② 2개
③ 3개   ④ 4개

※ 다음 중 제시되지 않은 문자를 고르시오. [68~70]

68

care	cage	cape	cade	crow	cake	cing	cale	cead	cake	cale	cane
cane	cate	case	cane	cate	care	cape	cate	care	case	crow	cage
cake	cabe	cake	care	crew	cage	cabe	cane	cose	crew	care	cabe
cale	cape	cate	cape	cabe	cale	cake	cade	cing	cate	code	case

① care
② came
③ cane
④ cage

69

재현	재앙	재롱	재난	재판	재물	재질	재산	재혼	재판	재산	재배
재촉	재미	재직	재담	재수	재정	재능	재패	재택	재즈	재료	재량
재직	재난	재능	재택	재벌	재앙	재롱	재촉	재정	재량	재질	재미
재물	재료	재수	재패	재현	재담	재즈	재기	재혼	재배	재벌	재기

① 재난
② 재물
③ 재혼
④ 재단

70

Ⅷ	Ⅱ	Ⅼ	Ⅶ	Ⅵ	Ⅻ	Ⅼ	Ⅺ	Ⅰ	Ⅱ	Ⅴ	Ⅼ
Ⅿ	Ⅺ	Ⅴ	Ⅰ	Ⅽ	Ⅷ	Ⅱ	Ⅴ	Ⅶ	Ⅵ	Ⅽ	Ⅰ
Ⅴ	Ⅰ	Ⅹ	Ⅱ	Ⅶ	Ⅺ	Ⅴ	Ⅳ	Ⅻ	Ⅴ	Ⅷ	Ⅻ
Ⅵ	Ⅵ	Ⅻ	Ⅺ	Ⅴ	Ⅶ	Ⅰ	Ⅵ	Ⅱ	Ⅰ	Ⅱ	Ⅱ
Ⅽ	Ⅰ	Ⅴ	Ⅽ	Ⅵ	Ⅱ	Ⅻ	Ⅴ	Ⅰ	Ⅽ	Ⅸ	Ⅻ

① Ⅹ
② Ⅸ
③ Ⅿ
④ Ⅲ

※ 다음 제시된 변환규칙과 일치하지 않는 것을 고르시오. [71~72]

71

$$\&@\$ \rightarrow !\#W$$

① &$$ → !WW ② &$@ → !W#
③ $$@ → WW! ④ @@& → ##!

72

$$\&*\sim \rightarrow cos$$

① *~&~ → oscs ② &~*& → csoo
③ ~~&* → ssco ④ *&*~ → ocos

73 다음에서 설명하는 물질로 옳은 것은?

• 자성을 이용한 정보 저장 장치이다.
• 저장된 정보를 읽어 낼 때에는 패러데이의 전자기 유도 법칙이 이용된다.

① CD ② 액정
③ 전동기 ④ 자기 기록 카드

74 다음 원소, 원자 및 분자에 대한 설명 중 옳지 않은 것은?

① 원소는 1가지 성분으로 이루어진 순물질이다.
② 2가지 이상의 서로 다른 원소들이 결합하여 만들어진 순물질을 화합물이라 한다.
③ 원자는 원소를 구성하는 기본적인 입자이다.
④ 분자는 원자 1개로 이루어질 수 없다.

75 다음 화학 반응식에 대한 설명으로 옳지 않은 것은?(단, 수소와 산소 원자량은 각각 1, 16이다)

$$2H_2(g) + O_2(g) \rightarrow 2H_2O(l)$$

① 화살표 왼쪽은 반응물이며, 오른쪽은 생성물이다.
② 반응물과 생성물의 원자의 개수는 같다.
③ 수소기체와 산소기체가 반응하여 물이 생성되었다.
④ 화학 반응식의 계수비와 질량비는 같다.

76 다음은 pH에 따른 지시약의 색을 나타낸 표이다. 빈칸에 들어갈 색을 적절하게 짝지은 것은?

구분	산성	중성	염기성
리트머스	붉은색	보라색	푸른색
페놀프탈레인	무색	(㉡)	붉은색
메틸오렌지	(㉠)	주황색	노란색
BTB	노란색	녹색	(㉢)

	㉠	㉡	㉢
①	붉은색	무색	푸른색
②	주황색	푸른색	무색
③	붉은색	노란색	주황색
④	노란색	푸른색	노란색

77 다음 전류에 대한 설명 중 옳지 않은 것은?

① 전류 방향은 (+)에서 (−)이다.
② 전자의 이동방향은 전류 방향과 같다.
③ 전류의 세기는 1초 동안 도선에 흐르는 전하량을 뜻한다.
④ 전자의 이동방향은 (−)에서 (+)이다.

78 물체가 높은 곳에서 떨어질 때 에너지에 대하여 옳지 않은 설명은?(단, 공기 저항은 무시한다)

① 역학적 에너지는 보존된다.

② 운동 에너지는 증가한다.

③ 운동 에너지는 감소하다 증가한다.

④ 위치 에너지는 감소한다.

79 다음 중 힘의 단위가 아닌 것은?

① N

② $kg \cdot m/s^2$

③ kgf

④ J

80 벽에 용수철을 매달고 손으로 잡아당겨 보았다. 4N의 힘으로 용수철을 당겼을 때, 5cm만큼 늘어났다고 한다. 용수철이 8cm가 늘어났다고 한다면 용수철에 가해진 힘은 얼마인가?

① 1.6N

② 3.2N

③ 4.8N

④ 6.4N

81 D대리는 평소 깔끔하기로 회사에서 유명하다. 하지만 자신의 물품이나 책상 정리는 누구보다 깔끔하게 하면서, 공동구역을 엉망으로 사용하는 모습에 E대리는 화가 난 상황이다. 이 상황에서 당신이 E대리라면 어떻게 하겠는가?

① D대리가 자리를 비운 사이 D대리의 자리를 어질러 놓는다.

② D대리에게 개인구역처럼 공동구역도 깔끔하게 사용하라고 딱 잘라 말한다.

③ D대리가 스스로 청소를 할 때까지 노골적으로 눈치를 준다.

④ 공개적인 자리에서 D대리에게 공동구역 청소를 제대로 할 것을 요구한다.

82 A대리가 팀장으로 있는 팀에 새로 부임한 J주임이 꾀를 부리며 업무에 집중하지 않는 것을 자주 보게 되었다. 이 상황에서 당신이 A대리라면 어떻게 하겠는가?

① J주임과 따로 이야기하여 사기를 증진시킨다.

② 회의 때 주임을 지목하여 업무에 집중하자고 대놓고 말한다.

③ J주임과 식사라도 함께 하며 친분을 쌓는다.

④ 상사에게 바로 보고한다.

83 B과장이 부서장으로 있는 부서에 얼마 전 새로 K팀장이 부임하였다. 새로운 K팀장은 자신이 아직 업무를 완벽하게 파악하지 못했으니 자신의 역할을 이 팀에 오래있었던 L주임과 일부 나누길 원한다. 이 일에 대해 두 사람이 알아서 의논한 후 결정하라고 이야기했고, 얼마 후 K팀장은 L주임이 합의된 임무 수행을 하지 않는다고 보고하였다. 이 상황에서 당신이 B과장이라면 어떻게 하겠는가?

① L주임과 이야기한다.

② K팀장과 L주임 모두 불러 이야기한다.

③ K팀장에게 L주임과의 문제 사항을 보고하라고 지시한다.

④ 다른 팀원에게 K팀장과 L주임의 업무 태도를 관찰하라고 시킨다.

84 K사원은 T과장의 지시로 P대리와 2인 1조로 파일럿 테스트를 진행하게 되었고, P대리와 퇴근 후 함께 하기로 하였다. 그런데 퇴근 전 갑자기 P대리에게서 오늘은 몸이 좋지 않으니 그냥 퇴근하고, 내일 일을 하자고 연락이 왔다. K사원은 U부장의 지시로 내일부터는 다른 업무를 진행해야 해서, 반드시 오늘 파일럿 테스트를 끝내야 한다. 이 상황에서 당신이 K사원이라면 어떻게 할 것인가?

① T과장에게 P대리가 책임의식이 부족하다고 말한다.

② P대리의 역할까지 도맡아 혼자 테스트를 진행한다.

③ U부장을 찾아가 P대리의 사정을 이야기하고 업무를 미룬다.

④ P대리를 대신할 다른 사람을 찾아 테스트를 진행한다.

85 A대리는 누구보다 열심히 프로젝트 발표를 준비해왔다. 그러나 발표 당일 상사인 T팀장은 이번에 새로 입사한 U사원에게 발표할 것을 지시하고 있다. 발표를 준비해온 것은 A대리이지만, U사원이 얼굴도 예쁘고 말도 잘하기 때문에 U사원이 하는 발표가 훨씬 더 설득력이 있을 거라는 이유에서이다. 당신이 A대리라면 어떻게 할 것인가?

① U사원을 찾아가 발표를 하지 않겠다고 말하도록 부탁한다.

② T팀장에게 개인적으로 찾아가 발표를 잘할 수 있다고 설득한다.

③ U사원의 발표 도중에 끼어들어 준비했던 발표를 마치도록 한다.

④ 외모 때문에 자신의 능력을 인정받지 못했으므로 성형 수술을 한다.

86 A대리는 업무 도중 휴대폰을 사용하지 말라는 회사 방침에 따라 긴급히 연락해야 하는 상황이 있어도 휴대폰이 아닌 회사의 전화기를 사용하고 있다. 그러던 어느 날 A는 얼마 전에 입사한 사원 B가 T부장이 자리를 비울 때마다 몰래 휴대폰을 사용하고 있는 것을 발견하였다. 당신이 A라면 어떻게 할 것인가?

① T부장에게 사원 B에 대해 이야기하고 주의 받도록 한다.

② B에게 가서 회사 방침을 들어 주의를 준다.

③ 상사로서 B가 휴대폰을 사용할 때 공개적으로 혼을 낸다.

④ B가 휴대폰을 사용하는 장면을 촬영하여 T부장에게 보여준다.

87 I사원의 팀에 새로운 H팀장이 발령되어 왔다. H팀장은 업무 능력도 뛰어나고 성격도 좋아서 H팀장이 온 이후에 팀의 분위기가 훨씬 좋아졌다고 해도 과언이 아닐 정도이다. 그런데 H팀장은 회사 내 전체가 금연임에도 불구하고 일이 잘 안 풀릴 때마다 창문을 열고 담배를 피우곤 한다. 당신이 I사원이라면 어떻게 할 것인가?

① 담배를 피우는 상사의 모습을 몰래 촬영하여 인사고과에 반영하도록 한다.

② 상사에게 개인적으로 찾아가 전자담배를 선물한다.

③ 팀원들끼리 회사 방침을 재숙지하는 시간을 갖도록 제안한다.

④ H팀장에게 회사 방침을 얘기하고 정중하게 부탁한다.

88 A사원은 입사 선배 H대리의 보고서를 우연히 보게 되었다. H대리는 평소 A사원을 볼 때마다 지나칠 정도로 잘난 척을 하곤 했다. 그러나 H대리가 작성한 보고서를 읽어 보니 기본적인 맞춤법부터 틀린데다가 매출 실적 등의 참고 자료가 잘못 첨부되어 있었다. 마침 H대리는 해외출장으로 며칠간 회사에 출근하지 못하는 상황이다. 당신이 A라면 어떻게 하겠는가?

① 보고서에서 잘못된 부분을 모두 고친 뒤에 자신의 이름으로 제출한다.
② 팀장에게 H대리의 보고서가 잘못되었음을 말하고 자신이 수정하겠다고 한다.
③ 잘못된 부분을 빨간 펜으로 직접 첨삭하여 H대리가 잘못된 부분을 알 수 있도록 한다.
④ 잘못된 부분을 수정하여 제출한 뒤에 다음에 H대리에게 도움을 받는다.

89 H사원은 평소에 동료들로부터 결벽증이 있다는 핀잔을 들을 정도로 깔끔한 편이다. 그런 H사원이 회사에서 겪는 어려움이 있다면 상사인 G팀장이 말을 할 때마다 지나치게 침을 튀긴다는 점이다. 팀 회의를 할 때마다 G팀장에게서 멀리 떨어져서 앉으면 되지만, 다른 사원들 역시 G팀장 옆에 앉길 꺼리기 때문에 팀 내 가장 막내인 H사원이 G팀장의 옆에 앉을 수밖에 없는 상황이다. 당신이 H사원이라면 어떻게 할 것인가?

① T대리에게 G팀장의 옆자리에 앉아 달라고 부탁한다.
② G팀장을 개인적으로 찾아가 조금만 주의해 달라고 요청한다.
③ 다른 사원들과 이야기한 뒤에 영원히 참기로 한다.
④ 침이 튀기면 기분이 나쁘므로 회사에서 퇴사한다.

90 G사원은 최근 들어 회사 생활에 불편함을 느끼고 있다. 상사인 H대리가 업무 수행에 있어 불필요한 신체 접촉을 시도한다거나, 업무 시간 외에도 사적으로 연락이 오기 때문이다. 게다가 H대리는 자신이 상사라는 점을 들어 개인적인 만남을 강요할 때도 있다. 그러나 G사원은 애인도 있는 데다가 상사인 H대리와 불편한 관계가 되고 싶지 않은 상황이다. G사원은 어떻게 행동해야 하는가?

① 애인에게 모두 이야기한 뒤 H대리를 몰래 신고하도록 한다.
② F부장을 찾아가 사실대로 이야기하고 H대리에게 공개적인 사과를 받아낸다.
③ H대리를 개인적으로 만나서 단단히 주의를 주고 지켜본다.
④ 회사 생활에 불편함을 느끼고 있기 때문에 퇴사한다.

91 S사에 근무하는 A사원은 동료로부터 다른 팀에서 새로 진행하는 W프로젝트에 대한 이야기를 들었다. A사원은 평소 관심 있던 분야인 W프로젝트에 투입되고 싶은 욕심이 생겼다. A사원의 입장에서 어떻게 할 것인가?

① 다른 팀 팀장님에게 W프로젝트에 참여하고 싶다고 말씀드린다.
② 상사에게 W프로젝트에 참여하고 싶다고 말씀드린다.
③ 소속된 팀을 옮긴다.
④ W프로젝트를 다른 팀과 별개로 진행한다.

92 A대리는 집안에 급한 일이 생겨서 월차를 쓰려고 한다. 그러나 A대리의 부서에 처리해야 할 업무가 쌓여 있는 상황이라 월차를 쓰기에는 눈치가 보인다. 게다가 A대리의 상사인 B과장은 최근에 A대리가 월차를 쓰지 못하도록 은근슬쩍 압박을 주는 상황이다. 당신이 A대리라면 어떻게 하겠는가?

① 월차는 당연한 나의 권리이니 신경 쓰지 않고 쓴다.
② 팀장에게 사정을 말하고 양해를 구한다.
③ 월차를 쓰고 전날까지 야근해서라도 일을 다 끝낸다.
④ 가족들에게 사정을 말하고 월차를 포기한다.

93 S사원은 사무실에서 입사 동기인 T사원의 옆자리에 앉아 있다. 그래서 그런지 업무 시간마다 T사원이 자꾸 잡담을 건다. T사원이 하는 이야기가 재미없는 것은 아니지만 아무래도 업무 시간이다 보니 상사의 눈치가 보이는 것이 사실이다. 당신이 S사원이라면 어떻게 할 것인가?

① 모른 척한다.
② 나중에 따로 조용히 그러지 말라고 말한다.
③ 상급자에게 말을 하여 바로잡도록 한다.
④ 다른 동료 직원에게 대신 말해 달라고 부탁한다.

94 W사원은 부지런한 편이라 항상 출근 시간보다 10분 전에 출근을 한다. W사원이 속한 부서의 상관인 R팀장은 종종 출근 시간보다 늦곤 한다. 이를 잘 아는 동료 V사원은 출근 시간이 가까워질 때마다 R팀장의 출근 여부를 물어보고 상사인 R팀장이 출근하기 전에 지각한다. R팀장은 이를 전혀 알아차리지 못하고 있다. 당신이 W사원이라면 어떻게 할 것인가?

① 그러지 말라고 V사원에게 주의를 시킨다.

② 나중에 술자리에서 R팀장에게 V사원에 대해 말을 한다.

③ 옆 직원에게 이러한 사항을 토로한다.

④ R팀장의 상사인 U부장에게 사실대로 이야기해서 시정하게 한다.

95 A대리는 자신이 다니고 있는 B회사와 거래 관계에 있는 바이어로부터 성의의 표시로 조그마한 선물을 하나 받게 되었다. 나중에 알아보니, 선물의 시가는 3만 2천 원이다. 그러나 회사의 윤리 규정에서 허용하는 선물의 금액은 3만 원이다. 당신이 A대리라면 어떻게 하겠는가?

① 즉시 선물을 돌려주고 회사의 윤리 규정을 설명한다.

② 거절하면 바이어가 불쾌할 수 있으므로 그냥 받는다.

③ 일단은 선물을 받고 상사에게 보고한다.

④ 선물을 감사히 받고, 나중에 사비로 3만 2천 원 상당의 선물을 한다.

96 J대리는 오랫동안 같은 부서에서 근무해 왔던 여사원 G에게 호감을 느끼게 되었다. 우연히 여사원 G와 개인적인 자리를 만들게 된 J대리는 여사원 G도 자신에게 좋은 감정을 느끼고 있음을 알게 되었고 둘은 곧 사귀게 되었다. 그러나 회사 규정상 사내연애는 금지 사항이다. 당신이 J대리라면 어떻게 할 것인가?

① 사내연애 금지는 비합리적이므로 몰래 사귄다.

② 연애 사실을 공개하고 회사규정을 수정할 것을 요구한다.

③ 연애를 포기한다.

④ 본인이 퇴사한다.

97 A사원은 웹 서핑을 하다가 우연히 동료사원 B가 SNS상에서 자신을 험담하는 내용의 글을 발견하였다. 당신이 A사원이라면 어떻게 하겠는가?

① 보지 않은 것처럼 생각하고 신경 쓰지 않는다.

② SNS상에서 자신임을 밝히고 B에게 본인과 직접 대화하자는 댓글을 남긴다.

③ 회사에서 만났을 때 험담 이유에 대해 따져 묻는다.

④ 동료나 상사에게 사실을 알리고 어떻게 대처해야 하는지 상의해본다.

98 A사원은 책상 위에 두고 즐겨 먹는 간식을 자리를 비울 때마다 누군가 수시로 가져가는 것을 우연히 알게 되었다. 당신이 A사원이라면 어떻게 하겠는가?

① 간식상자에 '손대지 말 것'이라는 경고 메시지를 붙여 놓는다.

② 금전적인 부담이 크지 않으니 계속 아무 일 없는 듯 넘어간다.

③ 자신의 간식을 제외한 나머지는 따로 상자를 준비하여 동료들이 먹을 수 있게 한다.

④ 간식을 가져간 사원을 찾아내 그동안 없어진 것에 대한 책임을 묻는다.

99 신입사원인 A는 팀장인 B가 본인을 사적인 이유로 무시하는 느낌을 받고 있다. 당신이 A사원이라면 어떻게 하겠는가?

① B팀장의 말을 한 귀로 듣고 한 귀로 흘린다.

② 회사에 타 부서 전출을 강력히 요구한다.

③ B팀장에게 개인 면담을 요청하여 본인에 대한 불만을 들어본다.

④ 개인의 능력으로 발생한 원인이 아니므로 퇴사한다.

100 2년 차 회사원인 A는 업무 중 작은 실수를 저질러 소속 팀과 회사에 피해를 입혔다. 이로 인해 직속 상관 B에게 꾸지람을 들었고, 대화 도중 인격적 모독까지 당했다. 당신이 A사원이라면 어떻게 하겠는가?

① 동료직원들에게 직속 상관 B에 대한 서운함을 내비친다.

② 인격적인 모욕에 대해 즉시 항의한다.

③ 자신의 실수로 벌어진 일인 만큼 꾹 참고 자리로 돌아간다.

④ 사내 고충처리 센터에 방문하여 상담을 받는다.

☑ 응시시간 : 90분   ☑ 문항 수 : 100문항

정답 및 해설 p.056

※ 상황판단 영역(81~100번)은 정답을 제공하지 않으니 참고하기 바랍니다.

※ 다음 제시된 단어와 같거나 비슷한 뜻을 가진 것을 고르시오. [1~4]

01

describe

① match   ② notice
③ explain   ④ disagree

02

expand

① contract   ② reduce
③ endure   ④ extend

03

huge

① enormous   ② maximum
③ mild   ④ warm

04

exam

① character   ② audience
③ test   ④ occasion

PART 6

※ 다음 중 제시된 단어와 반대되는 의미를 가진 것을 고르시오. [5~8]

05

earn

① increase   ② employ
③ determine   ④ spend

06

diligent

① lazy   ② stupid
③ eager   ④ latest

07

encourage

① comfort   ② cheer
③ increase   ④ prevent

08

include

① contain   ② involve
③ comprise   ④ exclude

※ 다음 중 나머지 셋과 다른 것을 고르시오. [9~10]

09 ① biology   ② architecture
   ③ economy   ④ philosophy

10 ① often   ② always
   ③ seldom   ④ chance

11 다음 밑줄 친 부분이 옳지 않은 것은?

Semin's family has decided ① to take a special vacation this year ; they are going to ② visit Jejudo. Semin and his sisters ③ has never been there, so ④ they are very excited.

12 다음 밑줄 친 빈칸에 들어갈 말로 알맞은 것은?

In most societies, women _____ of children.

① watch   ② see to
③ guard   ④ take care

13 다음 밑줄 친 빈칸 (A), (B)에 각각 들어갈 말로 가장 적절한 것은?

Not surprisingly, workers are more productive and effective ___(A)___ they receive guidance and support based on accurate appraisal of their performance. In an ideal world, appraisal of workers' performances would be based solely on how well they do their jobs. ___(B)___, subjective biases often affect workers' evaluations. For example, supervisors tend to focus on the worker rather than on the worker's performance. Supervisors may form general impressions of liking or disliking workers and base their evaluations on these impressions rather than on the work performed. The tendency to rate workers according to general impressions can be reduced by instructing raters to focus on how well the worker carries out specific tasks. Workers should be penalized for no such thing as "poor attitude."

	(A)	(B)		(A)	(B)
①	as	Therefore	②	when	However
③	where	Regardlessly	④	if	Accordingly

14 다음 밑줄 친 빈칸에 들어갈 말로 가장 적절한 것은?

The first paintings were *murals. Murals could not be detached, but later, the technique of painting on panels was developed. Panel paintings were done on single pieces of wood or thin strips that were pieced together. These creations were portable and could thus be easily moved. This was a huge innovation at that time. In the fourteenth century, painters began using canvases. Made of fabric, canvases were lightweight, so they were easy to work with and transport. The surface of canvases held paint much better than did wood, and it was not prone to warping and cracking. _____, the woven fabric affected the texture of the painting. Therefore, Renaissance artists went to great lengths to smooth the surface of the painting so that it had a glossy finish, much like that of a photograph. With all this, they were far more practical than panels.

*mural : 벽화

① In addition
② For instance
③ Accordingly
④ However

15 다음 대화에서 밑줄 친 빈칸에 들어갈 말로 적절한 것은?

A : Kate, I am too tired. It's only 7:30 in the morning! Let's take a rest for a few minutes.

B : Don't quit yet. Push yourself a little more. When I started jogging, it was so hard for me, too.

A : Have pity on me then. This is my first time.

B : Come on, Mary. After you jog another three months or so, you will be ready for the marathon.

A : Marathon! How many miles is the marathon?

B : It's about thirty miles. If I jog everyday, I'll be able to enter it in a couple of months.

A : _____ I am exhausted now after only half a mile. I am going to stop.

---

① Count me out!

② Why shouldn't I enter the marathon?

③ Why didn't I think of that?

④ I don't believe so.

16 어느 해의 10월 1일은 월요일일 때, 다음 해의 3월 1일은 무슨 요일인가?(단, 다음 해는 윤년이다)

① 수요일   ② 목요일

③ 금요일   ④ 토요일

17 A회사와 B회사의 휴무 간격은 각각 5일, 7일이다. 일요일인 오늘 두 회사가 함께 휴일을 맞았다면, 앞으로 4번째로 함께하는 휴일은 무슨 요일인가?

① 수요일   ② 목요일

③ 금요일   ④ 토요일

18 용민이와 효린이가 호수를 같은 방향으로 도는데 용민이는 7km/h, 효린이는 3km/h로 걷는다고 한다. 두 사람이 다시 만났을 때 7시간이 지나있었다면 호수의 둘레는 몇 km인가?

① 24km

② 26km

③ 28km

④ 30km

19 둘레가 6km인 공원을 나래는 자전거를 타고, 진혁이는 걷기로 했다. 같은 방향으로 돌면 1시간 30분 후에 다시 만나고, 서로 반대 방향으로 돌면 1시간 후에 만난다. 나래의 속도는 얼마인가? (단, 나래의 속력이 더 빠르다)

① 4.5km/h

② 5km/h

③ 5.5km/h

④ 6km/h

20 형수가 친척집으로 심부름을 가는데 자전거를 타고 시속 12km로 가면 시속 4km로 걸어가는 것보다 1시간 빠르게 도착한다고 한다. 시속 8km/h로 달린다면 몇 분 후 도착하는가?

① 40분

② 42분

③ 45분

④ 50분

21 50원, 100원, 500원짜리 동전을 가지고 750원을 지불하는 방법은 총 몇 가지가 있는가?

① 10가지

② 11가지

③ 12가지

④ 13가지

22 어느 공장에서 제품을 생산하여 팔면 600원의 이익이 남고, 불량품이 발생할 경우 2,400원의 손해를 본다. 제품을 생산하여 팔 때, 손해를 보지 않으려면 이 제품의 불량률은 몇 % 이하가 되어야 하는가?

① 10%   ② 15%
③ 20%   ④ 25%

23 A씨는 졸업논문심사과정을 밟고 있다. A씨 대학에서는 총점 10점 만점 중 평균점수가 8점 이상이 되어야 졸업할 수 있다. A씨를 심사하는 교수는 총 3명이고 현재 2명의 교수가 7.5점, 6.5점을 각각 부여하였을 때, 마지막 교수가 몇 점 이상을 주어야만 A씨는 합격할 수 있는가?

① 10점   ② 20점
③ 30점   ④ 40점

24 항공기를 세워 둘 수 있는 최대 수가 70대인 어떤 공항이 있다. 현재 30대가 세워져 있고 활주로로 항공기가 착륙하여 들어오는 숫자가 시간당 9대, 이륙하여 나가는 숫자가 시간당 3대라고 할 때, 몇 시간이 지나면 더 이상 항공기를 세워 둘 수 없겠는가?

① 5시간 50분   ② 6시간 20분
③ 6시간 30분   ④ 6시간 40분

25 농도 4%의 소금물 ag과 7.75g의 소금물 bg을 섞어 농도 6%의 소금물 600g을 만들었을 때, 농도 4%의 소금물의 양은?

① 240g   ② 280g
③ 320g   ④ 360g

26 농도 12%의 소금물 600g에 물을 넣어 농도 4% 이하의 소금물을 만들고자 한다. 추가로 넣어야 하는 물은 최소 몇 g인가?

① 1,150g

② 1,200g

③ 1,250g

④ 1,300g

27 현재 시대 중학교의 축구부 전적은 8승 3패이다. 승률이 80% 이상이 되기 위해서는 최소한 몇 경기를 더 이겨야 하는가?

① 3경기

② 4경기

③ 5경기

④ 6경기

28 라임이와 아버지의 나이 차는 28세이다. 그리고 아버지의 나이는 라임이의 나이의 3배라면 현재 아버지의 나이는?

① 40세

② 42세

③ 44세

④ 46세

29 경서와 민준이는 1 : 2의 비율로 용돈을 받았고, 4 : 7의 비율로 지출을 했다. 각각 남은 금액이 2,000원, 5,500원이라고 할 때, 민준이가 받은 용돈은 얼마인가?(단, 용돈 외에 추가수입은 없었다)

① 15,000원

② 15,500원

③ 16,000원

④ 16,500원

30 지역별 조기 축구 대회가 고등학교 경기장에서 열린다. 경기는 토너먼트 방식으로 진행되며 한 경기마다 고등학교에 경기장 이용료를 2,000원씩 지불해야 한다. 총 20개의 팀이 경기에 참가했다면 학교에 지불해야 하는 금액은 얼마인가?(단, 3·4위전은 고려하지 않고, 동점자는 없다)

① 36,000원   ② 37,000원
③ 38,000원   ④ 39,000원

31 다음 밑줄 친 단어의 한자 표기로 옳은 것은?

인간 존엄성은 민주주의의 궁극적인 <u>가치</u>이다.

① 價値   ② 家計
③ 事實   ④ 實在

32 다음 속담과 같은 의미의 사자성어는?

소 잃고 외양간 고친다.

① 十伐之木   ② 亡牛補牢
③ 見蚊拔劍   ④ 鳥足之血

※ 제시문 A를 읽고, 제시문 B가 참인지 거짓인지 혹은 알 수 없는지 고르시오. [33~35]

33

[제시문 A]
- 바다에 가면 문어 라면을 먹겠다.
- 산에 가면 쑥을 캐겠다.
- 문어 라면을 먹으면 쑥을 캐지 않겠다.

[제시문 B]
바다에 가면 산에 가지 않겠다.

① 참   ② 거짓   ③ 알 수 없음

34

[제시문 A]
- 독서실에 가면 영어공부를 할 것이다.
- 도서관에 가면 과제를 할 것이다.
- 영어공부를 하면 과제를 하지 않을 것이다.

[제시문 B]
독서실에 가면 도서관에 가지 않을 것이다.

① 참   ② 거짓   ③ 알 수 없음

35

[제시문 A]
- 수진이는 2개의 화분을 샀다.
- 지은이는 6개의 화분을 샀다.
- 효진이는 화분을 수진이보다는 많이 사고, 지은이보다는 적게 샀다.

[제시문 B]
효진이는 4개 이하의 화분을 샀다.

① 참   ② 거짓   ③ 알 수 없음

36 제시된 내용을 바탕으로 내린 A, B의 결론에 대한 판단으로 옳은 것은?

> • 청포도를 좋아하는 사람은 정욱, 하나이다.
> • 멜론을 좋아하는 사람은 하나, 은정이다.
> • 체리를 좋아하는 사람은 정욱이다.
> • 사과를 좋아하는 사람은 정욱, 은정, 하나이다.
> • 딸기를 좋아하는 사람은 정욱, 은하이다.

> A : 가장 많은 종류의 과일을 좋아하는 사람은 정욱이다.
> B : 하나와 은정이가 좋아하는 과일은 같다.

① A만 옳다.
② B만 옳다.
③ A, B 모두 옳다.
④ A, B 모두 틀리다.

※ 다음 명제를 통해 얻을 수 있는 결론으로 타당한 것을 고르시오. [37~38]

37

> • 재현이가 춤을 추면 서현이나 지훈이가 춤을 춘다.
> • 재현이가 춤을 추지 않으면 종열이가 춤을 춘다.
> • 종열이가 춤을 추지 않으면 지훈이도 춤을 추지 않는다.
> • 종열이는 춤을 추지 않았다.

① 서현이만 춤을 추었다.
② 지훈이만 춤을 추었다.
③ 재현이와 지훈이 모두 춤을 추었다.
④ 재현이와 서현이 모두 춤을 추었다.

38

> • 어떤 학생은 책 읽기를 좋아한다.
> • 책 읽기를 좋아하는 사람의 대부분은 어린이다.
> • 모든 어린이는 유치원에 다닌다.

① 모든 학생은 어린이다.
② 모든 학생은 유치원에 다닌다.
③ 책 읽기를 좋아하는 사람 모두가 어린이는 아니다.
④ 책 읽기를 좋아하는 사람 모두 학생이다.

※ 다음 제시된 단어의 대응 관계로 볼 때 빈칸에 들어가기에 알맞은 것을 고르시오. [39~43]

39

> 음식 : 젓갈 = ( ) : 영어

① 미국　　　　　　　　　　　② 언어
③ 유학　　　　　　　　　　　④ 국어

40

> 소화불량 : 과식 = ( ) : 폭우

① 여름　　　　　　　　　　　② 홍수
③ 가뭄　　　　　　　　　　　④ 지진

41

> 냄새 : 땀 = ( ) : 밤샘

① 피로　　　　　　　　　　　② 새벽
③ 수면실　　　　　　　　　　④ 침대

42

> 암시 : ( ) = ( ) : 갈등

① 시사, 알력　　　　　　　　② 귀띔, 해소
③ 계시, 발전　　　　　　　　④ 충고, 칡덩굴

43

> 산세 : ( ) = 마감 : ( )

① 수려하다, 끝마치다　　　　② 빼어나다, 탈고하다
③ 웅장하다, 집필하다　　　　④ 험준하다, 임박하다

※ 주어진 명제가 모두 참일 때, 다음 빈칸에 들어갈 명제로 가장 적절한 것을 고르시오. [44~45]

44

- 회계팀의 팀원은 모두 회계 관련 자격증을 가지고 있다.
- _____
- 돈 계산이 빠르지 않은 사람은 회계팀이 아니다.

① 회계팀이 아닌 사람은 돈 계산이 빠르다.
② 돈 계산이 빠른 사람은 회계 관련 자격증을 가지고 있다.
③ 회계팀이 아닌 사람은 회계 관련 자격증을 가지고 있지 않다.
④ 돈 계산이 빠르지 않은 사람은 회계 관련 자격증을 가지고 있지 않다.

45

- 환율이 하락하면 국가 경쟁력이 떨어졌다는 것이다.
- _____
- 수출이 감소했다는 것은 GDP가 감소했다는 것이다.
- 수출이 감소하면 국가 경쟁력이 떨어진다.

① 국가 경쟁력이 떨어지면 수출이 감소했다는 것이다.
② GDP가 감소해도 국가 경쟁력은 떨어지지 않는다.
③ 환율이 상승하면 GDP가 증가한다.
④ 환율이 하락해도 GDP는 감소하지 않는다.

PART 6

46

(가) 나무를 가꾸기 위해서는 처음부터 여러 가지를 고려해 보아야 한다. 심을 나무의 생육조건, 나무의 형태, 성목이 되었을 때의 크기, 꽃과 단풍의 색, 식재지역의 기후와 토양 등을 종합적으로 생각하고 심어야 한다. 나무의 생육조건은 저마다 다르기 때문에 지역의 환경조건에 적합한 나무를 선별하여 환경에 적응하도록 해야 한다. 동백나무와 석류, 홍가시나무는 남부지방에 키우기 적합한 나무로 알려져 있지만 지구온난화로 남부수종의 생육한계선이 많이 북상하여 중부지방에서도 재배가 가능한 나무도 있다. 부산의 도로 중앙분리대에서 보았던 잎이 붉은 홍가시나무는 여주의 시골집 마당 양지바른 곳에서 3년째 잘 적응하고 있다.

(나) 더불어 나무의 특성을 외면하고 주관적인 해석에 따라 심었다가는 훗날 낭패를 보기 쉽다. 물을 좋아하는 수국 곁에 물을 싫어하는 소나무를 심었다면 둘 중 하나는 살기 어려운 환경이 조성된다. 나무를 심고 가꾸기 위해서는 전체적인 밑그림을 그려보고 생태적 특징을 살펴본 후에 심는 것이 바람직하다.

(다) 나무들이 밀집해있으면 나무들끼리의 경쟁은 물론 바람길과 햇빛의 방해로 성장은 고사하고 병충해에 시달리기 쉽다. 또한 나무들은 성장속도가 다르기 때문에 항상 다 자란 나무의 모습을 상상하며 나무들 사이의 공간 확보를 염두에 두어야 한다. 그러나 묘목을 심고 보니 듬성듬성한 공간을 메꾸기 위하여 자꾸 나무를 심게 되는 실수를 저지른다.

(라) 식재계획의 시작은 장기적인 안목으로 적재적소의 원칙을 염두에 두고 나무를 선정해야 한다. 식물은 햇빛, 물, 바람의 조화를 이루면 잘 산다고 하지 않는가. 그래서 나무의 특성 중에서 햇볕을 좋아하는지 그늘을 좋아하는지, 물을 좋아하는지 여부를 살펴보는 것이 중요하다. 어린 묘목을 심을 경우 실수하는 것은 나무가 자랐을 때의 생육공간을 생각하지 않고 촘촘하게 심는 것이다.

① (가) - (라) - (다) - (나)
② (가) - (나) - (다) - (라)
③ (가) - (라) - (나) - (다)
④ (가) - (나) - (라) - (다)

47

(가) 하지만 영화를 볼 때 소리를 없앤다면 어떤 느낌이 들까? 아마 내용이나 분위기, 인물의 심리 등을 파악하기 힘들 것이다. 이런 점을 고려할 때 영화 속 소리는 영상과 분리해서 생각할 수 없는 필수 요소라고 할 수 있다. 소리는 영상 못지않게 다양한 기능이 있기 때문에 현대 영화감독들은 영화 속 소리를 적극적으로 활용하고 있다.

(나) 이와 같이 영화 속 소리는 다양한 기능을 수행하기 때문에 영화의 예술적 상상력을 빼앗는 것이 아니라 오히려 더 풍부하게 해 준다. 그래서 현대 영화에서 소리를 빼고 작품을 완성한다는 것은 생각하기 어려운 일이 되었다.

(다) 영화의 소리에는 대사, 음향 효과, 음악 등이 있으며, 이러한 소리들은 영화에서 다양한 기능을 수행한다. 우선, 영화 속 소리는 다른 예술 장르의 표현 수단보다 더 구체적이고 분명하게 내용을 전달하는 데 도움을 줄 수 있다. 그리고 줄거리 전개에 도움을 주거나 작품의 상징적 의미를 전달할 뿐만 아니라 주제 의식을 강조하는 역할을 하기도 한다. 또 영상에 현실감을 줄 수 있으며, 영상의 시공간적 배경을 확인시켜 주는 역할도 한다. 또한 영화 속 소리는 영화의 분위기를 조성하고 인물의 내면 심리도 표현할 수 있다.

(라) 유성영화가 등장했던 1920년대 후반에 유럽의 표현주의나 형식주의 감독들은 영화 속의 소리에 대한 부정적인 견해가 컸다. 그들은 가장 영화다운 장면은 소리 없이 움직이는 그림으로만 이루어진 장면이라고 믿었다. 그래서 그들은 영화 속 소리가 시각 매체인 영화의 예술적 효과와 영화적 상상력을 빼앗을 것이라고 내다보았다.

① (라) – (가) – (다) – (나)   ② (가) – (다) – (라) – (나)
③ (라) – (다) – (가) – (나)   ④ (나) – (라) – (가) – (다)

48

(가) 고창 갯벌은 서해안에 발달한 갯벌로서 다양한 해양 생물의 산란·서식지이며, 어업인들의 삶의 터전으로 많은 혜택을 주었다. 그러나 최근 축제식 양식과 육상에서부터 오염원 유입 등으로 인한 환경 변화로 체계적인 이용·관리 방안이 지속적으로 요구됐다.

(나) 정부는 전라북도 고창 갯벌 약 $11.8km^2$를 '습지보전법'에 의한 '습지보호지역'으로 지정하며 고시한다고 밝혔다. 우리나라에서 일곱 번째로 지정되는 고창 갯벌은 칠면초·나문재와 같은 다양한 식물이 자생하고, 천연기념물인 황조롱이와 멸종 위기종을 포함한 46종의 바닷새가 서식하는, 생물 다양성이 풍부하며 보호 가치가 큰 지역으로 나타났다.

(다) 정부는 이번 습지보호지역으로 지정된 고창 갯벌을 람사르 습지로 등록할 계획이며, 제2차 연안습지 기초 조사를 실시하여 보전 가치가 높은 갯벌뿐만 아니라 훼손된 갯벌에 대한 관리도 강화해 나갈 계획이다.

(라) 습지보호지역으로 지정되면 이 지역에서 공유수면 매립, 골재 채취 등의 갯벌 훼손 행위는 금지되나, 지역 주민이 해오던 어업 활동이나 갯벌 이용 행위에는 특별한 제한이 없다.

① (가) – (나) – (다) – (라)   ② (가) – (라) – (나) – (다)
③ (나) – (가) – (라) – (다)   ④ (다) – (가) – (나) – (라)

49 다음 글의 주제로 가장 적절한 것은?

우유니 사막은 세계 최대의 소금사막으로 남아메리카 중앙부 볼리비아의 포토시주(州)에 위치한 소금 호수로, '우유니 소금사막' 혹은 '우유니 염지' 등으로 불린다. 지각변동으로 솟아오른 바다가 빙하기를 거쳐 녹기 시작하면서 거대한 호수가 생겨났다. 면적은 1만 2,000km²이며 해발고도 3,680m의 고지대에 위치한다. 물이 배수되지 않는 지형적 특성 때문에 물이 고여 얕은 호수가 되었으며, 소금으로 덮인 수면 위에 푸른 하늘과 흰 구름이 거울처럼 투명하게 반사되어 관광지로도 이름이 높다.

소금층 두께는 30cm부터 깊은 곳은 100m 이상이며 호수의 소금 매장량은 약 100억 톤 이상이다. 우기인 12월에서 3월 사이에는 20~30cm의 물이 고여 얕은 염호를 형성하는 반면, 긴 건기 동안에는 표면뿐만 아니라 사막의 아래까지 증발한다. 특이한 점은 지역에 따라 호수의 색이 흰색, 적색, 녹색 등의 다른 빛깔을 띤다는 점이다. 이는 호수마다 쌓인 침전물의 색깔과 조류의 색깔이 다르기 때문이다. 또한 소금 사막 곳곳에서는 커다란 바위부터 작은 모래까지 한꺼번에 섞인 빙하성 퇴적물들과 같은 빙하의 흔적들을 볼 수 있다.

① 우유니 사막의 기후와 식생 ② 우유니 사막의 주민 생활
③ 우유니 사막의 자연지리적 특징 ④ 우유니 사막 이름의 유래

50 다음 글의 필자가 주장하는 바로 가장 적절한 것은?

인간과 자연환경의 운명이 순전히 시장 메커니즘 하나에 좌우된다면, 결국 사회는 폐허가 될 것이다. 구매력의 양과 사용을 시장 메커니즘에 따라 결정하는 것도 같은 결과를 낳는다. 이런 체제 아래에서 인간의 노동력을 소유자가 마음대로 처리하다 보면, 노동력이라는 꼬리표를 달고 있는 '인간'이라는 육체적·심리적·도덕적 실체마저 소유자가 마음대로 처리하게 된다. 인간들은 갖가지 문화적 제도라는 보호막이 모두 벗겨진 채 사회에 알몸으로 노출되고 결국 쇠락해 간다. 그들은 악덕, 범죄, 굶주림 등을 거치면서 격동하는 사회적 혼란의 희생물이 된다. 자연은 그 구성 원소들로 환원되어 버리고, 주거지와 경관은 더럽혀진다. 또 강이 오염되며, 군사적 안보는 위협당하고, 식량과 원자재를 생산하는 능력도 파괴된다.

마지막으로 구매력의 공급을 시장 기구의 관리에 맡기게 되면 영리 기업들은 주기적으로 파산하게 될 것이다. 원시 사회가 홍수나 가뭄으로 인해 피해를 보았던 것처럼 화폐 부족이나 과잉은 경기에 엄청난 재난을 가져올 수 있기 때문이다.

노동 시장, 토지 시장, 화폐 시장이 시장 경제에 필수적이라는 점은 의심할 여지가 없다. 하지만 인간과 자연이라는 사회의 실패와 경제 조직이 보호받지 못한 채 그 '악마의 맷돌'에 노출된다면, 어떤 사회도 무지막지한 상품 허구의 경제 체제가 몰고 올 결과를 한순간도 견뎌내지 못할 것이다.

① 무분별한 환경 파괴를 막기 위해 국가가 시장을 통제해야 한다.
② 구매력의 공급은 시장 기구의 관리에 맡기는 것이 합리적이다.
③ 시장 메커니즘은 인간의 존엄성을 파괴하는 제도이므로 철폐되어야 한다.
④ 시장 메커니즘을 맹신하기보다는 적절한 제도적 보호 장치를 마련하는 것이 바람직하다.

※ 다음 글의 주제로 적절하지 않은 것을 고르시오. [51~52]

51

> 현대인들이 부족한 잠으로 인해 만성 피로를 겪고 있다. 성인 평균 권장 수면 시간은 7 ~ 8시간이지만, 이를 지키는 이들은 우리나라 성인 기준 단 4%에 불과하다. 2016년 국가별 1일 평균 수면 시간 조사에 따르면 한국인의 하루 평균 수면 시간은 7시간 41분으로, OECD 18개 회원국 중 최하위를 기록했다. 또한 직장인의 수면 시간은 이보다도 짧은 6시간 6분으로, 권장 수면 시간에 2시간 가까이 부족한 수면 시간으로 현대인 대부분이 수면 부족에 시달린다 해도 과언이 아닐 정도이다.
> 수면 시간 총량이 적은 것도 문제지만 더 심각한 점은 '어떻게 잘 잤는지', 즉 수면의 질 또한 높지 않다는 것이다. 수면 장애 환자는 '단순히 일이 많아서', 또는 '잠버릇 때문에' 발생한 일시적인 가벼운 증상 정도로 여기는 사회적 분위기를 감안하면 실제 더 많을 것으로 추정된다. 특히, 대표적인 수면 장애인 '수면무호흡증'은 피로감 불안감 우울감은 물론 고혈압 · 당뇨병과 심혈관질환 · 뇌졸중까지 다양한 합병증을 유발할 수 있다는 점에서 진단과 치료가 요구된다.

① 수면의 질을 높이는 방법　　　　② 수면 마취제의 부작용
③ 숙면에 도움을 주는 식품　　　　④ 수면 장애의 종류와 예방법

52

> (가) 사육한 닭에 대한 기록은 청동기 시대부터이지만, 삼계탕에 대한 기록은 조선 시대 문헌에서조차 찾기 힘들다. 조선 시대의 닭 요리는 닭백숙이 일반적이었으며, 일제 강점기에 들어서면서 부잣집에서 닭백숙, 닭국에 가루 형태의 인삼을 넣는 삼계탕이 만들어졌다. 지금의 삼계탕 형태는 1960년대 이후부터 시작되었으며, 대중화된 것은 1970년대 이후부터이다. 삼계탕은 주재료가 닭이고 부재료가 인삼이었기에 본래 '계삼탕'으로 불렸다. 그러다가 닭보다 인삼이 귀하다는 인식이 생기면서부터 지금의 이름인 '삼계탕'으로 불리기 시작했다.
>
> (나) 삼계탕은 보통 삼복에 즐겨 먹는데, 삼복은 1년 중 가장 더운 기간으로, 땀을 많이 흘리고 체력 소모가 큰 여름에 몸 밖이 덥고 안이 차가우면 위장 기능이 약해져 기력을 잃고 병을 얻기 쉽다. 이러한 여름철에 닭과 인삼은 열을 내는 음식으로 따뜻한 기운을 내장 안으로 불어넣고 더위에 지친 몸을 회복하는 효과가 있다.
>
> (다) 삼계탕과 닭백숙은 조리법에 큰 차이는 없지만, 사용되는 닭이 다르다. 백숙은 육계(고기용 닭)나 10주령 이상의 2kg 정도인 토종닭을 사용한다. 반면, 삼계탕용 닭은 28 ~ 30일 키운 800g 정도의 영계(어린 닭)를 사용한다.
>
> (라) 삼계탕에 대한 속설 중 잘못 알려진 속설에는 '대추는 삼계탕 재료의 독을 빨아들이기 때문에 먹으면 안 된다.'가 있는데, 대추는 삼계탕 재료의 독이 아닌 국물을 빨아들이는 것에 불과하므로 대추를 피할 필요는 없다.
>
> 이처럼 삼계탕에 들어가는 닭과 인삼은 따뜻한 성질을 가진 식품이지만 체질적으로 몸에 열이 많은 사람은 인삼보다 황기를 넣거나 차가운 성질인 녹두를 더해 몸 속의 열을 다스리는 것도 좋다. 또한 여성의 경우 수족 냉증, 생리 불순, 빈혈, 변비에 효과가 있는 당귀를 삼계탕에 넣는 것도 좋은 방법이다.

① (가) : 삼계탕의 유래　　　　② (나) : 삼계탕과 삼복의 의미
③ (다) : 삼계탕과 닭백숙의 차이　　④ (라) : 삼계탕의 잘못된 속설

PART 6

53

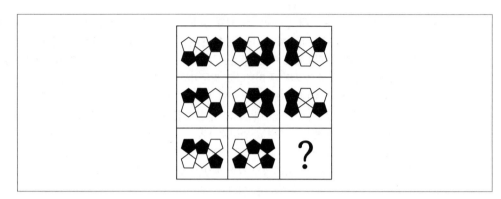

①

②

③

④

54

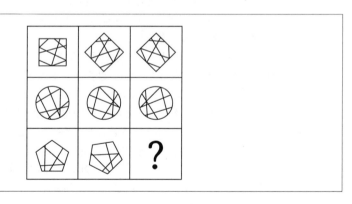

①

②

③

④

55

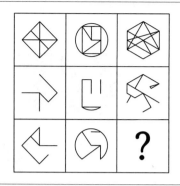

①

②

③

④

56

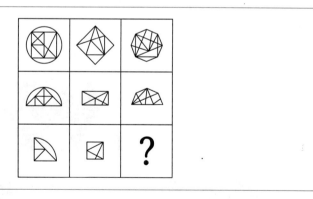

①

②

③

④

PART 6

57

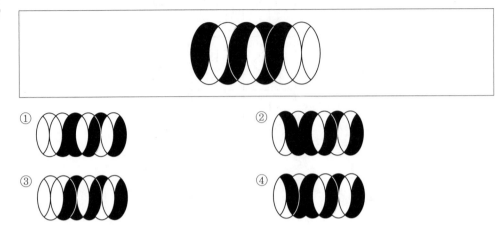

58

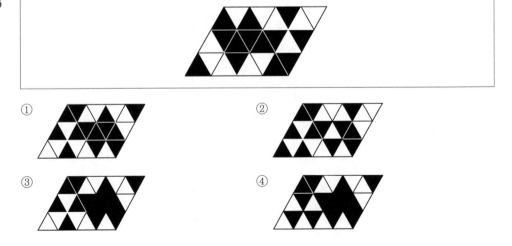

59

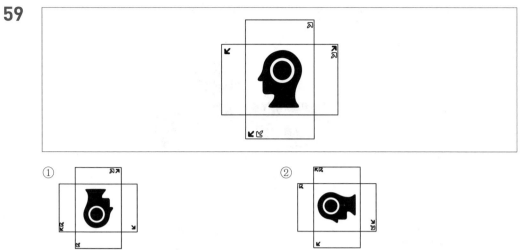

60

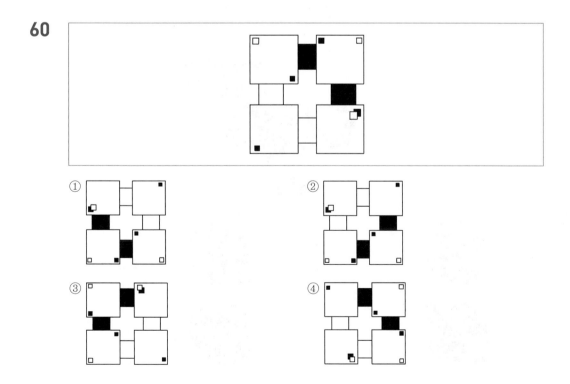

※ 주어진 전개도로 정육면체를 만들 때, 만들어질 수 없는 것을 고르시오. [61~62]

61

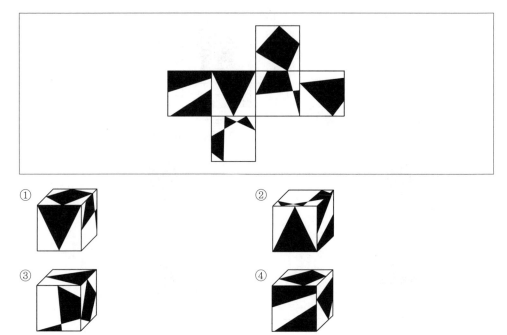

① ②

③ ④

62

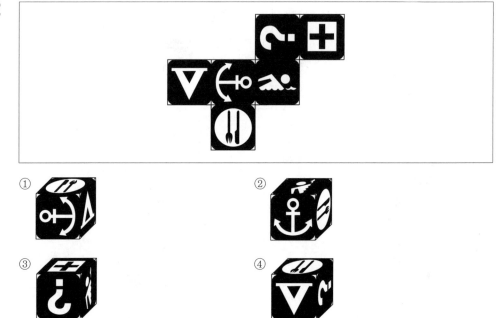

① ②

③ ④

※ 다음 제시된 문자와 같은 것의 개수를 구하시오. [63~67]

63

VI

VI	IV	X	VII	XII	III	VI	IV	VIII	III	VI	VI
VI	IX	XI	IV	XI	IV	V	IX	VII	VI	XI	X
X	XII	VIII	VI	X	IX	VIII	VI	IV	III	VII	XII
XII	III	VII	V	VI	VIII	IV	XI	XII	X	IX	IX

① 8개　　　　　　　　② 9개
③ 10개　　　　　　　 ④ 11개

64

un

un	uu	nn	un	mn	un	um	nn	un	uo	uu	un
nn	un	mn	uu	nn	uu	uo	uu	mn	un	nn	nn
uu	mn	nn	um	uo	nn	uu	un	nn	um	uo	um
un	um	mn	un	uo	um	mn	um	uu	nn	um	un

① 8개　　　　　　　　② 9개
③ 10개　　　　　　　 ④ 11개

65

⑱

⑲	⑧	⑰	⑯	⑲	⑧	⑧	⑧	⑰	(18)	⑱	⑯
⑰	⑱	(18)	⑩	(18)	⑲	⑰	⑰	(18)	⑲	(18)	⑱
⑯	⑩	⑲	⑰	⑯	(18)	⑩	⑲	⑯	⑧	⑯	⑲
⑱	⑰	⑧	(18)	⑩	⑩	⑯	⑩	⑧	⑰	⑱	(18)

① 3개　　　　　　　　② 4개
③ 5개　　　　　　　　④ 6개

PART 6

66

soul

sprit	sole	sin	shape	sou	sound	soup	sour	soul	south	soul	saul
sour	soup	sin	saul	soul	soup	son	sole	sprit	seoul	soup	son
seoul	sound	soul	houl	boul	bawl	soul	sole	son	soup	sour	sour
sun	sunny	star	start	styx	stur	spam	super	show	sour	salt	sand

① 2개   ② 3개
③ 4개   ④ 5개

67

↔

#	○	◇	☆	&	★	△	☆	*	■	※	◆
▼	→	▲	@	←	=	□	●	◎	§	▽	↑
↔	○	↓	▼	#	&	→	▽	□	↑	#	←
◆	※	*	★	=	●	◇	□	△	▲	■	@

① 1개   ② 2개
③ 3개   ④ 4개

68

상추	상장	상부	상도	상주	상체	상가	상무	상패	상체	상류	상하
상큼	상태	상류	상병	상어	상투	상념	상영	상아	상시	상수	상온
상조	상투	상영	상단	상아	상장	상온	상수	상도	상어	상가	상큼
상태	상주	상병	상무	상추	상시	상념	상부	상조	상하	상단	상패

① 상추
③ 상주
② 상세
④ 상하

69

家	價	可	羅	裸	螺	多	茶	喇	馬	麻	社
事	思	亞	自	兒	車	者	次	借	加	他	波
河	打	字	韓	産	塞	水	需	難	志	只	足
存	培	伯	卞	絢	刻	釜	負	愷	价	芷	裳

① 思
③ 塞
② 泊
④ 培

70

츴	츕	췰	츕	츕	칱	츕	챹	축	칅	츕	축
칅	츌	췙	취	칳	칰	춰	췙	츌	칳	췰	츕
축	췰	축	츴	칰	쳼	췰	칰	츕	츕	취	칰
칅	츕	칳	츕	츌	츕	췙	츌	츕	칰	츕	춢

① 춢
③ 챱
② 칰
④ 쳼

71

μF	MHz	dℓ	cal	MHz	nA	kcal	cm	kA	dℓ	μF	nA
cm³	kcal	nA	kcal	kℓ	kcal	KHz	cal	μF	nA	MHz	kcal
nA	KHz	μF	KHz	μF	cal	kcal	nA	dℓ	KHz	pA	cm
kcal	cal	cm	kcal	μF	nA	μF	MHz	kcal	cm	KHz	cal

① pA   ② kℓ

③ cm³   ④ mm

72

DRQ	DQN	DEB	DDR	DRG	DBW	DBD	DBR	DBH	DXQ	DRZ	DRB
DBH	DNR	DRR	DBX	DRA	DBR	DBW	DGD	DNR	DBD	DRA	DQN
DDR	DRQ	DRA	DXQ	DGD	DEB	DBD	DRB	DRG	DDR	DBX	DEB
DRB	DBX	DQN	DBY	DRG	DQN	DNR	DRQ	DXQ	DEB	DBR	DRE

① DBY   ② DRZ

③ DRR   ④ DRX

73 다음은 볼타전지(Volta Cell)의 전압을 측정하는 실험을 나타낸 그림이다. 이에 대한 설명으로 옳지 않은 것은?

① 아연판에서는 산화가, 구리판에서는 환원반응이 일어난다.
② 아연판의 질량은 감소하고, 구리판의 질량은 증가한다.
③ 전자는 아연판에서 구리판으로, 전류는 구리판에서 아연판 방향으로 이동한다.
④ 시간이 지나면 기전력은 떨어진다.

74 다음 화학 반응식에 대한 설명으로 옳지 않은 것은?

$$CuO + H_2 \rightarrow Cu + H_2O$$

① 산화구리는 산소를 잃어 환원되었다.
② 물은 산소를 얻어 산화되었다.
③ 산화와 환원은 동시에 일어난다.
④ 반응 전과 후의 분자 몰수는 같다.

75 다음 중 원자설을 오래된 순서대로 나열한 것은?

㉠ 돌턴(John Dalton)
㉡ 보어(Niels Henrik David Bohr)
㉢ 톰슨(Joseph J. Thomson)
㉣ 러더퍼드(Rutherford)
㉤ 채드윅(James Chadwick)

① ㉠ - ㉣ - ㉢ - ㉡ - ㉤
② ㉠ - ㉢ - ㉣ - ㉡ - ㉤
③ ㉠ - ㉢ - ㉡ - ㉣ - ㉤
④ ㉡ - ㉢ - ㉤ - ㉠ - ㉣

76 다음 보기에서 산에 대한 설명으로 옳은 것을 모두 고르면?

> ㉠ 수용액에서 수소 이온을 내놓는 물질이다.
> ㉡ 금속과 반응하여 수소 기체를 발생시킨다.
> ㉢ 탄산칼슘($CaCO_3$)과 반응하여 이산화탄소(CO_2) 기체를 발생시킨다.
> ㉣ 붉은색 리트머스 종이를 푸르게 변화시킨다.

① ㉠, ㉡   ② ㉡, ㉣
③ ㉠, ㉡, ㉢   ④ ㉡, ㉢, ㉣

77 다음 그림에서 설명하는 발전 방식으로 적절한 것은?

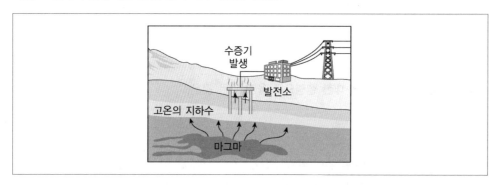

> 땅속 마그마에 의해 데워진 고온의 지하수나 수증기를 끌어올려 터빈을 돌려서 전기를 생산한다.

① 지열 발전   ② 풍력 발전
③ 화력 발전   ④ 태양광 발전

78 LCD(Liquid Crystal Display)에 대한 설명으로 옳지 않은 것은?

① 초전도 현상을 이용한다.
② 컴퓨터 모니터에 사용될 수 있다.
③ 액정을 이용한 영상 표현 장치이다.
④ 빛의 삼원색을 합성하여 여러 색을 만든다.

79 (+)로 대전된 막대를 전기적으로 중성인 검전기에 가까이 하였더니 금속박이 벌어졌다. 이때 그림과 같이 손을 대면 일어나는 현상은 무엇인가?

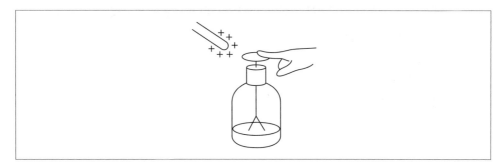

① 금속박이 더 벌어진다.
② 전자가 손에서 검전기로 들어온다.
③ 금속박 사이에는 더욱 큰 척력이 작용한다.
④ 금속박에서 금속판으로 전자의 이동이 있다.

80 다음 중 초음파와 관련 없는 것은?

㉠ 어군 탐지기	㉡ 자동차 후방 센서
㉢ 광통신	㉣ 안경 세척기

① ㉠ ② ㉡
③ ㉢ ④ ㉣

81 B대리는 자신보다 나이는 어리지만, 직급이 높은 A팀장과의 호칭 문제로 많은 스트레스를 받고 있다. 이 상황에서 당신이 B대리라면 어떻게 하겠는가?

① A팀장에게 개인적으로 찾아가 회사는 공적인 자리인 만큼 예의를 갖출 것을 요구한다.
② 직급이 높다 하더라도 자신보다 나이가 어리기 때문에 똑같이 반말한다.
③ 상사인 C부장을 찾아가 현재 상황을 설명하고, 조언을 구한다.
④ A팀장의 행동이 못마땅하지만, 똑같이 대응하지 않고 본인은 예의를 갖춘다.

82 A프로젝트를 진행하고 있던 K부서장은 자신이 오랫동안 하고 싶었고, 확실한 성과를 낼 수 있는 C프로젝트를 진행할 부서가 곧 성정한다는 정보를 알게 되었다. 두 프로젝트를 모두 진행하기에 업무의 양이 상당한 상황에서 당신이 K부서장이라면 어떻게 할 것인가?

① 업무량이 너무 많아지기 때문에 A프로젝트만 진행한다.

② A프로젝트를 보류 시키고, C프로젝트를 진행한다.

③ 부서원들에게 성과금을 말하고 두 프로젝트를 모두 진행한다.

④ C프로젝트에 참여할 사람을 모집하여 그 사람들 하고만 진행한다.

83 A팀장은 새로운 업무 지시를 받고 팀원들과 새 업무를 진행하려고 한다. 그러나 팀원들의 역량과 성향이 달라 고민이 되고 있다. 이러한 상황에서 A팀장은 어떻게 행동해야 하는가?

① 업무를 모두에게 비슷한 양으로 분배한다.

② 역량이 뛰어난 팀원에게 더 많은 일을 분배한다.

③ 일의 양을 비슷하나 핵심이 되는 일은 역량이 뛰어난 팀원에게 분배한다.

④ 팀원들끼리 상의해서 정하도록 한다.

84 E프로젝트를 진행하는 A대리는 R과장에게 보고할 E프로젝트 중간보고서를 만들었다. R과장에게 보고하기 전 A대리는 E프로젝트를 함께 진행하고 있는 B대리에게 중간보고서를 검토해달라고 부탁했다. 중간보고서 파일을 B대리에게 보내주고 난 다음날 A대리는 B대리에게 보낸 파일이 중간보고서의 최종파일이 아닌 수정 전 파일임을 알게 되었다. A대리의 입장에서 어떻게 하겠는가?

① 실수를 인정하고 바로 B대리에게 최종파일을 보내주며 처음부터 다시 검토해달라고 부탁한다.

② B대리에게는 알리지 않고 다른 동료에게 최종파일을 검토해달라고 부탁한다.

③ B대리에게 검토를 중단하라고 한 후, 다른 동료에게 최종파일을 검토해달라고 부탁한다.

④ 치명적인 오류가 아니면 B대리가 검토한 수정 전 파일로 보고한다.

85 올해 S사 신입사원이 된 K사원은 M상사와 함께 거래처 첫 미팅에 참여했다. 회의에서 M상사가 K사원을 소개하지 않고 회의를 진행했을 때 K사원의 입장에서 어떻게 할 것인가?

① 회의를 끊고 거래처 사람들에게 본인을 소개한다.

② 회의가 다 끝나고 거래처 사람들에게 본인을 소개한다.

③ 회의가 다 끝나고 M상사에게 본인을 사람들에게 소개해달라고 한다.

④ 본인을 소개하지 않았으므로 회의에 참여하지 않는다.

86 P사원과 같은 팀에 근무하는 E대리는 평소 내성적인 성격으로 혼자 지내는 것을 좋아한다. 그러던 중 P사원은 E대리의 생일이 얼마 남지 않았다는 것과 취미가 클래식 감상이라는 것을 알았다. 평소 E대리에게 많은 도움을 받은 P사원이 개인적으로 축하를 해주려고 한다면 어떻게 하겠는가?

① 평소 E대리가 좋아하는 클래식 CD를 선물한다.

② 클래식 공연에 함께 간다.

③ 직원들에게 E대리의 생일을 알리고 파티를 준비한다.

④ 생일에 축하 문자를 남긴다.

87 홍보팀에서 일하는 C대리는 유명한 광고 모델 D의 한국 홍보 방문 업무를 담당하고 있다. 모델 D는 비즈니스석을 요구했으나, 예산 문제로 이코노미석을 제공했다. 이에 대해 공항에서부터 오는 내내 D가 불평을 했다면 조직의 입장에서 C대리는 어떻게 대응할 것인가?

① 자연스럽게 화제를 돌린다.

② 더 좋은 대우를 해드리지 못해서 죄송하다고 사과한다.

③ 팀 내 예산이 매우 부족한 상황임을 설명하며 양해를 구한다.

④ 다른 광고 모델과의 형평성을 위해 어쩔 수 없었다고 설명한다.

PART 6

88 S사는 최근 사내 복지의 일환으로 어린이 놀이방을 운영하고 있다. 그러나 최근 어린이 놀이방 운영에 대해 일부 사원들이 불만을 표출하고 있는 상황이다. 이에 총무팀의 A팀장은 B사원에게 해당 상황에 대해 조사하여 일주일 뒤에 보고하라는 지시를 내렸다. 효율적인 조사를 위해 A사원이 해야 할 행동은?

① 불만을 표출하는 사원을 직접 만나 의견을 듣는다.

② 설문지를 제작하여 놀이방에 대한 의견을 듣는다.

③ 각 부서의 부서장에게 사안을 알리고 부탁한다.

④ 사내 게시판을 이용하여 놀이방에 대한 사원들의 의견을 듣는다.

89 A사원은 상사에게 업무에 대한 기획서와 보고서를 작성하여 보고할 때마다 최선을 다한다. 잘못된 표현이 있는지 검토하기도 하고, 담긴 내용이 정확한지 철저히 확인해본다. 그러나 왜인지 모르겠지만, 업무에 대한 기획서 및 보고서를 제출할 때마다 상사에게 좋지 않은 평가를 받곤 한다. 당신이 A사원이라면 이런 상황에서 어떻게 하겠는가?

① 상사와의 관계를 개선하기 위해 취미 생활을 함께한다.
② 노력에 대해 제대로 보상받지 못하므로 이직을 고려한다.
③ 자신의 무능력함을 탓한다.
④ 업무 용어와 매뉴얼을 정확히 익힌다.

90 S사원은 눈코 뜰 새 없이 바쁘게 일을 하는 상황이다. 그러던 중 업무와 관련된 소포를 받게 되었다. 소포를 열기 위해 살펴보니 업무와 관련된 중요한 소포라서 그런지 잘 풀리지 않는 끈으로 완전히 봉해져 있었다. 당신이 S사원이라면 어떻게 하겠는가?

① 가위를 찾아 끈을 잘라 사용한다.
② 포장지를 그냥 찢어버린다.
③ 친한 사원 B에게 끈을 풀어 달라고 한다.
④ 우선 바쁜 일을 해결한 후 소포를 뜯어본다.

91 A사원은 출퇴근하는 길에 항상 주변을 유심히 살펴보는 습관이 있다. 그러던 어느 날 아침, 출근하던 A사원은 신장개업을 한 식당을 발견했다. 당신이 A사원이라면 신장개업한 식당을 보고 어떤 생각을 할 것 같은가?

① 아무 생각도 들지 않는다.
② '또 망하는 가게가 하나 생기는구나.'하고 생각한다.
③ 성공하기를 바라는 마음을 가진다.
④ 친한 동료 B에게 말하여 함께 가본다.

92 K사원은 G팀에 속해있다. 그러나 G팀의 팀원들은 왠지 모르게 K사원을 따돌리는 느낌이다. 팀 회의를 진행할 때 K사원이 내는 아이디어를 가볍게 듣고 넘긴다거나 K사원과 점심식사를 피하는 등 은근슬쩍 왕따를 시키고 있다. 당신이 K사원이라면 어떻게 하겠는가?

① 팀장에게 보고한다.
② 익명으로 회사 게시판에 글을 올린다.
③ 회사 감찰반에 투서한다.
④ 팀원들과 인간적으로 친해지려고 노력한다.

93 S부서에는 M팀과 K팀이 있다. 두 팀의 직원은 2년간 근무한 후 번갈아가며 M팀과 K팀을 순환하고 있다. A대리가 K팀에 온 지 1년 6개월이 되어갈 시점에 사적인 이유로 M팀의 팀장과 K팀의 팀장 사이에 심각한 불화가 생겨 팀원들은 눈치를 보며 생활하는 중이다. 당신이 A대리라면 어떻게 하겠는가?

① 현재 K팀 소속인 만큼 K팀 팀장의 의견에 맞장구 쳐 준다.
② 곧 M팀으로 옮기기 때문에 M팀 팀장의 의견에 맞장구 쳐 준다.
③ 사적인 일로 벌어진 상황이니만큼 신경 쓰지 않는다.
④ 팀원들과 대화 시 상대 팀장의 험담은 절대 하지 않는다.

94 A대리는 매년 K국가로 해외출장 시 같은 호텔을 이용한다. 어느 날 묵고 있던 호텔에서 우수고객이라며 고가의 레저 이용권을 별다른 제안 없이 제공하려 한다. 당신이 A대리라면 어떻게 하겠는가?

① 회사 경비로 묵는 숙소이므로 회사에 알리고 이용권을 넘겨준다.
② 개인적으로 받는 것이기 때문에 다른 절차 없이 본인이 사용한다.
③ 즉시 거절하고 앞으로도 제공하지 말 것을 통보한다.
④ 부서장 또는 담당부서와 통화한 후 지침을 따른다.

95 A사원은 승진을 앞두고 동기 사원인 B사원이 점점 자신을 서먹하게 대하는 것 같다고 느끼는 중이다. 당신이 A사원이라면 어떻게 하겠는가?

① B사원과 편한 관계를 회복할 수 있도록 따로 술자리를 제안한다.
② B사원의 행동에 일일이 반응하지 않는다.
③ 경쟁 구조이기 때문에 어쩔 수 없다고 판단하고 B사원을 이해한다.
④ 승진 심사 기간 이후 B사원에게 서운했던 점을 얘기한다.

96 A사원은 입사동기인 B사원에 비해 직속 상관에게 신임을 덜 받고 있다고 느낀다. 특히 최근 B사원에 비해 중요하지 않은 업무들만 자신에게 주어진다고 느끼고 있는데, 당신이 A사원이라면 어떻게 하겠는가?

① 회사 내에서 미팅을 요구한 뒤 본인의 부족한 점을 물어본다.
② 회식자리에서 술의 힘을 빌려 지나가는 식으로 상관에게 섭섭함을 토로한다.
③ 직속 상관에게 능력을 인정받을 수 있도록 열심히 해본 뒤에 그래도 상관의 태도가 달라지지 않으면 전출 요청을 한다.
④ 친한 상관에게 자신의 섭섭함을 대신 전달해 달라고 부탁한다.

97 A사원이 근무하는 부서의 장이 본인에게 건의하고 싶은 내용을 적어 무기명으로 제출할 수 있는 건의함을 만들어 운영하겠다고 밝혔다. 당신이 A사원이라면 어떻게 하겠는가?

① 익명성이 확실하게 담보될 수 없다고 판단하여 건의함을 이용하지 않는다.
② 평소 부서장에게 말하고 싶었던 불만을 적어 제출한다.
③ 본인의 업무에 관한 아이디어를 적어 제출한다.
④ 상사의 의도를 정확하게 알기 전까지는 건의함을 이용하지 않는다.

98 A사원은 D회사를 열심히 다니고 있다. 그러던 어느 날, 노조가 없던 D회사에 노조가 생기게 되었다. A사원은 평소에 노조에 관심이 있거나 가입할 생각을 해본 적이 있는 것도 아니다. 그런데 D회사에서는 암묵적으로 사원들에게 노조에 가입하지 않겠다는 서명을 강요하는 분위기이다. 개인의 입장에서 A사원은 어떻게 행동해야 하는가?

① 동료 사원들과 이야기를 나눈 뒤 노조 가입 여부를 스스로 결정한다.

② 회사의 불합리한 행동에 대해 신고한다.

③ 일단 서약을 하고, 노조에 가입할지 말지 고민해본다.

④ 더는 발전이 없는 회사라고 생각하고 이직을 고려한다.

99 A사원은 자기계발을 위해 퇴근 후 대학원을 다니고 있다. 기말고사를 치르게 되는 오늘, 팀장이 예정에 없던 사유로 팀 전체 야근을 지시한다. 당신이 A사원이라면 이 상황에서 어떻게 하겠는가?

① 팀장에게 양해를 구하고 대학원을 간다.

② 본인에게 할당된 업무량을 확인하고 먼저 기말고사를 본 뒤 복귀하여 할당된 업무량을 채운다.

③ 기말고사를 포기한다.

④ 친한 팀원에게 본인의 역할까지 담당해줄 것을 부탁한다.

100 연말 회식자리에서 평소 업무상으로 사원 A와 부딪히는 경우가 많아 관계가 껄끄러웠던 상관 B가 A에게 계속 술을 권하고 있다. 당신이 술을 잘 마시지 못하는 A사원이라면 어떻게 하겠는가?

① 원래 술을 못 마신다고 말하며 술을 거절한다.

② 권하는 술을 조금씩 마셔 관계 회복을 위해 노력한다.

③ 술 대신 음료수를 마시겠다고 말하며 대화를 해본다.

④ 다른 곳으로 은근슬쩍 자리를 옮긴다.

배우기만 하고 생각하지 않으면 얻는 것이 없고, 생각만 하고 배우지 않으면 위태롭다.

- 공자 -

7 | 인성검사

개인이 업무를 수행하면서 능률적인 성과물을 만들기 위해서는 개인의 능력과 경험 그리고 회사에서의 교육 및 훈련 등이 필요하지만, 개인의 성격이나 성향 역시 중요하다. 여러 직무분석 연구에서 나온 결과들에 따르면, 직무에서의 성공과 관련된 특성들 중 최고 70% 이상이 능력보다는 성격과 관련이 있다고 한다. 따라서 최근 기업들은 인성검사의 비중을 높이고 있는 추세이다.

현재 기업들은 인성검사를 KIRBS(한국행동과학연구소)나 SHR(에스에이치알) 등의 전문기관에 의뢰해서 시행하고 있다. 전문기관에 따라서 인성검사 방법에 차이가 있고, 보안을 위해서 인성검사를 의뢰한 기업을 공개하지 않아 특정 기업의 인성검사를 정확하게 판단할 수 없지만, 지원자들이 후기에 올린 문제를 통해 인성검사 유형을 예상할 수 있다. 본서는 KT그룹의 인성검사와 수검요령 및 검사 시 유의사항에 대해 간략하게 정리하였다. 또한 인성검사 모의연습을 통해 실제 시험 유형을 확인할 수 있도록 하였다.

01 ▶ 인성검사 수검요령

인성검사는 특별한 수검요령이 없다. 다시 말하면 모범답안이 없고, 정답이 없다는 이야기이다. 국어문제처럼 말의 뜻을 풀이하는 것도 아니다. 굳이 수검요령을 말하자면, 진실하고 솔직한 내 생각이 최고의 답변이라고 할 수 있을 것이다.

인성검사에서 가장 중요한 것은 첫째, 솔직한 답변이다. 지금까지 경험을 통해서 축적한 자신의 생각과 행동을 거짓 없이 솔직하게 기재하는 것이다. 예를 들어, '나는 타인의 물건을 훔치고 싶은 충동을 느껴본 적이 있다.'란 질문에 지원자들은 많은 생각을 하게 된다. 생각해 보라. 유년기에 또는 성인이 되어서도 타인의 물건을 훔치는 일을 저지른 적은 없더라도, 훔치고 싶은 충동은 누구나 조금이라도 느껴보았을 것이다. 그런데 이 질문에 고민을 하는 사람이 간혹 있다. 이 질문에 '예'라고 대답하면 담당 검사관들이 나를 사회적으로 문제가 있는 사람으로 여기지는 않을까 하는 생각에 '아니요'라는 답을 기재하게 된다. 이런 솔직하지 않은 답변이 답변의 신뢰와 솔직함을 나타내는 타당성 척도에 좋지 않은 점수를 주게 된다.

둘째, 일관성 있는 답변이다. 인성검사의 수많은 질문 문항 중에는 비슷한 뜻의 질문이 여러 개 숨어 있는 경우가 많이 있다. 그 질문들은 지원자의 솔직한 답변과 심리적인 상태를 알아보기 위해 내포되어 있는 문항들이다. 예컨대 '나는 유년시절 타인의 물건을 훔친 적이 있다.'라는 질문에 '예'라고 대답했는데, '나는 유년시절 타인의 물건을 훔쳐보고 싶은 충동을 느껴본 적이 있다.'라는 질문에는 '아니요'라는 답을 기재한다면 어떻겠는가. 일관성 없이 '대충 기재하자.'라는 식의 심리적 무성의한 답변이 되거나, 정신적으로 문제가 있는 사람으로 보일 수 있다.

인성검사는 많은 문항을 풀어야 하므로 지원자들은 지루함과 따분함, 반복되는 비슷한 질문에 대한 인내력 상실 등을 경험할 수 있다. 인내를 가지고 솔직한 내 생각을 대답하는 것이 무엇보다 중요한 요령이다.

02 ▶ 인성검사 시 유의사항

(1) 충분한 휴식으로 불안을 없애고 정서적인 안정을 취한다. 심신이 안정되어야 자신의 마음을 표현할 수 있다.

(2) 생각나는 대로 솔직하게 응답한다. 자신을 너무 과대포장하지도, 너무 비하하지도 마라. 답변을 꾸며서 하면 앞뒤가 맞지 않게끔 구성돼 있어 불리한 평가를 받게 되므로 솔직하게 답하도록 한다.

(3) 검사문항에 대해 지나치게 생각해서는 안 된다. 지나치게 몰두하면 엉뚱한 답변이 나올 수 있으므로 불필요한 생각은 삼간다.

(4) 인성검사는 문항 수가 많기에 자칫 건너뛰거나 다 풀지 못하는 경우가 있는데, 가능한 모든 문항에 답해야 한다. 응답하지 않은 문항이 많을 경우 평가자가 정확한 평가를 내리지 못해 불리한 평가를 내릴 수 있기 때문이다.

03 ▶ 인성검사 모의연습

※ 인성검사는 정답이 따로 없는 유형의 검사이므로 결과지를 제공하지 않습니다.

유형 1

※ 각 문제에 대해 자신이 동의하는 정도에 따라 '① 전혀 그렇지 않다, ② 그렇지 않다, ③ 그렇다, ④ 매우 그렇다'로 응답하십시오. [1~50]

01

| 1. 외출할 때 날씨가 좋지 않아도 그다지 신경을 쓰지 않는다. |
| 2. 일을 그르쳤을 때 그 원인을 알아내지 못하면 크게 불안하다. |

1. ①　　　　　②　　　　　③　　　　　④
2. ①　　　　　②　　　　　③　　　　　④

02

| 1. 혼자라고 생각한 적은 한 번도 없다. |
| 2. 모르는 사람과 이야기하는 것은 용기가 필요하다. |

1. ①　　　　　②　　　　　③　　　　　④
2. ①　　　　　②　　　　　③　　　　　④

PART 7

03

1. 친구들과 영화를 보고 나서 감상평을 나누는 것을 좋아한다.
2. 잘하지 못하더라도 자신의 창의성을 바탕으로 끝까지 해내려 한다.

1. ①　　　　　　②　　　　　　③　　　　　　④
2. ①　　　　　　②　　　　　　③　　　　　　④

04

1. 내가 노력하는 만큼 상대방도 내게 정성을 보일 것이라 생각한다.
2. 남의 생일이나 명절 때 선물을 사러 다니는 일이 귀찮게 느껴진다.

1. ①　　　　　　②　　　　　　③　　　　　　④
2. ①　　　　　　②　　　　　　③　　　　　　④

05

1. 하나의 취미를 오래 지속하는 편이다.
2. 다른 사람들이 하지 못하는 일을 하고 싶다.

1. ①　　　　　　②　　　　　　③　　　　　　④
2. ①　　　　　　②　　　　　　③　　　　　　④

06

1. 쉽게 싫증을 내는 편이다.
2. 집에서 가만히 있으면 기분이 우울해진다.

1. ①　　　　　　②　　　　　　③　　　　　　④
2. ①　　　　　　②　　　　　　③　　　　　　④

07

1. 동작이 기민한 편이다.
2. 번잡한 인간관계를 잠시 접어두고 혼자서 여행을 떠나고 싶을 때가 자주 있다.

1. ①   ②   ③   ④
2. ①   ②   ③   ④

08

1. 부모님께 불평을 한 적이 한 번도 없다.
2. 지적 호기심이 별로 없고, 감정이 건조한 편이다.

1. ①   ②   ③   ④
2. ①   ②   ③   ④

09

1. 다른 사람이 나를 간섭하는 게 싫다.
2. 반대에 부딪혀도 자신의 의견을 끝까지 고집한다.

1. ①   ②   ③   ④
2. ①   ②   ③   ④

PART 7

10

1. 막무가내라는 말을 들을 때가 많다.
2. 일을 할 때는 노력한 만큼 명시적인 결과를 내는 것이 중요하다고 생각한다.

1. ①   ②   ③   ④
2. ①   ②   ③   ④

11

1. 기다리는 것에 쉽게 짜증을 내는 편이다.
2. 지금까지 후회를 하면서 마음을 썩인 적이 거의 없다.

1. ①　　　　②　　　　③　　　　④
2. ①　　　　②　　　　③　　　　④

12

1. 상대에게 자신의 의견을 잘 주장하지 못한다.
2. 다른 사람과 몸을 많이 부딪치는 거친 운동에 도전하는 편이다.

1. ①　　　　②　　　　③　　　　④
2. ①　　　　②　　　　③　　　　④

13

1. 생소한 것에서 신선한 아름다움을 느끼는 편이다.
2. 여행을 가서 새로운 자극을 경험하는 것을 선호한다.

1. ①　　　　②　　　　③　　　　④
2. ①　　　　②　　　　③　　　　④

14

1. 이유도 없이 다른 사람과 부딪힐 때가 있다.
2. 남들이 반대해도 내 생각을 절대 바꾸지 않는다.

1. ①　　　　②　　　　③　　　　④
2. ①　　　　②　　　　③　　　　④

15

1. 휴일에도 꼼꼼한 세부 계획을 세우고 보낸다.
2. 어려움에 빠져도 좌절하지 않고 정성스럽게 행동한다.

1. ①　　　　　　② 　　　　　　　③　　　　　　　④
2. ①　　　　　　② 　　　　　　　③　　　　　　　④

16

1. 앞으로의 일을 생각하지 않으면 진정이 되지 않는다.
2. 다소 비관적이어서 좀처럼 결단을 내리지 못하는 경우가 있다.

1. ①　　　　　　② 　　　　　　　③　　　　　　　④
2. ①　　　　　　② 　　　　　　　③　　　　　　　④

17

1. 인간관계가 폐쇄적이라는 말을 듣는다.
2. 그룹 내에서는 누군가의 주도 아래 따라가는 경우가 많다.

1. ①　　　　　　② 　　　　　　　③　　　　　　　④
2. ①　　　　　　② 　　　　　　　③　　　　　　　④

18

1. 감성을 중시하며 예술에 관심이 많다.
2. 낯선 것은 다양한 변화를 이끌 가능성이 많다고 본다.

1. ①　　　　　　② 　　　　　　　③　　　　　　　④
2. ①　　　　　　② 　　　　　　　③　　　　　　　④

PART 7

19

1. 잘하지 못해 상대방을 이기기 힘든 게임은 하지 않으려고 한다.
2. 남들이 내 일에 관여하면 방해를 받은 것 같아 비협조적으로 된다.

1. ①   ②   ③   ④
2. ①   ②   ③   ④

20

1. 여행을 가기 전에는 미리 세세한 일정을 세운다.
2. 계획 없이 행동을 먼저 하다가 포기할 때가 간혹 있다.

1. ①   ②   ③   ④
2. ①   ②   ③   ④

21

1. 어떤 일로 인해 구속감을 느낄 때가 많다.
2. 고민 때문에 끙끙거리며 생각할 때가 많다.

1. ①   ②   ③   ④
2. ①   ②   ③   ④

22

1. 번화한 곳으로 외출하는 것을 좋아한다.
2. 남들과의 관계가 어색해지면 입을 다무는 경우가 많다.

1. ①   ②   ③   ④
2. ①   ②   ③   ④

23

1. 색채 감각이나 미적 감각이 풍부한 편이다.
2. 현실에 만족하지 않고 변화를 추구하는 편이다.

1. ①　　　　　　②　　　　　　③　　　　　　④
2. ①　　　　　　②　　　　　　③　　　　　　④

24

1. 의견이 나와 다른 사람과는 별로 어울리지 않는다.
2. 자신의 감정을 솔직하게 드러내고, 타인에게 상냥하고 너그러운 편이다.

1. ①　　　　　　②　　　　　　③　　　　　　④
2. ①　　　　　　②　　　　　　③　　　　　　④

25

1. 나는 융통성이 없는 편이다.
2. 실행하기 전에 재확인할 때가 많다.

1. ①　　　　　　②　　　　　　③　　　　　　④
2. ①　　　　　　②　　　　　　③　　　　　　④

26

1. 가끔 까닭 없이 기분이 우울하다.
2. 매사에 느긋하고 차분하게 행동한다.

1. ①　　　　　　②　　　　　　③　　　　　　④
2. ①　　　　　　②　　　　　　③　　　　　　④

PART 7

27

> 1. 모르는 사람과 이야기하는 것이 전혀 두렵지 않다.
> 2. 다른 사람에게 항상 움직이고 있다는 말을 듣는다.

1. ①　　　　　②　　　　　③　　　　　④
2. ①　　　　　②　　　　　③　　　　　④

28

> 1. 새롭고 참신한 아이디어를 개발하는 일에 흥미를 느낀다.
> 2. 새로운 관점에서 사건의 뒤에 숨은 본질을 분석하기를 좋아한다.

1. ①　　　　　②　　　　　③　　　　　④
2. ①　　　　　②　　　　　③　　　　　④

29

> 1. 스스로가 완고한 편이라고 생각한다.
> 2. 타인들에게 지적을 받은 것은 최대한 개선하려고 노력하는 편이다.

1. ①　　　　　②　　　　　③　　　　　④
2. ①　　　　　②　　　　　③　　　　　④

30

> 1. 하나의 취미 활동을 꾸준히 이어나가는 편이다.
> 2. 준비가 부족하다고 생각해 행동으로 옮기기까지 시간이 걸린다.

1. ①　　　　　②　　　　　③　　　　　④
2. ①　　　　　②　　　　　③　　　　　④

31

1. 불안감이나 우울함을 잘 느끼지 못한다.
2. 자신이 지나치게 내성적이라고 생각한다.

1. ① ② ③ ④
2. ① ② ③ ④

32

1. 인간관계를 더 이상 넓히고 싶지 않다.
2. 누구나 권력자를 동경하고 있다고 생각한다.

1. ① ② ③ ④
2. ① ② ③ ④

33

1. 현실성보다는 창의력이 성공의 원동력이라고 생각한다.
2. 새로운 물건을 만들거나 새로운 도구 사용법을 익히는 일에 관심이 있다.

1. ① ② ③ ④
2. ① ② ③ ④

34

1. 다른 사람의 의견에 전혀 휘둘리지 않는다.
2. 내가 다른 사람에게 정성을 보인 만큼 그도 나를 존중할 것이라고 생각한다.

1. ① ② ③ ④
2. ① ② ③ ④

PART 7

35

1. 해야 할 일은 신속하게 처리한다.
2. 근무 태도는 모범적이지만 성과가 저조한 사람과 성과는 높지만 근무 태도가 불량한 사람 중에 후자를 선호한다.

1. ①　　　　　②　　　　　③　　　　　④
2. ①　　　　　②　　　　　③　　　　　④

36

1. 차분하다는 말을 자주 듣는다.
2. 실패 상황을 반면교사(反面敎師)로 삼아 희망을 잃지 않는 편이다.

1. ①　　　　　②　　　　　③　　　　　④
2. ①　　　　　②　　　　　③　　　　　④

37

1. 나는 언제나 활력이 있다.
2. 잠을 깨면 바로 일어나 외출할 준비를 한다.

1. ①　　　　　②　　　　　③　　　　　④
2. ①　　　　　②　　　　　③　　　　　④

38

1. 감수성은 사물의 이치를 깨닫는 실마리를 준다고 생각한다.
2. 감정의 변화가 적고, 새로운 지식을 아는 데 적극적이지 않다.

1. ①　　　　　②　　　　　③　　　　　④
2. ①　　　　　②　　　　　③　　　　　④

39

1. 사안을 결단할 경우에 가장 중요한 것은 조직의 견해이다.
2. 타인과 마찰을 빚을 때 상대방을 주저 없이 비난하는 편이다.

1. ①   ②   ③   ④
2. ①   ②   ③   ④

40

1. 통찰력이 있다고 자부한다.
2. 주변 사람들로부터 융통성이 없다는 말을 들을 때가 많다.

1. ①   ②   ③   ④
2. ①   ②   ③   ④

41

1. 끝내지 못한 일로 인해 스트레스를 계속 받는다.
2. 못할 것 같아도 침착하고 담대하게 대처하면 이룰 수 있다고 생각한다.

1. ①   ②   ③   ④
2. ①   ②   ③   ④

42

1. 지휘력 있는 리더로서 인정을 받고 싶다.
2. 누군가의 의견에 따라가는 경우가 많다.

1. ①   ②   ③   ④
2. ①   ②   ③   ④

43

> 1. 나는 꼭 필요할 때만 내 감정을 드러낸다.
> 2. 익숙하지 않아 자신 없는 일도 도전적인 자세로 적극적으로 하는 편이다.

1. ①   ②   ③   ④
2. ①   ②   ③   ④

44

> 1. 지인들의 의견에 따라 생각을 잘 바꾸는 편이다.
> 2. 상관의 지시를 따라야 할 때 속으로는 거부감을 느낄 때가 많다.

1. ①   ②   ③   ④
2. ①   ②   ③   ④

45

> 1. 대충하는 것을 좋아한다.
> 2. 좋은 생각이 떠올라도 실행하기 전에 여러 번 검토한다.

1. ①   ②   ③   ④
2. ①   ②   ③   ④

46

> 1. 나는 참을성이 강한 편이다.
> 2. 상황을 낙관할 수 없는 경우에는 당황해 자신감이 사라진다.

1. ①   ②   ③   ④
2. ①   ②   ③   ④

47

1. 다소 무리를 하더라도 피로해지지 않는다.
2. 대중의 주목을 끄는 스포츠 선수가 되고 싶다고 생각할 때가 있다.

1. ①   ②   ③   ④
2. ①   ②   ③   ④

48

1. 시대에 맞지 않는 법률은 지킬 필요가 없다고 생각한다.
2. 권위자가 권위를 인정받는 것에는 다 그럴만한 이유가 있다고 생각한다.

1. ①   ②   ③   ④
2. ①   ②   ③   ④

49

1. 사안을 결단할 경우에 자기중심적일 때가 많다.
2. 처음 만난 사람과 신뢰를 쌓는 데 회의적인 편이다.

1. ①   ②   ③   ④
2. ①   ②   ③   ④

PART 7

50

1. 일을 할 때는 원하는 성과를 거두는 것이 중요하다.
2. 목표에 맞춰 세운 계획에 따라 효율적으로 행동하려고 하는 편이다.

1. ①   ②   ③   ④
2. ①   ②   ③   ④

※ 각 문제에 대해 자신이 동의하는 정도에 따라 (가)에 가까울수록 ①에 가깝게, (나)에 가까울수록 ④에 가깝게 응답하십시오. [1~50]

01

(가) 처음 만나는 사람과는 잘 이야기하지 못한다.
(나) 이성적이고 냉정하다.

①   ②   ③   ④

02

(가) 현실에 만족하지 않고 더욱 개선하고 싶다.
(나) 결심하면 바로 착수한다.

①   ②   ③   ④

03

(가) 불가능해 보이는 일이라도 포기하지 않고 계속한다.
(나) 일을 할 때에는 꼼꼼하게 계획을 세우고 실행한다.

①   ②   ③   ④

04

(가) 행동하기 전에 먼저 생각한다.
(나) 굳이 말하자면 활동적인 편이다.

①   ②   ③   ④

05

(가) 수비보다 공격하는 것에 자신이 있다.
(나) 친한 사람하고만 어울리고 싶다.

①   ②   ③   ④

06

(가) 쓸데없는 걱정을 할 때가 많다.
(나) 굳이 말하자면 야심가이다.

①   ②   ③   ④

07

(가) 활동적이라는 이야기를 자주 듣는다.
(나) 한 가지 일에 열중하는 것을 좋아한다.

①   ②   ③   ④

PART 7

08

(가) 얌전한 사람이라는 말을 들을 때가 많다.
(나) 침착하게 행동하는 편이다.

①   ②   ③   ④

09

(가) 목표는 높을수록 좋다.
(나) 기왕 하는 것이라면 온 힘을 다한다.

①   ②   ③   ④

10

(가) 계획을 중도에 변경하는 것은 싫다.
(나) 호텔이나 여관에 묵으면 반드시 비상구를 확인한다.

①   ②   ③   ④

11

(가) 실제로 행동하기보다 생각하는 것을 좋아한다.
(나) 목소리가 큰 편이라고 생각한다.

①   ②   ③   ④

12

(가) 지금까지 가본 적이 없는 곳에 가는 것을 좋아한다.
(나) 모르는 사람과 만나는 일은 마음이 무겁다.

①   ②   ③   ④

13

(가) 전망이 서지 않으면 행동으로 옮기지 않을 때가 많다.
(나) 남들 위에 서서 일을 하고 싶다.

①   ②   ③   ④

14

(가) 운동하는 것을 좋아한다.
(나) 참을성이 강하다.

①   ②   ③   ④

15

(가) 다른 사람들과의 교제에 소극적인 편이라고 생각한다.
(나) 복잡한 것을 생각하는 것을 좋아한다.

①   ②   ③   ④

PART 7

16

(가) 인생에서 중요한 것은 높은 목표를 갖는 것이다.
(나) 무슨 일이든 선수를 쳐야 이긴다고 생각한다.

①   ②   ③   ④

17

(가) 새로운 일을 하는 것을 망설인다.
(나) 항상 앞으로의 일을 생각하지 않으면 진정이 되지 않는다.

①   ②   ③   ④

18

(가) 하루의 행동을 반성하는 경우가 많다.
(나) 격렬한 운동도 그다지 힘들어하지 않는다.

①   ②   ③   ④

19

(가) 계획을 생각하기보다 빨리 실행하고 싶어 한다.
(나) 어색해지면 입을 다무는 경우가 많다.

①   ②   ③   ④

20

(가) 신중하게 생각하는 편이다.
(나) 큰일을 해보고 싶다.

①   ②   ③   ④

21

(가) 몸을 움직이는 것을 좋아한다.
(나) 나는 완고한 편이라고 생각한다.

①   ②   ③   ④

22

(가) 다른 사람에게 자신이 소개되는 것을 좋아한다.
(나) 실행하기 전에 재고하는 경우가 많다.

①   ②   ③   ④

23

(가) 능력을 살릴 수 있는 일을 하고 싶다.
(나) 내 성격이 시원시원하다고 생각한다.

①   ②   ③   ④

PART 7

24

(가) 굳이 말하자면 장거리 주자에 어울린다고 생각한다.
(나) 여행을 가기 전에는 세세한 계획을 세운다.

①   ②   ③   ④

25

| (가) 무슨 일이든 해 보지 않으면 만족하지 못한다. |
| (나) 다소 무리를 하더라도 피로해지지 않는다. |

①   ②   ③   ④

26

| (가) 잘하지 못하는 것이라도 자진해서 한다. |
| (나) 의견이 다른 사람과는 어울리지 않는다. |

①   ②   ③   ④

27

| (가) 세부적인 계획을 세우고 휴일을 보낸다. |
| (나) 완성된 것보다도 미완성인 것에 흥미가 있다. |

①   ②   ③   ④

28

| (가) 스포츠 선수가 되고 싶다고 생각한 적이 있다. |
| (나) 모두가 싫증을 내는 일도 혼자서 열심히 한다. |

①   ②   ③   ④

29

(가) 그룹 내에서 누군가의 주도에 따라가는 경우가 많다.
(나) 차분하다는 말을 자주 듣는다.

①   ②   ③   ④

30

(가) 리더로서 인정을 받고 싶다.
(나) 어떤 일이 있어도 의욕을 가지고 열심히 하는 편이다.

①   ②   ③   ④

31

(가) 난관에 봉착해도 포기하지 않고 열심히 한다.
(나) 실행하기 전에 재확인할 때가 많다.

①   ②   ③   ④

PART 7

32

(가) 매사에 신중한 편이라고 생각한다.
(나) 눈을 뜨면 바로 일어난다.

①   ②   ③   ④

33

> (가) 활력이 있다.
> (나) 인간관계가 폐쇄적이라는 말을 듣는다.

①   ②   ③   ④

34

> (가) 계획을 세우고 행동할 때가 많다.
> (나) 일에는 결과가 중요하다고 생각한다.

①   ②   ③   ④

35

> (가) 털털한 편이다.
> (나) 끈기가 강하다.

①   ②   ③   ④

36

> (가) 내성적이라고 생각한다.
> (나) 대충 하는 것을 좋아한다.

①   ②   ③   ④

37

(가) 누구나 권력자를 동경하고 있다고 생각한다.
(나) 몸으로 부딪쳐 도전하는 편이다.

①   ②   ③   ④

38

(가) 매사에 느긋하고 차분하게 매달린다.
(나) 좋은 생각이 떠올라도 실행하기 전에 여러 번 검토한다.

①   ②   ③   ④

39

(가) 통찰력이 있다고 생각한다.
(나) 집에서 가만히 있으면 기분이 우울해진다.

①   ②   ③   ④

PART 7

40

(가) 막무가내라는 말을 들을 때가 많다.
(나) 남과 친해지려면 용기가 필요하다.

①   ②   ③   ④

41

(가) 잘하지 못하는 게임은 하지 않으려고 한다.
(나) 어떠한 일이 있어도 출세하고 싶다.

①   ②   ③   ④

42

(가) 다른 사람에게 항상 움직이고 있다는 말을 듣는다.
(나) 매사에 얽매인다.

①   ②   ③   ④

43

(가) 모르는 사람과 이야기하는 것은 용기가 필요하다.
(나) 끙끙거리며 생각할 때가 있다.

①   ②   ③   ④

44

(가) 다른 사람들이 하지 못하는 일을 하고 싶다.
(나) 해야 할 일은 신속하게 처리한다.

①   ②   ③   ④

45

(가) 타인에게 간섭받는 것은 싫다.
(나) 행동으로 옮기기까지 시간이 걸린다.

①   ②   ③   ④

46

(가) 좀처럼 결단을 내리지 못하는 경우가 있다.
(나) 하나의 취미를 오래 지속하는 편이다.

①   ②   ③   ④

47

(가) 자기주장이 강하다.
(나) 자신의 의견을 상대방에게 잘 주장하지 못한다.

①   ②   ③   ④

PART 7

48

(가) 자신의 권리를 주장하는 편이다.
(나) 부당한 일을 당해도 참고 넘어가는 편이다.

①   ②   ③   ④

49

> (가) 반대에 부딪혀도 자신의 의견을 바꾸는 일은 없다.
> (나) 실행하기 전에 재확인할 때가 많다.

①   ②   ③   ④

50

> (가) 남의 말을 호의적으로 받아들인다.
> (나) 칭찬을 들어도 비판적으로 생각한다.

①   ②   ③   ④

8

면접

01 | 면접 유형 및 실전 대책

01 ▶ 면접 주요사항

면접의 사전적 정의는 면접관이 지원자를 직접 만나보고 인품(人品)이나 언행(言行) 따위를 시험하는 일로, 흔히 필기시험 후에 최종적으로 심사하는 방법이다.

최근 주요 기업의 인사담당자들을 대상으로 채용 시 면접이 차지하는 비중을 설문조사했을 때, 50~80% 이상이라고 답한 사람이 전체 응답자의 80%를 넘었다. 이와 대조적으로 지원자들을 대상으로 취업 시험에서 면접을 준비하는 기간을 물었을 때, 대부분의 응답자가 2~3일 정도라고 대답했다.

지원자가 일정 수준의 스펙을 갖추기 위해 자격증 시험과 토익을 치르고 이력서와 자기소개서까지 쓰다 보면 면접까지 챙길 여유가 없는 것이 사실이다. 그리고 서류전형과 인적성검사를 통과해야만 면접을 볼 수 있기 때문에 자연스럽게 면접은 취업시험 과정에서 그 비중이 작아질 수밖에 없다. 하지만 아이러니하게도 실제 채용 과정에서 면접이 차지하는 비중은 절대적이라고 해도 과언이 아니다.

기업들은 채용 과정에서 토론 면접, 인성 면접, 프레젠테이션 면접, 역량 면접 등의 다양한 면접을 실시한다. 1차 커트라인이라고 할 수 있는 서류전형을 통과한 지원자들의 스펙이나 능력은 서로 엇비슷하다고 판단되기 때문에 서류상 보이는 자격증이나 토익 성적보다는 지원자의 인성을 파악하기 위해 면접을 더욱 강화하는 것이다. 일부 기업은 의도적으로 압박 면접을 실시하기도 한다. 지원자가 당황할 수 있는 질문을 던져서 그것에 대한 지원자의 반응을 살펴보는 것이다.

면접은 다르게 생각한다면 '나는 누구인가'에 대한 물음에 해답을 줄 수 있는 가장 현실적이고 미래적인 경험이 될 수 있다. 취업난 속에서 자격증을 취득하고 토익 성적을 올리기 위해 앞만 보고 달려온 지원자들은 자신에 대해서 고민하고 탐구할 수 있는 시간을 평소 쉽게 가질 수 없었을 것이다. 자신을 잘 알고 있어야 자신에 대해서 자신감 있게 말할 수 있다. 대체로 사람들은 자신에게 관대한 편이기 때문에 스스로에 대해서 어떤 기대와 환상을 가지고 있는 경우가 많다. 하지만 면접은 제삼자에 의해 개인의 능력을 객관적으로 평가받는 시험이다. 어떤 지원자들은 다른 사람에게 자신을 표현하는 것을 어려워한다. 평소에 잘 사용하지 않는 용어를 내뱉으면서 거창하게 자신을 포장하는 지원자도 많다. 면접에서 가장 기본은 자기 자신을 면접관에게 알기 쉽게 표현하는 것이다.

이러한 표현을 바탕으로 자신이 앞으로 하고자 하는 것과 그에 대한 이유를 설명해야 한다. 최근에는 자신감을 향상시키거나 말하는 능력을 높이는 학원도 많기 때문에 얼마든지 자신의 단점을 극복할 수 있다.

1. 자기소개의 기술

자기소개를 시키는 이유는 면접자가 지원자의 자기소개서를 압축해서 듣고, 지원자의 첫인상을 평가할 시간을 가질 수 있기 때문이다. 면접을 위한 워밍업이라고 할 수 있으며, 첫인상을 결정하는 과정이므로 매우 중요한 순간이다.

(1) 정해진 시간에 자기소개를 마쳐야 한다.

쉬워 보이지만 의외로 지원자들이 정해진 시간을 넘기거나 혹은 빨리 끝내서 면접관에게 지적을 받는 경우가 많다. 본인이 면접을 받는 마지막 지원자가 아닌 이상, 정해진 시간을 지키지 않는 것은 수많은 지원자를 상대하기에 바쁜 면접관과 대기 시간에 지친 다른 지원자들에게 불쾌감을 줄 수 있다. 또한 회사에서 시간관념은 절대적인 것이므로 반드시 자기소개 시간을 지켜야 한다. 말하기는 1분에 200자 원고지 2장 분량의 글을 읽는 만큼의 속도가 가장 적당하다. 이를 A4 용지에 10point 글자 크기로 작성하면 반 장 분량이 된다.

(2) 간단하지만 신선한 문구로 자기소개를 시작하자.

요즈음 많은 지원자가 이 방법을 사용하고 있기 때문에 웬만한 소재의 문구가 아니면 면접관의 관심을 받을 수 없다. 이러한 문구는 시대적으로 유행하는 광고 카피를 패러디하는 경우와 격언 등을 인용하는 경우, 그리고 지원한 회사의 IC나 경영이념, 인재상 등을 사용하는 경우 등이 있다. 지원자는 이러한 여러 문구 중에 자신의 첫인상을 북돋아 줄 수 있는 것을 선택해서 말해야 한다. 자신의 이름을 문구 속에 적절하게 넣어서 말한다면 좀 더 효과적인 자기소개가 될 것이다.

(3) 무엇을 먼저 말할 것인지 고민하자.

면접관이 많이 던지는 질문 중 하나가 지원동기이다. 그래서 성장기를 바로 건너뛰고, 지원한 회사에 들어오기 위해 대학에서 어떻게 준비했는지를 설명하는 자기소개가 대세이다.

(4) 면접관의 호기심을 자극해 관심을 불러일으킬 수 있게 말하라.

면접관에게 질문을 많이 받는 지원자의 합격률이 반드시 높은 것은 아니지만, 질문을 전혀 안 받는 것보다는 좋은 평가를 기대할 수 있다. 지원한 분야와 관련된 수상 경력이나 프로젝트 등을 말하는 것도 좋다. 이는 지원자의 업무 능력과 직접 연결되는 것이므로 효과적인 자기 홍보가 될 수 있다. 일부 지원자들은 자신만의 특별한 경험을 이야기하는데, 이때는 그 경험이 보편적으로 사람들의 공감대를 얻을 수 있는 것인지 다시 생각해봐야 한다.

(5) 마지막 고개를 넘기가 가장 힘들다.

첫 단추도 중요하지만, 마지막 단추도 중요하다. 하지만 왠지 격식을 따지는 인사말은 지나가는 인사말 같고, 다르게 하자니 예의에 어긋나는 것 같은 기분이 든다. 이때는 처음에 했던 자신만의 문구를 다시 한 번 말하는 것도 좋은 방법이다. 자연스러운 끝맺음이 될 수 있도록 적절한 연습이 필요하다.

2. 1분 자기소개 시 주의사항

(1) 자기소개서와 자기소개가 똑같다면 감점일까?

아무리 자기소개서를 외워서 말한다 해도 자기소개가 자기소개서와 완전히 똑같을 수는 없다. 자기소개서의 분량이 더 많고 회사마다 요구하는 필수 항목들이 있기 때문에 굳이 고민할 필요는 없다. 오히려 자기소개서의 내용을 잘 정리한 자기소개가 더 좋은 결과를 만들 수 있다. 하지만 자기소개서와 상반된 내용을 말하는 것은 적절하지 않다. 지원자의 신뢰성이 떨어진다는 것은 곧 불합격을 의미하기 때문이다.

(2) 말하는 자세를 바르게 익혀라.

지원자가 자기소개를 하는 동안 면접관은 지원자의 동작 하나하나를 관찰한다. 그렇기 때문에 바른 자세가 중요하다는 것은 우리가 익히 알고 있다. 하지만 문제는 무의식적으로 나오는 습관 때문에 자세가 흐트러져 나쁜 인상을 줄 수 있다는 것이다. 이러한 습관을 고칠 수 있는 가장 좋은 방법은 캠코더 등으로 자신의 모습을 담는 것이다. 거울을 사용할 경우에는 시선이 자꾸 자기 눈과 마주치기 때문에 집중하기 힘들다. 하지만 촬영된 동영상은 제삼자의 입장에서 자신을 볼 수 있기 때문에 많은 도움이 된다.

(3) 정확한 발음과 억양으로 자신 있게 말하라.

지원자의 모양새가 아무리 뛰어나도, 목소리가 작고 발음이 부정확하면 큰 감점을 받는다. 이러한 모습은 지원자의 좋은 점까지 악영향을 끼칠 수 있다. 직장을 흔히 사회생활의 시작이라고 말하는 시대적 정서에서 사람들과 의사소통을 하는 데 문제가 있다고 판단되는 지원자는 부적절한 인재로 평가될 수밖에 없다.

3. 대화법

전문가들이 말하는 대화법의 핵심은 '상대방을 배려하면서 이야기하라.'는 것이다. 대화는 나와 다른 사람의 소통이다. 내용에 대한 공감이나 이해가 없다면 대화는 더 진전되지 않는다.

베스트셀러 『카네기 인간관계론』의 작가인 철학자 카네기가 말하는 최상의 대화법은 자신의 경험을 토대로 이야기하는 것이다. 즉, 살아오면서 직접 겪은 경험이 상대방의 관심을 끌 수 있는 가장 좋은 이야깃거리인 것이다. 특히, 어떤 일을 이루기 위해 노력하는 과정에서 겪은 실패나 희망에 대해 진솔하게 얘기한다면 상대방은 어느새 당신의 편에 서서 그 이야기에 동조할 것이다.

독일의 사업가이자 동기부여 트레이너인 위르겐 힐러의 연설법 중 가장 유명한 것은 '시즐(Sizzle)'을 잡는 것이다. 시즐이란, 새우튀김이나 돈가스가 기름에서 지글지글 튀겨질 때 나는 소리이다. 즉, 자신의 말을 듣고 시즐처럼 반응하는 상대방의 감정에 적절하게 대응하라는 것이다.

말을 시작한 지 10 ~ 15초 안에 상대방의 '시즐'을 알아차려야 한다. 자신의 이야기에 대한 상대방의 첫 반응에 따라 말하기 전략도 달라져야 한다. 첫 이야기의 반응이 미지근하다면 가능한 한 그 이야기를 빨리 마무리하고 새로운 이야깃거리를 생각해내야 한다. 길지 않은 면접 시간 내에 몇 번 오지 않는 대답의 기회를 살리기 위해서 보다 전략적이고 냉철해야 하는 것이다.

4. 차림새

(1) 구두

면접에 어떤 옷을 입어야 할지를 며칠 동안 고민하면서 정작 구두는 면접 보는 날 현관을 나서면서 즉흥적으로 신고 가는 지원자들이 많다. 구두를 보면 그 사람의 됨됨이를 알 수 있다고 한다. 면접관 역시 이러한 것을 놓치지 않기 때문에 지원자는 자신의 구두에 더욱 신경을 써야 한다. 스타일의 마무리는 발끝에서 이루어지는 것이다. 아무리 멋진 옷을 입고 있어도 구두가 어울리지 않는다면 전체 스타일이 흐트러지기 때문이다.

정장용 구두는 디자인이 깔끔하고, 에나멜 가공처리를 하여 광택이 도는 페이턴트 가죽 소재 제품이 무난하다. 검정 계열 구두는 회색과 감색 정장에, 브라운 계열의 구두는 베이지나 갈색 정장에 어울린다. 참고로 구두는 오전에 사는 것보다 발이 충분히 부은 상태인 저녁에 사는 것이 좋다. 마지막으로 당연한 일이지만 반드시 면접을 보는 전날 구두 뒤축이 닳지는 않았는지 확인하고 구두에 광을 내 둔다.

(2) 양말

양말은 정장과 구두의 색상을 비교해서 골라야 한다. 특히 검정이나 감색의 진한 색상의 바지에 흰 양말을 신는 것은 시대에 뒤처지는 일이다. 일반적으로 양말의 색깔은 바지의 색깔과 같아야 한다. 또한 양말의 길이도 신경 써야 한다. 바지를 입을 경우, 의자에 바르게 앉거나 다리를 꼬아서 앉을 때 다리털이 보여서는 안 된다. 반드시 긴 정장 양말을 신어야 한다.

(3) 정장

지원자는 평소에 정장을 입을 기회가 많지 않기 때문에 면접을 볼 때 본인 스스로도 옷을 어색하게 느끼는 경우가 많다. 옷을 불편하게 느끼기 때문에 자세마저 불안정한 지원자도 볼 수 있다. 그러므로 면접 전에 정장을 입고 생활해보는 것도 나쁘지는 않다.

일반적으로 면접을 볼 때는 상대방에게 신뢰감을 줄 수 있는 남색 계열의 옷이나 어떤 계절이든 무난하고 깔끔해보이는 회색 계열의 정장을 많이 입는다. 정장은 유행에 따라서 재킷의 디자인이나 버튼의 개수가 바뀌기 때문에 너무 오래된 옷을 입어서 다른 사람의 옷을 빌려 입고 나온 듯한 인상을 주어서는 안 된다.

(4) 헤어스타일과 메이크업

헤어스타일에 자신이 없다면 미용실에 다녀오는 것도 좋은 방법이다. 또한 자신에게 어울리는 메이크업을 하는 것도 괜찮다. 메이크업은 상대에 대한 예의를 갖추는 것이므로 지나치게 화려한 메이크업이 아니라면 보다 준비된 지원자처럼 보일 수 있다.

5. 첫인상

취업을 위해 성형수술을 받는 사람들에 대한 이야기는 더 이상 뉴스거리가 되지 않는다. 그만큼 많은 사람이 좁은 취업문을 뚫기 위해 이미지 향상에 신경을 쓰고 있다. 이는 면접관에게 좋은 첫인상을 주기 위한 것으로, 지원서에 올리는 증명사진을 이미지 프로그램을 통해 수정하는 이른바 '사이버 성형'이 유행하는 것과 같은 맥락이다. 실제로 외모가 채용 과정에서 영향을 끼치는가에 대한 설문조사에서도 60% 이상의 인사담당자들이 그렇다고 답변했다.

하지만 외모와 첫인상을 절대적인 관계로 이해하는 것은 잘못된 판단이다. 외모가 첫인상에서 많은 부분을 차지하지만, 외모 외에 다른 결점이 발견된다면 그로 인해 장점들이 가려질 수도 있다. 이러한 현상은 아래에서 다시 논하겠다.

첫인상은 말 그대로 한 번밖에 기회가 주어지지 않으며 몇 초 안에 결정된다. 첫인상을 결정짓는 요소 중 시각적인 요소가 80% 이상을 차지한다. 첫눈에 들어오는 생김새나 복장, 표정 등에 의해서 결정되는 것이다. 면접을 시작할 때 자기소개를 시키는 것도 지원자별로 첫인상을 평가하기 위해서이다. 첫인상이 중요한 이유는 만약 첫인상이 부정적으로 인지될 경우, 지원자의 다른 좋은 면까지 거부당하기 때문이다. 이러한 현상을 심리학에서는 초두효과(Primacy Effect)라고 한다.

그래서 한 번 형성된 첫인상은 여간해서 바꾸기 힘들다. 이는 첫인상이 나중에 들어오는 정보까지 영향을 주기 때문이다. 첫인상의 정보가 나중에 들어오는 정보 처리의 지침이 되는 것을 심리학에서는 맥락효과 (Context Effect)라고 한다. 따라서 평소에 첫인상을 좋게 만들기 위한 노력을 꾸준히 해야만 하는 것이다. 좋은 첫인상이 반드시 외모에만 집중되는 것은 아니다. 오히려 깔끔한 옷차림과 부드러운 표정 그리고 말과 행동 등에 의해 전반적인 이미지가 만들어진다. 누구나 이러한 것 중에 한두 가지 단점을 가지고 있다. 요즈음은 이미지 컨설팅을 통해서 자신의 단점들을 보완하는 지원자도 있다. 특히, 표정이 밝지 않은 지원자는 평소 웃는 연습을 의식적으로 하여 면접을 받는 동안 계속해서 여유 있는 표정을 짓는 것이 중요하다. 성공한 사람들은 인상이 좋다는 것을 명심하자.

---

02 ▶ 면접의 유형 및 실전 대책

1. 면접의 유형

과거 천편일률적인 일대일 면접과 달리 면접에는 다양한 유형이 도입되어 현재는 "면접은 이렇게 보는 것이다."라고 말할 수 있는 정해진 유형이 없어졌다. 그러나 대기업 면접에서는 현재까지는 집단 면접과 다대일 면접이 진행되고 있으므로 어느 정도 유형을 파악하여 사전에 대비가 가능하다. 면접의 기본인 단독 면접부터, 다대일 면접, 집단 면접의 유형과 그 대책에 대해 알아보자.

(1) 단독 면접

단독 면접이란 응시자와 면접관이 1대1로 마주하는 형식을 말한다. 면접위원 한 사람과 응시자 한 사람이 마주 앉아 자유로운 화제를 가지고 질의응답을 되풀이하는 방식이다. 이 방식은 면접의 가장 기본적인 방법으로 소요시간은 10 ~ 20분 정도가 일반적이다.

① 장점

필기시험 등으로 판단할 수 없는 성품이나 능력을 알아내는 데 가장 적합하다고 평가받아 온 면접방식으로 응시자 한 사람 한 사람에 대해 여러 면에서 비교적 폭넓게 파악할 수 있다. 응시자의 입장에서는 한 사람의 면접관만을 대하는 것이므로 상대방에게 집중할 수 있으며, 긴장감도 다른 면접방식에 비해서는 적은 편이다.

② 단점

면접관의 주관이 강하게 작용해 객관성을 저해할 소지가 있으며, 면접 평가표를 활용한다 하더라도 일면적인 평가에 그칠 가능성을 배제할 수 없다. 또한 시간이 많이 소요되는 것도 단점이다.

> **단독 면접 준비 Point**
>
> 단독 면접에 대비하기 위해서는 평소 1대1로 논리 정연하게 대화를 나눌 수 있는 능력을 기르는 것이 중요하다. 그리고 면접장에서는 면접관을 선배나 선생님 혹은 아버지를 대하는 기분으로 면접에 임하는 것이 부담도 훨씬 적고 실력을 발휘할 수 있는 방법이 될 것이다.

(2) 다대일 면접

다대일 면접은 일반적으로 가장 많이 사용되는 면접방법으로 보통 2∼5명의 면접관이 1명의 응시자에게 질문하는 형태의 면접방법이다. 면접관이 여러 명이므로 다각도에서 질문을 하여 응시자에 대한 정보를 많이 알아낼 수 있다는 점 때문에 선호하는 면접방법이다.

하지만 응시자의 입장에서는 질문도 면접관에 따라 각양각색이고 동료 응시자가 없으므로 숨 돌릴 틈도 없게 느껴진다. 또한 관찰하는 눈도 많아서 조그만 실수라도 지나치는 법이 없기 때문에 정신적 압박과 긴장감이 높은 면접방법이다. 따라서 응시자는 긴장을 풀고 한 시험관이 묻더라도 면접관 전원을 향해 대답한다는 기분으로 또박또박 대답하는 자세가 필요하다.

① 장점

면접관이 집중적인 질문과 다양한 관찰을 통해 응시자가 과연 조직에 필요한 인물인가를 완벽히 검증할 수 있다.

② 단점

면접시간이 보통 10∼30분 정도로 좀 긴 편이고 응시자에게 지나친 긴장감을 조성하는 면접방법이다.

> **다대일 면접 준비 Point**
>
> 질문을 들을 때 시선은 면접위원을 향하고 다른 데로 돌리지 말아야 하며, 대답할 때에도 고개를 숙이거나 입속에서 우물거리는 소극적인 태도는 피하도록 한다. 면접위원과 대등하다는 마음가짐으로 편안한 태도를 유지하면 대답도 자연스러운 상태에서 좀 더 충실히 할 수 있고, 이에 따라 면접위원이 받는 인상도 달라진다.

(3) 집단 면접

집단 면접은 다수의 면접관이 여러 명의 응시자를 한꺼번에 평가하는 방식으로 짧은 시간에 능률적으로 면접을 진행할 수 있다. 각 응시자에 대한 질문내용, 질문횟수, 시간배분이 똑같지는 않으며, 모두에게 같은 질문이 주어지기도 하고, 각각 다른 질문을 받기도 한다.

또한 어떤 응시자가 한 대답에 대한 의견을 묻는 등 그때그때의 분위기나 면접관의 의향에 따라 변수가 많다. 집단 면접은 응시자의 입장에서는 개별 면접에 비해 긴장감은 다소 덜한 반면에 다른 응시자들과의 비교가 확실하게 나타나므로 응시자는 몸가짐이나 표현력·논리성 등이 결여되지 않도록 자신의 생각이나 의견을 솔직하게 발표하여 집단 속에 묻히거나 밀려나지 않도록 주의해야 한다.

① 장점

집단 면접의 장점은 면접관이 응시자 한 사람에 대한 관찰시간이 상대적으로 길고, 비교 평가가 가능하기 때문에 결과적으로 평가의 객관성과 신뢰성을 높일 수 있다는 점이며, 응시자는 동료들과 함께 면접을 받기 때문에 긴장감이 다소 덜하다는 것을 들 수 있다. 또한 동료가 답변하는 것을 들으며, 자신의 답변 방식이나 자세를 조정할 수 있다는 것도 큰 이점이다.

② 단점

응답하는 순서에 따라 응시자마다 유리하고 불리한 점이 있고, 면접위원의 입장에서는 각각의 개인적인 문제를 깊게 다루기가 곤란하다는 것이 단점이다.

집단 면접 준비 Point

너무 자기 과시를 하지 않는 것이 좋다. 대답은 자신이 말하고 싶은 내용을 간단명료하게 말해야 한다. 내용이 없는 발언을 한다거나 대답을 질질 끄는 태도는 좋지 않다. 또 말하는 중에 내용이 주제에서 벗어나거나 자기중심적으로만 말하는 것도 피해야 한다. 집단 면접에 대비하기 위해서는 평소에 설득력을 지닌 자신의 논리력을 계발하는 데 힘써야 하며, 다른 사람 앞에서 자신의 의견을 조리 있게 개진할 수 있는 발표력을 갖추는 데에도 많은 노력을 기울여야 한다.

• 실력에는 큰 차이가 없다는 것을 기억하라.
• 동료 응시자들과 서로 협조하라.
• 답변하지 않을 때의 자세가 중요하다.
• 개성 표현은 좋지만 튀는 것은 위험하다.

---

(4) 집단 토론식 면접

집단 토론식 면접은 집단 면접과 형태는 유사하지만 질의응답이 아니라 응시자들끼리의 토론이 중심이 되는 면접방법으로 최근 들어 급증세를 보이고 있다. 이는 공통의 주제에 대해 다양한 견해들이 개진되고 결론을 도출하는 과정, 즉 토론을 통해 응시자의 다양한 면에 대한 평가가 가능하다는 집단 토론식 면접의 장점이 널리 확산된 데 따른 것으로 보인다. 사실 집단 토론식 면접을 활용하면 주제와 관련된 지식 정도와 이해력, 판단력, 설득력, 협동성은 물론 리더십, 조직 적응력, 적극성과 대인관계 능력 등을 쉽게 파악할 수 있다.

토론식 면접에서는 자신의 의견을 명확히 제시하면서도 상대방의 의견을 경청하는 토론의 기본자세가 필수적이며, 지나친 경쟁심이나 자기 과시욕은 접어두는 것이 좋다. 또한 집단 토론의 목적이 결론을 도출해 나가는 과정에 있다는 것을 감안하여 무리하게 자신의 주장을 관철시키기보다 오히려 토론의 질을 높이는 데 기여하는 것이 좋은 인상을 줄 수 있다는 점을 알아야 한다. 취업 희망자들은 토론식 면접이 급속도로 확산되는 추세임을 감안해 특히 철저한 준비를 해야 한다. 평소에 신문의 사설이나 매스컴 등의 토론 프로그램을 주의 깊게 보면서 논리 전개방식을 비롯한 토론 과정을 익히도록 하고, 친구들과 함께 간단한 주제를 놓고 토론을 진행해 볼 필요가 있다. 또한 사회·시사문제에 대해 자기 나름대로의 관점을 정립해두는 것도 꼭 필요하다.

(5) PT 면접

PT 면접, 즉 프레젠테이션 면접은 최근 들어 집단 토론 면접과 더불어 그 활용도가 점차 커지고 있다. PT 면접은 기업마다 특성이 다르고 인재상이 다른 만큼 인성 면접만으로는 알 수 없는 지원자의 문제해결 능력, 전문성, 창의성, 기본 실무능력, 논리성 등을 관찰하는 데 중점을 두는 면접으로, 지원자 간의 변별력이 높아 대부분의 기업에서 적용하고 있으며, 확산되는 추세이다.

면접 시간은 기업별로 차이가 있지만, 전문지식, 시사성 관련 주제를 제시한 다음, 보통 20 ~ 50분 정도 준비하여 5분가량 발표할 시간을 준다. 면접관과 지원자의 단순한 질의응답식이 아닌, 주제에 대해 일정 시간 동안 지원자의 발언과 발표하는 모습 등을 관찰하게 된다. 정확한 답이나 지식보다는 논리적 사고와 의사표현력이 더 중시되기 때문에 자신의 생각을 어떻게 설명하느냐가 매우 중요하다.

PT 면접에서 같은 주제라도 직무별로 평가요소가 달리 나타난다. 예를 들어, 영업직은 설득력과 의사소통 능력에 중점을 둘 수 있겠고, 관리직은 신뢰성과 창의성 등을 더 중요하게 평가한다.

> **PT 면접 준비 Point**
>
> • 면접관의 관심과 주의를 집중시키고, 발표 태도에 유의한다.
> • 모의 면접이나 거울 면접을 통해 미리 점검한다.
> • PT 내용은 세 가지 정도로 정리해서 말한다.
> • PT 내용에는 자신의 생각이 담겨 있어야 한다.
> • 중간에 자문자답 방식을 활용한다.
> • 평소 지원하는 업계의 동향이나 직무에 대한 전문지식을 쌓아둔다.
> • 부적절한 용어 사용이나 무리한 주장 등은 하지 않는다.

2. 면접의 실전 대책

(1) 면접 대비사항

① 지원 회사에 대한 사전지식을 충분히 준비한다.

필기시험에서 합격 또는 서류전형에서의 합격통지가 온 후 면접시험 날짜가 정해지는 것이 보통이다. 이때 수험자는 면접시험을 대비해 사전에 자기가 지원한 계열사 또는 부서에 대해 폭넓은 지식을 준비할 필요가 있다.

> **지원 회사에 대해 알아두어야 할 사항**
>
> • 회사의 연혁
> • 회장 또는 사장의 이름, 출신학교, 관심사
> • 회장 또는 사장이 요구하는 신입사원의 인재상
> • 회사의 사훈, 사시, 경영이념, 창업정신
> • 회사의 대표적 상품, 특색
> • 업종별 계열회사의 수
> • 해외지사의 수와 그 위치
> • 신 개발품에 대한 기획 여부
> • 자기가 생각하는 회사의 장단점
> • 회사의 잠재적 능력개발에 대한 제언

② 충분한 수면을 취한다.

충분한 수면으로 안정감을 유지하고 첫 출발의 상쾌한 마음가짐을 갖는다.

③ 얼굴을 생기 있게 한다.

첫인상은 면접에 있어서 가장 결정적인 당락요인이다. 면접관에게 좋은 인상을 줄 수 있도록 화장하는 것도 필요하다. 면접관들이 가장 좋아하는 인상은 얼굴에 생기가 있고 눈동자가 살아 있는 사람, 즉 기가 살아 있는 사람이다.

④ 아침에 인터넷 뉴스를 읽고 간다.

그날의 뉴스가 질문 대상에 오를 수가 있다. 특히 경제면, 정치면, 문화면 등을 유의해서 볼 필요가 있다.

출발 전 확인할 사항

이력서, 자기소개서, 성적증명서, 졸업(예정)증명서, 지갑, 신분증(주민등록증), 손수건, 휴지, 볼펜, 메모지, 예비스타킹 등을 준비하자.

(2) 면접 시 옷차림

면접에서 옷차림은 간결하고 단정한 느낌을 주는 것이 가장 중요하다. 색상과 디자인 면에서 지나치게 화려한 색상이나, 노출이 심한 디자인은 자칫 면접관의 눈살을 찌푸리게 할 수 있다. 단정한 차림을 유지하면서 자신만의 독특한 멋을 연출하는 것, 지원하는 회사의 분위기를 파악했다는 센스를 보여주는 것 또한 코디네이션의 포인트이다.

복장 점검

• 구두는 잘 닦여 있는가?
• 옷은 깨끗이 다려져 있으며 스커트 길이는 적당한가?
• 손톱은 길지 않고 깨끗한가?
• 머리는 흐트러짐 없이 단정한가?

(3) 면접요령

① 첫인상을 중요시한다.

상대에게 인상을 좋게 주지 않으면 어떠한 얘기를 해도 이쪽의 기분이 충분히 전달되지 않을 수 있다. 예를 들어, '저 친구는 표정이 없고 무엇을 생각하고 있는지 전혀 알 길이 없다.'처럼 생각되면 최악의 상태이다. 우선 청결한 복장, 바른 자세로 침착하게 들어가야 한다. 건강하고 신선한 이미지를 주어야 하기 때문이다.

② 좋은 표정을 짓는다.

얘기를 할 때의 표정은 중요한 사항의 하나다. 거울 앞에서 웃는 연습을 해본다. 웃는 얼굴은 상대를 편안하게 하고, 특히 면접 등 긴박한 분위기에서는 천금의 값이 있다 할 것이다. 그렇다고 하여 항상 웃고만 있어서는 안 된다. 자기의 할 얘기를 진정으로 전하고 싶을 때는 진지한 얼굴로 상대의 눈을 바라보며 얘기한다. 면접을 볼 때 눈을 감고 있으면 마이너스 이미지를 주게 된다.

③ 결론부터 이야기한다.

자기의 의사나 생각을 상대에게 정확하게 전달하기 위해서 먼저 무엇을 말하고자 하는가를 명확히 결정해 두어야 한다. 대답을 할 경우에는 결론을 먼저 이야기하고 나서 그에 따른 설명과 이유를 덧붙이면 논지(論旨)가 명확해지고 이야기가 깔끔하게 정리된다.

한 가지 사실을 이야기하거나 설명하는 데는 3분이면 충분하다. 복잡한 이야기라도 어느 정도의 길이로 요약해서 이야기하면 상대도 이해하기 쉽고 자기도 정리할 수 있다. 긴 이야기는 오히려 상대를 불쾌하게 할 수가 있다.

④ 질문의 요지를 파악한다.

면접 때의 이야기는 간결성만으로는 부족하다. 상대의 질문이나 이야기에 대해 적절하고 필요한 대답을 하지 않으면 대화는 끊어지고 자기의 생각도 제대로 표현하지 못하여 면접자로 하여금 수험생의 인품이나 사고방식 등을 명확히 파악할 수 없게 한다. 무엇을 묻고 있는지, 무슨 이야기를 하고 있는지 그 요점을 정확히 알아내야 한다.

면접에서 고득점을 받을 수 있는 성공요령

1. 자기 자신을 겸허하게 판단하라.
2. 지원한 회사에 대해 100% 이해하라.
3. 실전과 같은 연습으로 감각을 익히라.
4. 단답형 답변보다는 구체적으로 이야기를 풀어나가라.
5. 거짓말을 하지 말라.
6. 면접하는 동안 대화의 흐름을 유지하라.
7. 친밀감과 신뢰를 구축하라.
8. 상대방의 말을 성실하게 들으라.
9. 근로조건에 대한 이야기를 풀어나갈 준비를 하라.
10. 끝까지 긴장을 풀지 말라.

02 | SK그룹 실제 면접

SK그룹은 기업경영의 주체는 사람이며, 사람의 능력을 어떻게 개발하고 활용하느냐에 따라 기업의 성패가 좌우된다는 경영철학에 따라 인재를 채용하고 있다. SK그룹 내 각 기업들 또한 그룹의 경영철학을 바탕으로 구성원이 자발적 · 의욕적으로 자신의 능력을 최대한으로 발휘할 수 있도록 인력관리에 힘쓰고 있다.

SK그룹의 면접전형은 지원자의 가치관과 성격, 특성, 보유역량의 수준을 종합적으로 검증하기 위하여 그룹, 토론, 심층 면접 등의 다양한 면접방식을 활용하고 있다. 비록 각 계열사마다 원하는 인재상에 따라 면접의 유형에 있어서 어느 정도의 차이는 있으나 그룹 토의 면접, 심층 면접 등 심도 있는 면접과정을 거쳐 지원자의 역량을 철저히 검증하고 있다. 다만 이는 채용 과정에 따라 유동적으로 변할 수 있으니 자신이 지원하고자 하는 계열사의 채용공고를 반드시 확인한 후에 면접을 대비할 필요가 있다.

1. 면접 주요사항

(1) 토론 면접

지원자 6명이 한 팀을 이루어 토론을 하게 된다. 토론 면접은 일반적으로 진행되는 찬반 토론이 아니라 지원자 각각에게 서로 다른 양의 정보를 주고 해결책 또는 답을 찾는 토론으로 진행된다. 서로 다른 정보를 가지고 토론을 하기 때문에 해결책이나 답을 찾기 위해서는 각자가 가진 정보를 공유하는 등의 커뮤니케이션을 더욱 많이 하게 되는 토론 방식이다. 이 과정에서 지원자의 커뮤니케이션 능력과 창의력을 평가받게 되며, 다른 사람의 의견을 경청하고 얼마나 정확하고 빠르게 판단을 내리는지도 평가받게 된다. 더불어 참신한 아이디어를 통해 결론을 도출해낸다면 더욱 좋은 평가를 받을 수 있다.

(2) 실무진 면접

2 ~ 5명의 면접관과 1명의 지원자로 구성되어 면접이 진행된다. 대략 15 ~ 20분 정도의 시간이 소요되며, 자기소개서를 바탕으로 한 질문이 주를 이룬다. 질문은 꼬리에 꼬리를 무는 형식으로 주어지기 때문에 다음에 주어질 수 있는 질문을 예상한 뒤 답을 하는 것이 중요하다. 따라서 사전에 기출질문을 충분히 검토한 후, 예상 답변을 만들어 보는 것도 하나의 방법일 수 있다. 자기소개서를 바탕으로 질문을 하는 면접의 경우, 지원자의 가치관, 성향, 인생관 등을 파악하려는 의도가 담겨 있으므로 솔직하면서도 자신감이 묻어나는 답변을 할 수 있어야 한다.

(3) 임원진 면접

2 ~ 5명의 면접관과 1 ~ 3명의 지원자로 구성되어 면접이 진행된다. 실무진 면접과 마찬가지로 자기소개서를 바탕으로 한 질문이 주어지며, 이슈가 되었던 사회문제, 시사상식, 회사에 관련된 질문들이 추가적으로 주어지고, 영어로 간략하게 자기소개를 시키는 경우도 있다. 실무진 면접과 다른 점은 좀 더 전문적인 인재를 구별해내기 위한 추가 질문들이 주어진다는 점으로, 회사와 관련된 신문기사들을 평소에 꾸준히 읽는 것이 큰 도움이 된다.

2. 기출 질문

(1) SK케미칼

① 실무진 면접

- 지원 직무에 관해 구체적으로 설명해 보시오.
- 지역 이동이 가능한가? 울산에서 근무할 수 있는가?
- 백신과 바이오 시밀러의 차이점에 대해 말해 보시오.
- 한국에 미용실은 몇 개인가?
- 남산을 옮기는 데 걸리는 시간은?
- 우리 회사가 본인을 뽑아야 하는 이유는 무엇인가?
- 전공이 다른데 왜 이 분야에 지원했는가?
- 자신의 장단점에 대해 말해 보시오.
- 자신이 생각한 영업 기술이 있다면 말해 보시오.
- 체력은 좋은가?
- 운동을 하고 있는가?
- 셀 컬처를 해본 경험이 있다면 말해 보시오.
- 회사 내에 맞지 않는 사람이 있을 경우 원만하게 일할 수 있겠는가?

② 임원면접

자기소개서를 바탕으로 하는 질문들이 주를 이루며, 꼬리에 꼬리를 무는 형식으로 질문이 주어지므로 다음 질문을 충분히 예상한 뒤 답변을 해야 한다.

- 증류탑에서 환류비의 의미가 무엇인가?
- 지원한 다른 회사가 있으면 어디인지 이야기해 보시오.
- SK케미칼에 지원하게 된 동기를 말해 보시오.
- SK케미칼의 사업분야에 대해 말해 보시오.
- 해외지사 파견에 대해 어떻게 생각하는가?
- 우리 회사가 본인을 뽑아야 하는 이유를 말해 보시오.
- 직무에 대해 아는 점을 말해 보시오.
- 토익 점수가 높은데, 토익스피킹 점수는 왜 낮은가?
- 우리 회사 외에 다른 회사에도 지원하였는가? 그 결과는 어떻게 되었는가?
- SK케미칼의 매출에 대해 말해 보시오.
- 제2외국어 자격증을 가지고 있는가? 대화도 가능한가?
- 여행 간 지역은 어디이고, 그곳에 왜 갔는지, 무엇이 감명 깊었는지 말해 보시오.
- 인적성 검사 결과 좋지 않았던 부분이 있는데 그에 대해 설명해 보시오.
- 기독교인이라고 했는데 일요일에 출근이 가능한가? 교리상 불가능하지 않은가?

PART 8

(2) SK가스

- 만약 상사와 갈등이 있다면 어떻게 해결할 것인가?
- 관련 회사에서 경험이나 실습을 한 적이 있는가?
- 기업의 사회적 책임에 대한 지원자의 생각은?
- 최근에 본 영화는?
- 근무시간은 정해진 것이 좋은가 아니면 유동적인 것이 좋은가?
- 의미 없어 보이는, 하찮은 일을 열심히 해서 성과를 낸 경험이 있는가?
- 여러 정보들(경쟁사, 입지, 자금, 고객정보)을 바탕으로 매출이 하락하는 호텔의 수영장 개발에 대해 발표해 보시오.
- SK가스의 SWOT분석을 해 보시오.
- 현재 원유 가격이 어떤지 알고 있는가? 혹은 1년 전 가격은 알고 있는가?
- 셰일가스에 대해 말해 보시오.
- 브렌트유와 텍사스유, 두바이유의 차이는 무엇인가?
- 지원자 본인은 조직 내에서 리더형 인간인가? 아니면 팔로워형 인간인가?
- 당사에 지원하기 위하여 본인이 수행한 활동은 무엇인가?
- 옆 지원자에게 질문해 보세요.
- 계획적인 성격이라고 했는데 계획대로 일이 안될 경우 어떻게 하겠는가?
- 개인적으로 스트레스를 푸는 방법은 무엇인가?
- 똑똑하고 게으른 상사와 똑똑하고 부지런한 상사, 멍청하면서 게으른 상사, 멍청하면서 부지런한 상사 중 어떤 타입이 좋을 것 같은가?
- 현재 SK가스의 충전소는 총 몇 개인가?
- 현재 SK가스의 지사는 총 몇 개인가?
- LPG의 저장방법에 대해 설명해 보시오.
- SK가스가 정확히 어떤 일을 하는 곳인지 설명해 보시오.
- LPG와 LNG의 차이점에 대해 설명해 보시오.

(3) SK실트론

- 상사의 잘못이 있을 때 부하 직원으로서 어떻게 해결할 것인가?
- 이직 이유가 무엇인가? 우리 회사에서 무엇을 만드는지 아는가?
- 공유압 실린더의 구성요소를 말해 보시오.
- PLC제어에 대하여 설명해 보시오.
- 다양한 조직생활 경험이 있다고 했는데, 그중 가장 열심히 한 것은 무엇인가?
- 친구들과 모임이 있을 때는 리드하는 편인가?
- 본인이 합격하지 않으면 안되는 이유에 대해 설명해 보시오.
- 가장 자존심이 상했던 적은 언제인가?
- 구미의 인상은 어떠한가?
- 웨이퍼가 무엇인지 설명해 보시오.
- 주어진 영어문장 중 하나를 선택해서 읽어 보시오.
- 주량은 어느 정도인가?
- 가장 최근에 읽은 책에 대해 설명해 보시오.

- 평소에 롤 모델로 삼고 있는 인물과 그 이유에 대해 설명해 보시오.
- 고교생활 중 가장 기억에 남는 것은 무엇인가?
- 난류와 층류에 대하여 설명해 보시오.
- 우산의 용도를 3개 이상 말해 보시오.
- 반도체 공정을 설명해 보시오.
- 자신의 단점에 대해 말해 보시오.
- 자신이 가진 경쟁력에 대해 말해 보시오.
- 가장 최근에 본 영화는? 감상은 어땠는가?
- 직장일과 개인적으로 급한 일이 겹쳤을 때 어떤 것을 우선하겠는가? 그 이유는?
- SK실트론의 인재상에 대해 설명해 보시오.
- 10만 원으로 회사를 홍보한다면 어떤 식으로 할 것인가?
- 공모전 경험을 소개해 보시오.

(4) SK머티리얼즈

- 기억에 남는 프로젝트가 있는가?
- 영어는 어느 정도 하는가?
- 자기소개서를 보니 굉장히 다양한 경험을 했다. 단순한 취미인가? 아니면 역량을 개발하기 위한 것인가?
- 대외활동이나 사회활동을 한 경험이 있는가? 있다면 그중에 장을 맡아본 적이 있는가?
- 지원자들 중에서 당신을 가장 뽑지 말아야 할 이유를 말해 보시오.
- 공백기간에는 주로 무엇을 했는가?
- 분리공정에서 증류와 추출, 그리고 그 외의 공정에 대해 설명해 보시오.
- 자격증을 취득한 이유는 무엇인가?
- 학생회 활동에서 주로 어떠한 일을 했는지 설명해 보시오.
- 해당 학교에 가게 된 이유는 무엇인가?
- 타지에서 거주했던 경험이 있는가?
- SK머티리얼즈의 주요 업무에 대해 설명해 보시오.
- SK머티리얼즈에 관심을 가지게 된 계기를 이야기해 보시오.

(5) SK E&S

- 연차 우대와 성과 우대 승진 방법 중 어느 것을 선호하는가?
- 스트레스 해소 방법에는 어떤 것이 있는가?
- 반복적이고 단순한 업무인데 비슷한 임무를 해 본 경험이 있는가?
- 인턴 기간이 끝난 후 자신의 인생 계획에 대해 설명해 보시오.
- SK E&S를 어떻게 알게 되었는가?
- SK E&S의 주요 업무에 대해 설명해 보시오.
- SK E&S에 입사한 후 회사 생활에 대한 포부를 간략하게 설명해 보시오.
- SK E&S에서 본인이 무엇을 할 수 있을지 말해 보시오.
- 전력시장 현황에 대해 본인이 생각하는 바를 설명해 보시오.
- 어떻게 에너지에 관심을 가지게 되었는가?
- 주량은 어떻게 되는가?
- ERP란 무엇인지 설명해 보시오.
- 당사 사업분야 중 관심이 가는 것은 무엇인가?

현재 나의 실력을 객관적으로 파악해 보자!

모바일 OMR
답안채점 / 성적분석 서비스

도서에 수록된 모의고사에 대한 객관적인 결과(정답률, 순위)를 종합적으로 분석하여 제공합니다.

OMR 입력

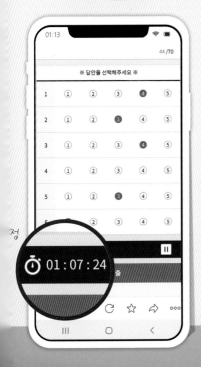

성적분석

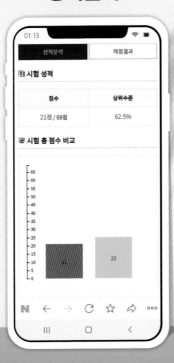

채점결과

※OMR 답안채점 / 성적분석 서비스는 등록 후 30일간 사용 가능합니다.

도서 내 모의고사 우측 상단에 위치한 QR코드 찍기 → 로그인 하기 → '시작하기' 클릭 → '응시하기' 클릭 → 나의 답안을 모바일 OMR 카드에 입력 → '성적분석 & 채점결과' 클릭 → 현재 내 실력 확인하기

더 이상의
고졸 · 전문대졸 필기시험 시리즈는 없다!

"알차다"

꼭 알아야 할 내용을 담고 있으니까

"친절하다"

핵심 내용을 쉽게 설명하고 있으니까

"핵심을 뚫는다"

시험 유형과 유사한 문제를 다루니까

"명쾌하다"

상세한 풀이로 완벽하게 익힐 수 있으니까

성공은 나를 응원하는 **사람**으로부터 **시작**됩니다.

시대에듀가 당신을 힘차게 응원합니다.

2025
최신판

판매량
1위
YES24 SK그룹 생산직
부문

SK그룹
생산직

SK가스·SK케미칼·SK실트론·SKE&S
고졸/전문대졸 필기시험

정답 및 해설

6개년 기출＋모의고사 4회
＋무료생산직특강

편저 | SDC(Sidae Data Center)

형분석 및 모의고사로
최종합격까지
한 권으로
마무리!

SDC

SDC는 시대에듀 데이터 센터의 약자로
약 30만 개의 NCS·적성 문제 데이터를
바탕으로 최신 출제경향을 반영하여
문제를 출제합니다.

시대에듀

PART

1

기초지식

끝까지 책임진다! SD에듀!

QR코드를 통해 도서 출간 이후 발견된 오류나 개정법령, 변경된 시험 정보, 최신기출문제, 도서 업데이트 자료 등이 있는지 확인해 보세요! **시대에듀 합격 스마트 앱**을 통해서도 알려 드리고 있으니 구글 플레이나 앱 스토어에서 다운받아 사용하세요. 또한, 파본 도서인 경우에는 구입하신 곳에서 교환해 드립니다.

01	02	03	04	05	06	07	08	09	10
②	③	④	①	②	③	④	③	②	③
11	12	13	14	15	16	17	18	19	20
④	④	①	②	①	③	②	①	④	④
21	22	23	24	25	26	27	28	29	30
②	④	②	②	④	①	①	③	④	②
31	32	33	34	35	36	37	38	39	40
②	④	③	④	③	④	②	①	②	③

01
정답 ②

제시된 단어의 의미는 '결정하다'로, 이와 같은 뜻을 지닌 단어는 ②이다.

오답분석

① 발견하다, ③ 확신하는, ④ 출발

02
정답 ③

제시된 단어의 의미는 '유능한, 능력 있는'이며, 이와 같은 뜻을 지닌 단어는 ③이다.

오답분석

① 효과 없는, ② 쓸모없는, 무용한, ④ 적절하지 못한

03
정답 ④

제시된 단어의 의미는 '예측하다, 예견하다'이며, 이와 같은 뜻을 지닌 단어는 ④이다.

오답분석

① 이점, 장점, ② 혼자 하는, ③ 웬만한, 참을 수 있는

04
정답 ①

제시된 단어의 의미는 '참을성'이며, 이와 같은 뜻을 지닌 단어는 ①이다.

오답분석

② 충실한, 충성스러운, ③ 제대로 된, 올바른, ④ 엄격한

05
정답 ②

제시된 단어의 의미는 '고발하다, 비난하다'이며, 이와 반대되는 의미를 지닌 단어는 'absolve(무죄임을 선고하다, 면제하다)'이다.

오답분석

① 요금, ③ 폐지하다, ④ 남용하다

06
정답 ③

제시된 단어의 의미는 '진출하다'로, 이와 반대되는 의미를 지닌 단어는 'withdraw(물러나다)'이다.

오답분석

① 진압하다, ② 정착하다, ④ 적응하다

07
정답 ④

제시된 단어의 의미는 '결합하다'로, 이와 반대되는 의미를 가진 단어는 'separate(분리하다)'이다.

오답분석

① 결합하다, ② 혼합하다, ③ 끼워 넣다

08
정답 ③

제시된 단어의 의미는 '딱딱한'으로, 이와 반대되는 의미를 가진 단어는 'smooth(부드러운)'이다.

오답분석

① 약한, ② 섬세한, ④ 유연한

09 　　　　　　　　　　　정답 ②

'고통'을 뜻하는 단어는 ②이다.

오답분석

① 파도타기, ③ 회복하다, ④ 최고의

10 　　　　　　　　　　　정답 ③

'유연하다'를 뜻하는 단어는 ③이다.

오답분석

① 둔감한, ② 접근하다, ④ 견디다

11 　　　　　　　　　　　정답 ④

④는 '가난'을 뜻하고, ① · ② · ③은 사람의 감정 상태를 나타낸다.

오답분석

① 화, 분노
② 기쁨
③ 슬픔

12 　　　　　　　　　　　정답 ④

④는 '활쏘기'이고, ① · ② · ③은 공을 사용하는 운동 경기이다.

오답분석

① 농구
② 축구
③ 탁구

13 　　　　　　　　　　　정답 ①

비교급에 대해 묻는 문법문제이다.
'than'을 제외한 나머지 보기들은 모두 관계대명사이다.

| 어휘 |
• more B than A : A보다 더 B한

| 해석 |

그녀는 나보다 더 스포츠에 관심이 많다.

14 　　　　　　　　　　　정답 ②

전치사 뒤에 올 수 있는 문법적 형태를 묻는 문제이다.

오답분석

① 뒤에 목적어 'me'가 있으므로 수동태는 올 수 없다.

| 어휘 |
• greet : 맞이하다, 인사하다, 환영하다
• without+~ing : ~하지 않고

| 해석 |

그는 나에게 인사도 하지 않은 채 방으로 뛰어 들어갔다.

15 　　　　　　　　　　　정답 ①

동사의 형태를 묻는 문법문제이다.
문장에 본동사가 없으므로 빈칸에는 본동사의 형태가 들어가야 한다. 주어가 3인칭 단수형이므로 동사도 3인칭 단수형인 'controls'가 나와야 한다.

오답분석

④ is controled는 수동태이므로 뒤에 목적어가 올 수 없다.

| 해석 |

인간의 왼쪽 뇌는 언어력을 통제한다.

16 　　　　　　　　　　　정답 ③

적절한 단어의 형태를 고르는 문법문제이다.
전치사 'on' 뒤에 올 수 있는 형태는 명사 또는 동명사이다.
제시된 보기에는 명사가 없으므로 동명사 'watching'이 빈칸에 들어가야 한다.

오답분석

① watch는 본동사 'spent'가 이미 문장에 포함되어 있으므로 적절하지 않다.
② watches는 3인칭 단수형태의 동사이다.
④ watched는 과거형 동사이다.

| 어휘 |
• spend+시간+on : ~에 시간을 소비하다

| 해석 |

그는 웃긴 비디오를 보는 것에 하루 종일 시간을 소비했다.

17

정답 ②

잘못된 내용을 함부로 끼워 넣는다는 내용이므로, '삽입'의 뜻을 지닌 단어 'insertion'이 빈칸에 들어야 한다.

| 어휘 |
- cash register : 금전 등록기
- staple : 주요 상품
- by design : 고의로, 계획적으로
- monologue : 독백
- be charged : 비난을 받다, 피소되다
- transposition : 바꾸어 놓음, 전위

| 해석 |

금전 등록기가 거의 모든 상점에서 주요 물품이 되기 전인 예전에는 상인들은 포장 겉면에 각 제품의 가격을 적어 계산서에 합산했다. 그러나 고객들이 전화로 주문을 할 땐, 몇몇 상인들은 우연히 혹은 계획적으로 주소나 아파트 호수를 포장에 적고 그 숫자들도 총합으로 합쳤다. 관련 없는 정보들을 끼워 넣는 것은 삽입의 오류이다. 햄릿의 독백을 "To be sure, or not to be believed, that is their question …"이라고 잘못 인쇄한 한 출판업자는 비슷한 오류로 비난을 받을 것이다.

18

정답 ①

A는 노래대회에서 1등을 해서 기뻐하고 있다.

[오답분석]
② 두려운, ③ 후회스러운, ④ 우울한

| 해석 |

A : 엄마, 저 노래대회에서 1등 했어요.
B : 우와, 네가 해냈구나. 축하한다!
A : 저 정말 기뻐요.

19

정답 ④

'shirts, fitting room'과 관련된 장소는 옷가게이다.

| 해석 |

A : 저 이 셔츠가 마음에 들어요. 입어 봐도 되나요?
B : 그럼요. 탈의실은 저쪽에 있습니다.
A : 저에게 딱 맞네요. 이걸로 주세요.

20

정답 ④

신발 교환을 요청하는 내용의 대화를 나눌 수 있는 곳은 구두 가게이다.

| 어휘 |
- exchange : 교환하다

| 해석 |

A : 실례합니다. 신발을 교환하고 싶습니다.
B : 네, 무슨 문제가 있나요?

21

정답 ②

| 어휘 |
- delay : 지연되다
- accident : 사고
- Why don't we ~ ? : 우리 ~하는 게 어때?

| 해석 |

Amy, 우리 기차가 사고 때문에 지연될 거래.
(B) 오, 안돼! 우리 버스 타고 가는 게 어때?
(A) 좋은 생각이야. 버스 정류장에서 오전 10시에 만나자.
(C) 좋아. 그때 보자.

22

정답 ④

| 해석 |

너 뉴스 들었니?
(C) 무슨 뉴스?
(B) 우리 축구팀이 시합에서 이겼어.
(A) 오! 대단하다.

23

정답 ②

| 해석 |

A : 오늘 학교에 늦게 가서 너무 미안해.
B : 네가 자주 늦지 않잖아. 나는 네가 충분한 이유를 가지고 있다고 생각해.
A : 열차를 놓쳐서 다음 열차를 20분 동안 기다려야만 했어.
B : 괜찮아.

24

정답 ②

ㅣ해석ㅣ

> A : 네가 내 생일 선물로 준 셔츠는 마음에 드는데, 조금 작아.
> B : 걱정 마. 그 가게에 <u>다시 가져가서</u> 교환해 올게.

25

정답 ④

ㅣ해석ㅣ

> A : 안녕, Bill. <u>어디 갔다 왔니?</u>
> B : 이제 막 제주도에서 돌아왔어.
> A : 여행은 어땠니?
> B : 아주 즐거웠어. 그리고 날씨가 아주 좋았어.

26

정답 ①

ㅣ해석ㅣ

> A : 어서오세요, 손님. <u>무엇을 도와드릴까요?</u>
> B : 네, 아들에게 줄 조그만 망원경을 찾고 있어요.
> A : 당신이 원하시는 것이 여기 있어요. 품질이 우수합니다.
> B : 좋아보이는군요. 가격은 얼마인가요?
> A : 20달러에 판매하고 있습니다.
> B : 가격이 적당하군요.

27

정답 ①

ㅣ해석ㅣ

> A : 당신은 기계 없이도 살 수 있다고 생각합니까?
> B : 아니오, 나는 그렇게 생각하지 않습니다. 기계들은 우리 현대 생활의 중요한 부분입니다.
> A : <u>나도 당신과 같은 생각입니다.</u> 우리의 삶은 기계에 얽매여 있습니다.

28

정답 ③

ㅣ어휘ㅣ

• wrap : 감싸다, 포장하다

ㅣ해석ㅣ

> A : 이 CD 얼마입니까?
> B : 10달러입니다.
> A : 좋습니다. 이것을 사겠어요. 포장해주세요.
> B : <u>여기 있습니다.</u>

29

정답 ④

ㅣ어휘ㅣ

• go ahead : (이야기, 일 등을) 진행시키다, 앞으로 나아가다, 진행하다

ㅣ해석ㅣ

> A : 궁금한 거 좀 물어봐도 되나요?
> B : 당연하지, <u>물어봐</u>.

30

정답 ②

ㅣ어휘ㅣ

• How often …? : 얼마나 자주

ㅣ해석ㅣ

> A : 내가 갈아타야 하나요?
> B : 아니오, 쭉 갑니다.
> A : 여기에 <u>얼마나 자주</u> 옵니까?
> B : 10분마다요.

31

정답 ②

(A)는 침입자, (B)는 화장실 칸을 가리킨다.

ㅣ해석ㅣ

> 나는 믿을 만한 만능견 Louis를 데리고 최근 침입을 당한 학교를 수색하고 있었다. 우리는 침입자가 여전히 학교 안에 있다는 보고를 받고, <u>그들의 위치를 확인하기 위하여</u> 개를 먼저 들여보냈다. 개가 냄새를 확인하자 나는 공공 화장실 쪽으로 다가갔다. 그곳에 들어갔을 때, 화장실 벽면엔 12개의 칸이 줄지어 있었다. <u>그 칸들은</u> 닫혀있는 두 개만을 제외하고 모두 문이 열린 채로 있었다. 나는 그 화장실 칸 안에 있는 사람에게 당장 나오라고 소리쳤지만 응답이 없었다. 나는 다시 한 번 나와서 나와 상대하자고 불렀다. 역시 대답이 없었다. 그래서 나는 Louis를 보내 그들이 밖으로 나오도록 했다. 그들은 더 이상 어디도 침입하지 않을 것이다.

32
정답 ④

(A)는 일부 사람들, (B)는 배우들을 가리킨다.

| 해석 |

> 영상미디어 때문에 어떤 사람들은 그들 자신의 삶의 현실에 불만을 가질지도 모른다. 그들에게 일상생활은 영화나 TV 드라마에서 연기하는 배우만큼 흥미로운 것처럼 보이지 않는다. 그들은 배우들처럼 즐겁지 않다는 것을 깨닫는다. 또한 시청자들은 현실 속에서 TV 스타들과 같은 상황에 있을 수 없을 때 우울해 할지도 모른다.

33
정답 ③

두 번째 문장 'A good way to quit smoking is to exercise, drink more water and food with vitamin.'에서 휴식 취하기는 언급되지 않았다.

| 어휘 |
• quit : 중단하다
• exercise : 운동하다

| 해석 |

> 당신이 담배를 끊고 싶다면, 할 수 있다. 담배를 끊는 데 할 수 있는 좋은 방법으로 운동하기, 껌 씹기, 물 많이 마시기, 비타민이 함유된 음식 섭취하기가 있다. 기억하라, 담배 끊기를 지체하면 할수록 더 힘들어질 것이다.

34
정답 ③

• Take 2 tables every 4 hours. → 복용량, 복용 간격
• Tablets can be chewed or swallowed with water.
  → 복용 방법
• Keep out of reach of children. → 주의사항
따라서 언급되지 않은 것은 복용효과이다.

| 어휘 |
• tablets : 알약
• chewed : 씹다
• swallowed : 삼키다
• out of reach : 손이 닿지 않는 곳에

| 해석 |

> • 4시간마다 2알씩 복용하세요.
> • 알약은 씹어 먹거나 물과 함께 삼켜 드실 수 있습니다.
> • 어린이 손에 닿지 않는 곳에 보관하세요.

35
정답 ③

| 어휘 |
• friendship : 우정, 교우관계
• unfriendly : 비우호적인, 친하지 않은
• benefit : 이익

| 해석 |

> 만약 당신이 누군가와의 좋은 교우관계를 원한다면, 당신은 먼저 무언가를 주기 위해 노력해야 한다. 좋은 교우관계를 만들기 위해서, 당신은 주는 사람이 되어야 하고 받는 사람이 되어서는 안 된다. 그렇게 하면, 당신은 좋은 친구를 얻을 수 있다.

36
정답 ④

| 어휘 |
• breakfast : 아침식사
• teenagers : 10대
• researcher : 연구자

| 해석 |

> 아침 식사를 하는 것은 10대들의 학습에 매우 좋은 것이다. 많은 연구자는 아침을 먹지 않는 학생보다 먹는 학생들이 학습 활동을 더 잘한다는 연구를 발표해왔다.

37
정답 ②

제시문은 권위적인 인물들이 가진 영향력을 언급하며, 언론 매체를 통해 과장된 사실을 그대로 믿지 말고 주의 깊게 관찰해야 한다고 경고하고 있다.

| 어휘 |
• tremendous : 거대한, 무시무시한
• relay : 중계하다.
• salable : 팔기 알맞은
• statement : 진술
• media : 언론매체
• exaggerate : 과장하다

| 해석 |

> 권위적인 인물들은 엄청난 영향력을 가진다. 자주 우리는 단지 그들이 누구이기 때문에 그들을 믿으며 그들이 옳은지 그른지 또는 그들의 진술을 지지할 만큼 지식이나 경험이 있는지를 묻지 않는다. 언론은 매우 좋은 예가 된다. 그렇게 많은 사람들이 의문의 여지없이, 언론 매체를 통해 그들에게 주어지는 모든 것을 믿는다는 것은 정말 놀랍다. 자연스레 우리는 그것들 중 일부를 믿게 될 것이다. 그러나 중계된 사실들은 주의 깊게 관찰될 필요가 있다. 자주 그것은 몇몇 사람들의 의견일 뿐

이거나 팔아먹기 좋은 기삿거리를 만들기 위해 과장되거나 맥락에서 벗어난 사실이 많다.

38

정답 ①

주인공이 탄 차가 커브 길을 돌아갔다는 내용은 나와 있지 않다. 남녀 커플이 논쟁을 벌였지만 친절하게 주인공에게 편리한 자리를 마련해 주는 분위기로 바뀌었다는 내용이다.

| 어휘 |
- abandon : 버리다, 단념하다
- urgue : 논쟁하다

| 해석 |

나는 중앙역 주변의 호텔에 묵기 위해서 돌아다녔지만 빈방이 없었다. 나는 이 위기를 어떻게 대처해야 하는지 확신이 없어서 벨기에까지 자동차를 얻어 타기로 갑작스러운 결정을 내렸다. 나는 고속도로 옆에서 엄지손가락을 들고 1시간을 서 있었다. 내가 이 계획을 거의 단념할 무렵 낡은 차가 멈췄다. 나는 앞자리에서 논쟁을 벌이는 젊은 커플을 넘어 가방을 들고 차에 탔다. 나는 잠시 동안, 그들이 나를 위해 멈추지 않았다는 것을 생각했지만 그녀는 자리를 비키며 내가 뒷자리에 타는 것을 허락했다. 나의 예상과 반대로 그들은 좋은 사이였고 나에게 편안한 자리를 마련해주는 분위기로 바뀌었다.

39

정답 ②

고깃덩어리를 준비하고 판매한다는 문장을 통해 정육점 주인임을 알 수 있다.

오답분석
① cook : 요리사
③ carpenter : 목수
④ blacksmith : 대장장이

| 해석 |

James는 다양한 고기 조각과 관련 상품들을 팔기 위해 준비한다. 전통적으로, 그는 그의 상품들을 특화된 가게에서 판매하지만, 최근에는 대부분의 고기가 슈퍼마켓을 통해 판매되고 있다.

40

정답 ③

flu(독감)나 prescription(처방)을 통해 화자가 의사임을 알 수 있다.

| 해석 |

"좋아, 한번 보자. 내 생각엔 감기인 것 같구나. 처방전을 써줄게. 네 시간마다 한 티스푼씩 먹으렴. 그리고 다음 주에 연락해. 좋아지길 바랄게."

01	02	03	04	05	06	07	08	09	10
④	②	④	④	①	②	③	③	④	④
11	12	13	14	15	16	17	18	19	20
②	①	④	①	④	④	①	④	①	②
21	22	23	24	25	26	27	28	29	30
①	③	①	②	①	④	④	②	④	②
31	32	33	34	35	36	37	38	39	40
②	④	③	④	④	③	③	②	③	①
41	42	43	44	45	46	47	48	49	50
③	②	②	①	④	④	①	④	②	②

01 　　정답 ④

$48,231-19,292+59,124=28,939+59,124=88,063$

02 　　정답 ②

$777-666+555-444=111+111=222$

03 　　정답 ④

$16=4^2$ 임을 이용한다.
$48^2=(4\times12)^2=4^2\times12^2,\ 16^2=4^2\times4^2$
$(48^2+16^2)\div16+88=(12^2+4^2)+88=(144+16)+88$
$=160+88=248$

04 　　정답 ④

$4,355-23.85\div0.15=4,355-159=4,196$

05 　　정답 ①

$4.7+22\times5.4-2=4.7+118.8-2=121.5$

06 　　정답 ②

$(59,378-36,824)\div42=537$

07 　　정답 ③

$746\times650\div25=19,396$

08 　　정답 ③

$545-245-247+112=657-492=165$

09 　　정답 ④

$512,745-425,427+23,147$
$=535,892-425,427$
$=110,465$

10 　　정답 ④

$\sqrt{18}=3\sqrt{2}$, $\sqrt{24}=2\sqrt{6}$, $\sqrt{72}=6\sqrt{2}$, $\sqrt{96}=4\sqrt{6}$
이므로 $3\sqrt{2}+2\sqrt{6}+6\sqrt{2}+4\sqrt{6}=9\sqrt{2}+6\sqrt{6}$ 이다.

11 　　정답 ②

$12\times8-\square\div2=94$
$\rightarrow (94-12\times8)\times2=-\square$
$\rightarrow \square=(94-96)\times(-2)$
$\therefore \square=4$

12 　　정답 ①

$\square\div6=-(78-66-16)$
$\rightarrow \square\div6=4 \rightarrow \square=4\times6$
$\therefore \square=24$

13 정답 ④

- $36\times145+6,104=5,220+6,104=11,324$
- $516\times31-4,672=15,996-4,672=11,324$

오답분석
① $901\times35+27=31,535+27=31,562$
② $385\times12+5,322=4,620+5,322=9,942$
③ $16,212\div28+8,667=579+8,667=9,246$

14 정답 ①

- $70.668\div151+6.51=0.468+6.51=6.978$
- $3.79\times10-30.922=37.9-30.922=6.978$

오답분석
② $6.1\times1.2-1.163=6.157$
③ $89.1\div33+5.112=7.812$
④ $9.123-1.5\times1.3=7.173$

15 정답 ④

- $\dfrac{5}{6}\times\dfrac{3}{4}-\dfrac{7}{16}=\dfrac{5}{8}-\dfrac{7}{16}=\dfrac{3}{16}$
- $\left(\dfrac{1}{4}-\dfrac{2}{9}\right)\times\dfrac{9}{4}+\dfrac{1}{8}=\dfrac{1}{36}\times\dfrac{9}{4}+\dfrac{1}{8}=\dfrac{1}{16}+\dfrac{1}{8}=\dfrac{3}{16}$

오답분석
① $\dfrac{8}{3}-\dfrac{4}{7}\times\dfrac{2}{5}=\dfrac{8}{3}-\dfrac{8}{35}=\dfrac{256}{105}$
② $\dfrac{4}{5}\times\dfrac{2}{3}-\left(\dfrac{3}{7}-\dfrac{1}{6}\right)=\dfrac{4}{5}\times\dfrac{2}{3}-\dfrac{11}{42}=\dfrac{8}{15}-\dfrac{11}{42}=\dfrac{19}{70}$
③ $\dfrac{5}{6}\div\dfrac{5}{12}-\dfrac{3}{5}=\dfrac{5}{6}\times\dfrac{12}{5}-\dfrac{3}{5}=2-\dfrac{3}{5}=\dfrac{7}{5}$

16 정답 ④

$\dfrac{26}{29}\fallingdotseq0.897$

$0.544<(\quad)<\dfrac{26}{29}\rightarrow0.544<(\quad)<0.897$

④ $0.544<(\ 0.758\ )<0.897$

오답분석
① $\dfrac{77}{79}\fallingdotseq0.975$, ③ $\dfrac{91}{96}\fallingdotseq0.948$

17 정답 ①

$\sqrt{50}=5\sqrt2\fallingdotseq5\times1.414=7.07$, $\sqrt{72}=6\sqrt2\fallingdotseq6\times1.414$
$=8.485$

$\sqrt{50}<(\quad)<\sqrt{72}\rightarrow7.07<(\quad)<8.485$

① $\dfrac{268}{33}\fallingdotseq8.121$, $7.07<(\ 8.121\ )<8.485$

오답분석
② $\dfrac{220}{37}\fallingdotseq5.946$, ③ $\dfrac{362}{42}\fallingdotseq8.619$, ④ $\dfrac{298}{45}\fallingdotseq6.622$

18 정답 ④

$\dfrac{7}{9}<(\quad)<\dfrac{7}{6}\rightarrow\dfrac{28}{36}<(\quad)<\dfrac{42}{36}$

④ $\dfrac{28}{36}<\left(\ \dfrac{41}{36}\ \right)<\dfrac{42}{36}$

오답분석
① $\dfrac{64}{54}>\dfrac{7}{6}\left(=\dfrac{63}{54}\right)$, ② $\dfrac{13}{18}<\dfrac{7}{9}\left(=\dfrac{14}{18}\right)$, ③ $\dfrac{39}{54}<\dfrac{7}{9}$
$\left(=\dfrac{42}{54}\right)$

19 정답 ①

$438\times0.601=263.238$

20 정답 ②

$69\times0.023=1.587$

21 정답 ①

$38\times0.413=15.694$

22 정답 ③

$12\div80=0.15$

23 정답 ①

10시 10분일 때 시침과 분침의 각도를 구하면 다음과 같다.
- 10시 10분일 때 시침의 각도 : $30°\times10+0.5\times10=305°$
- 10시 10분일 때 분침의 각도 : $6°\times10=60°$
따라서 시침과 분침이 이루는 작은 쪽의 각도는 $(360-305)°$
$+60°=115°$이다.

24

정답 ②

시계에서 12를 0°로 시작하여 6시 정각에서 30분 후의 시침과 분침의 각도를 계산하면 시침은 $6 \times 30 + 0.5 \times 30 = 180 + 15 = 195°$이고, 분침은 $6 \times 30 = 180°$가 된다.

따라서 시침과 분침이 이루는 작은 각도는 $195 - 180 = 15°$이다.

25

정답 ①

시침은 1시간에 30°, 1분에 0.5°씩 움직인다. 분침은 1분에 6°씩 움직이므로 시침과 분침은 1분에 5.5°씩 차이가 난다. 12시에 분침과 시침 사이의 각은 0°이고, 55°가 되려면 5.5°씩 10번 벌어지면 된다.

따라서 12시 10분이다.

26

정답 ④

서진, 현미, 주희가 쉬는 날은 각각 $9+1=10$일, $11+1=12$일, $14+1=15$일이다.

4월						
일	월	화	수	목	금	토
	1	2	3	4	5	6
7	8	9	10	11	12	13
14	15	16	17	18	19	20
21	22	23	24	25	26	27
28	29	30				

5월						
일	월	화	수	목	금	토
			1	2	3	4
5	6	7	8	9	10	11
12	13	14	15	16	17	18
19	20	21	22	23	24	25
26	27	28	29	30	31	

따라서 10, 12, 15의 최소공배수는 60이므로 세 사람이 동시에 영화를 볼 수 있는 날은 4월 1일로부터 60일 후인 5월 31일이다.

27

정답 ④

A열차 전체의 길이를 xm라 하면
$$\frac{500+x}{16} = \frac{500+(x-40)}{12} - 10$$
$$\rightarrow 1,500 + 3x = 1,840 + 4x - 480$$
$$\therefore x = 140$$
따라서 1량의 길이는 $140 \div 10 = 14$m이다.

28

정답 ②

B는 시속 30km/h로 $x$km의 거리를 $45-5=40$분 만에 갔으므로, B가 이동한 거리는 $30 \times \frac{40}{60} = 20$km이다.

29

정답 ④

기차는 다리에 진입하여 완전히 벗어날 때까지 다리의 길이인 800m에 기차의 길이 100m를 더한 총 900m(0.9km)를 36초(0.01시간) 동안 이동했다.

따라서 (속력)$=\frac{(거리)}{(시간)}$이므로, 기차의 속력은 $\frac{0.9}{0.01} = 90$km/h이다.

30

정답 ②

배의 속력을 $x$km/h, 강물의 속력을 $y$km/h라 하면,
$$4(x-y) = 20 \rightarrow x - y = 5 \cdots \bigcirc$$
$$2(x+y) = 20 \rightarrow x + y = 10 \cdots \bigcirc$$
$\bigcirc$, $\bigcirc$을 연립하면 $-2y = -5$
$$\therefore y = 2.5$$
따라서 강물의 속력은 2.5km/h이다.

31

정답 ②

• 할아버지의 나이 : $50+10=60$세
• 아버지의 나이 : $25+10=35$세
$$\therefore 60+35=95$$
따라서 할아버지와 아버지의 나이의 합은 95세이다.

32

정답 ④

올해 지원부서원 25명의 평균 나이는 38세이므로, 내년 지원부서원 25명의 평균 나이는 $\frac{25 \times 38 - 52 + 27}{25} + 1 = 38$세이다.

33

정답 ③

x년 후의 아버지, 아들의 나이는 각각 $35+x$, $10+x$이다.
$$\rightarrow 35+x = 2(10+x)$$
$$\therefore x = 15$$
따라서 15년 후에 아버지의 나이가 아들 나이의 2배가 된다.

34

정답 ③

종대의 나이가 14세이므로 종인이의 나이는 $14-3=11$세이다. 아버지의 나이를 x세라고 하면
$\rightarrow (14+11) \times 1.6 = x$
$\therefore x = 40$
따라서 종대의 나이가 14세이면 아버지의 나이가 40세이다.

35

정답 ④

1월과 6월의 전기요금을 각각 $5x$, $2x$원이라고 하자(단, $x>0$). 1월 전기 요금에서 6만 원을 뺄 경우 비율이 $3:2$이므로
$(5x-60,000):2x=3:2$
$\rightarrow 10x-120,000=6x$
$\rightarrow 4x=120,000$
$\therefore x=30,000$
따라서 1월의 전기요금은 $5x=5 \times 30,000 = 150,000$원이다.

36

정답 ③

1월의 난방요금을 $7x$, 6월의 난방요금을 $3x$라 하면(단, x는 비례상수)
$(7x-2):3x=2:1 \rightarrow x=2$
따라서 1월의 난방요금은 14만 원이다.

37

정답 ③

5명이 입장할 때 추가 1명이 무료이기 때문에 6명씩 팀으로 계산하면 $6 \times 8 = 48$명으로 총 8팀이 구성된다. 53명 중 팀을 이루지 못한 5명은 할인을 받을 수 없다.
따라서 $5,000 \times 8 = 40,000$원의 할인을 받을 수 있게 된다.

38

정답 ②

작년 비행기 왕복 요금을 x원, 작년 1박 숙박비를 y원이라 하면
- $-\dfrac{20}{100}x + \dfrac{15}{100}y = \dfrac{10}{100}(x+y) \cdots \bigcirc$
- $(1-\dfrac{20}{100})x + (1+\dfrac{15}{100})y = 308,000 \cdots \bigcirc\!\!\bigcirc$

$\bigcirc$, $\bigcirc\!\!\bigcirc$을 연립하면
- $y = 6x \cdots \bigcirc\!\!\!\!c$
- $16x + 23y = 6,160,000 \cdots @$

$\bigcirc\!\!\!\!c$, $@$을 연립하면
$16x + 138x = 6,160,000$
$x = 40,000$, $y = 240,000$
따라서 올해 비행기 왕복 요금은 $40,000 - 40,000 \times \dfrac{20}{100} = 32,000$원이다.

39

정답 ③

(A의 톱니수) $\times$ (A의 회전수) $=$ (B의 톱니수) $\times$ (B의 회전수)
이므로, B의 회전수를 x회라고 하면
$30 \times 4 = 20x$
$\therefore x = 6$
따라서 B는 6회 회전한다.

40

정답 ①

A회사는 10분에 5개의 인형을 만드므로 1시간에 30개의 인형을 만든다. 즉 40시간에 인형은 1,200개를 만들고, 인형 뽑는 기계는 40대를 만든다.
따라서 기계 하나당 적어도 40개의 인형이 들어가야 하므로 최대 30대의 인형이 들어있는 인형 뽑는 기계를 만들 수 있다.

41

정답 ③

작은 톱니바퀴가 x바퀴 돌았다고 하면, 큰 톱니바퀴와 작은 톱니바퀴가 돈 길이는 같으므로
$27\pi \times 10 = 15\pi \times x$
$\therefore x = 18$
따라서 작은 톱니바퀴는 분당 18바퀴를 돈다.

42

정답 ②

A, B가 하루에 할 수 있는 일의 양은 각각 $\dfrac{1}{4}$, $\dfrac{1}{6}$ 이다. B가 x일 동안 일한다고 하면,
$\dfrac{1}{4} \times 2 + \dfrac{1}{6} \times x = 1$
$\therefore x = 3$
따라서 B는 3일 동안 일을 해야 한다.

43

정답 ②

A트럭의 적재량을 a톤이라 하자. 하루에 두 번 옮기며 $2a$톤씩 12일 동안 192톤을 옮기므로 A트럭의 적재량은 $2a \times 12 = 192 \rightarrow a = \dfrac{192}{24} = 8$톤이 된다. A트럭과 B트럭이 동시에 운행했을 때는 8일이 걸렸으므로 A트럭이 옮긴 양은 $8 \times 2 \times 8 = 128$톤이며, B트럭은 8일 동안 $192-128=64$톤을 옮기므로 B트럭의 적재량은 $\dfrac{64}{2 \times 8} = 4$톤이다.

B트럭과 C트럭을 같이 운행했을 때 16일 걸렸다면 B트럭이 16일 동안 옮긴 양은 $16 \times 2 \times 4 = 128$톤이며, C트럭은 64톤을 같은 기간 동안 옮겼다.

따라서 C트럭의 적재량은 $\dfrac{64}{2 \times 16} = 2$톤이다

44

농도 6%의 소금물의 양을 xg이라고 하자.

$$\frac{6}{100} \times x + \frac{11}{100} \times (500-x) = \frac{9}{100} \times 500$$

$$6x + 5,500 - 11x = 4,500$$

$$\therefore x = 200$$

따라서 농도 6%의 소금물은 200g을 섞어야 한다.

45

500g의 설탕물에 녹아있는 설탕의 양을 xg이라고 하자.

농도 3%의 설탕물 200g에 들어있는 설탕의 양은 $\frac{3}{100} \times 200$

$=6$g이므로 $\frac{x+6}{500+200} \times 100 = 7 \rightarrow x+6 = 49$

$$\therefore x = 43$$

따라서 500g의 설탕에 녹아있는 설탕의 양은 43g이다.

46

$$\frac{a}{100} \times 100 + \frac{10}{100} \times 200 = \frac{30}{100} \times (300-100)$$

$$\rightarrow a + 20 = 60$$

$$\therefore a = 40$$

따라서 농도 a는 40%이다.

47

• 두 개의 주사위를 던지는 경우의 수 : $6 \times 6 = 36$가지
• 눈의 곱이 홀수인 경우(홀수×홀수)의 수 : $3 \times 3 = 9$가지

따라서 주사위의 눈의 곱이 홀수일 확률은 $\frac{9}{36} = \frac{1}{4}$이다.

48

A, B 두 주머니에서 검정 공을 뽑을 확률은 전체 확률에서 흰 공만 뽑을 확률을 뺀 것과 같으므로, 두 주머니에서 흰 공을 뽑을 확률은 $\frac{3}{5} \times \frac{1}{5} = \frac{3}{25}$이다.

따라서 A, B 두 주머니에서 검은 공을 한 개 이상 꺼낼 확률은 $1 - \frac{3}{25} = \frac{22}{25}$이다.

49

주사위 세 개를 던졌을 때 나오는 눈의 합이 4가 되는 경우를 순서쌍으로 나타내면 (1, 1, 2), (1, 2, 1), (2, 1, 1)이다. 따라서 나오는 눈의 합이 4가 되는 경우의 수는 3가지이다.

50

두 수를 더하여 짝수가 되는 경우는 두 장 모두 짝수를 고르거나 홀수를 고른 경우이다. 그리고 2~8의 숫자 카드 중 짝수 카드는 2, 4, 6, 8이므로 모두 4장이고 홀수 카드는 3, 5, 7이므로 모두 3장이다. 이에 따라 각각의 확률을 구하면 다음과 같다.

• 2장 모두 짝수 카드를 고를 확률 : $\frac{{}_4 C_2}{{}_7 C_2}$

• 2장 모두 홀수 카드를 고를 확률 : $\frac{{}_3 C_2}{{}_7 C_2}$

따라서 구하고자 하는 확률은 $\frac{{}_4 C_2 + {}_3 C_2}{{}_7 C_2} = \frac{6+3}{21} = \frac{3}{7}$이다.

01	02	03	04	05	06	07	08	09	10
④	②	①	①	①	③	④	①	③	③
11	12	13	14	15	16	17	18	19	20
①	①	③	③	③	①	①	④	①	③

01　　　　　　　정답 ④

• 刻骨痛恨(각골통한) : 뼈에 사무칠 만큼 원통하고 한스러움. 또는 그런 일을 이르는 말

02　　　　　　　정답 ②

• 大器晚成(대기만성) : 큰 그릇은 늦게 만들어짐. 또는 큰 사람이 되기 위해서는 많은 노력과 시간이 필요함을 이르는 말

03　　　　　　　정답 ①

• 落花流水(낙화유수) : 흐르는 물에 떨어지는 꽃이라는 뜻으로, 아름다운 봄의 경치 또는 남녀가 서로를 그리워하는 마음을 이르는 말

04　　　　　　　정답 ①

• 無念無想(무념무상) : 자신을 잊는 경지에 이르러 일체의 생각에서 벗어난 상태를 이르는 말

05　　　　　　　정답 ①

• 丹脣皓齒(단순호치) : 붉은 입술과 하얀 이란 뜻에서 여자의 아름다운 얼굴을 이르는 말

06　　　　　　　정답 ③

• 桑田碧海(상전벽해) : 뽕나무밭이 푸른 바다가 된다는 뜻으로, 세상이 몰라볼 정도로 바뀐 것을 이르는 말

07　　　　　　　정답 ④

• 刻骨難忘(각골난망) : 은덕을 입은 고마움이 마음 깊이 새겨져 잊히지 아니함

08　　　　　　　정답 ①

• 大驚失色(대경실색) : 몹시 놀라 얼굴빛이 변함

오답분석
② 好事多魔(호사다마) : 좋은 일에는 장애물이 들기 쉬움
③ 識字憂患(식자우환) : 학식이 도리어 근심을 이끌어 옴
④ 左之右之(좌지우지) : 제 마음대로 휘두르거나 다룸

09　　　　　　　정답 ③

• 兎死狐悲(토사호비) : 토끼의 죽음을 여우가 슬퍼한다는 뜻으로, 같은 무리의 불행을 슬퍼한다는 말

오답분석
① 與民同樂(여민동락) : 임금이 백성과 함께 즐김
② 無念無想(무념무상) : 무아의 경지에 이르러 일체의 상념을 떠나 담담함
④ 粉骨碎身(분골쇄신) : 뼈는 가루가 되고 몸은 산산조각이 됨. 곧 목숨을 걸고 최선을 다함

10　　　　　　　정답 ③

• 莫逆之友(막역지우) : 거스르지 않는 친구란 뜻으로, 아주 허물없이 지내는 친구를 이르는 말

오답분석
① 內憂外患(내우외환) : 나라 안팎의 여러 가지 근심과 걱정
② 臥薪嘗膽(와신상담) : 불편한 섶에서 자고, 쓴 쓸개를 맛본다는 뜻. 마음먹은 일을 이루기 위하여 온갖 괴로움을 무릅씀을 이르는 말
④ 牛耳讀經(우이독경) : 쇠귀에 경 읽기. 아무리 가르치고 일러 주어도 알아듣지 못함

11　　　　　　　정답 ①

• 합격(合格) : 합할 합, 바로잡을 격

12
정답 ①

• 競技(경기) : 다툴 경, 재주 기

13
정답 ③

• 韓服(한복) : 한국 한, 옷 복

14
정답 ③

• 陸地(육지) : 뭍 육, 땅 지

15
정답 ③

• 鼓舞(고무) : 북을 쳐 춤을 추게 함. 또는 격려하여 기세를
  돋움

16
정답 ①

• 沒却(몰각) : 아주 없애 버림

17
정답 ①

• 就任(취임) : 새로운 직무를 수행하기 위해 맡은 자리에 처
  음으로 나아감

오답분석
② 連任(연임) : 잇따라 어떤 직무를 수행함
③ 進入(진입) : 향하여 들어감
④ 轉入(전입) : 다른 곳에서 새 거주지로 옮겨 옴

18
정답 ④

• 性別(성별) : 남녀나 암수의 구별
• 理性(이성) : 이치에 따라 사리를 분별하는 성품
• 性格(성격) : 개인의 고유한 품성

오답분석
① 成 : 이룰 성, ② 聖 : 성인 성, ③ 姓 : 성씨 성

19
정답 ①

• 才能(재능) : 재주나 능력

오답분석
② 性質(성질) : 사람의 고유한 특성 또는 사물의 본바탕
③ 感情(감정) : 어떤 것에 대하여 드는 마음이나 느끼는 기분
④ 效果(효과) : 어떤 행위로 인한 보람이나 좋은 결과

20
정답 ③

• 靑出於藍(청출어람) : '푸른색은 쪽에서 나왔지만 쪽빛보다
  더 푸르다.'라는 뜻으로, 제자가 스승보다 나음을 이르는 말

오답분석
① 監 : 볼 감, ② 盡 : 다할 진, ④ 血 : 피 혈

01	02	03	04	05	06	07	08	09	10
①	③	④	②	④	①	③	②	④	③
11	12	13	14	15	16	17	18	19	20
④	②	③	①	①	①	①	②	③	④

01 　　　　　정답 ①

SK그룹 경영철학의 VWBE는 '자발적(Voluntarily)이고 의욕적(Willingly)인 두뇌활용(Brain Engagement)'의 약칭이다.

02 　　　　　정답 ③

SK그룹의 사업영역은 크게 디지털, 바이오, 첨단소재, 그린(친환경) 분야의 네 영역이다.

03 　　　　　정답 ④

한국고등교육재단은 세계수준의 학자를 양성하여 학술발전을 통한 국가발전을 촉진하기 위해 1974년 설립된 비영리 공익법인이다. 사회과학, 자연과학, 동양학, 정보통신 분야에서 727여 명의 박사학위자를 배출하였으며 다양한 프로그램을 통해 학문에 힘쓰고 있다.

04 　　　　　정답 ②

SUPEX추구협의회는 SK그룹 경영의 공식적인 최고 협의 기구로, '따로 또 같이'의 효과적인 실행을 위하여 주요 관계사들이 체결한 상호협력방안 실행을 위한 협약에 기반한다.

전략 위원회	그룹 차원의 전략을 수립, 실행을 지원하며 그룹 차원의 성장기회를 발굴하고 투자하여 실행을 지원함
에너지 · 화학 위원회	SK의 에너지 · 화학사업을 성장 · 발전시키기 위해 관계사의 성장 지원 및 역량응집 촉진
ICT 위원회	SK의 ICT사업을 성장 · 발전시키기 위한 유관 관계사 간 협력 촉진
Global 성장위원회	SK의 글로벌 비즈니스 파트너들과 우호적 협력관계 유지 및 에너지신사업 추진
Communication 위원회	SK 대내외 이해관계자들과의 원활한 커뮤니케이션 업무 수행
인재육성 위원회	SK기업문화의 근간인 SKMS를 바탕으로 미래경영자 발굴 및 육성 집중
Social Value 위원회	지속 가능한 행복의 창출 및 분배를 위한 사회적 가치 창출 및 Bis - 파트너와의 동반성장 매진

05 　　　　　정답 ④

오답분석

① 'DBL(Double Bottom Line) 추구'란 경영 활동 전반에서 경제적 가치와 사회적 가치 창출을 동시에 추구하는 것을 의미한다.

② 사회적 가치 창출을 고민하는 과정에서 SK는 190조 원에 달하는 유무형의 기업 자산을 많은 사회 구성원들과 함께 사용할 수 있는 공유 인프라로 전환하는 실험을 계속 해왔으며, 이제는 본격적인 실행에 나서고 있다.

③ 'SPC(Social Progress Credit) 사회성과인센티브(Social Progress Credit, SPC)'는 사회적 기업의 생태계 활성화를 위해 진행하고 있는 SK의 실험이다. 사회적 기업이 창출한 사회적 가치를 경제적 가치로 교환해주는 가치전환 또는 가치교환 프로젝트로 볼 수 있다.

06 　　　　　정답 ①

SK가 바라는 인재상은 경영철학에 대한 확신을 바탕으로 일과 싸워서 패기를 실천하는 인재이다. 자발적이고(Voluntarily), 의욕적으로(Willingly), 두뇌활용(Brain Engagement)을 하며 인간의 능력으로 도달할 수 있는 최고의 수준인 Super Excellent 수준을 요구한다.

07 　　　　　정답 ③

SK그룹의 전신은 1953년 설립된 선경직물로, 이후 1965년 선경잔디공업, 1966년 선경화섬, 1970년 선산섬유 등을 설립하여 선경그룹이 되었다. 1980년에는 대한석유공사를 인수하였으며 1984년에는 유공가스를 설립하였고, 1994년 민영화된 한국이동통신의 대주주가 되면서 이동통신사업에 진출하였다.

08
정답 ②

SK스포츠는 SK그룹에서 운영하는 스포츠단으로 현재 축구단인 제주 유나이티드 FC, 농구단인 서울 SK 나이츠, 핸드볼팀인 SK 슈가 글라이더즈와 SK 호스크, 프로게임단인 SK텔레콤 T1을 운영 중이며 그 외에 골프선수 최경주, 이보미를 후원하고 있다. 과거에는 SK케미칼 여자 배구단을 운영하였으나 1998년 슈퍼리그 준우승을 마지막으로 해체되었다.

09
정답 ④

SUPEX는 이론적 절대치를 구할 수 있는 경우에는 그 절대치를, 이론적 절대치를 구할 수 없는 경우에는 더 이상의 높은 수준은 없는가를 따져, '인간의 능력으로 도달할 수 있는 최고의 수준'이라는 의미에 가장 충실한 수준을 뜻한다. 다만 SUPEX Company를 지향하되 곧바로 도달하는 것은 현실적으로 어려우므로 한 단계 높은 수준의 회사인 Better Company를 목표로 설정, 이를 반복적으로 달성하여 SUPEX Company를 구현해 나간다.

10
정답 ③

SK의 집단경영체제인 SUPEX추구협의회는 2016년 윤리경영위원회가 폐지되었으며 과거 출범 초기 존재했지만 에너지화학위원회가 생기면서 폐지되었던 전략위원회가 신설되어 총 7개의 위원회로 유지되고 있다.

11
정답 ④

2024년 시간당 최저임금은 2023년 9,620원에서 240원 오른 9,860원이다.

12
정답 ②

제시된 현상은 J턴 현상이다. 출신지로 돌아가는 U턴 현상과 달리 출신지에서의 고용기회가 적어 일자리가 없는 경우 이러한 현상이 발생할 가능성이 높다.

13
정답 ③

퍼플칼라에 대한 설명이다. 골드칼라는 아이디어 노동자, 화이트칼라는 사무직 노동자, 논칼라는 컴퓨터작업 세대를 일컫는다.

14
정답 ①

매몰비용은 어떤 재화의 여러 가지 종류의 용도 중 한 가지만을 선택한 경우, 나머지 포기한 용도에서 얻을 수 있는 이익의 평가액을 의미한다.

15
정답 ①

레몬마켓은 저급품만 유통되는 시장으로, 불량품이 넘쳐나면서 소비자의 외면을 받게 된다.

오답분석

④ 피치마켓 : 고품질의 상품이나 우량의 재화·서비스가 거래되는 시장을 의미한다.

16
정답 ①

오답분석

② 바이럴 마케팅 : 전파 가능한 매체를 통해 기업이 아닌 소비자가 자발적으로 어떤 기업이나 기업의 제품을 홍보하는 마케팅 기법
③ 브랜디드 엔터테인먼트 마케팅 : 기업의 제품이나 브랜드를 영화·뮤직비디오·음악 등 엔터테인먼트적인 요소에 접목시켜 소비자의 관심을 유도하는 마케팅 기법
④ 니치 마케팅 : '틈새시장'이란 뜻으로, 시장의 빈틈(Niche)을 공략해 새로운 상품을 출시하는 마케팅 기법

17
정답 ④

디드로 효과는 하나의 상품을 구입함으로써 그 상품과 연관된 제품을 연속적으로 구입하게 되는 현상을 뜻한다.

18
정답 ②

트랜슈머(Transumer)란 '움직이는 소비자'라는 의미로, '이동'을 뜻하는 'Transition'과 '소비자'를 뜻하는 'Consumer'의 합성어이다. 현재는 그 의미가 확장되어 한정된 시간을 활용하고 새로운 취미를 추구하는 소비자를 통틀어서 가리킨다.

19
정답 ③

2007년에 시작한 4자 안보대화인 '쿼드(QUAD; Quadrilateral Security Dialogue)'에는 미국, 인도, 호주, 일본의 4개국이 가입되어 있다.

20
정답 ④

직장폐쇄는 노동조합의 쟁의행위에 대한 대항수단이므로 노동조합이 쟁의행위를 개시한 이후에만 할 수 있다.

2
언어이해

01	02	03	04	05	06	07	08	09	10
①	①	②	③	①	①	①	①	①	③
11	12	13	14	15	16	17	18	19	20
③	①	①	①	②	③	④	③	②	④
21	22	23	24	25	26	27	28	29	30
①	④	①	③	②	③	①	①	①	③

01 정답 ①

주어진 명제를 정리하면 다음과 같다.
• a : 게임을 좋아하는 사람
• b : 만화를 좋아하는 사람
• c : 독서를 좋아하는 사람
a→b, b→~c이며, 대우는 각각 ~b→~a, c→~b이다.
이를 연립하면 c→~b→~a이므로 c→~a이다.
따라서 '독서를 좋아하는 영수는 게임을 좋아하지 않는다.'는 참이 된다.

02 정답 ①

아침잠이 많으면 지각을 자주 하고, 지각을 자주 하면 해당 벌점이 높기 때문에 아침잠이 많은 재은이는 지각 벌점이 높다.

03 정답 ②

황도 12궁은 태양의 겉보기 운동경로인 황도가 통과하는 12개 별자리이며, 황도 전체를 30°씩 12등분 하였다고 했으므로 360°의 공간에 위치한다고 설명하는 것이 적절하다.

04 정답 ③

뉴스에서 내일 비가 온다고 했기 때문에 소풍은 가지 않지만, 주어진 명제를 통해서 학교에 가는지는 알 수 없다.

05 정답 ①

제시문 A에 따라 좋아하는 것을 순서대로 나열하면 비행기 - 자동차 - 오토바이 - 자전거 순이므로 자동차를 두 번째로 좋아하는 것을 알 수 있다.

06 정답 ①

아메리카노를 좋아하면 카페라테를 좋아하고, 카페라테를 좋아하면 에스프레소를 좋아하기 때문에, 결국 아메리카노를 좋아하는 진실이는 에스프레소도 좋아한다.

07 정답 ①

안구 내 안압이 상승하면 시신경 손상이 발생하고, 시신경이 손상되면 주변 시야가 좁아지기 때문에 안구 내 안압이 상승하면 주변 시야가 좁아진다.

08 정답 ①

주어진 명제를 정리하면 다음과 같다.
• a : 단거리 경주에 출전한다.
• b : 장거리 경주에 출전한다.
• c : 농구 경기에 출전한다.
• d : 배구 경기에 출전한다.
a → b, b → ~c, c → d로 대우는 각각 ~b → ~a, c → ~b, ~d → ~c이다. 이를 연립하면 c → ~b → ~a이므로 c → ~a가 성립한다.
따라서 '농구 경기에 출전한 사람은 단거리 경주에 출전하지 않는다.'는 참이 된다.

09 정답 ①

생각을 할 수 있는 모든 짐승이 도구를 사용할 수 있는 것은 아니다.

10 정답 ③

민수와 철수 모두 정현보다 나이가 많다는 것만을 알 수 있을 뿐, 그 둘의 나이를 비교하여 알 수는 없다.

11 정답 ③

진수가 화가인지 아닌지 알 수 없으며, 화가가 아니어도 앞치마는 두를 수 있기 때문에 진수가 앞치마를 두르고 있는지는 알 수 없다.

12
정답 ①

'A이면 B이다. → B가 아니다(후건부정). → A가 아니다(전건부정).'에 따라 C는 참이다.

13
정답 ①

혜진이가 영어 회화 학원에 다니면 미진이는 중국어 회화 학원에 다니고, 미진이가 중국어 회화 학원에 다니면 아영이는 일본어 회화 학원에 다닌다. 따라서 혜진이가 영어 회화 학원에 다니면 아영이는 일본어 회화 학원에 다니므로 이 명제의 대우는 '아영이가 일본어 회화 학원에 다니지 않으면 혜진이는 영어 회화 학원에 다니지 않는다.'이므로 C는 참이다.

14
정답 ③

피자를 좋아하는 사람은 치킨을 좋아하고, 치킨을 좋아하는 사람은 맥주를 좋아하기 때문에 피자를 좋아하는 사람은 맥주를 좋아한다. 그러나 '피자를 좋아하는 사람은 맥주를 좋아한다.'의 역인 '맥주를 좋아하는 사람은 피자를 좋아한다.'는 참일 수도 거짓일 수도 있으므로 맥주를 좋아하는 미혜가 피자를 좋아하는지는 알 수 없다. 따라서 C는 알 수 없다.

15
정답 ②

주영이는 화요일에만 야근하고, 야근한 다음 날에만 친구를 만나므로 항상 수요일에만 친구를 만난다. 따라서 C는 거짓이다.

16
정답 ③

유화를 잘 그리는 화가는 수채화를 잘 그리고, 수채화를 잘 그리는 화가는 한국화를 잘 그리지만, 희정이가 화가인지 아닌지 알 수 없으므로 유화를 잘 그리는 희정이가 한국화도 잘 그리는지는 알 수 없다. 따라서 C는 알 수 없다.

17
정답 ④

귤을 사면 고구마를 사지 않고, 고구마를 사지 않으면 감자를 산다고 했으므로 '귤을 사면 감자를 산다.'는 옳은 내용이다.

오답분석

① 세 번째와 네 번째 명제에서 '사과를 사면 수박과 귤 모두 산다.'가 아닌 '사과를 사면 수박과 귤 중 하나를 산다.'를 추론할 수 있다.
② 제시문에서 알 수 없는 내용이다.
③ 네 번째 명제의 '이'는 '배를 사지 않으면 수박과 귤을 모두 사거나 사지 않는다.'이지만 명제가 참이라고 하여 '이'가 반드시 참이 될 수는 없다.

18
정답 ③

주어진 명제를 정리하면 영업 역량을 가진 사원은 마케팅 팀이고, 마케팅 팀인 사원은 기획 역량이 있다. 따라서 '영업 역량을 가진 사원은 기획 역량이 있다.'라는 명제는 참이다.

오답분석

① 마케팅 팀 사원의 영업 역량 유무는 주어진 명제만으로는 알 수 없다.
② 소통 역량이 있는 사원이 마케팅 팀인지의 여부는 주어진 명제만으로는 알 수 없다.
④ 기획 역량이 있는 사원이 소통 역량을 가지고 있는지의 여부는 주어진 명제만으로는 알 수 없다.

19
정답 ②

참인 명제는 그 대우 명제도 참이므로 두 번째 가정의 대우 명제인 '배를 좋아 하지 않으면 귤을 좋아하지 않는다.' 역시 참이다. 이를 첫 번째, 세 번째 명제를 통해 '사과를 좋아함 → 배를 좋아하지 않음 → 귤을 좋아하지 않음 → 오이를 좋아함'이 성립한다. 따라서 '사과를 좋아하면 오이를 좋아한다.'가 성립한다.

20
정답 ④

어떤 여자는 바다를 좋아하고, 바다를 좋아하는 여자는 직업이 선생님이고, 직업이 선생님인 여자는 슬기롭다. 따라서 어떤 여자는 슬기롭다.

21
정답 ①

'어떤 편집팀 사원 → 산을 좋아함 → 여행 동아리 → 솔로'이므로 '어떤 편집팀 사원 → 솔로'가 성립한다.

22
정답 ④

정현>재현(1997)으로 정현이가 1997년 이전에 태어났음을 알 수 있으며, 제시된 사실만으로는 민현이와 정현이의 출생 순서를 알 수 없다.

23
정답 ①

세영>희정, 세영>은솔·희진으로 세영이가 가장 높은 층에 사는 것을 알 수 있으며, 제시된 사실만으로는 가장 낮은 층에 사는 사람을 알 수 없다.

24

- A : 수요일에는 혜진, 수연, 태현이가 휴가 중이고, 목요일 에는 수연, 지연, 태현이가 휴가 중이므로 수요일과 목 요일에 휴가 중인 사람의 수는 같다.
- B : 태현이는 금요일까지 휴가이다.

따라서 A, B 모두 옳다.

25

제시된 내용을 표로 정리하면 다음과 같다.

구분	빨간색	주황색	노란색	초록색	파란색	남색	보라색
현수	×		×		×	×	
인환		○					
종훈	×			×			×
윤재			×				

- A : 현수가 가져올 수 있는 물감은 초록색과 보라색 물감이 맞지만, 현수가 둘 중 하나만 가져오고 윤재가 나머지 하나를 가져올 수도 있으므로 옳은지 틀린지 판단할 수 없다.
- B : 인환이가 주황색 물감 하나만 가져온다면, 노란색 물 감을 가져올 수 있는 사람은 종훈이 밖에 남지 않으므 로 옳은 판단이다.

26

은채는 우유, 새롬이는 사과 주스, 유정이는 두유, 도현이는 오렌지 주스를 마셨다.

- A : 도현이는 오렌지 주스를 마셨으므로 사과 주스는 마시 지 않았다.
- B : 은채는 우유를 마셨다.

따라서 A, B 모두 옳다.

27

두 번째와 첫 번째 조건의 대우에 따라 요리를 하는 사람은 책을 읽지 않고, 책을 읽지 않는 사람은 낚시를 하지 않으므로 A는 옳다. 또한 세 번째 조건의 대우에 따라 등산을 하지 않는 사람은 요리를 하지 않는데, B명제가 참이 되려면 요리를 하 지 않는 사람은 책을 읽는다는 두 번째 조건의 역이 필요하지 만, 어떤 참인 명제의 역은 참인지 알 수 없으므로 B는 옳은지 틀린지 판단할 수 없다. 따라서 A만 옳다.

28

싫어하는 정도가 국어<사회<수학, 사회<영어이므로 국어 보다 영어를 싫어하는 것이 맞다. 또한 국어를 싫어하는 정도 가 가장 낮은 것은 사실이지만, 가장 좋아하는지는 알 수 없다. 따라서 A만 옳다.

29

제시된 조건을 다음과 같은 두 가지 경우로 정리할 수 있다.

1번 방	2번 방	3번 방	4번 방	5번 방
A	B	E	C	D
A	B	E	D	C

- A : 둘 중 어느 경우든 E가 C의 왼쪽에 있는 것은 확실하다.
- B : 첫 번째 경우라면 B, E, C가 차례대로 있다고 할 수 있으나, 두 번째 경우라면 그렇지 않다.

따라서 A만 옳다.

30

- A : 스페인어를 잘하면 영어를 잘하고, 영어를 잘하면 중 국어를 못한다고 했으므로 옳다.
- B : 일본어를 잘하면 스페인어를 잘하고, 스페인어를 잘하 면 영어를 잘하며, 영어를 잘하면 중국어를 못한다고 했으므로 옳다.

따라서 A, B 모두 옳다.

02 | 언어유추 적중예상문제

01	02	03	04	05	06	07	08	09	10
④	②	②	④	④	③	③	①	①	④
11	12	13	14	15	16	17	18	19	20
③	②	④	②	④	③	④	②	③	④
21	22	23	24	25	26	27	28	29	30
②	①	③	③	③	②	②	③	③	③
31	32	33	34	35	36	37	38	39	40
④	③	②	④③	③④	④①	③②	②④	④②	②①

01
정답 ④

제시문은 유의 관계이다.
'위임'은 '어떤 일을 책임 지워 맡김'을 뜻하고, '의뢰'는 '남에게 부탁함'을 뜻한다. 따라서 '지식수준이 낮거나 인습에 젖은 사람을 가르쳐서 깨우침'의 뜻인 '계몽'과 유의 관계인 단어는 '사람의 지혜가 열려 새로운 사상, 문물, 제도 따위를 가지게 됨'의 뜻인 '개화'이다.

오답분석
① 대리 : 남을 대신하여 일을 처리함
② 주문 : 다른 사람에게 어떤 일을 하도록 요구하거나 부탁함
③ 미개 : 사회가 발전되지 않고 문화 수준이 낮은 상태

02
정답 ②

제시문은 유의 관계이다.
'준거'와 '표준'은 '사물의 정도나 성격 따위를 알기 위한 근거나 기준'을 뜻한다. 따라서 '어떤 것이 남긴 표시나 자리'의 뜻을 가진 '자취'와 유의 관계인 단어는 '어떤 현상이나 실체가 없어졌거나 지나간 뒤에 남은 자국이나 자취'의 뜻의 '흔적'이다.

오답분석
① 척도 : 가하거나 측정할 때 의거할 기준
③ 주관 : 어떤 일을 책임을 지고 맡아 관리함
④ 반영 : 다른 것에 영향을 받아 어떤 현상이 나타남

03
정답 ②

제시문은 유의 관계이다.
'치환'은 '바꾸어 놓음'을 뜻하고, '대치'는 '다른 것으로 바꾸어 놓음'을 뜻한다. 따라서 '남에게 널리 알림'의 뜻인 '포고'와 유의 관계인 단어는 '일반 대중에게 널리 알림'의 뜻인 '공포'이다.

오답분석
① 국면 : 어떤 일이 벌어진 장면이나 형편
③ 전위 : 위치가 변함
④ 극명 : 속속들이 똑똑하게 밝힘

04
정답 ④

제시문은 동의 관계이다.
'별세'는 '하직'의 동의어이며, '교사'는 '선생'의 동의어이다.

05
정답 ④

제시문은 사물과 역할의 관계이다.
'전화기'는 '통화'하는 데 쓰이고, '침대'는 '수면'하는 데 쓰인다.

06
정답 ③

제시문은 반의 관계이다.
'출발선'은 '결승선'의 반의어이며, '천당'은 '지옥'의 반의어이다.

07
정답 ③

제시문은 사물과 상징 관계이다.
'하트'는 '사랑'을 상징하고, '네잎클로버'는 '행운'을 상징한다.

08
정답 ①

제시문은 유의 관계이다.
'청결하다'의 유의어는 '정갈하다'이고, '피곤하다'의 유의어는 '고단하다'이다.

09 정답 ①

제시문은 유의 관계이다.

'폭염'의 유의어는 '폭서'이고, '간섭'의 유의어는 '개입'이다.

오답분석

② 개괄(概括) : 중요한 내용이나 줄거리를 대강 추려 냄
③ 주의(注意) : 마음에 새겨 두고 조심함
④ 분투(奮鬪) : 있는 힘을 다하여 싸우거나 노력함

10 정답 ④

제시문은 주술 관계이다.

'짐'은 '부치다'라는 표현을 사용하고, '천자문'은 '뗀다'는 표현을 사용한다.

11 정답 ③

제시문은 반의 관계이다.

'곰살맞다'의 반의어는 '퉁명스럽다'이고, '방자하다'의 반의어는 '정중하다'이다.

12 정답 ②

제시문은 유의 관계이다.

남을 시기하고 샘을 잘 내는 마음이나 행동을 의미하는 '암상'의 유의어는 '시기심'이고, 예로부터 해 오던 방식이나 수법을 좇아 그대로 행함을 의미하는 '답습'의 유의어는 '흉내'이다.

13 정답 ④

제시문은 물건과 단위 관계이다.

'섬'은 '쌀과 같은 곡식, 가루, 액체 따위의 부피'를 잴 때 쓰는 단위를 의미하고, '쌈'은 '바늘 24개'를 셀 때 쓰는 단위이다.

14 정답 ②

제시문은 유의 관계이다.

'나태'의 유의어는 '태만'이고 '청순'의 유의어는 '순박'이다.

15 정답 ④

제시문은 전체와 부분 관계이다.

'연필심'은 '연필'의 부분이고, '뿌리'는 '나무'의 부분이다.

16 정답 ③

제시문은 반의 관계이다.

'능동'의 반의어는 '수동'이며, '자유'의 반의어는 '속박'이다.

17 정답 ④

• 임대물반환청구권 : 임대차계약이 종료되면 임대인은 임차인에게 임대물의 반환을 청구할 수 있으며, 이 경우 임차인에게 임대물의 원상회복을 요구할 수 있다(민법 제615조, 제618조 및 제654조).
• 부속물매수청구권 : 임차인은 임차주택의 사용편익을 위해 임대인의 동의를 얻어 이에 부속한 물건이 있는 때에는 임대차의 종료 시에 임대인에게 그 부속물의 매수를 청구할 수 있으며, 임대인으로부터 매수한 부속물에 대해서도 그 매수를 청구할 수 있다(민법 제646조).

따라서 두 권리의 청구 주체자 관계를 보아 '임차인'이 들어가는 것이 적절하다.

18 정답 ②

제시문은 반의 관계이다.

'독점'의 반의어는 '공유'이고, '창조'의 반의어는 '모방'이다.

19 정답 ③

제시문은 전체와 부분 관계이다.

'바퀴'는 '자동차'의 부분이며, '다리'는 '사람'의 일부분이다.

20 정답 ④

제시문은 용도의 유사성에 대한 관계이다.

'지도'와 '내비게이션'은 길을 찾는 데 이용하며, '마차'와 '자동차'는 이동수단이다.

21 정답 ②

제시문은 주술 관계이다.

'꽃'은 '만개하다'라는 서술어가 적절하고, '수증기'는 '자욱하다'라는 서술어가 적절하다.

22 정답 ①

제시문은 목적어와 서술어 관계이다.

'시간'을 '보내다'로 표현하고, '차례'는 '지내다'로 표현한다.

23

정답 ③

'묘향현령'은 '고양이' 목에 방울을 단다는 의미이고, '오비이락'은 '까마귀' 날자 배가 떨어진다는 의미이다.

24

정답 ③

제시문은 직업과 하는 일의 관계이다.
'농부'는 '수확'을 하고, '광부'는 '채굴'을 한다.

25

정답 ③

제시문은 생물과 그 생물이 생성하는 물질의 관계이다.
'벌'이 '꿀'을 만들고, '누에'가 '실'을 만든다.

26

정답 ②

제시문은 물체와 작동하는 원리의 관계이다.
'승강기'는 '도르래'의 원리를 이용하고, '정수기'는 '삼투압'의 원리를 이용한다.

27

정답 ②

제시문은 상하 관계이자 대등 관계이다.
'마우스'와 '키보드'는 모두 컴퓨터의 하위어에 해당되고, 대등관계이다. 두 가지 모두 컴퓨터 이용 시 함께 사용되면서 서로의 역할을 보완해준다. 마찬가지로 '숟가락'과 '젓가락'도 모두 식기의 하위어에 해당되고 대등 관계이며, 식사 시 함께 사용되면서 서로의 역할을 보완해준다.

28

정답 ③

제시문은 유의 관계이다.
'칠칠하다'는 '성질이나 일 처리가 반듯하고 야무지다.'라는 의미로, '야무지다'와 유의 관계이다. '널널하다'와 '너르다'는 모두 '공간이 넓다. 또는 어떤 일이 여유가 있다.'라는 의미이다.

29

정답 ③

제시문은 물건과 물건의 역할 관계이다.
'체중계'는 '몸무게'를 측정하고, '온도계'는 '온도'를 측정한다.

30

정답 ③

제시문은 물건과 물건의 역할 관계이다.
'독서등'은 '공부'를 할 때 필요하고, '전조등'은 '주행'을 할 때 필요하다.

31

정답 ④

제시문은 상하 관계이다.
'대중교통'의 하위어는 '전철'이며, '집'의 하위어는 '아파트'이다.

32

정답 ③

제시문은 탈것과 조종법의 관계이다.
'배'는 '조타'하고, '자동차'는 '운전'한다.

33

정답 ②

제시문은 가게와 제공 서비스의 관계이다.
'세탁소'는 옷을 '수선'하고, '마트'는 물건을 '판매'한다.

34

정답 ④③

제시문은 국가와 그 국가를 대표하는 음식이다.
'한국'의 음식을 대표하는 것은 '비빔밥'이고, '일본'의 음식을 대표하는 것은 '초밥'이다.

35

정답 ③④

제시문은 분절의 관계이다.
'손가락'은 '마디'로 나뉘고, '음악'은 '절'로 나뉜다.

36

정답 ④①

제시문은 포함 관계이다.
'송편'은 '떡'에 포함되고, '꽈배기'는 '빵'에 포함된다.

37

정답 ③②

제시문은 반의 관계이다.
'의무'의 반의어는 '자유'이고, '용기'의 반의어는 '비겁'이다.

38

정답 ②④

제시문은 용도 관계이다.
'시력'이 나빠지면 '안경'을 사용하고, '청력'이 나빠지면 '보청기'를 사용한다.

39

정답 ④②

제시문은 포함 관계이다.
'초콜릿'은 '간식'에 포함되며, '막걸리'는 '술'에 포함된다.

40

정답 ②①

제시문은 원인과 결과의 관계이다.
'과식'으로 인해 '비만'이 발생하고, '이산화탄소'로 인해 '온난화'가 발생한다.

01	02	03	04	05	06	07	08	09	10
④	④	③	④	②	①	③	④	③	①
11	12	13	14	15	16	17	18	19	20
①	①	④	④	②	①	①	③	③	①
21	22	23	24	25	26	27	28	29	30
③	④	③	④	④	③	④	③	④	②

01　　정답 ④

제시문은 S사가 직장 내 다양한 최신 시설을 갖춘 보육시설을 개원함으로써 여성 인재를 확보하고 유지하는 데 큰 역할을 할 것이라는 내용을 설명하는 글이다. 따라서 (나) S사가 보육시설을 개원 → (가) 보육시설은 다양한 최신 시설을 갖춤 → (라) 내부 인테리어 역시 뛰어남 → (다) 보육시설의 개원으로 인해 여성 인재를 확보 및 유지하는 데 큰 역할을 할 것 순으로 나열되는 것이 적절하다.

02　　정답 ④

제시문은 임베디드 금융에 대한 정의와 장점 및 단점, 그리고 이에 대한 개선 방안에 대해 설명하는 글이다. 따라서 (라) 임베디드 금융의 정의 → (나) 임베디드 금융의 장점 → (다) 임베디드 금융의 단점 → (가) 단점에 대한 개선 방안 순으로 나열되는 것이 적절하다.

03　　정답 ③

제시문은 우리의 단일 민족에 대한 의문을 제기하며 이에 대한 근거를 들어 우리는 단일 민족이 아닐 수도 있다는 것을 주장하는 글이다. 따라서 (나) 단일 민족에 대한 의문 제기 → (다) 단일 민족이 아닐 수도 있다는 근거 제시 → (가) 이것이 증명하는 사실 → (라) 단일 민족이 아닐 수도 있다는 또 다른 근거 제시 순으로 나열하는 것이 적절하다.

04　　정답 ④

제시문은 언어가 주변 지역으로 전파되는 원리 중 한 가지인 파문설을 소개하고 이것에서 사용되는 용어와 이에 대해 설명하는 글이다. 따라서 (다) 언어가 주변 지역으로 퍼져 나가는 원리 → (가) 이러한 원리대로 언어의 전파 과정을 설명하는 파문설 → (라) 파문설에서 사용되는 용어 → (나) 파문설에서 사용되는 용어의 구체적인 설명 순으로 나열되는 것이 적절하다.

05　　정답 ②

제시문은 예술에서 적합한 크기와 형식을 벗어난 것을 사용할 수밖에 없는 이유를 설명하며 이것을 통해 아름다움을 느끼게 되는 요소를 설명하는 글이다. 따라서 (라) 아름다운 것이 성립하는 경우와 불편함이 성립되는 경우 → (가) 불편함을 느낄 수 있는 것에서 아름다움을 느끼는 것에 대한 의문 제기 → (다) 예술 작품에서 불편함을 느낄 수 있는 요소를 사용하는 이유 → (나) 이것에서 아름다움을 느끼는 원인 순으로 나열되는 것이 적절하다.

06　　정답 ①

제시문은 인간의 질병 구조가 변화하고 있고 우리나라는 고령화 시대를 맞이함에 따라 만성질환이 증가하였으며 이에 따라 간호사가 많이 필요해진 상황에 대해 말하고 있다. 하지만 제도는 간호사를 많이 채용하지 않고 있으며 뒤처진 제도에 대한 아쉬움에 대해 설명하는 글이다. 따라서 (나) 변화한 인간의 질병 구조 → (가) 고령화 시대를 맞아 증가한 만성질환 → (다) 간호사가 필요한 현실과는 맞지 않는 고용 상황 → (라) 간호사의 필요성과 뒤처진 의료 제도에 대한 안타까움 순으로 나열되는 것이 적절하다.

07　　정답 ③

제시문은 보험료와 보험금의 산정에 대해 설명하는 글이다. 따라서 (나) 먼저 보험료와 보험금의 산정 기준을 언급 → (다) 자신이 속한 위험 공동체의 위험에 상응하는 보험료를 내야 공정함 → (라) 공정한 보험은 내는 보험료와 보험금에 대한 기댓값이 일치해야 함 → (가) 이러한 보험금에 대한 기댓값을 설명함의 순으로 나열되는 것이 적절하다.

08
정답 ④

먹고 난 뒤의 그릇을 씻어 정리하는 일을 뜻하는 단어는 '설거지'이다.

오답분석

① ~로서 : 지위나 신분 또는 자격을 나타내는 격 조사
② 왠지 : 왜 그런지 모르게. 또는 뚜렷한 이유도 없이
③ 드러나다 : 가려 있거나 보이지 않던 것이 보이게 됨

09
정답 ③

'마뜩잖다'는 '마뜩하지 않다'의 준말이 한 단어로 굳어진 것으로 '마뜩잖았다'가 올바른 표기이다.

오답분석

① 부리다 : 행동이나 성질 따위를 계속 드러내거나 보이다.
② 다잡다 : 들뜨거나 어지러운 마음을 가라앉혀 바로잡다.
④ 들르다 : 지나는 길에 잠깐 들어가 머무르다.

10
정답 ①

'아래'와 '위'의 대립이 있는 명사 앞에는 '윗니, 윗도리'처럼 '윗'을 쓴다. 다만 된소리나 거센소리 앞에서는 '위짝, 위쪽, 위층'처럼 '위-'로 한다.

11
정답 ①

'약간 짙게 가무스름하다'는 의미를 지닌 단어는 '가무잡잡하다'이다.

오답분석

② 흐리멍덩하다 : 정신이 맑지 못하고 흐리다.
③ 불그스름하다 : 조금 붉다.
④ 괘념하다 : 마음에 두고 걱정하거나 잊지 아니하다.

12
정답 ①

'어렵사리 겨우'를 뜻하는 말은 '근근이'로 쓴다.

13
정답 ④

• 내로라 : '내로라하다(어떤 분야를 대표할 만하다)'의 어근
• 결재 : 결정할 권한이 있는 상관이 부하가 제출한 안건을 검토하여 허가하거나 승인함
• 결제 : 일을 처리하여 끝을 냄. 경제증권 또는 대금을 주고받아 매매 당사자 사이의 거래 관계를 끝맺는 일

14
정답 ④

㉠ 들리세요 → 들르세요
㉡ 꺽으면 → 꺾으면
㉢ 옳바른 → 올바른

15
정답 ②

사물의 저쪽이나 그 공간을 뜻하는 단어는 '너머'가 적절하다.

오답분석

① 산을 '넘는다'는 행위의 의미이므로 '넘어야'가 적절하다.
③ '어깨너머'는 타인이 하는 것을 옆에서 보거나 듣는다는 의미이다.
④ '나뉘다(나누이다)'는 '나누다'의 피동형이므로 피동을 나타내는 접사 '-어지다'와 결합할 수 없다.

16
정답 ①

'데'는 '장소'를 의미하는 의존명사이므로 띄어 쓰는 것이 적절하다.

오답분석

② 목포간에 → 목포 간에 : '간'은 '한 대상에서 다른 대상까지의 사이'를 의미하는 의존명사이므로 띄어 쓴다.
③ 있는만큼만 → 있는 만큼만 : '만큼'은 '정도'를 의미하는 의존명사이므로 띄어 쓴다.
④ 같은 데 → 같은데 : '데'가 연결형 어미일 때는 붙여 쓴다.

17
정답 ①

첫 번째 문단에서의 '특히 해당 건물은 조립식 샌드위치 패널로 지어져 있어 이번 화재는 자칫 대형 산불로 이어져'라는 내용과 빈칸 앞뒤의 '빠르게 진화되었지만', '불이 삽시간에 번져'라는 내용을 미루어 볼 때, 해당 건물의 화재가 빠르게 진화되었지만 사상자가 발생한 것은 조립식 샌드위치 패널로 이루어진 화재에 취약한 구조이기 때문으로 볼 수 있다. 따라서 빈칸에 들어갈 내용으로 가장 적절한 것은 ①이다.

오답분석

② 건조한 기후와 관련한 내용은 글에서 찾을 수 없다.
③ 해당 건물이 불법 가건물에 해당되지만 해당 건물의 안정성과 관련한 내용은 글에서 찾을 수 없다.
④ 소방시설과 관련한 내용은 위 글에서 찾을 수 없으며, 두 번째 문단에서의 '화재는 30여 분 만에 빠르게 진화되었지만,'이라는 내용으로 보아 소방 대처가 화재에 영향을 줬다고 보기는 어렵다.

18
정답 ③

차로 유지기능을 작동했을 때 운전자가 직접 운전을 해야 했던 '레벨 2'와 달리 '레벨 3'은 운전자가 직접 운전하지 않아도 긴급 상황에 대응할 수 있는 자동 차로 유지기능이 탑재되어 있다. 이러한 '레벨 3' 안전기준이 도입된다면, 지정된 영역 내에서 운전자가 직접 운전하지 않고도 주행이 가능해질 것이다. 따라서 운전자가 운전대에서 손을 떼고도 자율주행이 가능해진다는 내용이 가장 적절하다.

[오답분석]
① 레벨 3 부분자율주행차는 운전자 탑승이 확인된 후에만 작동할 수 있다.
②·④ 제시문에서는 레벨 3 부분자율주행차의 자동 차로 유지기능에 관해 이야기하고 있으며, 자동 속도 조절이나 차량 간 거리 유지기능에 관해서는 제시문을 통해 알 수 없다.

19
정답 ③

'이러한 작업'이 구체화된 바로 앞 문장을 보면 빈칸은 부분적 관점의 과학적 지식과 기술을, 포괄적인 관점의 예술적 세계관을 바탕으로 이해하는 작업이므로 '과학의 예술화'가 들어가는 것이 가장 적절하다.

20
정답 ①

제시문은 소비자들이 같은 가격의 제품일 경우 이왕이면 겉모습이 더 아름다운 것을 추구한다는 내용이다. 따라서 '같은 조건이라면 좀 더 낫고 편리한 것을 택함'의 뜻을 지닌 '같은 값이면 다홍치마'가 적절하다.

21
정답 ③

앞 문장의 '정상적인 기능을 할 수 없는 상태'와 대조를 이루는 표현이면서, 마지막 문장의 '자기 조절과 방어 시스템이 작동하는 과정인 것'이라는 내용에 어울리는 표현인 '정상적으로 가동하고 있는 상태'가 빈칸에 들어갈 내용으로 가장 적절하다.

22
정답 ④

제시된 문장의 '묘사(描寫)'는 '어떤 대상이나 현상 따위를 있는 그대로 언어로 서술하거나 그림으로 그려서 나타내는 것'이다. 보기의 앞에는 어떤 모습이나 장면이 나와야 하므로 (다) 다음의 '분주하고 정신없는 장면'이 와야 한다. 또한 보기에서 묘사는 '본 사람이 무엇을 중요하게 판단하고, 무엇에 흥미를 가졌느냐에 따라 크게 다르다.'고 했으므로 보기 뒤에는 (다) 다음의 장면 중 '어느 부분에 주목하고, 또 어떻게 그것을 해석했는지에 따라 즐겁기도 하고 무섭기도 하다.'의 구체적 내용인 (라) 다음 부분이 이어져야 한다.

23
정답 ③

제시된 보기의 문장은 '~ 때문이다.'로 끝나며 앞 내용의 근거를 의미하는 것을 알 수 있다. 따라서 '세균 오염으로 인해 치명적인 결과를 초래할 수 있다.'는 내용이 수식할 문장은 '유기농 식품이 더 위험할 수 있다.'이며 (다)의 위치가 적절하다.

24
정답 ④

사회적 간섭이 정당화되기 위해서는 타인에게 해악을 끼칠 것이라는 점이 예측되어야 한다고 언급했다.

[오답분석]
① 두 번째 문장에서 확인할 수 있다.
② 제시문의 전체에서 확인할 수 있다.
③ 마지막 문장에서 확인할 수 있다.

25
정답 ④

제시문에 따르면 '밝은 별이 반드시 어두운 별보다 가까이 있는 것은 아니다.'라고 했으므로 적절하지 않다.

[오답분석]
① 별의 거리는 밝기의 절대등급과 겉보기등급의 비교를 통해 확정된다고 하였으므로 절대등급과 겉보기등급은 다를 수 있다.
② 보통 별의 밝기는 거리의 제곱에 반비례해서 어두워진다고 하였으므로 별은 항상 같은 밝기를 가지고 있지 않다.
③ 삼각 측량법은 공전 궤도 반경을 알고 있기 때문에 거리를 측정할 수 있다고 했다.

26
정답 ③

제시문에서 확인할 수 없다.

[오답분석]
① 두 번째 문장에서 확인할 수 있다.
② 마지막 문장에서 확인할 수 있다.
④ 세 번째와 네 번째 문장에서 확인할 수 있다.

27
정답 ④

당뇨병에 걸린 사람에게 인슐린을 주사하여 당뇨병을 치료할 수 있으나, 인슐린이 당뇨병을 예방하는 약은 아니다.

28

정답 ④

첫 번째 문장에서 확인할 수 있다.

오답분석

① 팔은 눈에 띄지 않을 만큼 작다.
② 빌렌도르프 지역에서 발견되었다.
③ 모델에 대해서는 밝혀진 것이 없다.

29

정답 ④

오답분석

① 제시문에서 언급되지 않은 내용이다.
② '무질서 상태'가 '체계가 없는' 상태라고 할 수 없다. 그것이 '혼란스러운 상태'를 의미하는지도 지문을 통해서는 알 수 없다.
③ 현실주의자들이 숙명론, 결정론적이라고 비판당하는 것이다.

30

정답 ②

오답분석

① 그녀는 8년째 도서관에서 일한다.
③ 생활비를 줄이기 위해 휴대폰을 정지시켰다.
④ 동생에게 돈을 송금했다.

PART

3

패턴이해

01	02	03	04	05	06	07	08	09	10	11	12	13	14	15	16	17	18	19	20
①	②	①	④	②	③	②	④	②	②	③	②	③	②	③	②	④	③	②	①
21	22	23	24	25	26	27	28	29	30										
④	④	③	④	①	④	④	③	③	②										

01
정답 ①

규칙은 가로로 적용된다.
첫 번째 도형을 시계 반대 방향으로 $30°$ 회전시킨 도형이 두 번째 도형이고, 두 번째 도형을 x축 대칭시킨 도형이 세 번째 도형이다.

02
정답 ②

규칙은 세로로 적용된다.
첫 번째 도형을 x축 대칭시킨 도형이 두 번째 도형이고, 두 번째 도형을 y축 대칭시킨 도형이 세 번째 도형이다.

03
정답 ①

규칙은 세로로 적용된다.
첫 번째 도형과 두 번째 도형을 합친 후, 만들어지는 면을 색칠한 도형이 세 번째 도형이다.

04
정답 ④

규칙은 가로로 적용된다.
첫 번째 도형을 시계 방향으로 $90°$ 회전시킨 도형이 두 번째 도형이고, 두 번째 도형을 x축 대칭시킨 도형이 세 번째 도형이다.

05
정답 ②

규칙은 가로로 적용된다.
첫 번째 도형을 좌우로 펼친 도형이 두 번째 도형이고, 두 번째 도형을 수평으로 반을 잘랐을 때의 아래쪽 도형이 세 번째 도형이다.

06
정답 ③

규칙은 가로로 적용된다.
첫 번째 도형과 두 번째 도형을 합친 후, 겹치는 부분을 색칠한 도형이 세 번째 도형이다.

07

②

규칙은 세로로 적용된다.
첫 번째 도형과 두 번째 도형을 합쳤을 때, 겹치는 부분을 제외한 도형이 세 번째 도형이다.

08

정답 ④

규칙은 세로로 적용된다.
첫 번째 도형을 색 반전시킨 도형이 두 번째 도형이고, 두 번째 도형을 x축 대칭시킨 도형이 세 번째 도형이다.

09

정답 ②

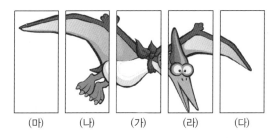 모양이 한 번씩 나오며, 내부의 원 모양은 왼쪽 위부터 시작해 가운데까지 시계 방향으로
회전하며 하나씩 증가한다.

10

정답 ②

규칙은 세로로 적용된다.
첫 번째 도형과 두 번째 도형을 합친 것이 세 번째 도형이다.

11

정답 ③

(마)　(나)　(가)　(라)　(다)

12

정답 ②

(다)　(나)　(가)　(라)

13

(마)　　(라)　　(나)　　(가)　　(다)

14

(라)　　(가)　　(다)　　(나)

15

(나)　　(다)　　(가)　　(라)

16

정답 ②

오답분석

① ③ ④

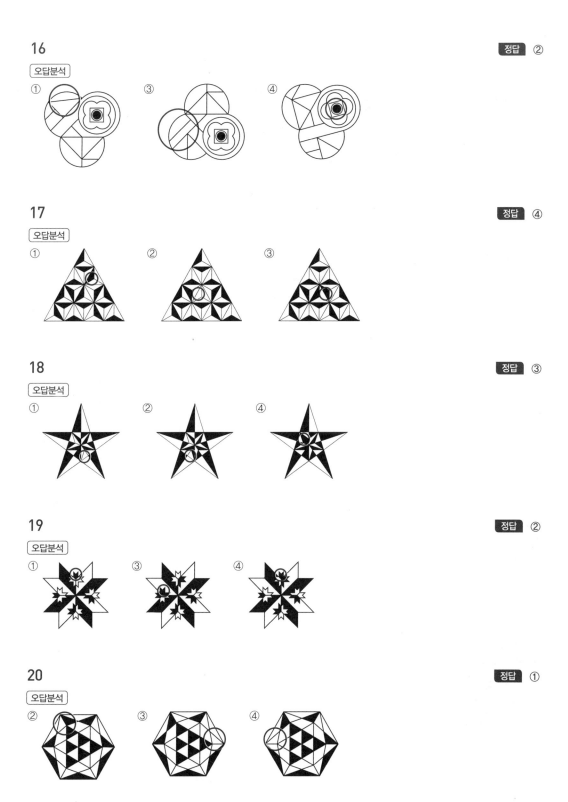

17

정답 ④

오답분석

① ② ③

18

정답 ③

오답분석

① ② ④

19

정답 ②

오답분석

① ③ ④

20

정답 ①

오답분석

② ③ ④

21

정답 ④

오답분석

①   ②   ③

22

정답 ④

오답분석

①   ②   ③

23

정답 ③

24

정답 ④

25

정답 ①

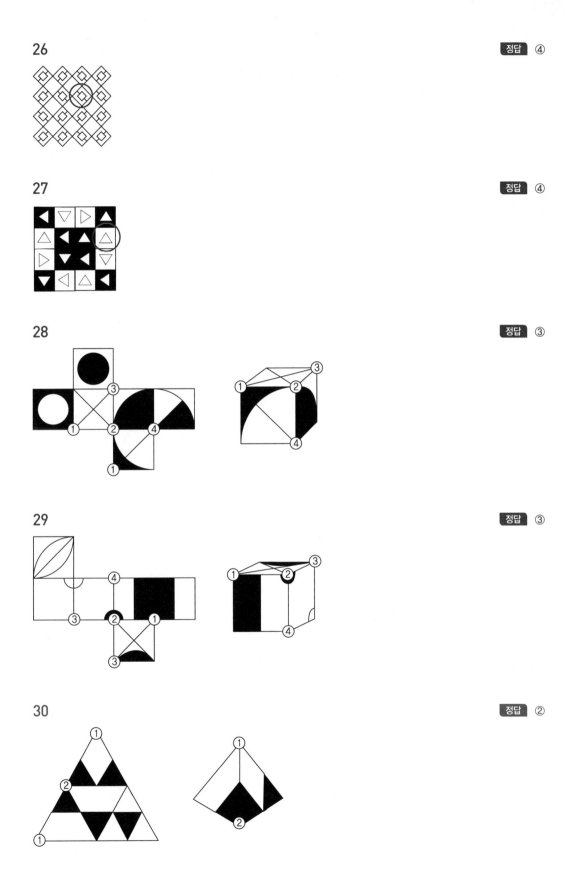

26
정답 ④

27
정답 ④

28
정답 ③

29
정답 ③

30
정답 ②

02 | 지각속도 적중예상문제

01	02	03	04	05	06	07	08	09	10
③	④	④	③	③	③	③	③	②	②
11	12	13	14	15	16	17	18	19	20
②	④	③	①	④	④	③	②	④	④
21	22	23	24	25	26	27	28	29	30
①	②	①	②	②	①	③	④	③	②

01 　　정답 ③

```
域 岱 塋 壁 棠 雍 塢 埋 棠 塵 岱 堂
當 埋 棠 堂 壼 岱 塋 壼 域 塋 埋 壼
埋 堂 域 雍 岱 壁 堂 岱 塵 堂 棠 塢
岱 當 埋 塋 棠 域 雍 棠 塢 埋 塋 岱
```

02 　　정답 ④

```
똘 덩 답 둘 땅 뚱 댜 달 동 딥 댁 뒤
닳 돼 댕 딸 딩 떼 뚱 돌 덤 때 덫 닭
뚱 뒤 둘 떼 닳 댁 덩 댜 딸 됴 땅 뚱
댕 덮 딩 뚱 딥 덤 돼 답 닳 뚱 돌 때
```

03 　　정답 ④

04 　　정답 ③

```
grad glib gory grip good grad gory grim grim gory glib gory
grim grad good good grim glib good grip grad grim grip grad
grip grim gory grad glib good grad good good glib good gory
good glib grip grim gory grip gory grip grip good grad grim
```

05 　　정답 ③

```
둘 듈 동 듕 당 돈 둘 돔 듈 들
덜 돔 듈 듑 돌 들 듐 듕 듑 둘
등 돌 들 딜 듐 동 돌 듈 둔 둠
```

06 　　정답 ③

```
스브스 스부스 스브스 소보스 스보소 스브수 소보스 스보스
스보스 스브스 시브스 스브스 스브시 스뷰스 스브스 스브스
스프스 즈브스 스브스 스므스 스포스 스브신 스그스 스브스
```

07 　　정답 ③

```
갊 갊 걇 깔 뀌 꺼 걺 긂 끎 걇 캻 겳
겳 갊 걇 겳 갊 걇 갊 갊 햜 갊 갊 갊
갊 갊 겳 걇 끌 꼴 글 걸 갊 걇 걇 갈
걇 칼 걇 걇 갞 궤 걇 갊 꺼 걇 걇 끎
```

08 　　정답 ③

```
★ ☆ ◇ 우 □ ◇ □ ◎ 우 ★ ◇ ☆
◔ ◎ ☆ ★ ◎ ◇ 우 ◇ ☆ ★ ☆ 우
● ● ◔ ● 우 ☆ ★ ◇ ◎ ◇ ★ ◎
□ ● ◎ ☆ 우 ★ □ ◇ ◔ ◎ ★ □
```

09 　　정답 ②

```
528 328 228 528 628 228 628 328 528 628 528 628
228 628 428 328 418 528 428 528 438 528 328 428
328 418 438 418 428 438 328 228 628 418 628 228
428 438 418 328 438 228 528 228 628 428 528 328
```

10
정답 ②

mm	nm	mm	nn	nn	mn	mm	mn	Mn	mn	mm	mn
Nn	nn	mn	nm	mm	mn	Nn	mm	nn	Nn	mm	nn
nn	mm	nn	Mn	nn	nm	mm	Nn	mm	Mn	nm	Mn
mm	nn	mn	mn	Mn	NN	Nn	mm	Mn	NN	mm	mm
mn	nn	nm	nn	mm	mm	NN	Nn	mn	Nn	mm	mn
mm	mn	nn	mn	Mn	mm	NN	Nn	Mn	nm	mm	nn

11
정답 ②

tall	term	tote	team	time	this	turn	tiny	ties	tape	thin	then
talk	thus	tame	taco	tile	toss	term	temp	test	thew	take	time
then	tune	thin	ties	tail	tuna	thor	tune	term	time	toss	tame
tiny	ties	test	task	thew	talk	taco	temp	than	tote	tail	type

12
정답 ④

가도	가나	가고	가라	가주	가치	가마	가호	가정	가세	가리	가수
가이	가용	가진	가누	가루	가추	가하	가준	가무	가서	가로	가인
가시	가창	가회	가니	가우	가양	가신	가오	가노	가산	가포	가조
가다	가부	가타	가요	가중	가미	가소	가두	가뇨	가연	가지	가빈

13
정답 ③

홍	경	묘	청	래	이	재	순	조	사	고	종
방	김	삿	랑	인	시	갓	구	대	위	충	절
보	은	속	리	대	청	한	타	국	금	아	태
짬	탕	짜	단	짠	고	감	래	진	상	왕	전

14
정답 ①

ㄹ	ㅂ	ㅊ	ㄹ	ㅁ	ㅂ	ㅇ	ㄹ	ㄱ	ㅁ	ㅇ	ㄴ
ㅁ	ㅇ	ㅋ	ㄹ	ㅇ	ㅌ	ㄹ	ㅊ	ㅂ	ㅎ	ㅅ	ㅎ
ㅂ	ㅈ	ㄴ	ㅋ	ㄷ	ㅁ	ㅇ	ㅌ	ㅇ	ㅌ	ㅁ	ㅁ
ㅇ	ㅈ	ㅁ	ㅇ	ㄹ	ㅈ	ㅁ	ㅂ	ㄴ	ㅇ	ㅂ	ㅎ
ㅎ	ㄴ	ㅂ	ㅈ	ㅂ	ㅇ	ㅁ	ㅁ	ㅈ	ㄹ	ㄹ	ㅊ

15
정답 ④

d	m	h	c	m	i	c	s	h	l	q	s
r	i	q	s	e	m	h	d	u	h	m	l
m	t	i	k	c	s	p	s	g	s	h	s
r	z	p	i	z	h	u	m	u	r	m	x

16
정답 ④

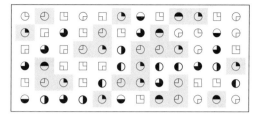

17
정답 ③

기	리	히	니	리	지	비	티	리	시	니	히
리	히	비	시	니	비	니	리	니	비	히	리
지	키	니	티	히	디	시	디	지	리	디	티
피	티	히	리	피	시	피	디	니	시	리	디
지	이	키	디	리	이	이	히	키	디	피	키
비	리	디	이	비	지	디	리	지	비	히	디

18
정답 ②

19
정답 ④

498	237	853	362	986	682	382	925	683	942	347	375
794	826	569	510	593	483	779	128	753	908	628	261
569	237	347	593	382	908	483	853	794	986	128	942
362	826	261	683	779	498	375	628	753	261	682	925

20
정답 ④

갈	강	감	갓	갈	갓	각	갈	간	강	각	갇
갈	갇	간	갊	갈	감	간	갈	갓	갈	갗	강
갓	간	갇	갈	갗	강	갈	감	각	갈	갈	갇
갓	갈	강	갗	간	갇	갊	갇	감	갗	갇	갈

PART 3

21
정답 ①

제시된 문자열 같음

22
정답 ②

12LJIAGPOQl:HN – 12LJIAGPOQl:HN

23
정답 ①

제시된 문자열 같음

24
정답 ②

연구개발총괄팀장 – 연구개발총팔팀장

25
정답 ②

♤♡♥♣♥♤♠♡♤♣ – ♤♡♥♣♠♤♠♥♡♣

26
정답 ①

서울 강동구 임원동 355-14

27
정답 ③

さしどぺぴゆよりれうちぐ

28
정답 ④

⇧□→⇒□≤→⇩⇒≡∞

29
정답 ③

$는 c, ₩는 w, *는 3으로 변환하는 규칙이므로
③ '*$*₩$ → 3c3wc'이다.

30
정답 ②

ㅅ은 ^, ㅁ은 #, ㄹ은 %로 변환하는 규칙이므로
② 'ㅁㅅㅁㄹ → #^#%'이다.

5

기초과학

01	02	03	04	05	06	07	08	09	10
④	③	④	③	①	③	②	②	②	①
11	12	13	14	15	16	17	18	19	20
③	④	①	③	①	①	①	④	①	②
21	22	23	24	25	26	27	28	29	30
①	③	②	③	②	④	②	③	①	④

01　　　　　정답 ④

㉠ 전파(약 $1m \sim 1mm$) – ㉡ 적외선(약 $780nm \sim 1mm$) – ㉣ 가시광선(약 $380nm \sim 780nm$) – ㉤ 자외선(약 $10nm \sim 380nm$) – ㉢ 감마선(약 $1pm \sim 10nm$)

02　　　　　정답 ③

㉥ 돌턴 → ㉢ 톰슨 → ㉡ 러더퍼드 → ㉣ 보어 → ㉠ 현대 과학

03　　　　　정답 ④

전자는 높은 전자껍질로 올라가기 위해 에너지를 흡수한다. 반대로 에너지를 방출하면 에너지 준위가 낮은 전자껍질로 내려간다.

04　　　　　정답 ③

순수한 물은 전기가 거의 흐르지 않으므로 수산화나트륨을 넣어서 전해질 용액으로 바꿔준다. 물의 전기분해 알짜 화학 반응식은 $2H_2O(l) \rightarrow 2H_2(g) + O_2(g)$이다.
그림에서 보이는 바와 같이 시험관 A보다 시험관 B의 기체부피가 더 크므로 시험관 B에는 계수가 큰 수소 기체인 것을 알 수 있다. 또한 양이온인 수소가 전자를 얻기 위해 (−)극으로 가고, 음이온인 산소 기체는 전자를 내 놓기 위해 (+)극으로 이동한다.
따라서 시험관 A는 산소 기체, 시험관 B는 수소 기체가 생성된다.

05　　　　　정답 ①

물을 전기분해할 때, 전해질이 필요하다. 전해질에는 수산화나트륨, 황산나트륨이 있으며, 그밖에 염화나트륨과 황산칼륨 등 물보다 전기분해 되기 쉬운 물질을 넣으면 된다.

06　　　　　정답 ③

암모니아는 물에 잘 녹고, 이온화되어 염기성을 띤다. 그리고 염화수소와 반응하면 염화암모늄, 흰 연기가 생성된다.
따라서 보기의 설명은 암모니아임을 알 수 있다.

07　　　　　정답 ②

이온화 경향이 큰 금속이 이온화하면서 전자를 방출해 (−)극이 된다.

08　　　　　정답 ②

그래프에서 a : Na^+, b : Cl^-, c : OH^-, d : H^+이다.
㉡ d는 중화점 이후 수용액 속에 이온이 사라지므로 묽은 염산의 수소이온이 된다.
㉢ 수소이온과 수산화이온이 반응하여 물이 되므로 a가 아닌 c와 d가 반응해야 한다.

오답분석
㉠ a와 b는 구경꾼 이온이다.
㉣ 중화점 이후 수소이온이 없으므로 수산화이온인 c가 증가할 수밖에 없다.

09　　　　　정답 ②

몰 부피는 $0℃$, 1기압에서 $22.4L$로 일정하다.

10　　　　　정답 ①

각 반응에 영향을 끼친 요인은 촉매 반응이다.

11

화석 연료는 현재 전 세계적으로 가장 널리 쓰이는 에너지 자원으로 석탄과 석유가 대표적이다. 화석 연료는 지질 시대 생물의 사체가 지층에 퇴적되어 생성되었다.

오답분석

ㄷ. 화석 연료는 미래에 고갈될 유한한 자원이며, 화석 연료의 과다 사용은 지구 온난화와 환경오염을 발생시킨다.

12

정답 ④

메테인(CH_4)의 화학 반응식은 $C+2H_2$이다.

13

정답 ①

오답분석

② 환원 : 산화의 반대로 산소를 잃거나 수소를 얻는 것
③ 핵분열 : 질량수가 크고 무거운 원자핵이 다량의 에너지를 방출하고 같은 정도의 둘 이상의 핵으로 분열하는 일
④ 핵융합 : 높은 온도 높은 압력 하에서 두 개의 가벼운 원소가 충돌하여 하나의 무거운 핵으로 변할 때 질량 결손에 의해서 많은 양의 에너지가 방출되는 현상

14

정답 ③

주어진 화학 반응식은 질소와 수소가 반응하여 암모니아를 생성하는 화학식으로, 항상 반응 전후의 원자 수는 같다.

15

정답 ①

• 금속 광물 : 아연, 텅스텐, 구리, 보크사이트 등
• 비금속 광물 : 석회석, 고령토 등

16

정답 ①

분자의 운동은 분자들이 정지해있지 않고 계속 움직이고 있는 상태를 의미한다. 기체의 경우 분자가 가벼울수록 빠르게 운동한다. 따라서 제시된 표의 기체 중에서는 수소의 평균 속도가 가장 빠르다.

17

정답 ①

적철석(Fe_2O_3)과 자철석(Fe_3O_4)의 산화철 형태로 산출되는 철은 용광로에 철광석과 코크스, 석회석을 넣고 가열하여 철을 분리한다. 자석에 잘 붙으며 녹슬기 쉽다.

18

정답 ④

셀룰로오스는 식물에 많이 포함되어 있으며, 포도당이 중합 반응하여 만들어지고, 식물의 세포벽을 이루는 주성분이다.

오답분석

①·②·③ 천연 고분자 화합물은 자연에 존재하거나 생물에 의해 만들어지는 고분자 화합물을 말한다. 녹말, 셀룰로오스, 단백질, 천연고무, 천연 섬유, DNA, 갑각류의 껍질, 거미줄 등이 해당된다.

19

정답 ①

오답분석

② 이온 : 전자를 잃거나 얻어서 전기를 띤 원자 혹은 원자단을 말한다.
③ 분자 : 원자로 이루어진 물질로서, 원자의 결합체 중 독립 입자로서 작용하는 단위체를 말한다.
④ 중성자 : 원자를 구성하고 있는 입자의 한 종류를 말한다. 단, 전하를 띠지 않는다.

20

정답 ②

공유 전자쌍은 두 개의 원자가 공유결합을 할 때 각각의 원자가 공유한 전자쌍을 말한다.

21

정답 ①

오답분석

② 에틸렌 : 가장 간단한 올레핀계 탄화수소이다. 분자식은 C_2H_4이며, 탄소 원자 2개는 이중 결합을 하고 있다.
③ PVC : 염화비닐의 단독 중합체 및 염화비닐을 50% 이상 함유한 혼성 중합체를 말한다.
④ 이미노산 : 염기성인 아미노기와 산성인 카르복시기를 모두 가지고 있는 화합물을 말한다.

22

정답 ③

합성고무
• 중합 방법 : 첨가 중합
• 단위체 : 스타이렌+뷰타다이엔
• 중합체 : SBR 고무
• 특징 및 이용 : 내마모성이 좋음. 예) 자동차 타이어

23

정답 ②

친유성기 부분이 비극성이며, 기름때 쪽을 향한다.

PART 5

24

정답 ③

Ca(칼슘) – 주황색

오답분석
① Na(나트륨) – 노란색
② K(칼륨) – 보라색
④ Cu(구리) – 청록색

25

정답 ②

수소는 쌍극자모멘트가 0으로 무극성이며, 수소 원자 2개가 각각 전자를 1개씩 내놓아 전자쌍을 공유함으로써 수소 분자가 형성되는 공유 결합 물질이고, 원소는 수소 한 가지이다.

26

정답 ④

아스피린은 아세틸살리실산이라고도 하며 이것이 유래된 살리실산은 버드나무 껍질에 함유되어 있다. 살리실산은 의학적인 효과는 있지만 위벽을 자극하여 설사를 일으키는 부작용이 있다. 살리실산의 부작용을 감소시켜 만든 아스피린은 해열제, 진통제로 쓰이며 심혈관질환이나 심장마비 예방약으로 쓰인다.

27

정답 ②

오답분석
① · ③ · ④ 산의 성질에 대한 설명이다.

28

정답 ③

오답분석
① 염산(HCl) : 산
② 수산화칼륨(KOH) : 염기
④ 수산화나트륨(NaOH) : 염기

29

정답 ③

탄소 나노 튜브는 탄소(C)가 지름이 몇 나노미터밖에 안 되는 매우 가늘고 긴 대롱 모양으로 연결된 것으로, 강도가 철강보다 100배 높다. 초강력 섬유나 열과 마찰에 잘 견디는 표면재료로 사용될 수 있다.

30

정답 ④

생선 비린내를 없애기 위해 레몬즙을 뿌리는 것은 중화반응이다. 생선 비린내는 염기성 물질이고, 레몬은 산성 물질이다. 따라서 둘이 반응하면 중화반응이 일어난다.

02 | 물리 적중예상문제

01	02	03	04	05	06	07	08	09	10
③	④	④	③	②	①	②	②	①	④
11	12	13	14	15	16	17	18	19	20
②	③	③	④	②	④	①	④	③	②
21	22	23	24	25	26	27	28	29	30
①	④	②	①	①	③	①	②	①	②

01 정답 ③

- 열렸을 때 전압 $V=IR=2\times(15+30)=90V$
- 닫혔을 때 저항 $R=15+\dfrac{1}{\dfrac{1}{30}+\dfrac{1}{30}}=30\Omega$

$\therefore 90\div30=3A$

02 정답 ④

역학적 에너지를 전기 에너지로 전환시켜주는 적절한 예시이다.

03 정답 ④

각 점에서의 역학적 에너지는 마찰을 무시했으므로 모두 같다. 그리고 같은 높이에서는 위치 에너지가 같으며, 위치 에너지가 가장 낮은 C점에서 운동 에너지가 가장 크다.

04 정답 ③

물이 받는 관성력이 트럭의 진행 방향 쪽으로 일정하므로 트럭의 가속도 방향은 진행 방향과 반대이다. 따라서 트럭은 속도가 일정하게 감소하고 있다.

05 정답 ②

저항의 연결에서 병렬연결일 경우는 다음과 같은 식이 성립한다.

$$\frac{1}{R}=\frac{1}{R_1}+\frac{1}{R_2}+\frac{1}{R_3}=\frac{1}{2}+\frac{1}{2}+\frac{1}{2}$$

따라서 R(합성저항)$=\dfrac{2}{3}\Omega$이 된다.

06 정답 ①

$$I=\frac{V}{R}=\frac{10}{5}=2A$$

07 정답 ②

지구 자기장의 3요소
편각, 복각, 수평자력이다. 편각은 지리학적인 자오면과의 각을 말하고, 복각은 자석의 중심을 실로 매달고 자유롭게 움직일 수 있도록 했을 때 자석의 수평면과 이루는 경사를 말한다. 그리고 지구 자기에 의한 어느 점의 자기장 세기에 대한 수평 방향의 분력을 수평분력 또는 수평자력이라 한다.

08 정답 ②

고정 도르래는 물체에 가해주는 힘의 방향을 바꿔주는 원리로 전류가 유도되는 원리와는 관계가 없다.

09 정답 ①

(가)는 닫힌 우주, (나)는 열린 우주, (다)는 평평한 우주로서, 닫힌 우주에서 우주의 밀도는 임계밀도보다 크며, 평평한 우주는 팽창하다가 멈춘다.

10 정답 ④

핵분열을 이용한 발전 방식은 원자력 발전이다.

[오답분석]
①·②·③ 물의 위치 에너지를 이용한 수력 발전, 바람을 이용한 풍력 발전, 화석 연료의 화학 에너지를 이용한 화력 발전 방식이다.

11 정답 ②

제시문에서는 지구의 자전을 증명한 푸코의 진자에 대해 설명하고 있다. 지구의 자전과 관련 있는 현상은 인공위성의 서편 이동이다.

[오답분석]
①·③ 별빛 스펙트럼의 연주 변화와 연주 시차는 별의 연주 운동 때문이며, 이는 지구의 공전으로 인해 발생한다.
④ 계절의 변화는 지구의 공전으로 인해 발생한다.

PART 5

12
정답 ③

행성의 공전 주기를 x일이라 하면 $1:6=60:x$에서 $x=360$이므로, 이 행성의 공전 주기는 360일이다.

13
정답 ③

오답분석
가. 도구를 이용하면 힘에는 이득을 얻을 수 있지만 일에서는 이득을 얻을 수 없다(일의 원리).
나. 구조물은 무게 중심이 낮을수록 안정된다.

14
정답 ④

전기신호를 진동판의 진동으로 바꾸어 공기에 소밀파를 발생시켜 음파를 복사한다.

15
정답 ②

'$F=ma$'이라는 공식에 따라 m이 2kg이고, a가 $2m/s^2$이므로 힘의 크기는 4N이다.

16
정답 ④

오답분석
① X선 : 고속전자의 흐름을 물질에 충돌시켰을 때 생기는 파장이 짧은 전자기파
② 자외선 : 태양광의 스펙트럼을 사진으로 찍었을 때, 가시광선의 단파장보다 바깥쪽에 나타나는 눈에 보이지 않는 빛
③ 적외선 : 가시광선보다 파장이 길며, $0.75\mu m$에서 1mm 범위에 속하는 전자기파

17
정답 ①

오답분석
② 청진기 : 환자의 몸 안에서 들리는 소리를 들어서 질병의 진단을 하는데 사용하는 의료기기
③ 체온계 : 신체에서 발생한 열에 의한 몸의 온도 변화를 측정하는 기구
④ 혈압계 : 동맥 혈류를 차단하여 간접적으로 동맥 혈압을 측정하는 기구

18
정답 ④

오답분석
ㄴ. 열기관은 고열원에서 저열원으로 이동한다. 그러나 열펌프는 저열원에서 고열원으로 이동한다.

19
정답 ③

전자기파는 전자기적인 진동이 주변으로 퍼지는 파동으로서 매질이 없어도 파동이 전파되고 무선전화, 라디오, 텔레비전 방송 등 무선통신에 이용된다. 물결파는 횡파의 한 종류로 잔잔한 수면에 돌을 떨어뜨리면 물결파가 물을 따라 진행한다.

20
정답 ②

가속도는 힘의 크기에 비례하고 질량의 크기에 반비례하는데, 이 문제에서는 힘의 크기가 같다고 가정하였고 A와 B의 가속도의 비가 3 : 1이므로, 질량비는 1/3 : 1이 되므로 답은 1 : 3이 된다.

21
정답 ①

받침점에서 작용점까지의 거리 : 받침점에서 힘점까지의 거리 =지레에 가해주는 힘 : 물체의 무게
$20cm : 40cm = F : 10N$
$\therefore F=5N$

22
정답 ④

구간 A ~ C까지는 위치 에너지가 점점 커지고 구간 D부터는 위치 에너지에서 운동 에너지로 전환된다.

23
정답 ②

초전도 현상은 어떤 물질이 특정 온도 이하에서 저항이 0이 되는 현상이며, 이러한 물질을 초전도체라고 한다. 초전도체에서는 열에너지의 손실 없이 많은 양의 전류가 흐를 수 있는데, 이러한 초전도체로 만든 전선을 송전선으로 사용하면 전기에너지가 열로 손실되는 것을 막을 수 있어 많은 양의 전기 에너지를 절약할 수 있다. 자기 부상 열차는 자기력을 이용하여 열차가 레일 위에 뜬 상태로 운행되므로 열차와 레일 사이 마찰 없이 고속으로 달릴 수 있는 점을 이용한 것으로 대표적인 초전도체의 이용 사례이다.

24

앙페르 법칙에 의해, 오른손의 네 손가락을 전류의 방향을 따라 감아쥘 때 엄지손가락이 가리키는 방향이 자기장의 방향이다.

25

정답 ①

오답분석

② 압력센서 : 압력 변화에 따른 저항값을 읽는 센서로, 압력 밥솥 등에 쓰인다.
③ 화학센서 : 화학물질을 측정대상으로 하는 센서로, 가스 센서나 습도 센서, 바이오 센서 등이 있다.
④ 가속도 센서 : 관성의 법칙을 이용해서 가속도를 계산하는 센서이다.

26

정답 ③

달리고 있을 때의 자동차의 운동 에너지는 $\frac{1}{2} \times 1,000 \times 10^2$ $=50,000$J이다. 그리고 힘의 방향과 운동 방향은 서로 반대이므로 $W=-F_s$에 따라 $50,000$J$=-F \times 10$m이다.
따라서 마찰력(F)은 $5,000$N이다.

27

정답 ①

등가속도 직선 운동은 가속도의 크기와 방향이 일정한 직선 운동 → 속도가 일정하게 증가하거나 감소하는 직선 운동이다.

$$v = v_0 + at, \quad s = v_0 t + \frac{1}{2} at^2, \quad 2as = v^2 - v_0{}^2$$

(v : 나중 속도, v_0 : 처음 속도, a : 가속도, t : 시간, s : 이동 거리)

28

정답 ②

1N의 힘을 가할 때 2cm 늘어난다. 따라서 10cm 늘어나려면 5N의 힘이 작용해야 한다.

29

정답 ①

솔레노이드 내부의 자기장의 세기는 단위 길이당 감은 수와 전류의 세기에 비례한다.

30

정답 ②

오답분석

다. 유체 속에서 작용하는 압력도 압력의 단위인 Pa(파스칼) 또는 N/m^{2}을 사용한다.

PART 5

우리 인생의 가장 큰 영광은 절대 넘어지지 않는 데 있는 것이 아니라

넘어질 때마다 일어서는 데 있다.

- 넬슨 만델라 -

6

최종점검 모의고사

제1회 최종점검 모의고사

01	02	03	04	05	06	07	08	09	10
①	④	②	③	①	②	④	③	④	②
11	12	13	14	15	16	17	18	19	20
④	①	③	③	③	③	③	②	②	③
21	22	23	24	25	26	27	28	29	30
②	②	④	①	④	②	④	②	②	③
31	32	33	34	35	36	37	38	39	40
④	②	①	③	③	①	①	④	③	④
41	42	43	44	45	46	47	48	49	50
②	④	①	③	④	④	③	③	③	③
51	52	53	54	55	56	57	58	59	60
④	①	①	④	④	②	②	③	④	②
61	62	63	64	65	66	67	68	69	70
③	②	④	③	④	④	③	②	④	④
71	72	73	74	75	76	77	78	79	80
③	②	④	④	④	①	②	③	④	④

01
정답 ①

제시된 단어의 의미는 '소리치다'로, 이와 같은 의미를 가진 단어는 ①이다.

오답분석
② 대하다, ③ 의존하다, ④ 응원하다

02
정답 ④

제시된 단어의 의미는 '길'로, 이와 같은 의미를 가진 단어는 ④이다.

오답분석
① 관련, ② 무대, ③ 가장자리

03
정답 ②

제시된 단어의 의미는 '손상시키다'로, 이와 같은 의미를 가진 단어는 ②이다.

오답분석
① 개선하다, ③ 번성하다, ④ 나아가게 하다

04
정답 ③

제시된 단어의 의미는 '보통'으로, 이와 같은 의미를 가진 단어는 ③이다.

오답분석
① 특별히, ② 분명히, ④ 당연히

05
정답 ①

제시된 단어의 의미는 '비슷한'으로, 이와 반대되는 의미를 가진 단어는 'different(다른)'이다.

오답분석
② 내부의, ③ 최근의, ④ 직접적인

06
정답 ②

제시된 단어의 의미는 '당기다'로, 이와 반대되는 의미를 가진 단어는 'push(밀다)'이다.

오답분석
① 인도하다, ③ 영향을 미치다, ④ 환불하다

07
정답 ④

제시된 단어의 의미는 '가득한'으로, 이와 반대되는 의미를 가진 단어는 'empty(비어 있는)'이다.

오답분석
① 주된, ② 무한한, ③ 허락하다

08
정답 ③

제시된 단어의 의미는 '전체의'로, 이와 반대되는 의미를 가진 단어는 'partial(부분적인)'이다.

오답분석
① 수직의, ② 환영하다, ④ 수치심

09　정답 ④

①·②·③은 음악과 관련된 직업이다. 반면에 'painter'는 화가로, 미술과 관련된 직업이다.

오답분석
① 작곡가
② 지휘자
③ 반주자

10　정답 ②

비인칭 독립분사구문으로 considering (～을 고려하면)을 써야 한다.

해석

> 그가 아직 젊다는 것을 <u>고려한다면</u>, 그는 많은 양의 도서를 소장하고 있다.

11　정답 ④

좋아하는 여자에게 자신의 감정을 표현해도 될지 고민된다고 상담하는 글이다.

어휘
• Mrs. : ～ 여사, ～ 부인
• boyfriend : 남자친구
• seems to : ～인 것 같다

해석

> 김 여사께
> 우리 반에 제가 좋아하는 여자아이가 있어요. 나는 그녀의 남자친구가 되고 싶은데 그녀는 다른 남자아이를 좋아하는 것 같아요. 제가 그녀에게 제 감정을 말해야 할까요? 제가 무엇을 해야 하는지 알려주세요.

12　정답 ①

어휘
• traditional clothing : 전통의상

해석

> <u>이것</u>은 한국의 전통의상이다. 우리는 설날, 추석과 많은 특별한 날에 <u>이것</u>을 입는다. <u>이것</u>은 또한 많은 외국인에게 사랑받고 있다.

13　정답 ③

어휘
• growl : 으르렁거리다

해석

> A : 내 위가 으르렁거려.
> B : 무슨 뜻이니?
> A : <u>정말 배고프다는 뜻이야.</u>

14　정답 ③

해석

> A : 실례지만, 저는 우체국에 가려고 합니다. 이 길이 우체국 가는 길인가요?
> B : <u>예, 맞습니다.</u>
> A : 여기서 얼마나 멉니까?
> B : 꽤 멀어요. 버스 타는 게 낫겠어요.
> A : 친절에 감사드립니다.
> B : 천만에요.

15　정답 ②

빈칸 이후 including으로 이어지며 통증과 메스꺼움, 발진 등을 포함한다고 하였으므로 '그 질병의 증상들은 매우 다양하다.'가 적절하다.

오답분석
① 급성 뎅기열의 치료는 도움이 된다.
③ 뎅기열은 세계적인 문제가 되었다.
④ 매우 적은 사람들만이 무엇이 뎅기열을 유발하는지 안다.

어휘
• dengue : 뎅기열
• contract : (병에) 걸리다, 줄어들다
• infection : 감염
• nausea : 메스꺼움
• rash : 발진
• hydrate : 수화(水化)시키다
• acute : 급성의, 극심한
• endemic : 풍토적인, 고유의

해석

> 뎅기열 바이러스는 모기와의 접촉을 통해 감염된다. 그리고 세계 인구의 거의 절반이 감염의 위험에 처해 있다. <u>그 질병의 증상들은 매우 다양하다.</u> 눈 뒤와 관절들의 통증, 메스꺼움, 그리고 발진을 포함하여 대부분의 환자들은 휴식과 수분 유지로 회복할 수 있지만 일부는 심각한 상태로 발전한다. 현재, 그 질병에 대한 치료법은 없으며, 감염을 방지할 백신도 존재하지 않는다.

PART 6

16 정답 ③

3월 1일에서 5월 25일까지 일수는 $30+30+25=85$일

$85 \div 7 = 12 \cdots 1$

따라서 5월 25일은 토요일이다.

17 정답 ③

12와 14의 최소공배수는 84이므로 할인 행사가 동시에 열리는 주기는 84일이다.

따라서 84일 후인 7월 2일에 다시 동시에 열릴 것이다.

18 정답 ②

두 소행성이 충돌할 때까지 걸리는 시간을 x초라 하자.

(거리)$=$(속력)$\times$(시간) $\rightarrow 10x+5x=150$

$\therefore x=10$

따라서 두 소행성은 10초 후에 충돌한다.

19 정답 ②

동생이 출발한 뒤 만나게 될 때까지 걸리는 시간을 x분이라 하자.

$80 \times 5 + 80x = 100x \rightarrow 20x=40$

$\therefore x=20$

따라서 두 사람은 20분 후에 만난다.

20 정답 ③

$4(x+7)=7x-4$

$\therefore x=\dfrac{32}{3}$

21 정답 ②

연속하는 세 자연수를 각각 $x-1$, x, $x+1$이라고 하면,

$(x-1)+x+(x+1)=114 \rightarrow 3x=114$

$\therefore x=38$

따라서 가장 작은 자연수는 37이다.

22 정답 ②

인상 가격은 $5,000 \times 1.25 = 6,250$원이고, 인하 가격은 $6,250 \times (1-0.1)=5,625$원이므로, 두 가격의 차이인 $5,625-5,000=625$원이 제품 1개당 이익이다.

따라서 총 이익은 $625 \times 4 = 2,500$원이다.

23 정답 ④

공책의 가격을 x원이라고 하면

$2(2,000-x)=2,400-x$

$\therefore x=1,600$

따라서 공책의 가격은 1,600원이다.

24 정답 ①

A : 분당 타이핑속도는 100자/분

B : 분당 타이핑속도는 150자/분

타이핑 글자수는 타이핑속도와 걸린시간의 곱이 된다.

따라서 $15,000$자$=(100$자/분$) \times$걸린시간$+(150$자/분$) \times$걸린시간이므로, 걸린시간은 총 60분(1시간)이다.

25 정답 ④

한 개를 완전히 조립하는 것을 1이라고 하면, 희경이는 하루에 $\dfrac{1}{6}$만큼 조립한다.

소현이가 하루에 조립하는 양을 a라고 두면 $\left(\dfrac{1}{6}+a\right) \times 4=1$이므로, a는 $\dfrac{1}{12}$이 된다.

따라서 소현이가 프라모델 한 개를 조립하는 데는 12일이 걸린다.

26 정답 ②

더 넣은 소금의 양을 xg이라고 하면

$\dfrac{4}{100} \times 450 + x = \dfrac{10}{100}(450+x)$

$\rightarrow 1,800+100x=4,500+10x$

$\rightarrow 90x=2,700$

$\therefore x=30$

따라서 더 넣은 소금의 양은 30g이다.

27

40%의 소금물 100g에 들어있는 소금의 양은 $\frac{40}{100} \times 100 = 40g$

이므로, 물을 넣은 후의 농도는 $\frac{40}{100+60} \times 100 = 25\%$이다.

28
정답 ②

전체 일의 양을 1이라 하면 민수와 아버지가 1분 동안 하는

일의 양은 각각 $\frac{1}{60}$, $\frac{1}{15}$ 이다.

민수가 아버지와 함께 일한 시간을 x분이라 하면

$\frac{1}{60} \times 30 + \left(\frac{1}{60} + \frac{1}{15}\right) \times x = 1$

$x = 6$이므로 민수와 아버지가 함께 일한 시간은 6분이다.

29
정답 ②

친가를 거친 후 외가를 가는 경우와 그 반대의 경우로 크게 나
눠 볼 수 있다. 두 경우의 수를 구하면 다음과 같다.
 i)친가를 거친 후, 외가를 가는 경우
   3가지(승용차, 버스, 기차)×2가지(버스, 기차)=6가지
ii)외가를 거친 후, 친가를 가는 경우
   3가지(비행기, 기차, 버스)×2가지(버스, 기차)=6가지
따라서 친가와 외가를 가는 방법의 경우의 수는 6+6=12가
지이다.

30
정답 ③

깃발은 2개이고, 깃발을 5번 들어서 표시할 수 있는 신호의
개수는 $2 \times 2 \times 2 \times 2 \times 2 = 32$가지이다. 여기서 5번 모두 흰색
깃발만 사용하거나 검은색 깃발만 사용하는 경우의 수 2가지
를 빼면 32-2=30가지이다.

31
정답 ④

• 성장(成長) : 사물의 규모나 세력 따위가 점점 커짐. 사람이
  나 동식물 따위가 자라서 점점 커짐

오답분석
① 성장(聲張) : 1. 소리를 크게 지름
           2. 남을 비평함
② 성장(盛裝) : 잘 차려입음. 또는 그런 차림
③ 성장(盛粧) : 얼굴과 몸의 꾸밈을 화려하게 함

32
정답 ②

동족방뇨(凍足放尿)는 '언 발에 오줌 누기'라는 뜻으로 임시
변통은 될 수 있어도 그 효력이 오래가지 못하며, 결국 사태가
더 나빠짐을 비유적으로 이르는 말이다.

오답분석
① 밑 빠진 독에 물 붓기 : 노력이나 비용을 아무리 들여도
  한이 없고 들인 보람도 없는 사물이나 상태를 비유적으로
  이르는 말이다.
③ 가재는 게 편이다 : 모양이나 형편이 비슷하고, 인연이 있
  는 것끼리 서로 잘 어울리고 감싸 주기 쉽다는 뜻이다.
④ 백지 장도 맞들면 낫다 : 아무리 쉬운 일이라도 서로 힘을
  합하면 훨씬 쉽다는 뜻이다.

33
정답 ①

• A : 테니스를 친다.
• B : 마라톤을 한다.
• C : 축구를 한다.
• D : 등산을 한다.
제시문 A를 간단히 나타내면 A → B, B → ~C, C → D이다.
이를 연립하면 C → ~A와 C → D가 성립한다. 따라서 제시문
B는 참이다.

34
정답 ①

• A : 소꿉놀이를 좋아하는 아이
• B : 수영을 좋아하는 아이
• C : 공놀이를 좋아하는 아이
• D : 장난감 로봇을 좋아하는 아이
제시문 A를 간단히 나타내면 A → ~B, ~C → D, C → ~
A이다. 따라서 A → ~C → D가 성립하고 이의 대우 명제인
~D → ~A도 참이다.

35
정답 ①

체력이 좋은 사람은 오래달리기를 잘하고, 오래달리기를 잘하
면 인내심이 있다. 따라서 체력이 좋은 지훈이는 인내심이 있다.

36
정답 ①

수윤, 태환, 지성, 영표, 주영 순서대로 들어왔다. 따라서 수윤
이는 1등이고, 태환이는 2등이다.

37

'늦잠을 잠 : p', '부지런함 : q', '건강함 : r', '비타민을 챙겨
먹음 : s'라 하면, 각각 '$\sim p \rightarrow q$', '$p \rightarrow \sim r$', '$s \rightarrow r$'이다.
어떤 명제가 참이면 그 대우도 참이므로, 첫 번째·세 번째 명
제와 두 번째 명제의 대우를 연결하면 '$s \rightarrow r \rightarrow \sim p \rightarrow q$'가
된다. 따라서 '$s \rightarrow q$'는 참이다.

오답분석
② $s \rightarrow q$의 역이며, 참인 명제의 역은 참일 수도, 거짓일 수
도 있다.
③ $p \rightarrow s$이므로 참인지 거짓인지 알 수 없다.
④ $\sim p \rightarrow q$의 이이며, 참인 명제의 이는 참일 수도, 거짓일
수도 있다.

38
정답 ④

어떤 남자는 산을 좋아하고, 산을 좋아하는 남자는 결혼을 했
고, 결혼을 한 남자는 자유롭다. 따라서 어떤 남자는 자유롭다.

39
정답 ③

제시문은 유의 관계이다.
'거드름'의 유의어는 '거만'이고, '삭임'의 유의어는 '소화'이다.

40
정답 ④

제시문은 직업과 장소의 관계이다.
'요리사'는 '주방'에서 요리를 하고, '학생'은 '학교'에서 공부를
한다.

41
정답 ②

제시문은 전체와 부분의 관계이다.
'대들보'는 전체인 '한옥'을 구성하는 부분이며, '가지'는 전체
인 '나무'의 부분이다.

42
정답 ④

제시문은 인과 관계이다.
'늦잠'으로 인해 '지각'이 발생하고, '폐수'로 인해 '수질오염'이
발생한다.

43
정답 ①

제시문은 포함 관계이다.
'커피'에는 '카페인' 성분이 함유되어 있으며, '레몬'에는 '비타
민' 성분이 함유되어 있다.

44
정답 ③

'A세포가 있다.'를 p, '물체의 상을 감지하다.'를 q, 'B세포가
있다.'를 r, '빛의 유무를 감지하다.'를 s라 하면, 첫 번째, 두
번째, 마지막 명제는 각각 $p \rightarrow \sim q$, $\sim r \rightarrow q$, $p \rightarrow s$이다.
두 번째 명제의 대우와 첫 번째 명제에 따라 $p \rightarrow \sim q \rightarrow r$이
되어 $p \rightarrow r$이 성립하고, 마지막 명제가 $p \rightarrow s$가 되기 위해
서는 $r \rightarrow s$가 추가로 필요하다. 따라서 빈칸에 들어갈 명제는
$r \rightarrow s$의 ③이다.

45
정답 ④

'낡은 것을 버리다.'를 p, '새로운 것을 채우다.'를 q, '더 많은
세계를 경험하다.'를 r이라고 하면, 첫 번째 명제는 $p \rightarrow q$이
며, 마지막 명제는 $\sim q \rightarrow \sim r$이다. 이때 첫 번째 명제의 대우
는 $\sim q \rightarrow \sim p$이므로 마지막 명제가 참이 되기 위해서는 $\sim p$
$\rightarrow \sim r$이 필요하다. 따라서 빈칸에 들어갈 명제는 $\sim p \rightarrow \sim r$
의 ④이다.

46
정답 ④

제시문은 전통적인 인식론자의 태도에 대해 설명하는 글이다.
따라서 (가) 전통적 인식론자의 믿음에 대한 태도 세 가지 →
(라) 전통적 인식론자의 의견에 대한 예시 → (나) 그와 반대되
는 베이즈주의자의 의견 제시 → (다) 베이즈주의자와 전통적
인식론자의 차이 순으로 나열되는 것이 적절하다.

47
정답 ③

제시문은 최근 식도암 발병률이 늘고 있는데, S병원의 조사
결과를 근거로 식도암을 조기 발견하여 치료하면 치료 성공률
을 높일 수 있다고 설명하는 글이다. 따라서 (라) 최근 서구화
된 식습관으로 식도암이 증가 → (가) 식도암은 조기에 발견하
면 치료 성공률을 높일 수 있음 → (마) S병원이 조사한 결과
초기에 치료할 경우 생존율이 높게 나옴 → (나) 식도암은 조기
에 발견할수록 치료 효과가 높았지만 실제로 초기에 치료받는
환자의 수는 적음 → (다) 식도암을 조기에 발견하기 위해서
50대 이상 남성은 정기적으로 검사를 받을 것을 강조 순으로
나열되는 것이 적절하다.

48
정답 ③

제시문은 인권과 사행활 침해의 범위 및 그 정의에 대해 설명
하는 글이다. 따라서 (다) 인권에 관한 화제 도입 및 인권 보호
의 범위 → (나) 사생활 침해와 인권 보호 → (가) 사생활 침해
와 인권 보호에 대한 예시 → (라) 결론의 순으로 나열되는 것
이 적절하다.

49

정답 ③

제시문에서는 멸균에 대해 언급하며, 멸균 방법을 물리적·화학적으로 구분하여 다양한 멸균 방법에 대해 설명하고 있다. 따라서 글의 주제로 '다양한 멸균 방법'이 가장 적절하다.

50

정답 ③

제시문의 첫 번째 문단에서는 하천의 과도한 영양분이 플랑크톤을 증식시켜 물고기의 생존을 위협한다고 이야기하며, 두 번째 문단에서는 이러한 녹조 현상이 우리가 먹는 물의 안전까지도 위협한다고 이야기한다. 마지막 세 번째 문단에서는 생활 속 작은 실천을 통해 생태계와 인간의 안전을 위협하는 녹조를 예방해야 한다고 이야기하고 있다. 따라서 글의 주제로 '하천의 부영양화가 물고기와 인간의 안전을 위협한다.'가 가장 적절하다.

51

정답 ④

상상력은 정해진 개념이나 목적이 없는 상황에서 그 개념이나 목적을 찾는 역할을 하고, 이때 주어진 목적지(개념)가 없으며, 반드시 성취해야 할 그 어떤 것도 없기 때문에 자유로운 유희다.

[오답분석]
① 제시문의 내용은 칸트 철학 내에서의 상상력이 어떤 조건에서 작동되며 또 어떤 역할을 하는지 기술하고 있으므로 상상력의 재발견이라는 주제는 적합하지 않다.
② 제시문에서는 상상력을 인식능력이라고 규정하는 부분을 찾을 수 없다.
③ 상상력은 주어진 개념이 없을 경우 새로운 개념들을 가능하게 산출하는 것이므로 목적 없는 활동이라고는 볼 수 없다.

52

정답 ①

청소년보호위원회는 부정했지만 동성애를 청소년에게 유해한 것으로 지정했다는 것을 알 수 있다.

53

정답 ①

규칙은 가로로 적용된다.
첫 번째 도형을 좌우대칭하여 펼친 것이 두 번째 도형이고, 두 번째 도형을 시계 방향으로 90° 회전한 것이 세 번째 도형이다.

54

정답 ④

규칙은 가로로 적용된다.
첫 번째 도형을 시계방향으로 180° 회전한 뒤 아래 도형을 뒤쪽으로 보내면 두 번째 도형이다. 그리고 두 번째 도형을 시계 방향으로 90° 돌리면 세 번째 도형이 된다.

55

정답 ④

규칙은 세로로 적용된다.
두 번째 도형에서 첫 번째 도형을 빼낸 모양이 세 번째 도형이다.

56

정답 ④

규칙은 가로로 적용된다.
첫 번째 도형과 두 번째 도형을 더하면 세 번째 도형이 된다.

57

정답 ②

제시된 도형을 시계 반대 방향으로 90°회전한 도형이다.

58

정답 ③

제시된 도형을 시계 방향으로 90°회전한 도형이다.

59

정답 ④

별도의 회전 없이 도형의 형태가 일치함을 확인할 수 있다.

60

정답 ②

별도의 회전 없이 도형의 형태가 일치함을 확인할 수 있다.

61

정답 ③

62

정답 ②

63 정답 ④

郊	塊	交	塊	郊	愧	校	郊	魁	塊	郊	校
魁	魁	交	校	魁	交	塊	魁	交	郊	愧	交
校	交	愧	塊	郊	魁	愧	交	愧	校	郊	塊
塊	魁	郊	愧	校	塊	魁	交	塊	愧	愧	校

64 정답 ③

ttp	tto	tpp	tto	ttr	tto	ttr	tpp	tta	tip	tta	tto
tlp	tto	tip	tta	ttp	tip	ttp	tlp	ttr	tpp	tto	tpp
tto	tta	tpp	tlp	tto	tta	ttr	ttr	tto	tip	tta	tip
tip	ttp	tip	tto	tta	tpp	tto	ttr	tip	tpp	tlp	tta
ttr	tlp	ttr	tto	tip	ttr	tlp	tto	tta	tlp	ttp	ttp
tto	tlp	tpp	tlp	tta	ttp	tta	ttr	tto	tlp	tto	ttr

65 정답 ④

66 정답 ④

86	83	60	83	88	85	63	8	68	39	96	38
88	66	38	66	68	33	66	98	86	83	88	86
83	96	88	86	36	83	80	88	38	33	80	68
68	80	96	68	63	39	98	60	88	36	98	66

67 정답 ③

2489	5892	8291	4980	2842	5021	5984	1298	8951	3983	9591	5428
5248	5147	1039	7906	9023	5832	5328	1023	8492	6839	7168	9692
7178	1983	9572	5928	4726	9401	5248	5248	4557	4895	1902	5791
4789	9109	7591	8914	9827	2790	9194	3562	8752	7524	6751	1248

68 정답 ②

care	cage	cape	cade	crow	cake	cing	cale	cead	cake	cale	cane
cane	cate	case	cane	cate	cane	cape	cate	cane	case	crow	cage
cake	cabe	cake	care	crew	cage	cabe	cane	cose	crew	care	cabe
cale	cape	cate	cape	cabe	cale	cake	cade	cing	cate	code	case

69 정답 ④

재현	재앙	재롱	재난	재판	재물	재질	재산	재혼	재판	재산	재배
재촉	재미	재직	재담	재수	재정	재능	재패	재택	재즈	재료	재량
재직	재난	재능	재택	재벌	재앙	재롱	재촉	재정	재량	재질	재미
재물	재료	재수	재패	재현	재담	재즈	재기	재혼	재배	재벌	재기

70 정답 ④

VIII	II	L	VII	VI	XII	L	XI	I	II	V	L
M	XI	V	I	C	VIII	II	V	VII	VI	C	I
V	I	IX	II	VII	XI	V	IV	XII	V	VIII	XII
VI	VI	XII	XI	V	VII	I	VI	II	II	I	II
C	I	V	C	VI	II	XII	V	I	C	IX	XII

71 정답 ③

&은 !, @는 #, $는 ₩로 변환하는 규칙이므로 '$$@ → ₩₩#'
이다.

72 정답 ②

&은 c, *은 o, ~는 s로 변환하는 규칙이므로 '&~*& → csoc'
이다.

73 정답 ④

자기 기록 매체에 정보가 기록(저장)될 때에는 전자석의 원리
가 이용되며, 기록(저장)된 정보의 재생은 전자기 유도 현상이
이용된다.

74 정답 ④

분자는 원자 1개로 이루어진 경우도 있다. 예를 들어 헬륨
(He), 네온(Ne), 아르곤(Ar)과 같은 비활성 기체들이 대표적
이며, 단원자 분자라고도 한다.

75 정답 ④

화학 반응식의 계수비는 반응물과 생성물의 양적 관계를 나타
낸다. 위 화학 반응식에서 계수비는 2:1:2로 몰수비, 분자
수비 그리고 온도와 압력이 같은 기체의 경우 부피비까지 나타
낸다. 하지만 질량비는 각각의 원자량을 비교해야 하므로 4:
32:36=1:8:9가 된다. 따라서 계수비와 질량비는 같지
않다.

76

메틸오렌지는 산성에서 '붉은색'으로 변하고, 페놀프탈레인은 중성에서 산성과 같이 '무색'이다. BTB용액은 염기성에서 '푸른색'으로 변한다.

77

전류의 방향은 전자의 이동방향과 반대방향이다.

78

공기 저항을 무시하면 역학적 에너지는 보존된다. 역학적 에너지=운동 에너지+위치 에너지이므로, 떨어질 때 높이가 감소하면서 감소한 위치 에너지만큼 운동 에너지는 증가한다.

79

J은 일의 크기를 나타내는 단위이다.

80

탄성력은 $F=kx$이므로 탄성계수 k는 $\dfrac{4N}{5cm}=0.8N/cm$이다.

따라서 용수철에 가해진 힘은 $0.8N/cm \times 8cm = 6.4N$이다.

※ 81~100번은 상황판단 영역으로 따로 정답을 제공하지 않습니다.

제2회 최종점검 모의고사

01	02	03	04	05	06	07	08	09	10
③	④	①	③	④	①	④	④	③	④
11	12	13	14	15	16	17	18	19	20
③	④	②	④	①	④	③	③	②	③
21	22	23	24	25	26	27	28	29	30
②	③	①	④	②	②	②	②	③	③
31	32	33	34	35	36	37	38	39	40
①	②	①	③	①	④	③	②	②
41	42	43	44	45	46	47	48	49	50
①	①	④	④	③	①	①	③	③	④
51	52	53	54	55	56	57	58	59	60
②	②	④	③	①	③	③	①	④	①
61	62	63	64	65	66	67	68	69	70
④	④	②	④	③	④	①	②	②	②
71	72	73	74	75	76	77	78	79	80
④	④	②	②	②	③	①	①	②	③

01 정답 ③

제시된 단어의 의미는 '서술하다'로, 이와 같은 의미를 가진 단어는 ③이다.

오답분석

① (서로) 맞다, ② 주목하다, ④ 동의하지 않다

02 정답 ④

제시된 단어의 의미는 '확장시키다'로, 이와 같은 의미를 가진 단어는 ④이다.

오답분석

① 수축시키다, ② 감소시키다, ③ 견디다

03 정답 ①

제시된 단어의 의미는 '막대한', '거대한'으로, 이와 같은 뜻을 가진 단어는 ①이다.

오답분석

② 최대의, ③ 가벼운, 부드러운, ④ 따뜻한, 훈훈한

04 정답 ③

제시된 단어의 의미는 '시험'으로, 이와 같은 의미를 가진 단어는 ③이다.

오답분석

① 성격, ② 청중, ④ 경우

05 정답 ④

제시된 단어의 의미는 '벌다'로, 이와 반대되는 의미를 가진 단어는 'spend(소비하다)'이다.

오답분석

① 증가하다, ② 고용하다, ③ 알아내다

06 정답 ①

제시된 단어의 의미는 '근면한'으로, 이와 반대되는 의미를 가진 단어는 'lazy(게으른)'이다.

오답분석

② 멍청한, ③ 열렬한, ④ 최근의

07 정답 ④

제시된 단어의 의미는 '촉진하다, 고취하다'이며, 이와 반대되는 의미를 가진 단어는 'prevent(막다, 방해하다)'이다.

오답분석

① 위로하다, ② 기운이 나다, ③ 늘리다, 증가, 불어나다

08 정답 ④

제시된 단어의 의미는 '포함하다'이며, 이와 반대되는 의미를 가진 단어는 'exclude(제외하다, 차단하다)'이다.

오답분석

① ~이 들어있다, ② 포함하다, 수반하다, ③ 포함하다, 구성되다

09
정답 ③

①·②·④는 학문 분야이다.
③ 경제(경제학은 economics)

[오답분석]
① 생물학, ② 건축학, ④ 철학

10
정답 ④

①·②·③은 빈도부사이다.
④ 기회

[오답분석]
① 자주, ② 항상, ③ 좀처럼 ~ 않는

11
정답 ③

'세민과 그의 여동생'은 복수이므로 have를 사용해야 한다.

| 어휘 |
• decide to : ~하기로 결정하다
• be going to + 동사원형 : ~할 예정이다

| 해석 |
세민이의 가족은 올해에 특별한 휴가를 가지기로 결정했다. 그들은 제주도를 방문할 것이다. 세민이와 그의 여동생들은 제주도에 와 본적이 없었다. 그래서 그들은 매우 흥분되었다.

12
정답 ④

| 어휘 |
• see to : 주의하다, 준비하다.
• dispose of : ~을 처분하다, 해결하다.
• take care of : 돌보다.

| 해석 |
대부분의 사회에서 여성들이 아이들을 돌본다.

13
정답 ②

(A)근로자들이 정확한 평가를 받을 때 더욱 생산적이게 된다는 의미이므로 'when'을 쓰는 것이 적절하다.
(B)빈칸 다음에 나오는 내용이 앞의 내용과 상반되므로 'However'가 적절하다.

| 해석 |
당연히 근로자들은 그들의 실적에 대한 정확한 평가에 근거를 둔 지도와 지원을 받을 (A) 때 더 생산적이고 효율적이다. 이상적인 세계에서 근로자의 실적 평가는 오로지 그들이 얼마나 일을 잘하는지에 근거를 둘 것이다. (B) 그러나 종종 주관적인 편견이 근로자 평가에 영향을 미친다. 예를 들어 관리자들은 근로자의 실적보다는 근로자에 초점을 둔다. 관리자들은 좋아하거나 싫어하는 근로자들에 대한 일반적인 인상을 만들어 놓고 그들이 수행한 업무보다는 그들의 인상에 근거하여 그들을 평가한다. 평가자들로 하여금 근로자가 특정한 업무들을 얼마나 잘 수행하는지에 초점을 두도록 지도함으로써 일반적인 인상에 따라 근로자들을 평가하는 경향을 줄일 수 있다. 근로자들이 "불량한 태도"와 같은 것들로 인해 벌점을 받아서는 안 된다.

14
정답 ④

빈칸의 앞에서 캔버스화의 장점을 설명하다가 뒤에서 단점을 설명하고 있다. 하지만 그런 단점을 극복하여 캔버스화가 판화보다 더 실용적이 된 과정을 설명하고 있다. 따라서 빈칸의 앞뒤가 역접의 내용이므로 정답은 'However'이다.

| 해석 |
첫 그림들은 벽화였다. 벽화들은 뗄 수 없었지만, 나중에 판에 그림을 그리는 기법이 발달하였다. 판에 그리는 그림은 목판 하나나 얇은 끈들이 함께 묶인 것 위에 그려졌다. 이러한 창작물들은 휴대가 쉬웠고 따라서 쉽게 이동이 가능했다. 이것은 당시로선 커다란 혁신이었다. 14세기에 화가들은 캔버스를 사용하기 시작했다. 직물로 만들어진 캔버스는 가벼웠고, 따라서 캔버스는 작업하고 이동하기에 수월했다. 캔버스의 표면은 목판보다 훨씬 물감이 잘 먹었고 뒤틀림과 갈라짐이 잘 일어나지 않았다. 하지만 짜여진 직물은 그림의 질감에 영향을 주었다. 그러므로 르네상스 화가들은 그림의 표면을 부드럽게 하기 위해 열심히 노력했고, 그림은 마치 사진처럼 윤광이 나는 마무리를 갖게 되었다. 이러한 모든 과정을 통해서 캔버스화는 판화보다 훨씬 실용적이었다.

15
정답 ①

Mary는 마라톤을 준비하기 위해 조깅을 하고, Kate는 막 시작했다. Mary는 빈칸 뒤 자기는 그만 둘 것이라고 했으므로 자신은 빼달라는 표현인 'Count me out(난 빼줘)!'이 가장 적절하다.

② 내가 왜 마라톤에 참가를 해서는 안 되지?
③ 내가 왜 그 생각을 못했지?
④ 난 그렇게 믿지 않아.

┃ 해석 ┃

> A : Kate, 나 너무 피곤해. 지금 겨우 아침 7시 30분이
> 야! 몇분 동안은 쉬자.
> B : 아직 끝내지 마. 너 스스로를 좀 더 밀어붙여. 내가
> 조깅을 시작했을 때, 나 역시 굉장히 힘들었어.
> A : 그럼 날 가엾게 여기렴. 이번이 난 처음이라고.
> B : 힘내, Mary. 석 달 즈음 조깅을 더 한 후에는, 마
> 라톤을 할 준비가 되어 있을 거야.
> A : 마라톤! 마라톤은 몇 마일이지?
> B : 30마일 정도 돼. 내가 만약 매일 조깅하면, 난 두
> 달 이내에 출전할 수 있을 거야.
> A : 난 빼줘! 난 지금 겨우 반 마일 뛰고 기진맥진했어.
> 난 그만둘 거야.

16   정답 ④

다음 해는 2월 29일까지 있으므로 각 달의 일수를 계산하면
$30+30+31+31+29+1=152$일이 된다. 10월 1일이 월요
일이고, 한 주가 7일이므로 $152÷7=21⋯5$이다.
따라서 나머지가 5이므로 3월 1일은 토요일이 된다.

17   정답 ③

휴일이 5일, 7일 간격이기 때문에 각각 6번째 날과 8번째 날이
휴일이 된다. 이에 따라 두 회사 휴일의 최소공배수는 24이므
로 두 회사는 24마다 함께 휴일을 맞는다. 4번째로 함께 하
는 휴일은 $24×4=96$이므로 $96÷7=13⋯5$이다.
따라서 금요일이 4번째로 함께 하는 휴일이다.

18   정답 ③

7시간이 지났다면 용민이는 $7×7=49$km, 효린이는 $3×7=$
21km를 걸은 것이다. 용민이는 호수를 한 바퀴 돌고나서 효린
이가 걸은 21km까지 더 걸은 것이므로 호수의 둘레는 $49-21$
$=28$km이다.

19   정답 ②

나래가 자전거를 탈 때의 속력을 $x$km/h, 진혁이가 걷는 속력
을 $y$km/h라고 하자.
$1.5(x-y)=6 \cdots ㉠$
$x+y=6 \cdots ㉡$

㉠과 ㉡을 연립하면 $x=5$, $y=1$이다.
따라서 나래의 속력은 5km/h이다.

20   정답 ③

친척집까지의 거리를 $x$km라고 하면 자전거를 타고 갈 때 걸
리는 시간은 $\dfrac{x}{12}$, 걸어갈 때 걸리는 시간은 $\dfrac{x}{4}$이다.

$\dfrac{x}{12}+1=\dfrac{x}{4} \rightarrow 2x=12$

$\therefore x=6$

따라서 친척집과의 거리는 6km이므로 시속 8km의 속력으로
달려간다면 ($\dfrac{6}{8}$ 시간)$=45$분이 걸릴 것이다.

21   정답 ②

500원짜리 동전이 가장 큰 값이기 때문에 1개 또는 0개 가능
하다.
• 1개일 경우
  남은 금액 250원을 지불하는 방법은 다시 100원짜리 동전
  2개, 1개, 0개를 사용하는 방법이 있다. 남은 금액은 맞춰서
  50원 동전으로 채우면 3가지가 가능하다.
• 0개일 경우
  남은 금액 750원을 지불하는 방법은 100원짜리가 0 ~ 7개
  까지 가능하기 때문에 총 8가지 존재한다.
따라서 가능한 경우의 수는 11가지가 나온다.

22   정답 ③

제품의 불량률을 x라 하면
$600(1-x)≥2,400x \rightarrow 3,000x≤600$
$\therefore x≤0.2$
따라서 불량률은 20% 이하가 되어야 한다.

23   정답 ①

평균점수가 8점 이상이 되려면 총점은 24점 이상이 되면 졸업
할 수 있다.
따라서 $24-(7.5+6.5)=24-14=10$점 이상을 받아야 한다.

24   정답 ④

착륙하여 들어오는 항공기가 시간당 9대이고, 이륙하는 항공
기가 시간당 3대이므로 시간당 6대의 항공기가 쌓이는 셈이
된다.
따라서 항공기의 보관 여유는 $70-30=40$대이므로 40대가
모두 꽉 차기까지는 $\dfrac{40}{6}=6\dfrac{2}{3}$ 이므로 6시간 40분이 걸린다.

25
정답 ②

$a+b=600 \cdots \text{㉠}$

$\dfrac{4}{100}a+\dfrac{7.75}{100}b=600\times\dfrac{6}{100}=36 \cdots \text{㉡}$

㉡에 ㉠을 대입하여 정리하면

$4a+7.75\times(600-a)=3,600$

$3.75a=1,050$

$\therefore a=280$

따라서 4% 소금물의 양은 280g이다.

26
정답 ②

더 넣어야 하는 물의 양을 xg이라 하면

$\dfrac{\dfrac{12}{100}\times600}{600+x}\times100\le4$

$7,200\le2,400+4x \rightarrow x\ge1,200$

따라서 최소 1,200g의 물을 더 넣어야 한다.

27
정답 ②

이어지는 경기를 모두 이긴다고 가정하면

$\dfrac{8+x}{11+x}\times100\ge80$

$\rightarrow (8+x)\times100\ge80\times(11+x)$

$\rightarrow 800+100x\ge880+80x$

$\rightarrow 20x\ge80$

$\therefore x\ge4$

따라서 최소 4경기를 더 이겨야 한다.

28
정답 ②

라임이의 나이를 x세라 하면, 아버지의 나이는 $(x+28)$세이다.

$x+28=3x \rightarrow x=14$

따라서 아버지의 나이는 $3\times14=42$세이다.

29
정답 ③

경서와 민준이가 받은 용돈의 금액을 각각 x, $2x$원이라 하고, 지출한 금액을 각각 $4y$, $7y$원이라고 하자.

$x-4y=2,000 \cdots \text{㉠}$

$2x-7y=5,500 \cdots \text{㉡}$

㉠과 ㉡을 연립하면 $x=8,000$, $y=1,500$이다.

따라서 민준이가 받은 용돈은 $2\times8,000=16,000$원이다.

30
정답 ③

토너먼트 경기의 수는 참가 팀의 수가 n개라고 하면 $(n-1)$번이므로, 진행되는 경기의 수는 총 $20-1=19$번이다. 또한 경기장 이용료를 회당 2,000원씩 지불해야 하므로 지불해야 하는 총 금액은 $2,000\times19=38,000$원이다.

31
정답 ①

• 價値(가치) : 사물이 지니고 있는 쓸모

오답분석
② 家計(가계)
③ 事實(사실)
④ 實在(실재)

32
정답 ②

• 亡牛補牢(망우보뢰) : '소 잃고 외양간 고친다.'는 뜻으로, 실패(失敗)한 후(後)에 일을 대비(對備)함을 이르는 말

오답분석
① 十伐之木(십벌지목) : '열 번 찍어 베는 나무'라는 뜻으로, 열 번 찍어 안 넘어가는 나무가 없음을 이르는 말
③ 見蚊拔劍(견문발검) : '모기를 보고 칼을 뺀다.'는 뜻으로, 보잘것없는 작은 일에 지나치게 큰 대책(對策)을 세움을 이르는 말
④ 鳥足之血(조족지혈) : '새발의 피'란 뜻으로, 극히 적은 분량(分量)을 이르는 말

33
정답 ①

첫 번째 명제와 세 번째 명제, 그리고 두 번째 명제의 대우 명제를 연결하면 '바다에 가면 산에 가지 않겠다.'가 성립한다.

34
정답 ①

첫 번째 명제와 세 번째 명제, 그리고 두 번째 명제의 대우 '과제를 하지 않으면 도서관에 가지 않을 것이다.'를 연결하면 '독서실에 가면 도서관에 가지 않을 것이다.'가 성립한다.

35
정답 ③

효진이는 화분을 수진이보다는 많이 샀지만 지은이보다는 적게 샀으므로 효진이는 $3\sim5$개를 샀을 것이다. 그러나 주어진 제시문만으로는 몇 개의 화분을 샀는지 정확히 알 수 없다.

36

- A : 정욱이는 청포도, 체리, 사과, 딸기를 좋아하므로 가장 많은 종류의 과일을 좋아한다.
- B : 하나는 청포도를 좋아하지만 은정이는 청포도를 좋아하지 않는다.

따라서 A만 옳다.

37
정답 ④

세 번째, 네 번째 명제에 의해, 종열이와 지훈이는 춤을 추지 않았다. 또한, 두 번째 명제의 대우에 의해, 재현이가 춤을 추었고, 첫 번째 명제에 따라 서현이가 춤을 추었다.

38
정답 ③

대부분이 모두를 뜻하지 않으므로, 책 읽기를 좋아하는 사람 중에는 어린이가 아닌 사람이 있다.

39
정답 ②

제시문은 상하 관계이다.
'젓갈'은 '음식'의 하위어이며, '영어'는 '언어'의 하위어이다.

40
정답 ②

제시문은 인과 관계이다.
'과식'으로 인해 '소화불량'이 발생하고, '폭우'로 인해 '홍수'가 발생한다.

41
정답 ①

제시문은 인과 관계이다.
'땀'을 흘리면 '냄새'가 나고, '밤샘'을 하면 '피로'가 쌓인다.

42
정답 ①

제시된 단어의 관계는 유의 관계이다.
넌지시 알림을 뜻하는 '암시'의 유의어는 어떤 것을 미리 간접적으로 표현함을 뜻하는 '시사'이고, '갈등'의 유의어는 서로 의견이 달라 충돌함을 뜻하는 '알력'이다.

43
정답 ④

제시된 단어의 관계는 주어와 서술어의 관계이다.
'산세'는 '험준하다'는 표현을 쓰고, '마감'은 '임박하다'는 표현을 쓴다.

44
정답 ④

'회계팀 팀원'을 p, '회계 관련 자격증을 가지고 있다.'를 q, '돈 계산이 빠르다.'를 r이라고 하면, 첫 번째 명제는 p → q이며, 마지막 명제는 ~r → ~p이다. 이때 마지막 명제의 대우는 p → r이므로 마지막 명제가 참이 되기 위해서는 q → r이 필요하다. 따라서 빈칸에 들어갈 명제는 q → r의 대우에 해당하는 ~r → ~q인 '돈 계산이 빠르지 않은 사람은 회계 관련 자격증을 가지고 있지 않다.'이다.

45
정답 ③

'환율이 하락하다.'를 A, '수출이 감소한다.'를 B, 'GDP가 감소한다.'를 C, '국가 경쟁력이 떨어진다.'를 D로 놓고 보면 첫 번째 명제는 'A → D', 세 번째 명제는 'B → C', 네 번째 명제는 'B → D'이므로 마지막 명제가 참이 되려면 'C → A'라는 명제가 필요하다. 따라서 빈칸에 들어갈 명제는 'C → A'의 대우 명제인 '환율이 상승하면 GDP가 증가한다.'가 답이 된다.

46
정답 ①

제시문은 나무를 가꾸기 위해 고려해야 하는 사항에 대해 설명하는 글이다. 따라서 (가) 나무를 가꾸기 위해 고려해야 할 사항과 가장 중요한 생육조건 → (라) 나무를 양육할 때 주로 저지르는 실수로 나무 간격을 촘촘하게 심는 것 → (다) 그러한 실수를 저지르는 이유 설명 → (나) 또 다른 식재계획 시 고려해야 하는 주의점 순으로 나열되는 것이 적절하다.

47
정답 ①

제시문은 영화에서의 소리가 어떤 역할을 하는지에 대해 설명하면서 현대 영화에서의 소리의 의의에 대해 설명하는 글이다. 따라서 (라) 1920년대 영화의 소리에 대한 부정적인 견해 → (가) 현대 영화에서 분리해서 생각할 수 없는 소리와 영상 → (다) 영화 속 소리의 역할 → (나) 현대 영화에서의 소리의 의의 순으로 나열되는 것이 적절하다.

48
정답 ③

제시문은 정부에서 고창 갯벌과 습지보호지역에 대해 설명하는 글이다. 따라서 (나) 정부에서 고창 갯벌을 습지보호지역으로 지정 고시한 사실을 알림 → (가) 고창 갯벌의 현재 상황 → (라) 습지보호지역으로 지정 고시된 이후에 달라진 점 → (다) 앞으로의 계획 순으로 나열되는 것이 적절하다.

49
정답 ③

제시문은 우유니 사막의 위치와 형성, 특징 등 우유니 사막의 자연지리적 특징에 관한 글이다. 따라서 글의 주제로 적절한 것은 '우유니 사막의 자연지리적 특징'이다.

50
정답 ④

제시문의 필자는 시장 메커니즘의 부정적인 면을 강조하면서 인간과 자연이 어떠한 보호도 받지 못한 채 시장 메커니즘에 좌우된다면 사회가 견뎌낼 수 없을 것이라고 주장한다. 따라서 필자의 주장으로 가장 적절한 것은 시장 메커니즘에 대한 적절한 제도적 보호 장치를 마련해야 한다는 내용이다.

[오답분석]
① 필자는 무분별한 환경 파괴보다는 인간과 자연이라는 사회의 실패를 막기 위한 보호가 필요하다고 주장한다.
② 필자는 구매력의 공급을 시장 기구의 관리에 맡기게 되면 영리 기업들은 주기적으로 파산하게 될 것이라고 주장하므로 적절하지 않다.
③ 필자는 시장 메커니즘이 인간의 존엄성을 파괴할 수 있다고 주장하지만, 한편으로는 시장 경제에 필수적인 존재임을 인정하므로 철폐되어야 한다는 주장은 적절하지 않다.

51
정답 ②

제시문은 한국인 하루 평균 수면 시간과 수면의 질에 대한 글로, 짧은 수면 시간으로 현대인 대부분이 수면 부족에 시달리며, 낮은 수면의 질로 다양한 합병증이 발생할 수 있음을 설명하고 있다. 그러나 '수면 마취제의 부작용'에 대한 내용은 언급되어 있지 않으므로 글의 주제로 적절하지 않다.

52
정답 ②

(나) 문단의 핵심 주제로는 '삼복에 삼계탕을 먹는 이유'가 적절하다.

53
정답 ④

규칙은 세로로 적용된다.
첫 번째 도형을 x축 대칭시키면 두 번째 도형이고, 두 번째 도형의 작은 도형들을 상하 반전시키면 세 번째 도형이 된다.

54
정답 ③

규칙은 가로로 적용된다.
첫 번째 도형을 시계 반대 방향으로 45° 회전시키면 두 번째 도형이고, 두 번째 도형을 좌우 반전시키면 세 번째 도형이 된다.

55
정답 ①

규칙은 세로로 적용된다.
첫 번째 도형에서 두 번째 도형과 겹치는 부분을 제외하면 세 번째 도형이 된다.

56
정답 ③

규칙은 세로로 적용된다.
첫 번째 도형을 45° 우상향 대각선으로 자른 후 윗부분을 시계 방향으로 45° 회전하면 두 번째 도형이 되고, 두 번째 도형을 수직으로 자른 오른쪽 부분이 세 번째 도형이다.

57
정답 ③

[오답분석]
①
②
④

58
정답 ①

[오답분석]
②
③
④

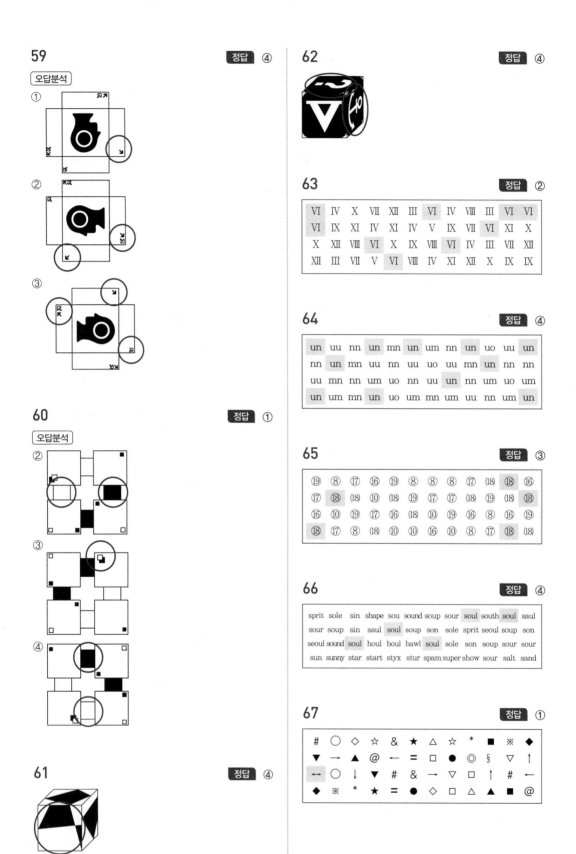

59 　정답 ④

오답분석

①

②

③

60 　정답 ①

오답분석

②

③

④

61 　정답 ④

62 　정답 ④

63 　정답 ②

VI	IV	X	VII	XII	III	VI	IV	VIII	III	VI	VI
VI	IX	XI	IV	XI	IV	V	IX	VII	VI	XI	X
X	XII	VIII	VI	X	IX	VIII	VI	IV	III	VII	XII
XII	III	VII	V	VI	VIII	IV	XI	XII	X	IX	IX

64 　정답 ④

un	uu	nn	un	mn	un	um	nn	un	uo	uu	un
nn	un	mn	uu	nn	un	uo	uu	nn	un	nn	nn
uu	mn	nn	un	uo	nn	uu	un	nn	un	uo	um
un	um	mn	un	uo	um	mn	um	uu	nn	um	un

65 　정답 ③

⑲	⑧	⑰	⑯	⑲	⑧	⑧	⑧	⑰	⑱	⑱	⑯
⑰	⑱	⑱	⑩	⑱	⑲	⑰	⑰	⑱	⑲	⑱	⑱
⑯	⑩	⑲	⑰	⑯	⑱	⑩	⑲	⑯	⑧	⑯	⑲
⑱	⑰	⑧	⑱	⑩	⑩	⑯	⑩	⑧	⑰	⑱	⑱

66 　정답 ④

sprit	sole	sin	shape	sou	sound	soup	sour	soul	south	soul	saul
sour	soup	sin	saul	soul	soup	son	sole	sprit	seoul	soup	son
seoul	sound	soul	houl	boul	bawl	soul	sole	son	soup	sour	sour
sun	sunny	star	start	styx	stur	spam	super	show	sour	salt	sand

67 　정답 ①

#	○	◇	☆	&	★	△	☆	*	■	※	◆
▼	→	▲	@	←	=	□	●	◎	§	▽	↑
←	○	↓	▼	#	&	→	▽	□	↑	#	←
◆	※	*	★	=	●	◇	□	△	▲	■	@

68

정답 ②

상추	상장	상부	상도	상주	상체	상가	상무	상패	상체	상류	상하

상추 상장 상부 상도 상주 상체 상가 상무 상패 상체 상류 상하
상큼 상태 상류 상병 상어 상투 상념 상영 상아 상시 상수 상온
상조 상투 상영 상단 상아 상장 상온 상수 상도 상어 상가 상큼
상태 상주 상병 상무 상추 상시 상념 상부 상조 상하 상단 상패

69

정답 ②

家 價 可 羅 裸 螺 多 茶 喇 馬 麻 社
事 思 亞 自 兒 車 者 次 借 加 他 波
河 打 字 韓 産 塞 水 需 難 志 只 足
存 培 伯 卜 絢 刻 釜 負 愷 价 芷 裳

70

정답 ②

츙 츕 칤 츕 츓 칣 춌 촭 츅 칧 츕 츅
칤 춅 쳷 춹 칧 칧 춳 췛 츅 칧 칤 춅
춌 칤 춌 츙 칣 쳴 칧 칤 춌 츓 춹 칤
춹 춌 칳 춌 춅 춌 쳷 춌 츙 칤 춌 춠

71

정답 ④

μF MHz dl cal MHz nA kcal cm kA dl μF nA
cm³ kcal nA kcal kl kcal KHz cal μF nA MHz kcal
nA KHz μF KHz μF cal kcal nA dl KHz pA cm
kcal cal cm kcal μF nA μF MHz kcal cm KHz cal

72

정답 ④

DRQ DQN DEB DDR DRG DBW DBD DBR DBH DXQ DRZ DRB
DBH DNR DRR DBX DRA DBR DBW DGD DNR DBD DRA DQN
DDR DRQ DRA DXQ DGD DEB DBD DRB DRG DDR DBX DEB
DRB DBX DQN DBY DRG DQN DNR DRQ DXQ DEB DBR DRE

73

정답 ②

구리보다 반응성이 큰 아연(판)에서는 아연이 산과 반응하여 아연 이온과 전자를 내놓게 된다. 따라서 아연판의 질량은 감소한다. 구리판에서는 묽은 황산 용액 속의 수소이온이 전자를 얻어 수소 기체로 환원되는 반응이 일어나므로 구리판의 질량에는 변화가 없다.

74

정답 ②

물(H_2O)은 반응 후 결과물이므로 물이 산소를 얻은 것이 아니라 반응 전 식에서 수소(H_2)가 산소(O)를 얻어 산화된 것이다. 반대로 산화구리(CuO)는 산소를 잃어 환원된 것이며, 산화와 환원은 동시에 일어나는 동시성을 가진다. 또한 화학 반응식에서 원소는 구리(Cu), 수소(H), 산소(O) 3개이다.

75

정답 ②

㉠ 돌턴(1803, 공 모형) – ㉢ 톰슨(1904, 건포도가 든 푸딩 모형) – ㉣ 러더퍼드(1911, 행성 모형) – ㉡ 보어(1913, 궤도 모형) – ㉤ 채드윅(1932, 중성자 발견)

76

정답 ③

산은 수용액에서 수소 이온을 내놓는 물질이며, 마그네슘(Mg), 아연(Zn) 등과 같은 수소(H)보다 산화되기 쉬운 금속을 산 수용액에 넣으면 산화 – 환원 반응이 일어나 수소기체가 발생한다. 탄산칼슘($CaCO_3$)이 주성분인 석회석, 대리석 등과 반응하여 이산화탄소(CO_2) 기체를 발생시킨다. 또한 붉은색 리트머스 종이를 푸르게 변화시키는 것은 염기이며, 산은 푸른색 리트머스 종이를 붉게 변화시킨다.
따라서 산에 대한 설명으로 옳은 것은 ㉠, ㉡, ㉢이다.

77

정답 ①

지열 발전은 열에너지를 전기 에너지로 전환하는 발전 방식에 해당한다. 지열 발전은 좁은 면적에 설비·설치가 가능하며, 날씨의 영향을 받지 않는 반면, 설치 장소에는 제한이 있고, 설치비용이 많이 들며 장기적인 보수를 필요로 한다.

78

정답 ①

LCD는 특정한 색의 빛만 통과시키는 액정을 이용하여 만든다.

79

정답 ②

그림과 같은 상황에서 손을 대면, 손에서 검전기로 전자가 들어오면서 금속박이 오므라든다. 따라서 전자는 금속판에서 금속박으로 이동하며, 금속박 사이에서는 척력이 사라지게 되므로 금속박이 오므라든다.

80

정답 ③

광통신은 전자기파 중 적외선을 이용한 예이다.

※ 81~100번은 상황판단 영역으로 따로 정답을 제공하지 않습니다.

PART 6

무언가를 위해 목숨을 버릴 각오가 되어 있지 않는 한
그것이 삶의 목표라는 어떤 확신도 가질 수 없다.

- 체 게바라 -

SK그룹 생산직 필기시험 답안지

문번	1	2	3	4		문번	1	2	3	4		문번	1	2	3	4		문번	1	2	3	4		문번	1	2	3	4
1	①	②	③	④		21	①	②	③	④		41	①	②	③	④		61	①	②	③	④		81	①	②	③	④
2	①	②	③	④		22	①	②	③	④		42	①	②	③	④		62	①	②	③	④		82	①	②	③	④
3	①	②	③	④		23	①	②	③	④		43	①	②	③	④		63	①	②	③	④		83	①	②	③	④
4	①	②	③	④		24	①	②	③	④		44	①	②	③	④		64	①	②	③	④		84	①	②	③	④
5	①	②	③	④		25	①	②	③	④		45	①	②	③	④		65	①	②	③	④		85	①	②	③	④
6	①	②	③	④		26	①	②	③	④		46	①	②	③	④		66	①	②	③	④		86	①	②	③	④
7	①	②	③	④		27	①	②	③	④		47	①	②	③	④		67	①	②	③	④		87	①	②	③	④
8	①	②	③	④		28	①	②	③	④		48	①	②	③	④		68	①	②	③	④		88	①	②	③	④
9	①	②	③	④		29	①	②	③	④		49	①	②	③	④		69	①	②	③	④		89	①	②	③	④
10	①	②	③	④		30	①	②	③	④		50	①	②	③	④		70	①	②	③	④		90	①	②	③	④
11	①	②	③	④		31	①	②	③	④		51	①	②	③	④		71	①	②	③	④		91	①	②	③	④
12	①	②	③	④		32	①	②	③	④		52	①	②	③	④		72	①	②	③	④		92	①	②	③	④
13	①	②	③	④		33	①	②	③	④		53	①	②	③	④		73	①	②	③	④		93	①	②	③	④
14	①	②	③	④		34	①	②	③	④		54	①	②	③	④		74	①	②	③	④		94	①	②	③	④
15	①	②	③	④		35	①	②	③	④		55	①	②	③	④		75	①	②	③	④		95	①	②	③	④
16	①	②	③	④		36	①	②	③	④		56	①	②	③	④		76	①	②	③	④		96	①	②	③	④
17	①	②	③	④		37	①	②	③	④		57	①	②	③	④		77	①	②	③	④		97	①	②	③	④
18	①	②	③	④		38	①	②	③	④		58	①	②	③	④		78	①	②	③	④		98	①	②	③	④
19	①	②	③	④		39	①	②	③	④		59	①	②	③	④		79	①	②	③	④		99	①	②	③	④
20	①	②	③	④		40	①	②	③	④		60	①	②	③	④		80	①	②	③	④		100	①	②	③	④

교사장

성 명

수 험 번 호

⓪	①	②	③	④	⑤	⑥	⑦	⑧	⑨
⓪	①	②	③	④	⑤	⑥	⑦	⑧	⑨
⓪	①	②	③	④	⑤	⑥	⑦	⑧	⑨
⓪	①	②	③	④	⑤	⑥	⑦	⑧	⑨
⓪	①	②	③	④	⑤	⑥	⑦	⑧	⑨
⓪	①	②	③	④	⑤	⑥	⑦	⑧	⑨
⓪	①	②	③	④	⑤	⑥	⑦	⑧	⑨

감독위원 확인

인

SK그룹 생산직 필기시험 답안지

고사장		

성 명		

수험번호

⓪	⓪	⓪	⓪	⓪	⓪	
①	①	①	①	①	①	①
②	②	②	②	②	②	②
③	③	③	③	③	③	③
④	④	④	④	④	④	④
⑤	⑤	⑤	⑤	⑤	⑤	⑤
⑥	⑥	⑥	⑥	⑥	⑥	⑥
⑦	⑦	⑦	⑦	⑦	⑦	⑦
⑧	⑧	⑧	⑧	⑧	⑧	⑧
⑨	⑨	⑨	⑨	⑨	⑨	⑨

감독위원 확인
(인)

문번	1	2	3	4	문번	1	2	3	4	문번	1	2	3	4	문번	1	2	3	4	문번	1	2	3	4
1	①	②	③	④	21	①	②	③	④	41	①	②	③	④	61	①	②	③	④	81	①	②	③	④
2	①	②	③	④	22	①	②	③	④	42	①	②	③	④	62	①	②	③	④	82	①	②	③	④
3	①	②	③	④	23	①	②	③	④	43	①	②	③	④	63	①	②	③	④	83	①	②	③	④
4	①	②	③	④	24	①	②	③	④	44	①	②	③	④	64	①	②	③	④	84	①	②	③	④
5	①	②	③	④	25	①	②	③	④	45	①	②	③	④	65	①	②	③	④	85	①	②	③	④
6	①	②	③	④	26	①	②	③	④	46	①	②	③	④	66	①	②	③	④	86	①	②	③	④
7	①	②	③	④	27	①	②	③	④	47	①	②	③	④	67	①	②	③	④	87	①	②	③	④
8	①	②	③	④	28	①	②	③	④	48	①	②	③	④	68	①	②	③	④	88	①	②	③	④
9	①	②	③	④	29	①	②	③	④	49	①	②	③	④	69	①	②	③	④	89	①	②	③	④
10	①	②	③	④	30	①	②	③	④	50	①	②	③	④	70	①	②	③	④	90	①	②	③	④
11	①	②	③	④	31	①	②	③	④	51	①	②	③	④	71	①	②	③	④	91	①	②	③	④
12	①	②	③	④	32	①	②	③	④	52	①	②	③	④	72	①	②	③	④	92	①	②	③	④
13	①	②	③	④	33	①	②	③	④	53	①	②	③	④	73	①	②	③	④	93	①	②	③	④
14	①	②	③	④	34	①	②	③	④	54	①	②	③	④	74	①	②	③	④	94	①	②	③	④
15	①	②	③	④	35	①	②	③	④	55	①	②	③	④	75	①	②	③	④	95	①	②	③	④
16	①	②	③	④	36	①	②	③	④	56	①	②	③	④	76	①	②	③	④	96	①	②	③	④
17	①	②	③	④	37	①	②	③	④	57	①	②	③	④	77	①	②	③	④	97	①	②	③	④
18	①	②	③	④	38	①	②	③	④	58	①	②	③	④	78	①	②	③	④	98	①	②	③	④
19	①	②	③	④	39	①	②	③	④	59	①	②	③	④	79	①	②	③	④	99	①	②	③	④
20	①	②	③	④	40	①	②	③	④	60	①	②	③	④	80	①	②	③	④	100	①	②	③	④

SK그룹 생산직 필기시험 답안지

문번	1	2	3	4	문번	1	2	3	4	문번	1	2	3	4	문번	1	2	3	4	문번	1	2	3	4
1	①	②	③	④	21	①	②	③	④	41	①	②	③	④	61	①	②	③	④	81	①	②	③	④
2	①	②	③	④	22	①	②	③	④	42	①	②	③	④	62	①	②	③	④	82	①	②	③	④
3	①	②	③	④	23	①	②	③	④	43	①	②	③	④	63	①	②	③	④	83	①	②	③	④
4	①	②	③	④	24	①	②	③	④	44	①	②	③	④	64	①	②	③	④	84	①	②	③	④
5	①	②	③	④	25	①	②	③	④	45	①	②	③	④	65	①	②	③	④	85	①	②	③	④
6	①	②	③	④	26	①	②	③	④	46	①	②	③	④	66	①	②	③	④	86	①	②	③	④
7	①	②	③	④	27	①	②	③	④	47	①	②	③	④	67	①	②	③	④	87	①	②	③	④
8	①	②	③	④	28	①	②	③	④	48	①	②	③	④	68	①	②	③	④	88	①	②	③	④
9	①	②	③	④	29	①	②	③	④	49	①	②	③	④	69	①	②	③	④	89	①	②	③	④
10	①	②	③	④	30	①	②	③	④	50	①	②	③	④	70	①	②	③	④	90	①	②	③	④
11	①	②	③	④	31	①	②	③	④	51	①	②	③	④	71	①	②	③	④	91	①	②	③	④
12	①	②	③	④	32	①	②	③	④	52	①	②	③	④	72	①	②	③	④	92	①	②	③	④
13	①	②	③	④	33	①	②	③	④	53	①	②	③	④	73	①	②	③	④	93	①	②	③	④
14	①	②	③	④	34	①	②	③	④	54	①	②	③	④	74	①	②	③	④	94	①	②	③	④
15	①	②	③	④	35	①	②	③	④	55	①	②	③	④	75	①	②	③	④	95	①	②	③	④
16	①	②	③	④	36	①	②	③	④	56	①	②	③	④	76	①	②	③	④	96	①	②	③	④
17	①	②	③	④	37	①	②	③	④	57	①	②	③	④	77	①	②	③	④	97	①	②	③	④
18	①	②	③	④	38	①	②	③	④	58	①	②	③	④	78	①	②	③	④	98	①	②	③	④
19	①	②	③	④	39	①	②	③	④	59	①	②	③	④	79	①	②	③	④	99	①	②	③	④
20	①	②	③	④	40	①	②	③	④	60	①	②	③	④	80	①	②	③	④	100	①	②	③	④

고사장

성 명

수 험 번 호

⓪ ① ② ③ ④ ⑤ ⑥ ⑦ ⑧ ⑨	⓪ ① ② ③ ④ ⑤ ⑥ ⑦ ⑧ ⑨	⓪ ① ② ③ ④ ⑤ ⑥ ⑦ ⑧ ⑨	⓪ ① ② ③ ④ ⑤ ⑥ ⑦ ⑧ ⑨	⓪ ① ② ③ ④ ⑤ ⑥ ⑦ ⑧ ⑨	⓪ ① ② ③ ④ ⑤ ⑥ ⑦ ⑧ ⑨	⓪ ① ② ③ ④ ⑤ ⑥ ⑦ ⑧ ⑨

감독위원 확인

인

SK그룹 생산직 필기시험 답안지

고사장			

성 명			

수험번호

⑩ ① ② ③ ④ ⑤ ⑥ ⑦ ⑧ ⑨ (×7 columns)

감독위원 확인

(인)

문번	1	2	3	4	문번	1	2	3	4	문번	1	2	3	4	문번	1	2	3	4	문번	1	2	3	4
1	①	②	③	④	21	①	②	③	④	41	①	②	③	④	61	①	②	③	④	81	①	②	③	④
2	①	②	③	④	22	①	②	③	④	42	①	②	③	④	62	①	②	③	④	82	①	②	③	④
3	①	②	③	④	23	①	②	③	④	43	①	②	③	④	63	①	②	③	④	83	①	②	③	④
4	①	②	③	④	24	①	②	③	④	44	①	②	③	④	64	①	②	③	④	84	①	②	③	④
5	①	②	③	④	25	①	②	③	④	45	①	②	③	④	65	①	②	③	④	85	①	②	③	④
6	①	②	③	④	26	①	②	③	④	46	①	②	③	④	66	①	②	③	④	86	①	②	③	④
7	①	②	③	④	27	①	②	③	④	47	①	②	③	④	67	①	②	③	④	87	①	②	③	④
8	①	②	③	④	28	①	②	③	④	48	①	②	③	④	68	①	②	③	④	88	①	②	③	④
9	①	②	③	④	29	①	②	③	④	49	①	②	③	④	69	①	②	③	④	89	①	②	③	④
10	①	②	③	④	30	①	②	③	④	50	①	②	③	④	70	①	②	③	④	90	①	②	③	④
11	①	②	③	④	31	①	②	③	④	51	①	②	③	④	71	①	②	③	④	91	①	②	③	④
12	①	②	③	④	32	①	②	③	④	52	①	②	③	④	72	①	②	③	④	92	①	②	③	④
13	①	②	③	④	33	①	②	③	④	53	①	②	③	④	73	①	②	③	④	93	①	②	③	④
14	①	②	③	④	34	①	②	③	④	54	①	②	③	④	74	①	②	③	④	94	①	②	③	④
15	①	②	③	④	35	①	②	③	④	55	①	②	③	④	75	①	②	③	④	95	①	②	③	④
16	①	②	③	④	36	①	②	③	④	56	①	②	③	④	76	①	②	③	④	96	①	②	③	④
17	①	②	③	④	37	①	②	③	④	57	①	②	③	④	77	①	②	③	④	97	①	②	③	④
18	①	②	③	④	38	①	②	③	④	58	①	②	③	④	78	①	②	③	④	98	①	②	③	④
19	①	②	③	④	39	①	②	③	④	59	①	②	③	④	79	①	②	③	④	99	①	②	③	④
20	①	②	③	④	40	①	②	③	④	60	①	②	③	④	80	①	②	③	④	100	①	②	③	④

SK그룹 생산직 필기시험 답안지

문번	1	2	3	4	문번	1	2	3	4	문번	1	2	3	4	문번	1	2	3	4	문번	1	2	3	4
1	①	②	③	④	21	①	②	③	④	41	①	②	③	④	61	①	②	③	④	81	①	②	③	④
2	①	②	③	④	22	①	②	③	④	42	①	②	③	④	62	①	②	③	④	82	①	②	③	④
3	①	②	③	④	23	①	②	③	④	43	①	②	③	④	63	①	②	③	④	83	①	②	③	④
4	①	②	③	④	24	①	②	③	④	44	①	②	③	④	64	①	②	③	④	84	①	②	③	④
5	①	②	③	④	25	①	②	③	④	45	①	②	③	④	65	①	②	③	④	85	①	②	③	④
6	①	②	③	④	26	①	②	③	④	46	①	②	③	④	66	①	②	③	④	86	①	②	③	④
7	①	②	③	④	27	①	②	③	④	47	①	②	③	④	67	①	②	③	④	87	①	②	③	④
8	①	②	③	④	28	①	②	③	④	48	①	②	③	④	68	①	②	③	④	88	①	②	③	④
9	①	②	③	④	29	①	②	③	④	49	①	②	③	④	69	①	②	③	④	89	①	②	③	④
10	①	②	③	④	30	①	②	③	④	50	①	②	③	④	70	①	②	③	④	90	①	②	③	④
11	①	②	③	④	31	①	②	③	④	51	①	②	③	④	71	①	②	③	④	91	①	②	③	④
12	①	②	③	④	32	①	②	③	④	52	①	②	③	④	72	①	②	③	④	92	①	②	③	④
13	①	②	③	④	33	①	②	③	④	53	①	②	③	④	73	①	②	③	④	93	①	②	③	④
14	①	②	③	④	34	①	②	③	④	54	①	②	③	④	74	①	②	③	④	94	①	②	③	④
15	①	②	③	④	35	①	②	③	④	55	①	②	③	④	75	①	②	③	④	95	①	②	③	④
16	①	②	③	④	36	①	②	③	④	56	①	②	③	④	76	①	②	③	④	96	①	②	③	④
17	①	②	③	④	37	①	②	③	④	57	①	②	③	④	77	①	②	③	④	97	①	②	③	④
18	①	②	③	④	38	①	②	③	④	58	①	②	③	④	78	①	②	③	④	98	①	②	③	④
19	①	②	③	④	39	①	②	③	④	59	①	②	③	④	79	①	②	③	④	99	①	②	③	④
20	①	②	③	④	40	①	②	③	④	60	①	②	③	④	80	①	②	③	④	100	①	②	③	④

고사장

성 명

수 험 번 호

⓪	①	②	③	④	⑤	⑥	⑦	⑧	⑨
⓪	①	②	③	④	⑤	⑥	⑦	⑧	⑨
⓪	①	②	③	④	⑤	⑥	⑦	⑧	⑨
⓪	①	②	③	④	⑤	⑥	⑦	⑧	⑨
⓪	①	②	③	④	⑤	⑥	⑦	⑧	⑨
⓪	①	②	③	④	⑤	⑥	⑦	⑧	⑨
⓪	①	②	③	④	⑤	⑥	⑦	⑧	⑨

감독위원 확인

(인)

SK그룹 생산직 필기시험 답안지

고사장	

성명	

수험번호

⓪	⓪	⓪	⓪	⓪	⓪	⓪
①	①	①	①	①	①	①
②	②	②	②	②	②	②
③	③	③	③	③	③	③
④	④	④	④	④	④	④
⑤	⑤	⑤	⑤	⑤	⑤	⑤
⑥	⑥	⑥	⑥	⑥	⑥	⑥
⑦	⑦	⑦	⑦	⑦	⑦	⑦
⑧	⑧	⑧	⑧	⑧	⑧	⑧
⑨	⑨	⑨	⑨	⑨	⑨	⑨

감독위원 확인

(인)

문번	1	2	3	4	문번	1	2	3	4	문번	1	2	3	4	문번	1	2	3	4	문번	1	2	3	4
1	①	②	③	④	21	①	②	③	④	41	①	②	③	④	61	①	②	③	④	81	①	②	③	④
2	①	②	③	④	22	①	②	③	④	42	①	②	③	④	62	①	②	③	④	82	①	②	③	④
3	①	②	③	④	23	①	②	③	④	43	①	②	③	④	63	①	②	③	④	83	①	②	③	④
4	①	②	③	④	24	①	②	③	④	44	①	②	③	④	64	①	②	③	④	84	①	②	③	④
5	①	②	③	④	25	①	②	③	④	45	①	②	③	④	65	①	②	③	④	85	①	②	③	④
6	①	②	③	④	26	①	②	③	④	46	①	②	③	④	66	①	②	③	④	86	①	②	③	④
7	①	②	③	④	27	①	②	③	④	47	①	②	③	④	67	①	②	③	④	87	①	②	③	④
8	①	②	③	④	28	①	②	③	④	48	①	②	③	④	68	①	②	③	④	88	①	②	③	④
9	①	②	③	④	29	①	②	③	④	49	①	②	③	④	69	①	②	③	④	89	①	②	③	④
10	①	②	③	④	30	①	②	③	④	50	①	②	③	④	70	①	②	③	④	90	①	②	③	④
11	①	②	③	④	31	①	②	③	④	51	①	②	③	④	71	①	②	③	④	91	①	②	③	④
12	①	②	③	④	32	①	②	③	④	52	①	②	③	④	72	①	②	③	④	92	①	②	③	④
13	①	②	③	④	33	①	②	③	④	53	①	②	③	④	73	①	②	③	④	93	①	②	③	④
14	①	②	③	④	34	①	②	③	④	54	①	②	③	④	74	①	②	③	④	94	①	②	③	④
15	①	②	③	④	35	①	②	③	④	55	①	②	③	④	75	①	②	③	④	95	①	②	③	④
16	①	②	③	④	36	①	②	③	④	56	①	②	③	④	76	①	②	③	④	96	①	②	③	④
17	①	②	③	④	37	①	②	③	④	57	①	②	③	④	77	①	②	③	④	97	①	②	③	④
18	①	②	③	④	38	①	②	③	④	58	①	②	③	④	78	①	②	③	④	98	①	②	③	④
19	①	②	③	④	39	①	②	③	④	59	①	②	③	④	79	①	②	③	④	99	①	②	③	④
20	①	②	③	④	40	①	②	③	④	60	①	②	③	④	80	①	②	③	④	100	①	②	③	④

2025 최신판 시대에듀 SK그룹 생산직 필기시험
6개년 기출 + 모의고사 4회 + 무료생산직특강

개정13판1쇄 발행	2025년 02월 20일 (인쇄 2024년 10월 31일)
초 판 발 행	2012년 06월 20일 (인쇄 2012년 05월 22일)
발 행 인	박영일
책 임 편 집	이해욱
편 저	SDC(Sidae Data Center)
편 집 진 행	안희선 · 김내원
표지디자인	박수영
편집디자인	최혜윤 · 고현준
발 행 처	(주)시대고시기획
출 판 등 록	제10-1521호
주 소	서울시 마포구 큰우물로 75 [도화동 538 성지 B/D] 9F
전 화	1600-3600
팩 스	02-701-8823
홈 페 이 지	www.sdedu.co.kr

I S B N	979-11-383-8168-0 (13320)
정 가	23,000원

SK그룹
생산직

SK가스 · SK케미칼 · SK실트론 · SKE&S

고졸/전문대졸 **필기시험**

6개년 기출+모의고사 4회 +무료생산직특강

최신 출제경향 전면 반영

고졸 / 전문대졸 취업 기초부터 합격까지! 취업의 문을 여는 **Master Key!**

고졸/전문대졸 필기시험 시리즈

포스코그룹
생산기술직 / 직업훈련생

GSAT 4급

현대자동차
생산직 / 기술인력

S-OIL 생산직

GS칼텍스 생산기술직

SK하이닉스
고졸 / 전문대졸

※도서의 이미지 및 구성은 변동될 수 있습니다.

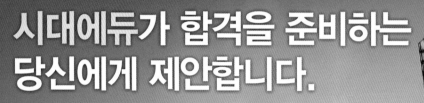